인종청소, 인신매매,
종교탄압의 잔혹사

지구얼굴 바꾼 인종주의

김영호
金榮豪

책을 쓰면서

'역사는 영원히 반복한다'는 말을 남긴 투키디데스(Thucydides)는 고대 그리스가 낳은 위대한 역사가였다. 그는 기원전 5세기경 기성세력인 아테네와 신흥세력인 스파르타 사이에 벌어진 전쟁과 대치의 30년을 현장에서 눈으로 보고 몸으로 겪은 사실을 '펠로폰네소스 전쟁사'로 엮어냈던 까닭에 최초의 언론인으로도 평가받는 인물이다.

인쇄술이 발명되지 않았던 그 옛날 옛적에 투키디데스는 연설자의 발언을 받아쓰고 전황을 취재해서 유포함으로써 언론인의 역할과 기능을 수행했다. 그는 또 그 내용을 다음 세대에 전달함으로써 역사가로서 몫도 해냈다. 그 같은 연유로 역사와 언론은 태생적으로 같은 뿌리에서 태어났으며 서로 유기적 관계를 가지고 발달해왔다고 말할 수 있다.

1979년 10월 26일 밤. 서울 궁정동에서 울린 한 발의 총성은 이 땅에 민주주의를 잉태했었다. 하지만 하나회를 주축으로 하는 신군벌이 12-12 군사반란을 일으켜 국민적 열망을 사산시키고 군사독재정권을 탄생시켰다. 신군벌은 역사의 수레바퀴를 거꾸로 돌리더니 5-18 민주항쟁을 군화발로 짓밟아 광주를 피바다로 만들었다.

전두환 도당은 이어 합법성-정통성이 결여된 정권의 지지기반 구축작업에 나섰다. 먼저 양심적, 비판적 언론인의 색출-축출작전을 전개했다. 언론에 재갈을 물려 매춘언론으로 길들이려는 짓거리였다. 1980년 여름 필자도

신군벌이 휘두른 망나니 칼춤의 표적이 되었다. 이른바 '80년 해직기자'였다.

 벼락출세에 신바람이 났던 신군벌은 권력에만 눈이 멀었던 것이 아니고 야비하기까지 했다. 칼바람에 쓰러진 이들이 가는 곳마다 쫓아다니면서 감시의 눈을 번뜩이며 밥그릇마저 뺏었다. 광주항쟁, 언론말살, 삼청교육대를 통해 무고한 이들을 무수히 죽이고 고문하고 일자리를 뺏느라 광분했으니 하늘도 노했나보다. 그 해 여름은 벼이삭이 피지 않을 만큼 냉기가 서려 대흉년이 들었다. 추운 여름이었다.

 1980년 후반은 월간지 전성시대였다. 일간지는 여전히 입을 굳게 다물고 순치된 모습을 보였건만 월간지는 치열했다. 군벌이 오랫동안 어둠에 숨어 서식하던 추악한 치부가 드러나면서 숨죽이고 있던 성난 민심이 분출하기 시작했다. 신군벌이 최루탄과 곤봉세례를 퍼부었지만 1987년 6월항쟁의 함성을 잠재우지 못했다. 그 시절에 여러 해 밤낮을 잊고 원고지 칸을 메워 월간지에 보태느라 젊음을 불태웠다.

 세월이 흘러도 세상은 좀처럼 달라질 줄 모르나보다. 1997년 편집국장으로서 편집권 독립을 주장했다가 오래 전에 걸었던 해직의 길을 또 다시 걸었다. 두 번이나 펜을 뺏기는 아픔과 설움이었다. 날것이 나래가 없다면 날 길이 없다. 무대를 뺏긴 배우는 날개 찢긴 새나 다름없다. 거리의 악사가 아무리 아름다운 선율을 울려도 발길을 재촉하는 이들의 귀에는 그냥 스쳐가기 마련이다. 펜을 빼앗긴 슬픔이었다.

 한국 언론계는 자사출신이라도 떠난 이에게는 지면을 좀처럼 주는 일이 없을 만큼 인색하다. 물레방아를 돌리지 못하는 흘러간 물이나 다름없는 신세였다. 그래도 거리의 글쟁이에게 아까운 지면과 마이크를 베풀어준 매체들이 있었으니 그들에게 늘 감사하는 마음을 지니고 산다. 10여개 신문에 <김 영 호 칼럼> 1,000여편을 기고했으니 고마움이 앞선다.

 머리에 서리가 허옇게 쏟아지더니 어언 퇴기의 모습이 되었다보다. 육신은 멀쩡한 듯한데 일손을 놓고 있으니 허전한가 하면 멍청한 느낌마저 든다. 그냥 허공에 대고 말하듯이 매일의 일상처럼 글을 써 내려갔다. 현실문제는 온라인에서 이미 논진되어 버린 옛이야기다. 묶어서 시평집을 낸들 그것은 전광석화처럼 돌아가는 세상사를 말하기에는 뒷북치는 공허한 소리로 들린다.

 그래서 시사성과 시의성을 묻지 않는 역사 속으로 들어갔다. 미국 워싱턴포스트의 벤 브래들리(Ben Bradlee)는 23년간 편집국장을 지낸 전설적 언론인이었다. 하루하루가 "언론은 역사의 초고를 쓴다"는 그의 말을 떠올리는 일상이었다. 매일 매일의 일과처럼 원고지 칸을 메우다 문득 뒤돌아보니 어느덧 10년 가까운 세월이 훌쩍 흘러갔다. 세월이 유수 같다는 옛말이

새삼스럽다.

 자판에서 손을 떼려고 보니 동시에 4권을 집필한 셈이 되었다. 그 글들과 시름하느라 헤아릴 수 없이 숱한 불면의 밤들을 지새웠다. 때로는 이탈리아 역사철학자 베네데토 크로체(Benedetto Croce)가 남긴 "모든 역사는 현대사"라는 명언의 의미를 되새기곤 했다. 그 뜻은 현대의 눈으로 과거를 본다는 의미이기는 하나, 어제의 일이 오늘의 일이 되어 되풀이된다는 역사의 교훈을 깨닫는다는 뜻에서 말이다.

 안방을 차지하다보니 손주들이 울다 웃고 말을 익히며 뛰어노는 모습을 보는 게 일상사였다. 그들이 자랄수록 그들과 마주할 시간은 점점 줄어든다는 생각이 불현 듯 가슴에 와닿는다. 훗날 그들이 이 글을 읽어주었으며 하는 기대감을 갖고 자판을 두들기며 썼다 지우기를 수 없이 되풀이했다. 할아버지가 들려주고 싶은 그 옛날 세계의 이야기를 쓰려고 말이다.

 이 글이 책으로 태어나는 데 도와주신 여러분께 만강의 사의를 표하는 바이다. 표지와 편집을 맡아주신 김민철 H&C 플래닝 대표께 깊은 감사를 드린다.

2024년 1월 1일

일송 김 영 호 (逸松 金 榮 豪)

책을 열면서

이 나라에서는 언론인도 정치적 흐름을 타지 못하면 생존력을 갖기 힘들다. 그 탓에 오랜 세월 딱히 할 일도 없다보니 취미삼아 중국도자발달사를 천착했다. 어느 자료, 어느 책이나 연대기와 제작기술은 넘쳐난다. 하지만 중국도자기가 먼 나라로 팔려가면서 파생적으로 이뤄진 동서양의 경제-문화교류에 관한 내용은 한 두 마디 언급에 그치거나 아니면 아예 없다. 그나마 한국에는 그런 자료마저 없다고 할 만큼 빈약하다.

 저자들이 도자전문가이나 세계교역에 관해서는 문외한이기도 하지만 그 흐름은 손에 잡히지도 않고 눈에 잘 보이지도 않는 까닭이다. 필자는 20대부터 국제문제와 세계역사에 관심이 많았던 터라 관찰자로서 그 궁금증을 풀어보려고 짬나는 대로 그 뒷이야기를 좇아가 보았다. 해외 나들이라도 가면 박물관이나 미술관 쪽으로 발길을 돌렸다. 그 세월이 어언 반세기를 넘겼다.

 청화백자가 태어나서 오늘날까지 이어지는 동서양의 경제-문화교류 이야기를 책으로 묶기로 마음을 먹었다. 연관성을 따져 조선의 이야기도 더러 넣었다. 쓰다 보니 원고분량이 늘어났다. 청화백자가 태어나서 이뤄진 세계의 변화는 교역의 역사이기 보다는 핏물로 붉게 물든 살육과 약탈의 역사다.

 그 바뀐 세계의 모습을 '세계문화 바꾼 청화백자', '세계지도 바꾼 식품패권', '지구얼굴 바꾼 인종주의', '태평양시대의 세계패권' 등 4권으로 나눠서 차례로 엮으려고 한다. 먼저 '태평양시대의 세계패권'를 출간한 데 이어 이번에는 '지구얼굴 바꾼 인종주의'를 펴내게 되었다.

'**지구얼굴 바꾼 인종주의**'는 콜럼버스 이후 아메리카, 아프리카, 아시아에서 백인이 벌인 인종청소, 노예무역, 혼혈학대, 종교탄압이 빚은 피의 역사를 엮었다. 세계 어느 곳에서나 하얀 얼굴은 특권이고 짙은 얼굴은 죽음이 아니면 굴종의 인고가 따랐는데 그 박해와 차별의 아픔이 오늘날까지도 이어진다. 아메리카는 곳에 따라 원주민이 거의 멸족되고 무수한 젊은 이들이 천년세월에 걸쳐 노예로 끌려간 아프리카는 한 때 씨가 말라 인구증가가 멈췄었다.

아메리카에서는 백인의 인종청소에 더해 유럽과 아프리카에서 묻어간 풍토병이 창궐하여 원주민의 떼죽음이 줄지어 일어났었다. 그곳에는 찬란한 문명의 꽃이 활짝 피어있었건만 백인들이 원주민들에게 야만인이란 허울을 씌우고 피의 광란을 벌였다. 백인들이 원주민들을 멸족의 벼랑으로 내모는 참극을 벌였던 까닭은 그들의 삶터를 차지하려는 짓거리였다. 더러 살아남았더라도 여자들은 겁탈당하고 땅은 뺏겨 하층민의 신세로 전락했다.

살육행각을 벌여 강탈한 땅에 불을 질러 삼림을 헐어내고 대농장을 조성하자니 사람들을 너무 많이 죽여 일손이 턱없이 부족했다. 아프리카에서 흑인들을 닥치는 대로 납치해 그곳으로 끌고 가서 노예로 부렸다. 주인이 바뀐 그곳은 이제 백인, 흑인, 혼혈인으로 채워져 대륙의 얼굴마저 바뀌었다. 원주민들이 거의 사멸해 버린 카리브 제도는 또 다른 아프리카의 얼굴을 연출하고 있다.

 대항해 시대 이전부터 따지면 천년세월에 걸쳐 노예 사냥터로 변해버린 검은 대륙은 피가 마를 날이 없었다. 그 아프리카는 과다한 인력유출로 말미암아 발전역량을 상실한 채 원시시대로 되돌아갔다. 그들의 피와 땀이 아메리카, 아시아에서 일군 설탕, 커피, 목화, 담배, 향신료가 서유럽에 대호황을 가져왔다. 서유럽은 황금빛 찬란한 도금시대(Gilded Age)를 열어 환희의 찬가가 울려 퍼졌었다. 하지만 그들이 벌였던 선혈이 낭자한 죽음의 제전은 역사의 뒤안길에 가려져 있었다.

 향신료를 찾아 동방으로 갔던 유럽 백인들은 인도 아대륙, 인도차이나 반도, 동남아시아를 200~400년 동안 차지하고 살육과 약탈의 향연을 벌였다. 그들의 제물이 되어버린 원주민들은 질곡의 세월을 살았다. 2차 세계대전이 끝나고 민족주의가 대두되면서 백인들은 고향으로 돌아갔다. 하지만 그들의 핏줄을 물려 받은 혼혈인들은 온갖 천대와 박해를 감내해야만 했다. 21세기를 앞두고 불어온 세계화의 물결을 타고 그들이 이제는 사회의 주류세력으로 부상하고 있다.

뿌리 깊은 반유대주의가 20세기 중반 다시 맹위를 떨치더니 유대인 멸족을 외친 독일나치의 고성이 유럽전역에 울려 퍼졌다. 그들은 총살부대도 모자라 인간도살공장까지 차려놓고 도륙의 광란을 벌였다. 그 광풍에 휩싸여 무려 1,100만이 목숨을 잃었으니 인간의 야수성이 전율과 공포를 자아낸다. 식민주의의 저주랄까, 역습이랄까 크리스천의 본령인 유럽에는 20세기 종반 들어 무슬림의 유입이 급증하더니 이제 크리스천-이슬람 충돌의 전조를 알린다.

19세기 중반 인디언 청소작업을 한창 벌이던 미국에 그들의 모습을 닮은 중국인들이 불쑥 나타났다. 미국이 그들을 값싼 일꾼으로 데려다 실컷 부려 놓고는 법제화를 통해 색출, 축출하느라 광분했다. 멕시코는 한 술 더 떠서 그들의 혼혈인 배우자까지 쫓아냈다. 코비드-19의 중국 발원설을 둘러싸고 공방전이 벌어지는 듯싶더니 미국과 유럽에서 한 동안 잠자던 황화론(Yellow Peril)의 망령이 되살아나는 모양새에 살기마저 감돈다.

중국인은 물론이고 생김새가 비슷한 아사아계가 공격대상이다. 백인만이 주먹을 휘두르는 게 아니다. 백인우월주의의 피해자인 흑인, 히스패닉, 무슬림도 험악한 얼굴을 들고 그 대열에 끼어 네 나라로 돌아가라며 발길질이 한창이다. 그곳에서 태어나서 자란 이민 3, 4세지만 아시아계는 귀속감을 느끼지 못한 채 새삼 영원한 이방인으로 살아가는 심정이다.

이 책들은 역사전문서도 역사학술서도 아니다. 그저 필자가 20세기 후반과 21세기 초엽을 살아가면서 세계가 어떻게 움직이고 어떻게 돌아가는지 주로 영문자료를 통해 보고 듣고 읽어 알고 있던 뼈대에 살을 덧붙였을 뿐이다. 그 까닭에 참고문헌이나 인용서적을 따로 열거하지 않았다. 역사적으로 알려진 사실을 나름대로 다른 시각에서 모아서 엮었기에 그럴 필요성을 느끼지 않았다.

또 별도의 주석도 달지 않았다. 책을 읽다보면 주석을 보려고 책 하단이나 책 후면을 오가다보면 번거롭기도 하고 때로는 귀찮기도 하여 본문에서 녹여냈다. 작은 제목의 글은 하나 하나가 큰 제목의 글과 연관성을 가졌지만 부분적으로는 독립성을 지니기도 한다. 말하자면 책과 목차에는 순서가 없어 전체를 읽지 않고 신문칼럼처럼 하나 하나를 따로 떼어서 읽어도 뜻이 통하도록 썼다는 뜻이다.

그 까닭에 비슷한 내용이 더러 반복되기도 한다. 같은 사안을 다각적인 시각에서 보다보니 일어난 일이다. 무엇보다도 어제 일과 오늘의 일을 이어서 쓰다 보니 연관성과 상관성으로 인해 가끔 같은 내용이 되풀이 되는 느낌을 주기도 한다. 거기에는 중요성을 강조하려는 의도도 있다. 그것은 읽는 이의 이해를 돕기 위해 상황과 배경을 설명하다보니 생긴 동어반복으로 알아주었으면 싶다.

 차례로 펴낼 4권의 책은 역사의 흐름이 씨줄과 날줄처럼 서로 얽히고설키어 많은 연관성과 상관성을 가졌지만 공통점은 오늘날까지 지난 700년간 벌어진 세계의 변화를 담아냈다는 점이다. 역사책은 일반적으로 사건-사고를 어떤 시점에서 단절하여 조명하나 이 책들은 그 이야기를 자판에서 손을 떼는 순간까지 이어갔다. 또 이 책들은 내용에 순서가 없는 까닭에 선택적으로 보아도 이해하는데 불편이 없을 듯하다는 말을 되풀이한다.

 21세기 인간의 손에는 휴대전화가 잠시도 떠나지 않는다. 통신기술의 급속한 발달에 따라 휴대전화가 인간의 신경체계와 연결되어 하나의 신체기관처럼 붙어서 작동한다. 이제 인간은 휴대전화가 폭포수마냥 끝없이 쏟아내는 다양한 정보의 홍수 속에 파묻혀 산다. 그것을 두고 흔히 21세기 인간은 '포노 사피엔스'(Phono Sapiens)라고 말한다.

 그 바람이 태풍의 위력을 지녀 종이책과 종이신문은 퇴장의 길로 밀려나는 신세다. 디지털 시대의 환경변화에 대응하려고 김민철 PVS 대표를 만나 정형화한 도서편집의 틀을 깨보고자 책에 '시각효과'를 입혔다. TV가 출

현하자 모든 이들이 라디오도 영화도 곧 사멸할 듯이 말했지만 두 매체는 제 자리를 더욱 굳건히 지키고 있다. 책도 죽지 않는다고 말하고 싶은 도전이다.

 그 같은 현실적 시장성의 한계와 시의성을 고려해 책의 출판순서를 거꾸로 잡아 먼저 '태평양시대의 세계패권'를 필두로 '지구얼굴 바꾼 인종주의'에 이어 시차를 두고 나머지 두 권도 펴내기로 마음을 먹었다. 거기에는 지난날의 잘못을 오늘날의 거울에 비춰 바로 잡기를 바라는 뜻이 담겨있다.

2024년 1월 1일

일송 김 영 호 (逸松 金 榮 豪)

* 이 책은 한국출판문화산업진흥원이 추진하는 '2023년 중소출판사 출판콘텐츠 창작지원사업'의 지원을 받아 출판되었습니다.

지구얼굴 바꾼 인종주의

인종청소, 인신매매, 종교탄압의 잔혹사

01 피의 광란 스페인 종교재판

종교재판의 첫 과녁 유대인　　　　28p

유럽 휩쓴 유대인 배척운동이 종교재판의 불씨
왕권강화 노려 교황의 권위도 묵살한 종교재판
스페인 종교재판 피처형자 90% 이상이 유태인
무슬림 추방광풍 이어 개종자도 축출한 스페인
금서목록 작성 신교도 표적삼아 종교재판 기승

종교탄압이 낳은 네덜란드 독립　　　42p

스페인 종교탄압 맞서 종교자유 쟁취한 네덜란드
신-구교의 갈등 극복 못해 갈라선 남북 네덜란드
네덜란드를 해양-무역대국으로 키운 종교적 관용

고야의 눈에 비친 종교재판　　　51p

영화 '고야의 유령'이 말하는 종교재판의 야수성
종교의 인간상실을 고발한 고야의 '검은 그림들

02 노예무역 선도자 포르투갈

노예무역은 서유럽의 각축장　　　64p

동방무역 개척한 포르투갈이 노예무역도 선도
영국, 프랑스, 네덜란드도 노예무역으로 떼돈
노예선은 시궁창내 풍기는 움직이는 전염병동
인간화물 실은 노예선은 바다의 인간 도살장

노예 사냥터로 변한 아프리카　　　76p

노예사냥으로 피 마르는 날이 없었던 아프리카
굶고 병들고 맞아 죽은 자가 산 자보다 많았다
3,000만명이 노예로 끌려가다 1/3은 중도사망
노예사냥에 의한 살인적 인구유출이 낙후원인

포르투갈 제국의 저주　　　90p

지진해일이 제국의 황금도시 리스본을 삼켰다
대지진이 재촉한 제국의 사양길, 예수회와 결별
정교분리, 재해관리, 복구체제 정립한 포르투갈

03 극동까지 뻗힌 포르투갈의 마수

일본인, 조선인 노예로 팔아   102p

일본여자 리스본 매음굴에 팔아넘긴 포르투갈
부산까지 와서 조선인을 노예로 사간 포르투갈
향신료 제도에 노예로 팔려갔을 조선 피로인들

매춘사업에 개입한 일본정부   111p

국가가 관리한 일본군 위안부의 원조 '가라유키상'
외화벌이 매춘사업 유곽, 국치로 여겨 숨기는 일본
종군 위안부의 역사를 지으려고 안간힘 쓰는 일본

04 멸족위기 아메리카 원주민

학살과 질병의 희생물   124p

유럽, 아프리카 전염병에 몰사위기 몰렸던 원주민
약탈, 착취로 최하위층으로 전락한 원주민 후손들
끌려가면 죽어서 나오는 제국의 금고 포토시 은광
독립 이후에도 백인이 나라 차지해 지배자로 군림
원주민 아동 체포해 백인사회에 이식시킨 캐나다

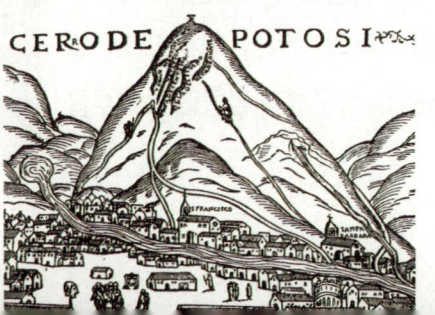

미국의 인디언 청소작업　　138p

남미에 넘치는 인디언이 미국에는 안 보이는 이유
연방군 투입해 250년 넘도록 벌인 원주민 소탕전
멸족위기에 처하자 20세기 들어서야 멈춘 인종청소
금 나오자 땅 뺏기고 죽음의 길로 내몰린 체로키족
원주민 강제로 이주시키다 몰살한 운디드 니 학살

05 백인의 아메리카 인적유산

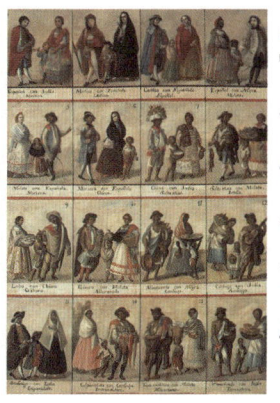

스페인의 인종차별 신분제도　　156p

무슬림, 유대인과 혼혈 피하려 원주민과 결혼
통치기반 강화 위해서 인종-신분차등 세분화
식민통치 말기에 100가지도 넘었던 인종신분
'스페인 피는 특권' 섞이면 권세와 위세 누려
주인자리 뺏기고 하층민으로 전락한 원주민들

신인종 메스티소의 탄생　　170p

다인종 혼혈인이 주류를 차지한 라틴아메리카
혼혈인 메스티소가 주류인종 이룬 남미국가들
백인과의 이인종결혼 장려한 멕시코, 파라과이
메스티소는 경멸적 의미 지녀 쓰지않는 멕시코
원주민 거의 멸족 흑인나라로 변한 카리브제도
남미 백인국 아르헨티나, 우루과이, 코스타리카

06 총과 피가 이룩한 해양제국

네덜란드 동인도회사는 무력부대   190p

아시아 요지마다 무역거점 세운 인구 200만 소국
21세기 20대 거대기업과 맞먹는 동인도회사 위력
네덜란드의 무역거점이었던 자카르타, 케이프타운

상업자본이 만든 대영제국   197p

영국의 스페인 무적함대 격파가 동방진출 길 열어
본국보다 훨씬 막강했던 영국동인도회사의 군사력

07 백인의 아시아 인적유산

신인종 유라시안의 탄생   206p

포르투갈, 화란, 스페인, 영국, 프랑스의 핏줄들
독립되자 박해 피해 부계나라로 떠난 혼혈인들
수에즈 운하개통 따라 영국-인도 혼혈인 감소
이인종결혼 장려하고 혼혈인 중용한 네덜란드
탄압 피하려고 성씨 바꾼 인도네시아 혼혈인들
유럽 대도시들에 생긴 아시아계 혼혈인 공동체

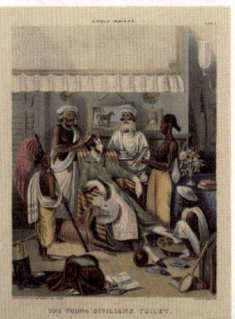

스페인의 13단계 인종차별제도　　　220p

필리핀 333년 동안 지배했던 스페인의 혼혈족
원주민 피가 1/8 이하 섞여야 백인으로 간주
중국혈통 끝까지 추적, 차별, 중과세한 스페인
대항해 시대 이후 냉전종식까지 외국군대 주둔

08 100년 걸린 노예무역 폐지

영국에서 태동한 노예폐지 운동　　　232p

18세기 후반 영-미에서 일어난 노예폐지 운동
사탕무가 노예폐지론과 설탕대중화 이끌었다
영국 주도의 노예무역 금지 100년 걸려 결실

미국흑인의 '아프리카로 돌아가자'　　　238p

남북전쟁 끝나도 변화 없던 노예제도, 인종차별
백인이 더 앞장섰던 '아프리카로 돌아가자' 운동
영국은 시에라리온, 미국은 라이베리아로 송환
라이베리아의 정복자로 등장한 미국노예 출신들

헌법도 무시한 미국의 흑백차별　　　247p

흑인은 버스, 식당, 학교, 변소서도 분리, 차별
연방군 투입해 흑인학생의 백인학교 등교 보호
흑인의 참정권 봉쇄하려 살해, 방화, 린치 자행

09 세계를 떠돈 중국, 인도 일꾼

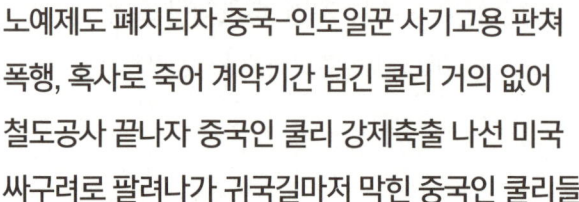

흑인노예의 대역 '쿨리' — 258p

노예제도 폐지되자 중국-인도일꾼 사기고용 판쳐
폭행, 혹사로 죽어 계약기간 넘긴 쿨리 거의 없어
철도공사 끝나자 중국인 쿨리 강제축출 나선 미국
싸구려로 팔려나가 귀국길마저 막힌 중국인 쿨리들

고향 잃은 쿨리의 후손들 — 270p

영국이 식민지마다 데려가서 부린 인도인 쿨리들
미국, 호주 아시아계의 상당수는 중국쿨리 후손들
라틴 아메리카 속의 중국-일본인 쿨리의 후손들

중국인 추방한 미국, 멕시코 — 279p

"감히 백인여자와 결혼했다"가 중국인 추방빌미
축출운동 벌이다 법제화 통해 중국인 강제추방
중국인 학살까지 벌인 미국의 중국인 축출운동
멕시코서 쫓겨나 마카오로 간 중국인 혼혈가족

일본인 강제 수감한 미국, 호주 — 290p

진주만 폭격이후 일본인 체포해 수용소에 수감
일본과 접선 막으려 오지에 수용소 10곳 설치
일본계, 일본 식민지의 징용자도 수감했던 호주

10 세계와 동떨어진 외딴나라 조선

조선 땅 밟은 첫 서양인들   302p

침략자 일본군의 스페인 종군신부 기리는 창원
조선에 상륙한 첫 유럽인, 첫 흑인은 누구일까
임진왜란에 참전했던 4명의 아프리카 흑인용병
조선체류 13년만에 일본으로 탈출한 하멜 일행

뒤늦게 인력수출 나선 조선   311p

미국이 중국인 축출하는데 자국민 수출했던 조선
중국은 인력수출 금지하는데 조선은 거꾸로 허용

11 나라 뺏긴 조선의 유랑민

후대로 이어진 유랑생활   320p

중앙아시아, 연해주, 만주, 사할린의 조선 유랑민들
일본과 소련에 끼여 유랑민 신세로 떠돈 고려인들
화물열차로 한 달 넘게 달려 황무지에 내팽개쳤다

쇠락하는 중국 조선족   330p

살길 찾아 만주에 몰려 촌락 이룬 망국의 조선인들
한족과 동화되고 한국귀화 늘어 줄어든 중국조선족

12 나치의 유대인 홀로코스트

유대인 포함 1,100만명 집단학살   340p

유태인 멸족을 목표로 600만명 학살한 나치독일
아우슈비츠 도살공장만 비유대인 포함 200만 학살
유럽전역에서 현지부역자 도움업고 집단학살 광풍
아우슈비츠 수용소는 하루 2만구 화장한 살인공장
집시, 슬라브족, 장애인, 동성애자도 500만명 학살

13 세계화의 저주와 역습

세계인구의 대이동   364p

미국의 세계화와 공산권 붕괴로 세계인구 대이동
세계화가 몰락시킨 농촌경제, 단순노동, 중소기업

얼굴색 짙어지는 미국-유럽   372p

중남미 이주민 몰려 백인인구 비율 줄어드는 미국
서유럽에 몰리는 옛 식민지 중동, 아프리카 난민들
살 길 찾아 세계를 유랑하는 전쟁-경제난민 3억명
미국에서 어린자식마저 잃고 쫓겨난 불법이주자들
미국의 불법이주자 색출, 추방 맡은 인력만 2만명

유럽의 이슬람화, 미국의 양극화   392p

급속한 이슬람화 따라 유럽에 엄습한 이슬람공포증
세계화가 부추긴 유럽의 크리스천-이슬람 재충돌
미국의 빈부격차-인종갈등 증폭시킨 세계화의 역습
종교적 다원성의 부정이 제국몰락의 불씨 키웠다

미국-유럽의 영원한 이방인   408p

아시아계 노린 무차별적 인종증오형 폭력행위 기승
일본, 미국에 사는 한국 유랑민 후예의 숙명적 고난
아시아계에게 폭력 부추기는 백인의 황인종 공포증

14 인종주의의 책임을 묻는다

식민주의 역사의 재조명   422p

500년 지나서 제기된 콜럼버스와 다 가마의 재평가
세계적 동조현상 이끌어낸 인종차별 반대운동 확산
인종주의자 격하로 번지는 식민주의 역사의 재조명

01

이교도 색출-
축출-
처형의 광풍

피의 광란 스페인 종교재판

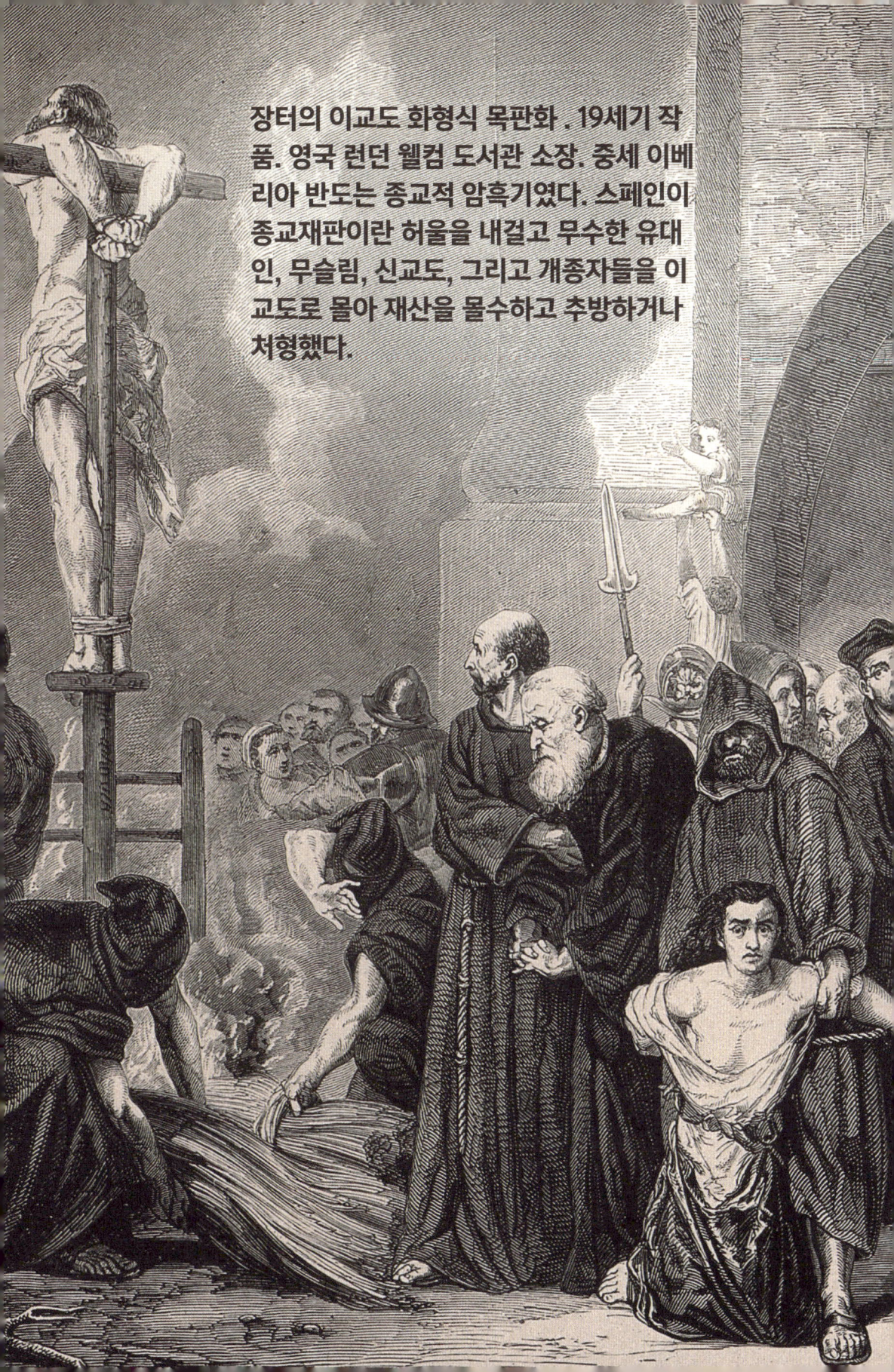

장터의 이교도 화형식 목판화. 19세기 작품. 영국 런던 웰컴 도서관 소장. 중세 이베리아 반도는 종교적 암흑기였다. 스페인이 종교재판이란 허울을 내걸고 무수한 유대인, 무슬림, 신교도, 그리고 개종자들을 이교도로 몰아 재산을 몰수하고 추방하거나 처형했다.

01 피의 광란 스페인 종교재판

종교재판의 첫 과녁 유대인

유럽 휩쓴 유대인 배척운동이 종교재판의 불씨

신대륙이라는 아메리카 대륙의 발견과 스페인의 종교재판은 시기적으로 맞물려 돌아갔다. 스페인의 여왕 이사벨 1세와 국왕 페르난도 2세가 크리스토퍼 콜럼버스의 대서양 원정을 후원했다. 그와 동시에 그들은 로마 교황청과는 독립적인 스페인 주도의 종교재판을 통해 이교도, 이민족을 대대적으로 탄압하기 시작했다.

중세 이베리아 반도는 종교적 암흑기였다. 스페인이 종교재판이란 명분을 내세워 무수한 유대인, 무슬림, 신교도, 그리고 개종자들을 이른바 이교도로 몰아서 재산을 몰수하고 추방하거나 처형했다. 그에 따라 수많은 이민족, 이교도들이 종교탄압을 피해 숨어 살거나 아니면 목숨을 건지려고 다른 나라로 피신했다.
 그들이 이웃나라에서도 종교적 피난처를 찾지 못하면 더러는 바다를 건너 멀리 아메리카 대륙으로 떠나면서 종교난민의 이동이 이뤄졌다. 그곳도 안전하지 않았다. 스페인 종교재판의 광풍이 아메리카 대륙에까지 몰아쳐 그곳에서도 이교도, 이민족에 대한 살육과 약탈이 무자비하게 자행되었다. 거기에 더해 경제적 궁핍에서 탈출하려는 인구의 행렬이 유럽에서 아메리카 대륙으로 이어졌다.

이베리아 반도는 8세기부터 800년 가까이 무어(Moor)인의 지배를 받았던 까닭에 이슬람 말고도 가톨릭, 유대교 등 여러 종교가 함께 사는 다종교 사회를 이루고 있었다. 무어인은 이베리아 반도와 북아프리카에 살았던 무슬림으로서 아랍계나 베르베르 족의 후손을 말한다. 이슬람교도인 무어인은 가톨릭, 유대교 등 다른 종교에 대해 비교적 관용적이었다. 그 연유로 북부지방을 제외한 대부분의 이베리아 반도에서는 이슬람의 모스크와 함께 유대교의 시너고그(synagogue-유대회당), 가톨릭의 성당이 종교간에 큰 마찰 없이 공존했었다.

1492년 유대인 추방. 유대인들이 스페인의 여왕 이사벨 1세와 국왕 페르난도 2세에게 자비를 탄원하고 있다. 유대계 영국인 솔로몬 알렉산더 하트(1806~1881년) 작품. 개인소장.

중세 카스티야에서는 가톨릭 지배층도 이교도에 대해 별로 관심을 두지 않았었다. 유대인과 무슬림에 대해 관용적이었고 집안문제에 대해서는 대체로 전통법과 관습에 따르도록 허용했다. 그러나 가톨릭교도들이 무슬림이나 유대인을 열등하다고 보고 차별적으로 대우했던 것은 사실이었다.

말하자면 중세 스페인은 일종의 종교적 동거사회였다. 무슬림도 유대인과 함께 가톨릭교도에 의해 용인되었다. 세비야, 바르셀로나, 발라도리드 같은 대도시에는 유대인 집단거주지역인 게토(ghetto)가 형성되어 있었다. 그러나 스페인이 레콩키스타(Reconquista-재정복) 이후 점차 무슬림에 대한 관용적 자세를 버리기 시작했다. 이슬람 지배체제 아래서 번영을 누렸던 유대인에 대해서도 비슷한 자세를 취했다.

레콩키스타는 이베리아 반도의 가톨릭 국가들이 연합해서 711~1492년 781년 동안 그곳을 지배했던 이슬람 세력을 축출하고 국토를 회복한다는 운동을 말한다. 이슬람 세력은 이베리아 반도에 침입한 이래로 일부 북부지역을 제외한 대부분 지역을 지배하고 있었다.

아라곤 왕국과 카스티야 왕국이 추진했던 재정복 운동에 의해 무어인이 패배함으로써 16세기 이후 이베리아 반도에서 이슬람 지배시대가 종막을 내렸다. 재정복 이후에도 가톨릭이 지배세력으로 자리를 잡아가는 과정에 유대교, 이슬람과 간헐적인 충돌이 있었지만 비교적 평화로운 공존이 유지되었었다.

법적 불평등에도 불구하고 유대인이 아라곤 국왕에게 오랫동안 봉사한 전통이 있어 정치적 요직을 차지하기도 했다. 또 카스티야에는 비공식적이지만 유대교의 율법학자인 랍비(rabbi)가 활동했었다. 아라곤 국왕 페르난도 2세의 아버지 요한 2세는 유대인을 궁정 천문학자로 두기도 했었다.

그러나 그 즈음 유럽대륙에서는 유대인 배척운동(anti-Semitism)이 거세게 일어나고 있었다. 13세기 말엽부터 14세기에 걸쳐 유럽에 들불처럼 번지던 반유대인 정서가 그것이다. 그 광풍에 휩싸여 영국이 1290년, 프랑스가 1309년 대대적인 유대인 추방에 나섰다.

가톨릭 세력이 레콩키스타를 통해 이베리아 반도를 장악한 다음에는 그곳이 한 동안 평온했

1391년 바르셀로나의 유대인 학살. 스페인 화가 호세 세그렐 1910년 작.

었다. 그런데 이베리아 반도에서도 반유대인 바람이 불더니 그 즈음 일어났던 재정복 운동과 맞물려 유대인 배척운동으로 돌변했다. 그 광풍을 타고 유대교에 대한 종교탄압이 그 참혹성을 드러내기 시작했다.

1391년 6월 일어난 포그롬(pogrom-집단학살)으로 인해 스페인 세비야에서 수백명의 유대인이 목숨을 잃었고 유대회당은 완전히 파괴되었다. 포그롬은 특정한 민족이나 종교에 대한 학살과 약탈을 수반한 폭동을 말한다. 대박해(大迫害)라고도 일컫는다.

반유대인 정서가 세비야에서 포그롬으로 폭발하면서 폭력사태가 인근 지역으로 확산되었다. 그 해 여름 바르셀로나 등 대도시에서는 유대인에 대한 박해가 절정에 달했다. 바르셀로

나에서만 폭력사태로 250명이 살해되었고 여러 지역에서 수많은 유대인의 순교가 꼬리를 물었다.

 반유대인 군중소요가 잇따르자 공포에 휩싸인 유대인 20만명이 가톨릭으로 개종하거나 종교를 감추고 숨어 살았다. 그 이후 유대인에 대한 교육, 직업, 여행 등에 관한 법적 규제조치가 갈수록 가혹해지더니 유대인 탄압과 박해가 더욱 기승을 부렸다.

 강요된 세례는 가톨릭 교리에 어긋난다. 논리적으로 본다면 강제로 세례를 받은 사람은 누구나 법적으로 다시 유대교로 돌아갈 수 있다. 다시 말해 강요된 세례는 양심의 자유에 어긋나니 유효한 성례가 아니다. 그럼에도 물리적 힘을 동원하여 죽인다고 협박하거나 신체적 상해를 가하며 세례를 강요해 놓고 자발적인 개종으로 간주했고 유대교로 복귀도 금지했다.

 15세기 들어서는 유대인 말고 무슬림도 살아남기 위해 대거 가톨릭으로 개종을 서둘렀다. 많은 개종자들이 반유대 취업제한에서 풀려 정부와 교회의 중요한 자리를 얻었다. 그 중에는 궁정의사, 작가, 은행가 등이 있었으며 교회 내에서도 고위직까지 오르기도 했다.

 그에 따라 개종자 또는 새 기독교인이라는 새로운 계층이 생겼다. 개종자 중에는 작위를 받은 유력한 인사들도 있었다. 대표적 인사로는 페르난도 2세의 재상이자 크리스토퍼 콜럼버스의 대서양 항해에 자금을 후원한 루이스 데 산타겔이 있었다.

 하지만 개종자들에 대해서도 탄압이 극성을 부리기 시작하면서 그들은 자신의 불안한 지위와 입장을 지키려고 유대교를 앞장서 비난하기도 했다.

왕권강화 노려 교황의 권위도 묵살한 종교재판

 스페인 종교재판은 카스티야 왕국의 여왕 이사벨 1세가 1477~1478년 세비야에 머물 무렵에 도미니코 수도회에 소속한 한 수사가 청원을 낸 데서 발단했다. 그 내용은 가톨릭 개종자로 위장해 숨어사는 유대인들을 색출해서 처벌해달라는 것이었다.

 그 청원을 빌미로 이사벨 1세가 카스티야 왕국에 사는 가짜 개종자를 심판하기 위해 독자적인 종교재판소를 설치하겠다고 교황에게 청원을 제출했다. 스페인의 독자적 종교재판에 대해 당초에는 완강하게 반대했던 교황 식스토 4세가 마지못해 뒤로 물러섰다.

 그가 1477년 11월 1일 그 청원이 독실한 신앙심에서 우러나왔다는 명분을 내세워 카스티야 왕국에 종교재판을 허용하고 말았다. 심문관은 45세 이상의 신부 2~3명을 임명하도록 했다. 그에 따라 아라곤의 국왕 페르난도와 카스티야의 여왕 이사벨은 국가평의회를 열고 종교재

1400년대 말엽 스페인 종교재판 대심문관 앞에 선 유대인. 폴 하디의 1891년작. 목판화.

판소를 설치했다.

 1481년 2월 6일 이교도에 대한 첫 공개재판이 열려 6명을 화형에 처했다. 그 날부터 카스티야 왕국에는 종교재판의 광란이 벌어졌다. 초기에는 재판대상을 청원자가 가짜 개종자의 소굴로 지목한 세비야 교구와 코르도바 교구로 한정했었다. 그러다 점차 재판대상을 늘려 1492년 카스티야의 8개 도시로 확대했다.

 교황 식스토 4세가 더 이상 재판소 설치를 금지하는 칙서를 반포했다. 그러자 페르난도와 이사벨이 반발하고 나섰다. 그들은 군주의 권위는 신한테서 부여받았다며 이교도를 용납할 수 없다고 단호하게 맞섰다. 그들은 종교재판을 통해 비밀 유대인을 색출해서 처벌하는 것이 군주의 소임이라고 주장했다.

 당초부터 스페인의 독자적인 종교재판에 대해 부정적이었던 교황 식스토 4세는 종교재판이 개종자를 부당하게 핍박한다는 불만을 토로하며 재판을 중지하라는 칙령을 선포했다. 또 교황은 국왕 페르난도 2세에게 보낸 서신을 통해 재판의 문제점들을 조목조목 열거했다.

 그 내용은 많은 독실한 가톨릭 신자들이 무고하게 희생되고 있는 데 대한 깊은 우려의 표명이었다. 정치적 반대자나 경쟁자 또는 원한관계에 있는 사람은 물론이고 노예와 하층민을 이단자로 몰아서 감금, 고문, 처형함으로써 억울한 이들이 너무 많이 희생되고 있다는 지적이었다.

 교황은 또 재산을 강탈하고 처형을 무기로 영혼을 협박한다는 보고를 받고 있다며 불만을 제기했다. 이어 그는 종교재판을 핑계로 스페인이 행할 군사적 행동에 대해서도 경계를 나타냈다. 그는 무엇보다도 스페인의 독자적인 종교재판이 교황권을 침해한다고 판단하고 있었다.

 그 같은 그의 지적과 불만에 대해 아라곤의 페르난도 2세는 오히려 교황에게 군주가 통제하는 종교재판에 동의하라고 압박했다. 만약 협조하지 않으면 오스만 제국이 로마 교황청을 위협하거나 공격하더라도 군사적으로 지원하지 않겠다며 압력의 강도를 높였다. 압박감에 눌린 교황이 페르난도에게 심문관을 임명하는 권한을 부여하고 말았다.

 그럼에도 교황은 종교재판을 통제하려는 노력을 멈추지 않았다. 교황은 개종자에 대한 그의 의견이 수용되기를 바랐다. 그의 의견은 종교재판관이나 군주의 의견보다는 온건한 편이었다. 페르난도는 1483년 명확한 혐의자만 검거하라는 교황의 칙령을 어기고 스페인 남부지방인 안달루시아에서 모든 유대인을 추방했다.

 페르난도는 또 새로운 칙령을 선포하도록 교황에게 압력을 넣었다. 이번에는 종교재판을 교회와 분리하겠다는 협박이었다. 교황 식스토 4세는 결국 1483년 10월 17일 페르난도의 압박에 눌려 새로운 재판절차를 선포했다. 그에 따라 자백과 함께 이웃의 증언, 고발을 수집하기 위한 30일간의 유예기간을 주는 제도가 실시되었다. 재판소는 그에 맞춰 증언, 고발을 듣는 절차를 만들어 그 내용을 처벌의 대상으로 삼았다.

그 때부터 스페인은 이교도를 색출해 축출, 처형하느라 광기를 더해갔다. 예를 들어 길거리에서 남자가 오줌을 누면서 아랫도리를 유난히 숨기려고 하면 할례를 했기 때문일 수 있다는지, 토요일인데 굴뚝에서 연기가 나지 않았다는 증언이 나온다면 그 가족이 몰래 안식일 의식을 가졌다는 증거니 비밀 유대인이 틀림없다는 따위가 그것들이었다.

유대인의 이집트 탈출을 기념하는 유월절 이전에 야채를 많이 샀다거나, 개종한 백정한테서 고기를 샀다는 이웃의 증언을 근거로 비밀 유대인을 가려냈다. 보름달이 뜬 밤에 저녁식사 초대를 거절했다든지, 성호를 오른쪽에서 왼쪽으로 그었다든지 세 손가락으로 그었다는 증언이 나오면 이단으로 몰릴 소지가 컸었다.

재판소는 자백을 받기 위해 신체적 고문을 가했으며 화형을 집행하면서도 비밀 유대인이라는 자백과 속죄를 듣도록 허용했다. 이듬해인 1484년 새로 즉위한 교황 인노첸시오 8세도 교황청이 관할하지 않는 독자적인 종교재판에 대해 분명하게 반대했다. 그는 왕국의 종교재판에 반대하는 청원을 허용하려고 시도하기도 했다.

그러자 페르난도가 교황에 맞서 1484, 1509년 두 차례에 걸쳐 누구든지 국왕의 허가 없이 자백, 증언, 고발과 같은 절차에 대해 트집 잡는 자는 사형과 함께 재산을 몰수한다는 칙령을 내렸다. 페르난도는 교황을 괘념하지 않고 왕권에 의한 재판을 일방적으로 밀어붙였다.

그리하여 군주가 주도 하는 종교재판이 스페인 전역에서 절대적 권위를 갖게 되었다. 무엇보다도 스페인 왕실은 종교재판을 왕권을 수호하는 유용한 수단으로 활용했다. 하지만 아라곤의 일부 도시에서는 저항이 그치지 않았고 1484~1485년 일부 지역에서는 폭동까지 일어났다.

그런데 1485년 9월 15일 심문관 신부가 살해되는 사건이 일어났다. 그 사건은 종교재판에 대한 비판여론을 옹호여론으로 반전시키고 말았다. 아라곤에서는 종교재판이 소수의 유력한 개종자의 영향력을 제거하는 데 초점이 맞춰져 있었다.

스페인 종교재판 피처형자 90% 이상이 유태인

중세 유럽의 종교재판은 12세기 로마 가톨릭 교황 루치오 3세가 카타리파를 이단으로 단죄한 데서 비롯했다. 카타리파는 12~13세기 프랑스 남부지방의 알비, 툴루즈를 중심으로 생겨난 기독교의 일파였다. 그 후 중세 유럽에서는 갖가지 형태의 종교재판이 행해졌다.

아라곤 왕국에는 1232년 카타리파를 소탕할 목적으로 교황 그레고리오 9세에 의해 종교재판소가 설치되어 있었다. 그 후 230년 넘게 지나 아라곤 왕국의 국왕 페르난도 2세와 카스티야 왕국의 여왕 이사벨 1세가 결혼함으로써 1469년 하나의 왕국 에스파냐(España)가 태어났다. 스페인은 에스파냐의 영어식 표기다.

 두 사람은 1480년 교황 식스토 4세에게 스페인이 독자적인 종교재판소를 설치하겠다는 청원을 내서 허락을 얻어냈다. 거기에는 교황이 통제하던 종교재판을 스페인이 교황의 간섭을 받지 않고 독자적으로 운영하려는 의도가 깔려 있었다. 관할영역은 스페인과 그 영토 및 식민지를 포함했었다.

 그에 따라 스페인의 속령이었던 네덜란드도 종교재판의 관할지역으로 편입되었다. 스페인의 종교재판이 신교도를 대상으로 기승을 부리자 북부지역에 신교도가 많았던 네덜란드가 종교탄압에 반발해 스페인을 상대로 독립전쟁(1568~1648년)을 80년간 벌였다. 네덜란드가 그 전쟁에서 승리함으로써 독립을 쟁취하여 공화국으로 태어났다.

 그럼에도 스페인 종교재판은 1834년 이사벨 2세에 의해 중지될 때까지 354년이나 지속되었다. 스페인 왕실이 종교재판소를 설치하려고 내세운 표면적인 명분은 유대교와 이슬람을 버리고 가톨릭으로 개종한 신자들의 종교적 정통성을 확립하도록 돕는다는 것이었다.

그런데 실제로는 종교재판이 종교탄압의 도구로 악용되었다. 스페인의 페르난도 2세와 이사벨 1세가 1492년, 1502년 잇달아 칙령을 발령하고 유대인과 무슬림은 가톨릭으로 개종하든지 아니면 스페인을 떠나라고 강압했다. 그 이후에도 개종자의 신앙 규율을 강화했다.

 그 동기는 정치적으로 다양하고 복잡했다. 먼저 정치적 반대자를 제거하고 개종자를 억압하여 집권체제를 다지는 한편 정치적 권위를 세우려는 의도였다. 또 사회적으로 긴장을 조성함으로써 외부세계에서 침투하는 사상적 오염을 차단하려는 정치적 포석이 깔려 있었다. 그리고 이교도를 재판에 회부한 다음에 몰수한 재산을 챙기려는 **속셈도 숨어 있었다.**

 스페인 종교재판의 악행이 문학이나 역사를 통해 잘 알려졌으나 그 중에는 과장된 측면도 적지 않다. 또 신교도 작가들이 고의적으로 교황청의 명예를 훼손하려는 부분도 있었다. 하지만 가톨릭의 불관용과 탄압을 부인할 수는 없다. 이교도, 이단자, 개종자들을 무수하게 처형한 것도 사실이다.

또한 종교재판이 기승을 부리면서 종교적인 핑계를 내세워 무고한 사람들을 숱하게 화형대, 교수대, 단두대에 세웠다. 처형장은 환성과 탄성이 함께 쏟아지는 피의 제전이었다. 희생자들은 꼭 이교도, 이단자만이 아니었다. 독실한 가톨릭 신자들도 모함해 형장으로 끌고 갔다.

 스페인 종교재판이 가장 극성을 부렸던 시기는 1480~1530년이었다. 그 광란의 시대를 이끈 종교재판의 횟수와 처형자수는 자료마다 다르고 불완전하여 편차가 크다. 누구도 얼마나 많은 사람들이 신앙의 이름으로 단두대에 끌려가 머리가 잘려 나가고 화형대에서 연기로 사라졌는지 모른다.

 역사학자 헨리 카멘은 공개처형의 자료를 토대로 2,000명이 처형된 것으로 추산했다. 주목할 점은 처단대상의 대부분이 유대인이라는 점이다. 1484~1530년 발렌시아에서 처형된 사람의 91.6%가 유대인이었다. 1484~1505년 바르셀로나에서도 피처형자의 99.3%가 유대인이었다.

 어떤 자료는 15만명이 재판에 회부되었고 그 중에서 최소한 3,000명은 처형되었다고 주장한다. 다른 기록은 희생자를 줄잡아 30만명 이상으로 보고 화형 희생자만도 3만1,912명이라는 정확한 숫자를 제시한다. 사형이나 고문 등으로 죽은 사람이 많게는 200만명에 달한다는 추산도 있다. 그 숫자는 당시의 인구를 고려하면 과장된 측면이 강하다.

몰수재산의 행방이나 사용처에 관한 자료는 찾아 볼 수 없다. 그 때 종교재판을 주도했던 세도가들은 남의 재산에 눈이 멀어 이교도의 재산을 챙기려고 예사로 권세를 부렸다. 중세 유럽은 종교의 가면을 쓰고 살육과 약탈을 자행한 공포의 시대, 암흑의 시대였다. 그 때 이미 유럽에서는 20세기 나치 독일의 유대인 대학살(holocaust) 예고편이 자행되고 있었던 것이다.

 스페인 헌법은 국호를 에스파냐(España)로 표기한다. 스페인(Spain)은 영어식 표기로서 영어권과 한국, 일본 등지에서 주로 통용된다. 1980년대 이후 한국에서도 스페인을 '에스파냐'로 표기하고 있으나 정착되지 않고 있다. 그 까닭에 대한민국 서울에 주재하는 스페인 대사관도 스스로 '주한스페인대사관'이란 명칭을 사용하는 형편이다.

 에스파냐(España)는 고대 스페인을 지칭했던 라틴어 이스파니아(Hispania)에서 유래했다. 오늘날 미국에서 많이 통용되는 히스패닉(Hispanic)이란 용어는 주로 미국에 거주하며 스페인어를 사용하는 라틴 아메리카 출신자를 가리킨다. 한마디로 스페인어를 모국어로 쓰는 사람이라는 뜻이다. 영어가 세계어로 자리 잡으면서 스페인이 에스파냐보다 많이 쓰이는 추세다.

무슬림 추방광풍 이어 개종자도 축출한 스페인

스페인 종교재판은 유대인, 신교도 말고 무슬림도 처벌대상으로 삼았다. 8세기 초엽에 이슬람 세력이 이베리아 반도를 점령한 이후 800년 가까이 지배함으로써 이베리아 반도에는 많은 무슬림이 거주하고 있었다. 그런데 레콩키스타 이후 종교탄압이 극성을 부리자 그들 중에서 상당수는 로마 가톨릭교로 개종했는데 그들을 모리스코(Morisco)라고 불렀다.

스페인 종교재판의 일차적 목적은 유대인 개종자 중에서 위장 개종자를 색출해내는 작업이었다. 위장 무슬림 개종자를 가려내는 일도 종교재판의 중요한 과제였으나 초기에는 유대인에 비해 덜 가혹한 편이었다. 하지만 무슬림에 대한 종교재판은 무어인의 오랜 지배를 받아오면서 쌓였던 구원을 청산하는 과정에서 필연적으로 대두될 수 밖에 없었던 문제였다.

1502년 2월 14일 내려진 칙령에 따라 그라나다에 살던 무슬림은 추방과 개종 둘 중에서 하나를 선택해야만 했다. 또 발렌시아에서 일어났던 반이슬람 운동인 '형제애의 반란'(1519~1523년) 이후 많은 무슬림들이 강제로 세례를 받았다. 이어 1526년 아라곤에 거주하는 모든 무슬림은 의무적으로 개종하라는 국왕 카를로스 1세의 칙령이 내려졌다.

지역은 다르지만 개종이나 추방을 선택하라는 칙령이 나온 지 20년 넘게 지나서 다시 개종을 강요하는 칙령이 나온 점을 보면 숨어 살던 무슬림이 많았던 것으로 유추된다. 1568~1571년 그라나다에서 무슬림과 무슬림 개종자의 봉기가 일어났지만 실패로 끝났다. 그에 따라 카스티야와 안달루시아에 살던 무슬림 개종자의 절반이 강제로 격리되었다.

또 무슬림에 대한 스페인 왕실의 감시와 감독이 날이 갈수록 극성을 부렸다. 무슬림 개종자들은 집안에서 몰래 이슬람 의식을 행하는 것으로 의심을 받고 살았다. 하지만 무슬림에 대한 종교재판은 유대교인과 비교하면 덜 가혹했고 고문도 적은 편이었으며 탄압보다는 복음화에 주력했다.

그 이유는 발렌시아, 아라곤에서는 무슬림 개종자들이 스페인 귀족들의 돈벌이를 뒤에서 도왔기 때문이었다. 과도한 박해가 지배계층에게 경제적 불이익을 가져올까 염려했던 것이다. 그러나 스페인 지배층 사이에는 무슬림 개종자들이 언제인가는 배반할 것이란 두려움이 또한 상존해 있었다.

해안지대에는 오스만 제국이 뒤를 봐주는 바바리 해적이 자주 출몰했는데 무슬림 개종자들이 그들을 도와준다고 의심을 샀다. 16세기 후반 들어 펠리페 2세의 재위말기에는 기독교인과 무슬림 개종자 사이에 긴장이 고조되고 있었다. 끝내 1568~1570년 무슬림 개종자의 반란이 일어났지만 스페인에 의해 무자비하게 진압되고 말았다.

그 이후 종교재판이 무슬림 개종자에 대해 더욱 가혹해졌다. 1570년부터 그라나다, 발렌시

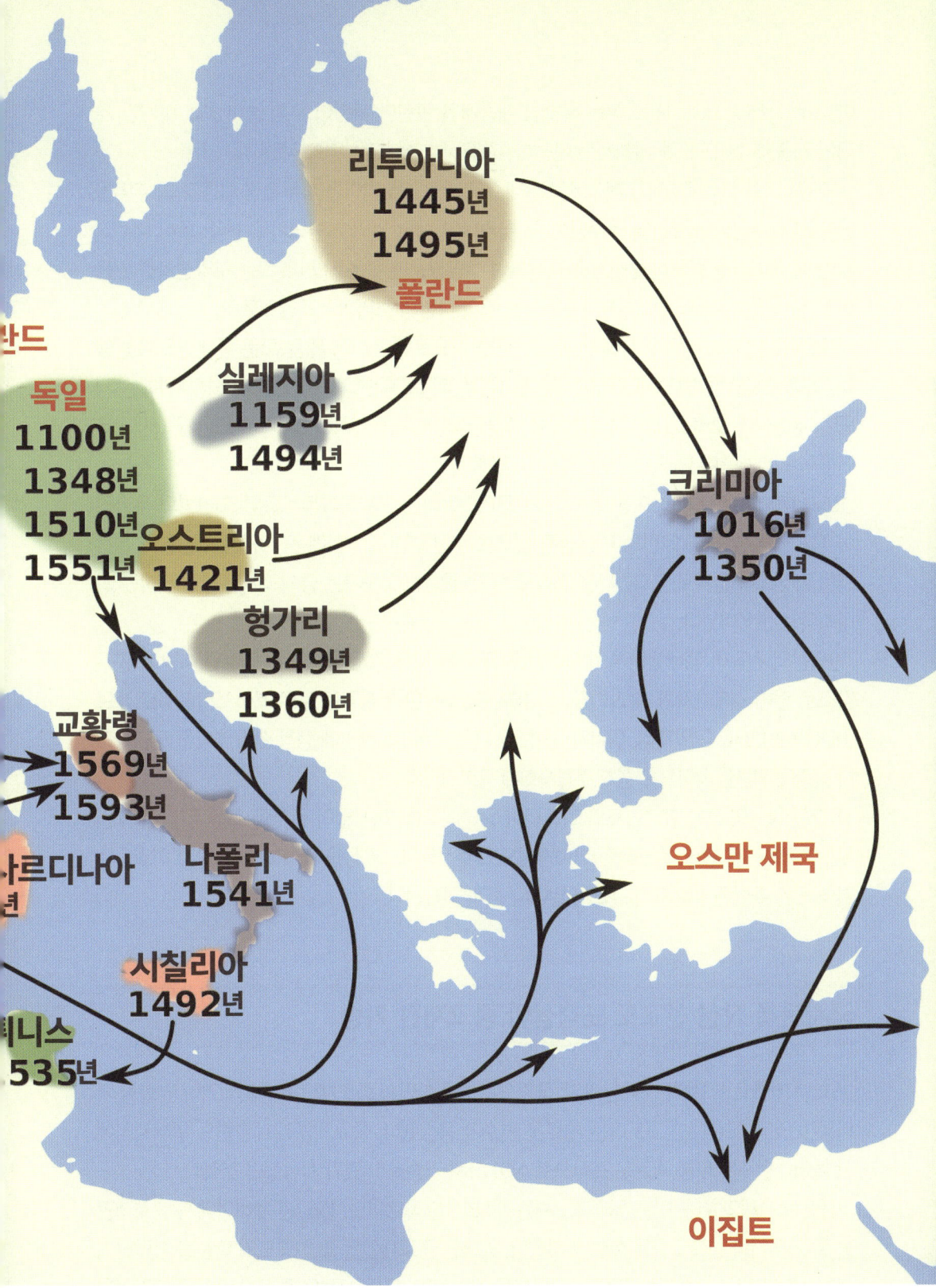

아, 자라고자 등지의 재판소에는 무슬림 개종자와 관련한 사건이 부쩍 늘어났다. 하지만 유대인 개종자나 신교도에 비해서는 여전히 박해가 덜 심했고 사형도 적었다.

1609년 국왕 펠리페 2세가 재정고문과 대주교의 권고를 받아들여 무슬림 개종자의 추방을 단행했다. 수만명이 재산을 몰수당한 채 쫓겨나고 재판 없이 처형되기도 했다. 특히 대주교 후안 데 리베라가 종교적 불관용을 역설하며 추방광풍에 불을 지폈다. 그는 구약성서를 인용하며 신의 적은 자비 없이 죽이고 추방하는 것이 국왕의 소임이라고 강조했다.

국왕 페르난도와 여왕 이사벨이 1492년 가톨릭으로 개종하지 않은 모든 유대인을 추방했다. 이어 스페인은 1500년대 들어 개종한 유대인과 그 후손을, 그리고 1609~1614년에는 개종한 무슬림인 모리스코와 그 후손들을 축출했다. 1614년 펠리페 3세가 주도한 종교재판은 가톨릭으로 개종한 모리스코 수천명을 처형했다.

1615~1700년 종교재판 희생자의 9%가 모리스코라는 기록도 있다. 모두 30만명의 무슬림이 강제로 추방되었고 1만명이 처형된 것으로 추산되었다. 초기에는 30만명 추방설이 설득력을 가졌으나 점차 과장되었다는 주장도 제기되었다. 그 숫자는 당시의 인구를 고려하면 과다하다는 분석이었다.

민족간의 긴장이 팽배했던 발렌시아 동쪽 지방은 너무 많은 무슬림을 쫓아낸 바람에 인구 감소로 인해 경제체제가 붕괴되었다. 대부분의 추방된 무슬림은 주로 북아프리카 마그레브(Maghreb) 3국, 즉 알제리, 튀니지, 모로코나 또는 바바리 해안에 정착했다. 추방을 모면하거나 나중에 귀환한 사람들은 점차 주류사회에 동화되었다.

아라곤 왕국의 국왕 페르난도와 카스티야 왕국의 여왕 이사벨이 결혼할 즈음 두 나라의 인구는 아라곤 100만명, 카스티야 600만명으로 추산된다. 그 점을 고려하면 그 당시 이교도로 처형 또는 추방된 희생자의 규모가 얼마나 큰지 짐작된다.

금서목록 작성 신교도 표적삼아 종교재판 기승

1516년 카를로스 1세가 스페인의 새 국왕으로 즉위하면서 종교재판이 중지되거나 약화될 기미를 보였다. 그런데 신교도라는 새로운 변수가 등장했다. 종교재판이 네덜란드 북부지역에서 늘어나던 신교도를 새로운 표적으로 삼아 다시 기승을 부렸기 시작했던 것이다.

카를로스 1세의 뒤를 이은 펠리페 2세는 1558년 발바로이드, 1562년 세비야에서 종교재판을 열고 루터파 신교도들을 화형에 처했다. 스페인 종교재판은 또 신교도의 확산을 차단하기 위해 서적검열을 실시하는 한편 금서목록을 작성했다. 모든 서적은 출판에 앞서 종교검열을 받아야만 했다.

 1551년 첫 금서목록이 작성된 이래로 1559년, 1583년, 1612년, 1632년, 1640년 새로운 금서가 추가되었다. 금서목록은 그 범위가 아주 광범위하고 내용도 다양했다. 성경도 스페인어로 번역하지 못하도록 금지했다. 금서목록 중에는 당대 스페인 문학의 걸작도 포함되었으며 오늘날 로마 가톨릭 교회에서 성인으로 추앙하는 인물들의 작품도 들어 있었다.

 스페인 종교재판 설치목적의 하나는 유대교 개종자들이 몰래 유대예배를 보지 못하도록 하여 개종자가 종교적 정통성을 확립하도록 도와준다는 것이었다. 그런데 실제로는 국왕이 종교재판의 정당성을 모든 유대인들을 스페인에서 추방하는 데에 두고 있었다.

 그 이유는 독실한 기독교인이 유대교인과 접촉, 대화, 소통하는 과정에서 사상적으로 오염된다는 것이었다. 유대인을 추방하는 칙령이 1492년 1월 반포되었지만 피추방자의 숫자는 정확하게 파악된 바 없다. 초기의 역사적 자료는 스페인에서 쫓겨난 유대인 숫자에 대해 과장된 측면이 있었고 연구자에 따라 편차도 컸다.

 스페인 예수회 신부이자 역사학자인 후안 데 마리아나(1536~1624년)는 80만명이라고 주장했다. 유대인 정치가이자 철학자로서 스페인과 포르투갈에서 작위를 받았던 돈 이삭 아브라바넬(1437~1508년)은 30만명으로 추산했다. 그러나 당시의 공식서류와 지역인구를 면밀히 연구한 자료에 따르면 그 숫자는 훨씬 줄어든다.

 영국 역사학자인 헨리 카멘(1936년 출생)은 유대인 8만명과 함께 개종자 20만명 중에서 4만명이 축출된 것으로 분석했다. 카스티야 왕국에 살던 유대인들은 주로 포르투갈로 피신했는데 1497년 그곳에서도 다시 추방되어 일부는 북아프리카로 갔다.

 그의 연구에 따르면 아라곤 왕국의 유대인들은 이슬람 국가로 가기보다는 주로 이웃 크리스천 국가로 이주했다. 특히 이탈리아로 많이 갔다. 유대인의 한 분파인 세파르딤은 종교재판 이후 대부분이 이베리아 반도에서 추방되어 터키, 북아프리카 등지로 떠났다.

 추방을 석 달 앞둔 시점에 수만명의 유대인이 세례를 받았다. 그들은 단순히 종교를 바꾸면 축출을 모면할 수 있을 것으로 믿었었다. 그러나 개종도 쉽지 않았다. 헌금이란 명목으로 많은 재물을 바치기도 했다. 그런데 곧 이어 개종자들이 종교재판의 과녁이 되었다.

 그들은 개종한 것처럼 속이고 몰래 유대교 예배를 봤다는 혐의를 받았다. 다수의 개종자는 가톨릭 문화에 흡수되었지만 소수가 숨어서 유대교 예배를 보다가 탄압의 대상이 되었다. 탄압을 견디지 못한 나머지 유대인들은 유럽 전역으로 퍼져 나갔으며 북아프리카, 오스만 제국으로도 흩어졌다.

 스페인 종교재판은 단순히 이교도에 대한 종교탄압에 그치지 않고 세계교역사에 중대한 영향을 미쳤다. 스페인이 종교재판을 통해 자국에 거주하던 유태인, 무슬림의 재산을 몰수하고 추방하자 유대인 자본가와 기술자들이 대거 네덜란드로 이주했다. 또 일부는 아메리카 대륙으로 건너갔다.

그들이 종교의 자유를 선언한 신생 공화국 네덜란드 건설의 초석이 되었다. 대항해 시대를 맞아 유대자본이 해운무역회사 설립에 참여하여 바다로 나가자 가는 곳마다 그들을 쫓아낸 스페인, 포르투갈과 만나면 무력충돌을 벌였다. 아시아, 아메리카는 물론이고 아프리카로도 격전이 이어졌다.

원양무역의 선발주자인 포르투갈, 스페인이 해외에 구축한 무역기지를 네덜란드가 침탈하고 거기에 더러 영국이 가세하는 형국이었다. 그것은 가톨릭과 개신교의 충돌로서 당시 유럽 대륙을 휩쓸던 종교전쟁의 일환이었다. 여기서 무역기지는 무역선에 식수, 식품 등 생필품을 보급하고 수출품을 보관하는 창고 이외에도 점령지를 지키는 군사적 기능을 갖춘 요새를 말한다.

종교탄압이 낳은 네덜란드 독립

스페인 종교탄압에 맞서 종교자유 쟁취한 네덜란드

스페인의 이교도 탄압이 마침내 네덜란드의 독립전쟁을 부르고 말았다. 그 전쟁은 스페인의 속령이었던 네덜란드 저지대의 17주가 스페인의 종교탄압에 대항해 독립을 선언함으로써 벌어졌다. 1568~1648년에 걸쳐 80년 동안 이어진 전쟁이라고 해서 '80년전쟁'이라고도 일컫는다. 또 스페인의 입장에서는 반란이라고 볼 수 있어 '네덜란드 반란'이라고 부르기도 한다.

오늘날의 벨기에, 룩셈부르크, 프랑스의 노르파드칼레에 속하는 지역은 가톨릭의 교세가 우세했다. 그 남부지역의 북쪽에는 신교도가 많이 거주했는데 그곳이 오늘날의 네덜란드에 해당한다. 신교도가 우세한 북부지역이 남부지역과 동맹을 맺고 프랑스 루이 14세의 지원을 받아 1648년까지 스페인에 대항하여 독립전쟁을 벌였다.

그런데 남부지역이 전쟁 도중에 독립을 포기하고 동맹에서 이탈했다. 그로써 그 지역은 종교적으로 유대관계가 깊은 가톨릭국가 스페인의 지배를 그대로 받게 되었다. 네덜란드의 승리로 독립전쟁은 1648년 끝났지만 남부 네덜란드의 상당 부분은 프랑스 영토로 편입되었다. 결국 홀란드, 위트레흐트 등 북부 7개주가 끝까지 전쟁을 수행하여 독립을 쟁취함으로써 네덜란드 공화국이 태어났다. 독립전쟁이 80년 동안이나 지속되었지만 두 나라는 바다를 사이에 두고 떨어져 있어 개전과 동시에 네덜란드는 스페인한테서 사실상 독립한 상태에서 전쟁을 치렀다.

네덜란드는 전쟁상황에서도 1602년 연합동인도회사를 설립하고 동방무역에 진출해 성장을 거듭하면서 과학, 예술, 문화의 중심지로 떠올랐다. 그 네덜란드가 전쟁 후반기에는 식민지 개척을 통해 무역대국으로 부상했다. 네덜란드가 선포한 종교의 자유가 유럽 각지에서 탄압받던 유대인, 신교도의 자본과 기술을 흡수함으로써 그것이 성장의 원동력이 되었다.

네덜란드 독립전쟁의 발단원인은 종교개혁으로 거슬러 올라간다. 1517년 마르틴 루터의 종교개혁 이후 개신교가 북유럽에 빠르게 확산되고 있었다. 무역으로 번영을 누리던 네덜란드는 유대교, 개신교에 대해 관용적이었다. 그 까닭에 스페인을 비롯한 이웃 나라들에서 종교탄압을 받던 종교난민들이 대거 유입되고 있었다. 북부지방에는 칼뱅파가 빠른 증가세를 보이고 있었다.

한편 스페인 국왕 카를로스 5세와 그의 아들 펠리페 2세는 유대교, 개신교, 이슬람을 로마 가톨릭의 이단으로 규정하고 대대적인 종교탄압에 나섰다. 1556년 왕위에 오른 펠리페 2세가 네덜란드에 군대를 주둔시켜 반란을 진압하는 한편 가톨릭 국가로 되돌리려는 시도를 멈추지 않았다. 가톨릭 수호자를 자임한 그의 신교도 탄압은 날로 가혹해졌다. 그것이 네덜란드 독립전쟁의 발단원인이었다.

중세 이후 네덜란드는 모직물과 중계무역으로 경제적 번영을 누리며 광범위한 자치권을 향유하고 있었다. 그런데 카를로스 5세에 이어 펠리페 2세도 세수확대를 추진하는 한편 네덜란드의 지방분권을 축소하고 중앙지배 체제를 강화했다. 그 같은 정책은 네덜란드의 귀족세력, 상인계급의 이익과도 배치되어 스페인과 네덜란드의 충돌은 불가피했다.

종교탄압과 식민통치가 갈수록 혹독해지자 북부지방은 물론이고 남부지방의 가톨릭을 믿는 시민계급까지 참여한 항거운동이 1566년부터 일어났다. 사태가 악화되자 1567년 전투병력 1만명을 거느리고 네덜란드 총독으로 부임한 스페인의 알바가 유대인, 신교도에 대해 대대적인 탄압에 나서 추방, 처형을 단행했다.

1572년 들어서는 그에 맞서 네덜란드의 저항운동이 독립전쟁의 양상을 띠기 시작했다. 처음에는 칼뱅파 신교도를 중심으로 저항운동이 전개되었으나 급기야 귀족, 상공인, 농민이 합세하여 빌렘 판 오라녜 1세(Willem van Oranje I)를 지도자로 옹립함으로써 독립운동으로 발전했다.

 1576년 남북 네덜란드의 여러 주가 참여하여 브뤼셀 동맹을 결성함으로써 독립전쟁이 본격화되었다. 원래 독립전쟁이 신교도를 탄압한 데서 발단한데다 경제적 이해관계가 얽히면서 남부와 북부 사이에 종교적 갈등이 쉽게 해소되지 않았다. 결국 1578년 가톨릭 우세지역인 남부지역이 북부지역과 갈라섬으로써 그냥 스페인의 속령으로 남게 되었다.

 하지만 신교도 우세지역인 홀란드를 비롯한 북부지역 7개주는 1579년 위트레흐트 동맹을 결성하고 항전을 이어갔다. 1581년 7월 네덜란드 연방공화국을 수립하여 독립을 선언하고 빌렘 1세를 초대 총독으로 추대했다. 그런데 1584년 빌렘 1세가 가톨릭 광신도에 의해 암살되는 바람에 네덜란드는 정치적 혼란에 휩싸였지만 항전을 이어갔다.

 그 상황에서 1588년 영국 해군이 스페인의 무적함대를 격파함으로써 전쟁국면이 네덜란드한테 결정적으로 유리하게 돌아갔다. 스페인은 패전으로 인해 아메리카 대륙에 거대한 제국을 건설한 국제적 위상에 치명적 타격을 입었다. 과중한 전쟁비용 지출에 따라 재정적 압박이 심화되는 가운데 1598년 스페인의 펠리페 2세가 사망했다.

 펠리페 3세가 즉위한 다음에도 전쟁은 계속되었지만 1609년 12년간의 휴전협정이 체결되었다. 휴전기간 만료에 따라 전쟁이 재개되었으나 네덜란드는 이미 동방무역에 힘입어 대국의 반열에 진입할 단계에 이를 만큼 급성장했다. 결국 1648년 베스트팔렌 조약이 체결되어 네덜란드가 국제사회에서 국가로 인정받음으로써 독립전쟁이 종식되었다.

신-구교의 갈등 극복 못해 갈라선 남북 네덜란드

 16세기 스페인에 대항해 독립전쟁을 벌인 네덜란드는 오늘날의 베네룩스 3국과 북부 프랑스의 일부지역을 포함하고 있었다. 그 지역은 상공업이 발달하여 유럽에서는 가장 부유한 곳의 하나로 꼽히고 있었다. 그런데 그 네덜란드가 바다 건너 멀리 떨어져 있는 스페인 합스부르크 가문의 지배를 받고 있었다.

 중세 유럽사회는 교회중심의 지배체제였는데 거기에 대항하여 종교개혁을 주장하며 개인의 내면적 신앙을 역설하는 개신교(Protestantism)가 등장했다. 그에 따라 16세기 이후 유럽교회는 종교개혁을 반대하는 가톨릭과 찬성하는 개신교로 분리되면서 네덜란드의 북부지역에는 개신교가 깊숙이 침투하고 있었다.

 그런데 스페인은 중세적 세계통치를 꿈꾸며 신교도, 유대교, 무슬림을 이단으로 단죄하느라 광분하고 있었다. 그 광란은 본토에만 머물지 않고 바다를 건너 속령과 식민지까지도 뻗혀

네덜란드 독립전쟁은 영국의 청교도혁명, 미국의 독립전쟁, 프랑스의 대혁명에 앞서 시민혁명의 승리를 이룩했다는 역사적 의미를 갖는다.

종교재판을 통한 종교적, 정치적 탄압이 극성을 부리고 있었다. 거기에 반발하여 네덜란드가 빌렘 판 오라녜 1세를 중심으로 1566년 고이센 동맹을 결성하고 저항에 나섰다.

스페인 국왕 펠리페 2세는 종교재판을 내세워 네덜란드의 이교도를 탄압하는 한편 상공인에게 무거운 세금을 물림으로써 집단적 반발을 불러 일으켰다. 1567년 새로 부임한 네덜란드 총독 알바가 귀족과 상인의 재산을 몰수하고 무역거래에 대해 중과세를 부과했다. 그에 따라 상업활동이 마비됨으로써 제조업 가동이 중단되고 실업자가 양산되었다.

그가 저항세력을 대대적으로 탄압함으로써 철혈통치의 희생자들이 무수하게 쏟아졌다. 그는 저항운동의 지도자격인 백작 에흐몬트, 백작 호른을 비롯한 8,000명 이상을 처형했다. 무단통치가 갈수록 극악해지자 영국, 독일 등지로 망명자들이 속출하여 그 수가 10만명을 헤아렸다.

스페인의 압제에 맞서는 저항운동이 갈수록 격화되더니 마침내 독립투쟁으로 비화되었다. 귀족, 상공인, 농민이 손을 잡고 일어서 망명을 떠났던 빌렘 판 오라녜 1세를 옹립하고 1568년 본격적인 독립전쟁에 돌입했다. 북부지역을 이끌던 빌렘 1세가 남부지역을 제압하고 북상하던 스페인군에 맞서 항전을 벌였다.

그는 1576년 네덜란드의 모든 주가 참여하는 동맹조약을 이끌어 내는 데 성공했다. 그러나 가톨릭 세력이 우세한 남부지역과 캘뱅파가 밀집해 살던 북부지역이 종교적 갈등과 경제적 이해를 극복하지 못해 동맹은 난항을 거듭했다. 그럼에도 민족과 언어가 다른 남북의 17개주가 굳게 뭉쳐서 싸웠다.

하지만 종국에는 종교적 갈등을 극복하지 못해 남부와 북부가 갈라서고 말았다. 남부지역 10개주가 가톨릭 왕국 스페인과 강화조약을 맺고 독립전쟁에서 이탈했던 것이다. 하지만 북부지역 7개주는 1579년 위트레흐트에서 동맹을 맺고 독립전쟁의 전의를 더욱 다졌다.

남부지역의 결별에도 불구하고 북부지역 7개주가 전쟁을 끝까지 수행하기로 결속을 다졌으니 그것이 위트레흐트(Utrecht) 동맹이었다. 1579년 1월 29일 위트레흐트에서 북부지역은 스페인 지배에 대항해 생명을 바쳐 권리와 자유를 지키고 7개주가 1개주처럼 단결한다고 결의했다.

위트레흐트 동맹을 결성하고 북부지역 7개주의 결속을 다지는 데 앞장섰던 빌렘 1세의 주도로 네덜란드가 1581년 마침내 연방공화국의 독립을 선언했다. 초대 총독으로 추대되어 활약

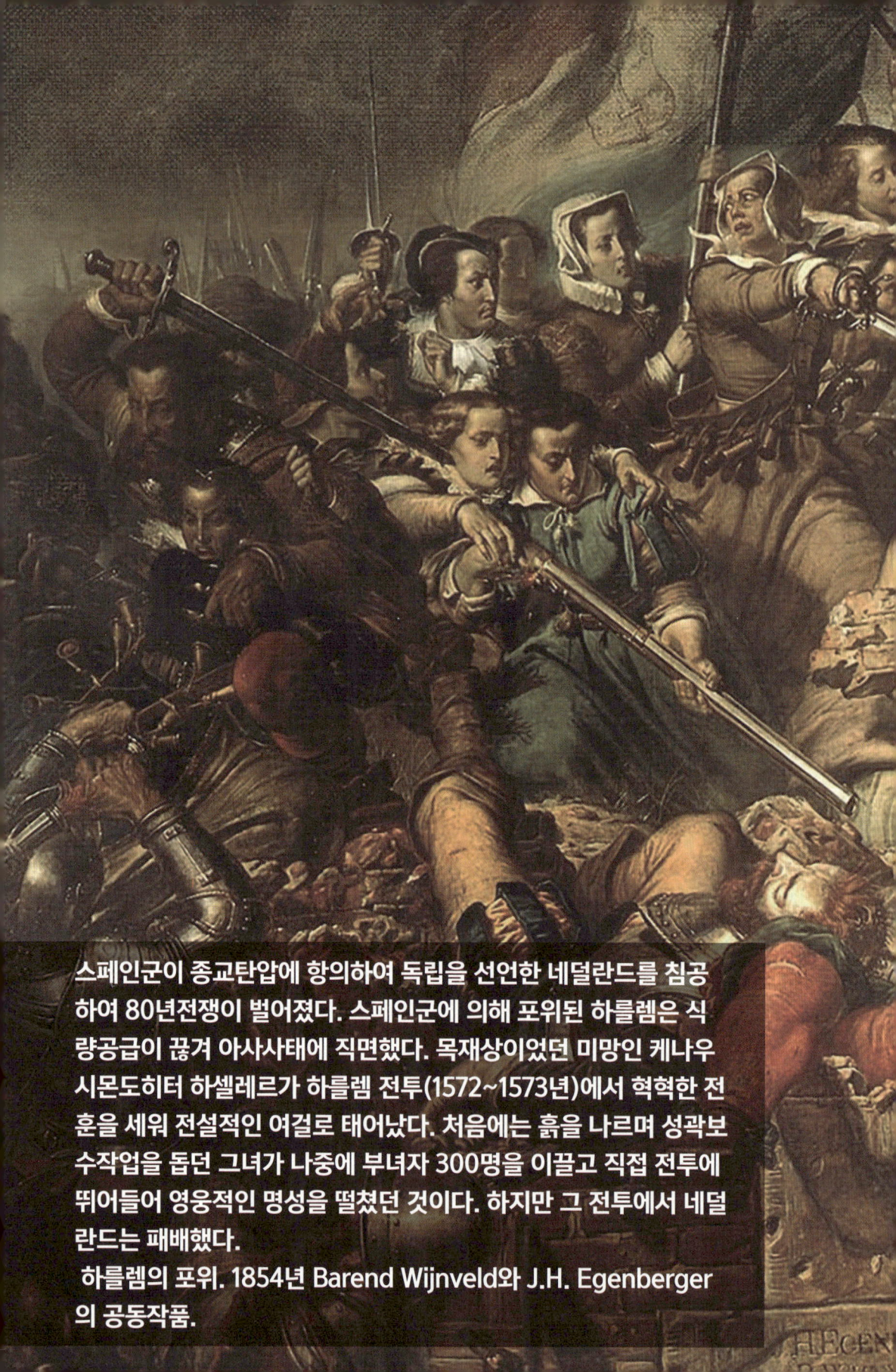

스페인군이 종교탄압에 항의하여 독립을 선언한 네덜란드를 침공하여 80년전쟁이 벌어졌다. 스페인군에 의해 포위된 하를렘은 식량공급이 끊겨 아사사태에 직면했다. 목재상이었던 미망인 케나우 시몬스도히터 하셀레르가 하를렘 전투(1572~1573년)에서 혁혁한 전훈을 세워 전설적인 여걸로 태어났다. 처음에는 흙을 나르며 성곽보수작업을 돕던 그녀가 나중에 부녀자 300명을 이끌고 직접 전투에 뛰어들어 영웅적인 명성을 떨쳤던 것이다. 하지만 그 전투에서 네덜란드는 패배했다.

하를렘의 포위. 1854년 Barend Wijnveld와 J.H. Egenberger의 공동작품.

하던 그는 1584년 불행하게도 가톨릭 극렬분자에 의해 피살되었다.

1568년부터 스페인의 압정에 반대해 네덜란드 독립전쟁을 이끈 빌렘 판 오라녜 1세(Willem van Oranje I-1533~1584년)는 한국에서는 오렌지공 윌리엄(William of Orange)으로 알려진 인물이다. 서양사를 주로 영문자료에 의존하다보니 생긴 일이다. 그는 스페인 국왕 카를로스 1세, 펠리페 2세를 섬기며 홀란드 주지사 등을 역임한 바 있다.

네덜란드 독립전쟁을 이끈 빌렘 판 오라녜 1세의 초상화. 디릭 바렌즈의 1583~1592년작. 암스테르담 국립박물관 소장.

네덜란드를 해양-무역대국으로 키운 종교적 관용

역사는 종교적 불관용이 제국의 멸망을 불렀다고 말한다. 기원전 753년 세운 도시국가 로마를 거대한 제국으로 키운 원동력은 종교적 다원성이었다. 그러나 대제 콘스탄티누스가 선대와 달리 기독교 이외의 타종교를 박해하다 그 덫에 걸려 서로마 제국이 476년 패망했다.

로마제국의 또 하나의 축인 동로마 제국도 이슬람 세력과 끝없는 유혈충돌을 빚다가 1453년 콘스탄티노폴리스가 오스만 제국한테 함락됨으로써 종막을 내렸다. 2000년 이상 존속되었던 로마제국의 영광이 종교적 관용을 잃는 순간에 쇠퇴의 길을 걸었던 것이다.

기독교는 예수 탄생 300년만에 로마제국 인구의 1/10이 믿을 만큼 번창했다. 로마는 원래 다신사회였던 까닭에 피정복지의 신도 숭배하여 로마에 신전을 세울 만큼 종교적 관용이 컸었다. 그 다신사회가 유일신을 믿는 기독교의 팽창세를 타고 종교적 관용을 잃기 시작했다.

기독교가 로마에 동화하지 않는다는 이유로 303년 황제 디오클레티아누스가 박해에 나섰다가 오히려 기독교 세력에 의해 패배했다. 황좌를 계승한 대제 콘스탄티우스는 반대로 기독교로 개종했다. 그가 우상숭배를 이유로 다른 종교를 탄압하자 다신사회인 로마의 반발이 클 수 밖에 없었다.

종교적 반목과 대립은 필연적으로 피를 부르기 마련이다. 로마제국이 번영을 가져온 종교적 다원성을 스스로 포기하자 종교적 대립과 반목이 분열과 내란을 불러 결국 몰락을 부르고 말았다. 서로마 제국이 멸망한 그 자리에는 오늘날 유럽의 국가적 판도를 그리는 호전적인 왕국들이 들어섰다.

6세기말 로마 가톨릭 교황 그레고리오 1세가 서유럽에서 교세가 크게 확장된 데 힘입어 동로마 제국으로부터 독립적 지위를 얻었다. 그것은 기독교가 로마 가톨릭과 동방정교회로 대분열하는 빌미가 되었다. 그 후 십자군이 이슬람 징벌에 나섰지만 오히려 동방정교회와 결별을 낳았다.

로마 교황청의 세속화와 그에 따른 타락과 부패는 종교개혁의 불씨를 지폈다. 그 과정에서 타종교, 타종파에 대한 살육과 약탈이 끊임없이 자행되었고 그것이 마침내 종교전쟁을 부르고 말았다. 로마 교황청은 유대교, 이슬람은 물론이고 이교도에서 가톨릭으로 종교를 바꾼 개종자도 박해했다.

종교개혁의 여파로 기독교는 가톨릭, 개신교로 분열되고 그 개신교는 다시 분화를 거듭하면서 유혈탄압이 그치지 않았다. 거기에 더해 유대교 탄압까지 자행했다. 그 까닭에 유럽 대륙에서는 서로마 제국이 멸망한 이후 1,000년간 제국이 출현하지 못했다.

종교탄압의 광풍에 휩싸인 유럽에 서서히 계몽주의의 바람이 불기 시작했다. 종교적 관용을 의무로 여겼던 시대적 사조가 1600년대 들어 세계해상권을 제패한 네덜란드연합공화국을 탄생시켰다. 그 즈음 네덜란드는 인구가 200만명에 불과해 나라를 지키기조차 어려웠던 실정이었다.

그 때 주변국들은 인구가 1,000만~2,000만명이라 나라를 영국이나 프랑스로 넘기려고 했던 네덜란드였다. 국교가 없던 그 소국이 1579년 건국헌장을 통해 종교의 자유를 선언했다. 종교의 자유는 유럽 전역에서 종교난민을 끌어들이는 강력한 흡인력을 발휘했다.

영국에서 박해를 받던 필그림도 그곳에 피신해 있다가 1620년 메이플라워를 타고 북아메리카를 찾아 떠났다. 네덜란드의 종교적 관용이 거대한 인력이동을 촉발했던 것이다. 종교탄압을 피해 네덜란드로 이동하던 신교도와 유대인을 따라서 기술과 자본도 함께 옮겨갔다.

새로운 기술과 자본은 상업적 번영을 가져왔고 그에 힘입어 전통산업인 방적, 방직, 염색이 유럽 최고수준으로 발달했다. 네덜란드는 1600년대에 들어 동인도회사에 이어 서인도회사를 세워 세계무역 독점체제를 구축했다. 그로써 네덜란드는 대영제국에 앞서 해상무역제국으로 도약하는 발판을 마련할 수 있었다.

그에 따라 설탕, 무기, 화학, 담배, 초콜릿, 다이아몬드 등 다양한 신규산업이 급속하게 성장했다. 네덜란드는 스페인, 포르투갈, 프랑스, 영국과 달리 영토확장보다는 상업발전에 주력

세계최초의 주식회사인 연합동인도회사를 설립한 네덜란드는 1612년 암스테르담에 주식을 사고파는 세계최초의 증권거래소도 세웠다. 건축가 헨드릭 드 케이세르가 지은 증권거래소 건물은 1836년 철거되었다.

했다. 그 결과 암스테르담이 17세기에 들어 세계금융-무역의 중심지로 부상했다.

 중국-일본문물을 유럽에 본격적으로 소개한 것도 네덜란드였다. 금속제 식기를 쓰던 유럽인의 눈에는 중국 도자기가 순백의 금처럼 찬란하게 비쳤다. 그 유럽 귀족사회에 도자기 수집열풍을 더욱 뜨겁게 가열시킨 것도 네덜란드였다. 네덜란드가 그것을 모방해서 만들어낸 청화도자인 델프트웨어가 오늘날에도 세계적으로 유명한 관광상품으로 자리 잡고 있다.

 종교난민이 유입되면서 네덜란드는 문화적으로도 독창성이 분출했다. 회화도 전통예술에서 벗어나 삶을 소재로 하는 강렬한 리얼리즘을 구현했다. 렘브란트, 프란스 할스, 얀 스텐 같은 거장이 그들이다. 네덜란드는 철학자의 은신처이기도 했다. 내적 평온을 찾아 고국을 등진 데카르트, 스피노자, 존 로크는 그곳에서 집필활동에 몰두했다.

 박연에 이어 하멜이 조선의 제주도로 표류했던 것도 그 무렵이었으며 박연도 하멜과 마찬가지로 네덜란드 동인도회사 직원이었다. 그러나 조선은 대포로 무장한 네덜란드 무역선이 왜 목숨을 걸고 지구를 2/3 쯤 돌아서 조선이란 낯선 땅에 떠내려 왔는지 관심조차 없었다.

고야의 눈에 비친 종교재판

영화 '고야의 유령'이 말하는 종교재판의 야수성

 한 장의 사진이 백 마디의 말이나 글보다 더 큰 호소력을 갖기도 한다. 한 편의 영화가 수십 권 아니 그보다 훨씬 많은 책보다도 더 많은 이들의 공감과 감동을 이끌어내기도 한다. 영화 '고야의 유령'(Goya's Ghosts)은 수백 년 전에 스페인에서 자행된 종교재판의 비인간성을 고발하여 숱한 세계인의 공분을 일으키며 심금을 울렸다.

 2005년 스페인에서 제작된 그 영화는 2006년 개봉되었다. 메가폰은 '뻐꾸기 둥지 위로 날아간 새', '아마데우스'의 감독을 맡았던 밀로스 포만이 잡았다. 시나리오는 감독 포만이 '프라하의 봄', '부르주아의 은밀한 매력'으로 유명한 프랑스 각본가 장 클로드 카리에르와 손을 잡고 함께 집필했다.

 영화의 시대적 배경은 스페인에서 일어났던 종교재판의 광풍이 이미 300년 넘게 맹위를 떨치던 1792년 무렵이다. 역사적 배경은 사실(史實)에 근거했고 등장인물도 스페인 궁정화가 프란치스코 고야(1746~1828년–스텔란 스카스가드 분)는 실존인물이다. 그러나 그 영화는 고야의 삶을 조명하는 이야기가 아니라 고야의 시각을 통해 그 시대 종교권력의 야만성과 야수성을 고발한다.

 다시 말해 고야의 눈에 비친 18세기 후반 스페인 가톨릭 사제의 부패상과 종교재판의 잔혹성과 야수성을 그린 영화다. 감독 밀로스 포만은 고야를 주변인물로 묘사하나 영화의 초점은 고야가 살아간 인간상실의 시대를 사회적, 정치적, 도덕적 관점에서 그의 작품에 투영하는 데 모아진다.

 중요한 등장인물인 신부 로렌소 카사마레스(하비에르 바르뎀 분), 초상화의 주인공인 18세의 소녀 이네스 빌바투아(나탈리 포트만 분), 그리고 그녀의 아버지인 거상 토마스 빌바투아와 그의 가족, 종교재판소 재판관, 심판관 등은 모두 허구의 인물이다.

 영화는 1792년 스페인 마드리드 가톨릭 종교재판소가 고야의 판화집 '변덕'을 검열하는 장면이 등장하면서 은막이 오른다. 가톨릭 사제들을 기괴한 괴물로 묘사한 검은 그림들이 심판을 맡은 사제들의 얼굴 앞으로 교차된다. 종교재판의 악마성을 고발한 고야의 그림을 심판하는 재판관과 심판관들은 분노의 표정을 감추지 못한다.

 재판관들이 고야를 이단으로 판결하려고 하자 신부 로렌소가 나서 고야를 두둔한다. 로렌소는 사제를 악마로 묘사한 것이 아니라 악마를 악마로 표현한 훌륭한 작품이라고 옹호한다. 이어 그는 더욱 엄격한 종교재판을 통해 이단을 단죄해야 한다고 역설하며 미묘한 분위기를 피해 간다. 그 즈음 고야는 로렌소의 초상화를 그리고 있었다.

 처벌수위를 논의하던 재판관들은 장벽에 부닥쳤다. 그것은 고야가 궁정화가라는 사실이었다. 종교재판도 더 큰 권력 앞에서는 그 악명 높은 만행이 정지하는 무력함을 보여준다. 고야는 비명을 지르는 듯한 강렬하고도 음산하기 그지없는 화폭으로 종교재판을 풍자했지만 그가 국왕의 총애를 받던 궁정화가라는 사실이 역설적이다.

 신부 로렌소가 화실에서 그의 초상화를 그리는 고야에게 한 소녀의 초상화를 보고 누구냐고 묻는다. 그림 속의 주인공은 18세의 소녀 이네스로서 거상 토마스 빌바투아의 딸이라는 사실을 그가 알게 된다. 어느 날 밤 선술집에서 오빠들과 자리를 함께한 그녀가 새끼돼지를 통째로 구운 요리가 나오자 역겹다는 표정을 지으며 먹으려 하지 않는다.

 그 모습이 이단자를 찾아 염탐활동을 벌이던 종교재판소 심판관들의 눈에 포착된다. 그 때는 종교재판소가 이교도나 위장 개종자를 색출하기 위해 염탐꾼을 풀어서 주민의 일상생활을 감시하고 있었다. 종교재판소가 그녀를 구속하더니 빨가벗겨 두 손을 묶어 천장에 매달고 혹독한 고문을 자행한다.

그리고는 그녀가 비밀 유대교인이라고 자백했다며 그녀를 재판도 없이 지하감옥에 가두었다. 종교재판소는 이미 그녀 아버지의 조상이 1624년 네덜란드 암스테르담에서 스페인으로 이주해 와서 유대교에서 가톨릭으로 개종한 기록을 확보하고 있었다.

그러나 그것은 역사적 오류다. 그 때는 스페인의 지배를 받던 네덜란드가 신교도와 유대인에 대한 종교탄압에 반발해 스페인을 상대로 독립전쟁을 벌이고 있던 시기였다. 그 때 스페인은 이교도, 이민족을 처형하거나 추방하고 있어 많은 유대인, 신교도들이 종교탄압을 피해 네덜란드로 피신하고 있었다.

아니면 헌금이라는 형식을 빌려서 거액의 뇌물을 주고 가톨릭으로 개종했다. 그 까닭에 염탐꾼들이 가짜 개종자를 찾아내려고 혈안이었다. 그런데 영화는 빌바투아의 조상이 거꾸로 네덜란드에서 스페인으로 이주했다는 내용을 설정했다. 역사적 사실에 대한 인식부족이 빚은 오류다.

이네스의 아버지 토마스 빌바투아가 신부 로렌소의 초상화를 그리면서 그와 친분을 쌓은 고야에게 달려가서 딸을 구하도록 도와 달라고 간곡하게 부탁한다. 한편 로렌소는 감옥으로 그녀를 찾아가서 살려달라고 애걸하는 그녀에게 함께 기도하자며 끌어안더니 겁탈한다.

그녀의 아버지 토마스 빌바투아는 고야와 함께 로렌소를 자택으로 만찬에 초청한다. 그 자리에서 토마스가 딸의 석방을 도와달라고 애원한다. 하지만 로렌소의 반응은 냉담하다. 독실한 가톨릭 신자는 하느님의 은총을 입어 고문의 고통을 이겨낼 수 있다는 말만 되풀이한다.

그는 그의 딸이 이미 혹독한 고문을 이기지 못해 비밀 유대인이라고 자백했다는 사실을 직감한다. 토마스는 누구나 고문을 당하면 거짓을 진술하기 마련이라고 말하자 고야도 그의 말에 동의한다. 그래도 로렌소는 동의하지 않는다. 격분한 빌바투아가 아들들과 하인들의 도움을 받아 로렌소를 결박하여 천장에 매단다.

고문과 강압을 견디지 못한 로렌소는 토마스가 마련한 나는 원숭이라는 자백서에 서명한다. 토마스는 딸 이네스가 석방되면 자술서를 폐기하겠다고 약속한다. 그리고 그는 딸을 석방해 주는 대가로 수도원 복구자금으로 헌금한다며 금화가 가뜩 담긴 돈 궤짝을 로렌소에게 건넨다.

로렌소가 추기경에게 이네스의 무죄를 탄원하지만 그녀가 자백했으니 유죄라며 돈 궤짝만 챙기고 석방을 거절한다. 로렌소는 다시 감옥으로 그녀를 찾아가 겁탈한다. 그녀의 아버지 토마스가 국왕 카를로스 4세에게 로렌소의 자술서를 가지고 가서 탄원하는데 국왕이 관심을 가지려는 순간에 딴 일이 생겨 무위로 끝난다.

로렌소는 그가 서명한 자술서가 폭로되자 도망자의 신세가 되어 국외로 탈출한다. 고야의 화실에 있던 그의 초상화는 압수되어 불에 탄다. 그 후 세월은 15년이 흘러 고야는 심한 열병을 앓아 불행하게도 귀머거리가 된다. 스페인을 침공한 프랑스 나폴레옹 군대가 종교재판을 폐지하고 감옥에 갇혔던 죄수들을 석방한다.
　이네스도 그녀를 미치게 만든 돼지우리보다 못한 지하감옥에서 풀려나와 그녀는 이미 폐인이 되어 있었다. 한편 국외로 도피했던 로렌소는 프랑스의 나폴레옹 군대와 함께 금의환향한다. 점령군의 부역자가 된 그는 높은 관직에 올라 그를 이단으로 몰았던 종교재판소의 재판관, 심판관들을 감방으로 보낸다.
　이네스가 옛집을 찾아가니 그곳은 폐가가 되어 잡초만 무성하게 우거졌고 가족은 추방되었는지 처형되었는지 온 데 간 데 기 없었다. 오갈 데 없는 그 녀가 고야를 만나 그가 낳은 애기를 찾아 달라며 도움을 애소한다. 감옥에서 이네스가 출산한 딸은 낳자마자 어디인가로 끌려갔었다. 고야는 애기 아버지인 로렌소를 찾아 이네스의 애처로운 사정을 전한다.
　당황한 로렌소는 이네스를 찾아서 정신병원으로 보내 감금한다. 로렌소는 구속된 재판관 신부를 찾아 감옥에서 태어난 애기를 고아원으로 보냈다는 소리를 듣는다. 고아원을 찾아간 그는 원장수녀한테서 그의 딸이 알리시아라는 이름을 가졌으며 수년전에 고아원에서 도망쳤다는 말을 듣게 된다.
　공원에서 매춘부 노릇을 하는 이네스를 빼닮은 알리시아를 발견한 고야가 로렌소를 찾아간다. 고야가 그에게 모녀상봉을 주선해 줄 것을 당부하자 로렌소가 선수를 쳐서 그녀를 먼저 만난다. 아메리카로 가도록 뱃삯을 대어줄 테니 스페인을 떠나라고 제안하자 그녀가 거절한다. 딸의 역도 나탈리 포트만이 맡아 1인2역을 해낸다.
　그 사이에 고야는 정신병원을 찾아 뇌물을 주고 이네스를 빼낸다. 그는 그녀를 데리고 그녀의 딸이 작부로 일하는 선술집으로 찾아간다. 그에 앞서 로렌소는 군인들을 풀어 딸과 함께 창녀들을 붙잡아 아메리카에 노예로 팔아먹으려고 선술집에 쳐들어가서 그들을 체포한다.
　군인들이 한 바탕 검거소동을 벌었던 선술집은 잠잠해졌다. 그 술집 안으로 들어가 서성대던 이네스가 엄마는 잡혀가고 혼자 남아 울고 있는 갓난 애기를 발견한다. 그녀는 그 애기가 빼앗긴 자기 애기인 줄 알고 기뻐서 어쩔 줄 모르다 애기를 끌어안고 어디로인지 사라진다.
　그 때 스페인 정국은 또 다시 격동의 소용돌이로 휩싸인다. 포르투갈을 거쳐 스페인을 침공한 영국군이 스페인 주민의 도움을 받아 프랑스군을 격퇴시킨다. 로렌소의 명령으로 창녀들을 수송하던 프랑스 기마대는 영국군의 공격을 받아 흩어지고 알리시아는 영국군 장교와 눈이 맞는다.
　로렌소는 도망가다 붙잡혀 복구된 종교재판정에 선다. 그가 감옥에 넣었던 추기경이 다시

재판관이 되어 그에게 회개를 당부하나 그가 거부한다. 사형선고를 받고 형장으로 끌려가 교수대에 오른 그는 영국군 장교의 품에 안겨 그를 비웃는 딸의 모습을 목격한다.

이네스는 군중 속에서 미친 듯이 로렌소를 부르며 주운 애기를 그에게 보여주려고 애를 태운다. 로렌소는 멀리서 그 비극의 순간을 화폭에 담고 있는 고야의 모습도 목도한다. 이네스가 애기를 안고 싸늘한 사체로 변해 수레에 실려 끌려가는 로렌조의 손에 연신 입을 맞추며 따라 간다. 멀리서 이네스를 부르며 그녀를 뒤따르는 고야를 그녀가 힐끗 뒤돌아보며 미소 짓는 장면을 끝으로 은막은 내린다.

감독 밀로스 포만은 그의 부모를 나치의 포로수용소에서 잃은 가슴 아픈 가족사를 지니고 있었다. 그 자신은 공산주의 치하의 체코슬로바키아에서 30대 중반을 맞았다. 1932년 출생한 그는 1968년 체코슬로바키아 민주화 시민운동인 '프라하의 봄'을 소련 탱크가 짓밟는 역사의 현장을 지켜보고 겪은 다음에 미국으로 이주했다.

국가권력의 폭력이 그의 인격을 형성하는 데 큰 영향을 미쳤다고 한다. 그가 국가권력의 비인간성이 교정되기를 오랫동안 염원했기에 그 영화를 만든 듯하다. 그는 그 영화를 통해 인간성을 말살하는 종교라는 거대권력을 고발한다. 그가 2018년 작고함으로써 그 영화는 사실상 그의 유작이 되고 말았다.

종교의 인간상실을 고발한 고야의 '검은 그림들'

프란치스코 고야가 그린 '옷 벗은 마하'는 한국에서도 외설시비를 낳아 유명세를 탔었다. 1969년 UN성냥이라는 상표가 붙은 성냥갑 앞면에는 침대에 비스듬히 누운 요염한 자태의 나부(裸婦)가 그려져 있었다. 명화집을 보고 옮겨 실었다지만 금세 음란물로 몰렸고 이어서 음란성을 인정하는 판결이 내려졌다.

1970년 한국 대법원이 성냥갑에 실린 고야의 '옷 벗은 마하'를 예술, 문화, 교육 등 공공의 이익을 위해서가 아니고, 그림을 복사, 제조해 판매했으니 그것은 명화를 모독해 음화로 볼 수 있다는 판결을 내렸다. 무슨 뜻인지 모르겠지만 정리하면 나체화가 공익이 아닌 다른 목적을 위해 쓰이면 음란물이 될 수 있다는 이상한 소리였다.

어쨌든 프란치스코 고야는 그보다 150여년 앞선 1815년 스페인에서 '옷 벗은 마하'의 음란성이 문제가 되어 종교재판에 회부되었었다. 종교재판은 그 그림의 주인공이

프란치스코 고야의 옷 벗은 마하(상) 1790~1800년작, 옷 입은 마하(하) 1800~1805년작.

누구이며 음란한 나부를 그린 동기가 무엇인지 추궁했던 것으로 알려졌다. 그 때 그는 1789년 즉위한 스페인 국왕 카를로스 4세에 의해 궁정화가로 위촉되어 활동하고 있었다.

 그가 궁정화가라는 지위 때문인지 몰라도 그가 어떤 대답을 했는지 기록에 남아있지 않다. 고야는 나중에 '옷 벗은 마하'의 모습에다 옷을 입혀 '옷 입은 마하'도 그렸다. '옷 벗은 마하'는 압류되었다가 1901년에야 비로소 '옷 입은 마하'와 함께 햇빛을 보게 되었다.

 두 그림은 마드리드 프라도 미술관에 나란히 걸려 한 벽면을 장식하고 있다. 나체화를 그린 궁정화가 프란치스코 고야(Francisco José de Goya-1746~1828년)는 일반의 상식과는 전혀 다른 면모를 가졌던 인물이었다. 18세기 중엽과 19세기 초엽에 걸쳐 격정적 삶을 살았던 그는 후대에 의해 위대한 화가로 평가 받는다.

 그는 세기적 격변기를 겪으면서 이교도를 도륙하는 종교재판의 광란과 이교도의 재산을 넘보는 사제의 탐욕을 몸으로 체험하고 눈으로 목격했다. 그는 시대의 관찰자로서 종교재판의 비인간성과 비종교성을 화폭에 담아냄으로써 종교의 인간상실을 고발했다.

 그는 외국군대라는 또 다른 거대한 폭력집단의 만행도 목도했다. 영국과 프랑스의 점령군이 차례로 스페인 민중에게 가한 참혹한 폭력의 현장을 말이다. 프랑스 나폴레옹군의 스페인 침공, 영국군의 스페인 상륙과 프랑스군 축출은 유혈전의 연속이었다.

 그는 또 스페인이 아메리카 식민지에서 저지른 약탈과 학살, 그리고 스페인 제국의 몰락과 그에 따른 혼란도 목견했다. 고야는 스페인의 잦은 정변을 겪으면서 점차 인간에 대한 깊은 회한과 회의를 갖게 되었다. 그는 신생국 미국의 탄생과 프랑스 대혁명이라는 역사적 격변, 격동과 함께 계몽주의 태동도 지켜보았다.

 1792년 콜레라에 걸렸던 고야는 고열로 인해 청각을 잃었다. 5년 쯤 지나 기력은 다소 회복되었건만 그는 상실감과 절망감의 깊은 심연에 빠져 헤어나지 못했다. 1799년 고야는 '이성이 잠들면 괴물이 깨어난다'는 부제가 달린 판화집 '변덕'을 발표했다.

그 판화집은 악마라는 인 사회의 야수성과 부의 모습을 닮은 사제의 된 시대상의 풍자가 통 고야의 눈에 비친 종교 인간의 이성을 마비시키 또 이성이 잠들면 종교 가는지 보여준다.

미신에 사로잡힌 스페 패상을 고발했다. 악마 탐욕스런 얼굴에 투영 렬하다. 판화의 연작은 재판의 광기가 어떻게 고 인간성을 파괴하며, 가 어떻게 괴물로 변해

고야의 판화집 '변덕'의 표지 1799년작

고야는 1819년 마드리드 교외의 만자나레스 강이 굽어보이는 언덕 위의 2층집으로 이사했다. 그 때 그의 나이는 72세였다. 그 이전에도 그 집에는 청각장애인이 살았던지 '귀머거리의 집'으로 알려졌던 곳이다. 그도 46세 때 앓은 열병 탓에 세상에서 일어나는 모든 소리와는 단절된 상태였다.

 그곳에서도 노령의 그는 죽음의 문턱을 오가며 병마와 싸웠다. 병든 노구를 이끌고 그는 1820~1823년 3년 동안 1, 2층 두 개의 방을 벽화로 채우기 시작했다. 그가 그 그림을 팔거나 전시할 생각이 없었기에 벽면에다 그림을 그렸을 것이다. 그는 어떤 작품에도 제목을 붙이지

프란치스코 고야의 '1808년 5월 3일'. 1814년작. 스페인 마드리드 프라도 박물관 소장. 고야는 외국군대라는 거대한 폭력집단의 만행도 목도했다. 프랑스 나폴레옹군의 스페인 침공, 영국군의 스페인 상륙과 프랑스군 축출은 유혈전의 연속이었다. 훗날 파블로 피카소가 전쟁의 잔혹성과 우매성을 고발한 고야의 작품에서 영감을 얻어 '한국에서 학살'을 그린 것으로 알려져 있다.

도 않았다. 설혹 그가 제목을 달았다고 하더라도 아무한테도 알리지 않았을 테니 누구도 모를 일이었다.

 1823년 고야는 그 집을 손자 마리아노에게 물려줬다. 페르난도 7세의 지지자들이 체제에 비판적인 인사들에게 보복할까 두려워 집을 지키려고 생전에 증여했다는 소리도 있다. 그 후 괴기한 벽화로 가득 찬 그 집은 주인이 여러 차례 바뀌었지만 그 그림들은 반세기 동안 세상에 알려지지 않았었다.

 1873년 독일출신 프랑스 은행가가 그 집의 새로운 주인이 되었다. 그가 미술품 복원가로 활동하던 화가에게 그 벽화들을 떼어내어 액자로 옮기는 작업을 맡겼다. 1878년 파리 만국박람회에 그 벽화들이 출품되었다. 기존의 고야의 화풍과는 전혀 다른 모습을 하고 나타난 작품들을 접한 관람객들은 전율했다.

그 그림들은 하나같이 음산한 느낌을 줄 만큼 어둡기도 하지만 주제도 공포, 불안, 사악, 괴기, 죽음을 나타내어 음울하기 그지없다. 인간의 야수성을 너무나 생생하게 전달한다. 인간성을 파괴하느라 광분하는 거대권력의 조직적인 폭력이 암울한 분위기를 너머서 가공하리만치 악몽적이라 보는 이의 기억에서 좀처럼 지워지지 않는다.

귀머거리 집에서 벽화에 심혈을 쏟는 동안 그는 언제 또 다시 병마가 덮칠까 몰라 두려움에 떨며 살았다. 그 그림들은 그가 생애의 말기에 하루하루 고통스런 심신과 사투를 벌이는 동안에 태어났다. 인간이 인간에게 행하는 비인간성을 붓으로 질타해온 고야의 그 그림들의 배경에는 노년에 엄습한 전율과 공포가 깔려 있다.

그는 청력을 상실하여 아무 소리도 들리지 않는 밀폐된 공간에서 그 음산하고 음습한 벽화들을 통해 자신의 내면세계를 표출해 냈다. 무성의 세계에 갇혀 고뇌에 나락에 빠져있던 그가 일구어낸 작품세계는 그야말로 악마의 괴성에 귀를 막고 절규하는 형국을 연출하고 있다.

벽화의 연작 중에서 가장 엽기적인 공포심을 자아내는 작품은 '아들을 잡아먹는 사투르누스'다. 사투르누스는 로마신화에 나오는 농사의 신이다. 그리스 신화의 '크로노스'에 해당한다. 자식한테 죽음을 당하리라는 예언을 믿는 사투르누스는 자신의 목숨을 지키려고 자식이 태어나는 대로 잡아먹는다.

제 생명을 부지하려면 제 자식을 잡아먹어야 하는 저주에 걸린 사투르누스, 그리고 종교재판의 만행을 통해 인간이 인간이기를 거부하는 인간의 비인간성을 목도한 고야. 그가 인간의 숙명적 야수성과 잔혹성을 두려워했던 나머지 아들을 먹어치우는 사투르누스의 광기 넘치는 모습을 벽면에 남기지 않았나 싶다.

그 14점의 벽화가 오늘날에는 고야의 '검은 그림들'(Black Paintings)이란 이름이 붙어 알려져 있다. 하나 하나의 제목은 나중에 미술사학자들이 지었다. 매물로 박람회에 출품했던 그 작품들을 소장자가 1881년 스페인 정부에 기증하여 마드리드 프라도 박물관이 소장하고 있다.

1819년 프라도 박물관이 개관할 즈음 고야는 생존해 있었고, 그 때 그의 작품은 3점만이 벽면을 차지했었다. 그 중의 한 작품이 영화 '고야의 유령'에도 나오는 카를로스 4세의 부인인 여왕 마리아 루이자의 기마상이다. 그 후 프라도 미술관은 그의 그림을 꾸준히 수집하여 소장품이 130점으로 늘어났다. 그 밖에도 데생 500여점과 다수의 판화를 소장하고 있다.

프라도 박물관은 고야의 초기 작품부터 말년의 망명지 프랑스 보르도에서 그린 작품까지, 그의 작품세계를 전체적으로 아우르고 있다. 그 중에서도 '카를로스 4세의 가족'(1800년), 프랑스군이 마드리드 민중봉기 참여자들을 총살하는 '1808년 5월 3일 학살'이 압권이다. '검은 그림' 14점은 1층 전시실에 따로 걸려있다.

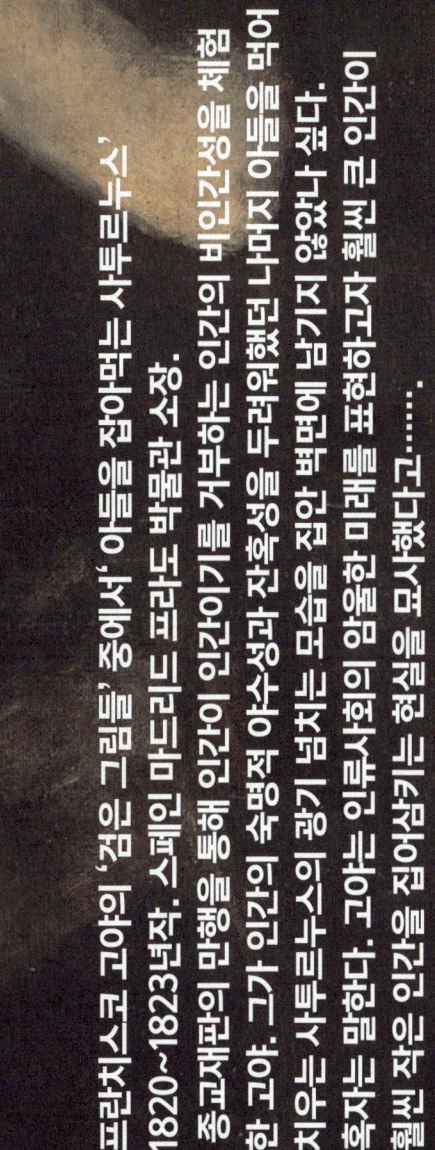

프란치스코 고야의 '검은 그림들' 중에서 '아들을 잡아먹는 사투르누스', 1820~1823년작. 스페인 마드리드 프라도 박물관 소장.
종교재판의 만행을 통해 인간이 인간이기를 거부하는 인간의 비인간성을 체험한 고야. 그가 인간의 숙명적 야수성과 잔혹성을 두려워했던 나머지 아들을 먹어치우는 사투르누스의 광기 넘치는 모습을 집안 벽면에 남기지 않았나 싶다. 혹자는 말한다. 고야는 인류사회의 암울한 미래를 표현하고자 훨씬 큰 인간이 훨씬 작은 인간을 집어삼키는 현실을 묘사했다고…….

T 536

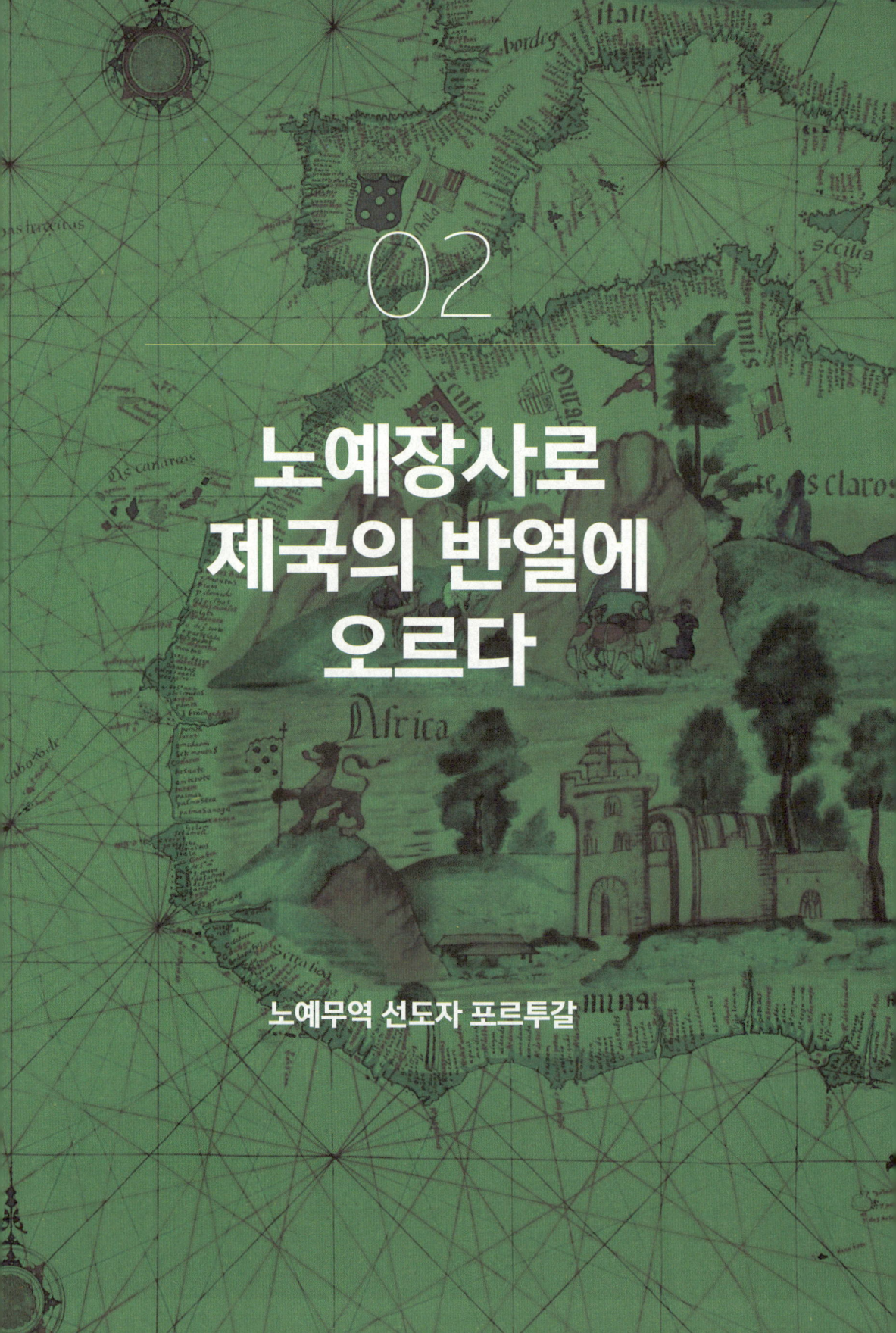

02

노예장사로 제국의 반열에 오르다

노예무역 선도자 포르투갈

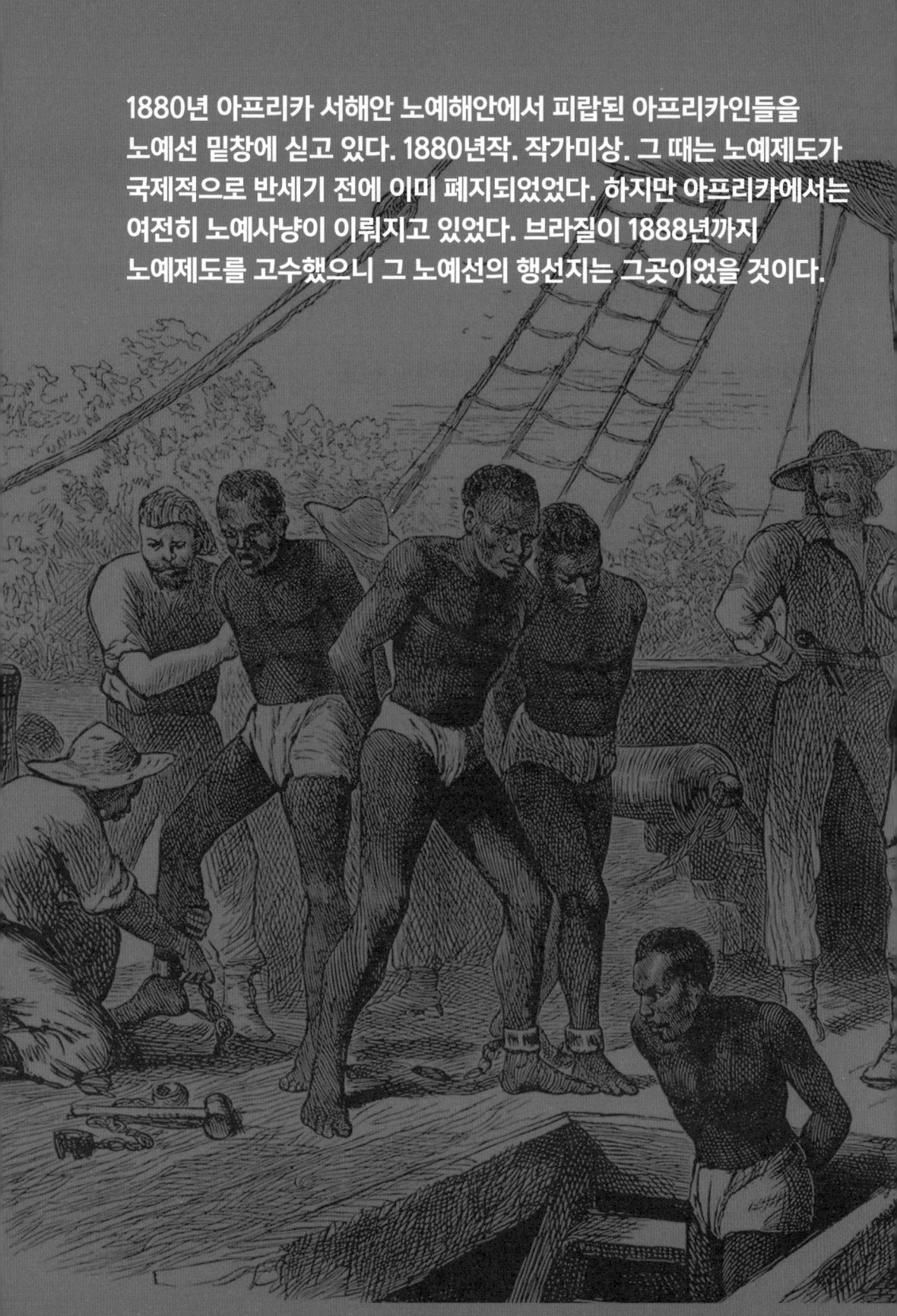

1880년 아프리카 서해안 노예해안에서 피랍된 아프리카인들을 노예선 밑창에 싣고 있다. 1880년작. 작가미상. 그 때는 노예제도가 국제적으로 반세기 전에 이미 폐지되었었다. 하지만 아프리카에서는 여전히 노예사냥이 이뤄지고 있었다. 브라질이 1888년까지 노예제도를 고수했으니 그 노예선의 행선지는 그곳이었을 것이다.

02 노예무역 선도자 포르투갈

> 노예무역은 서유럽의 각축장

동방무역 개척한 포르투갈이 노예무역도 선도

 포르투갈은 바스쿠 다 가마 이전부터 동방항로를 개척하려고 아프리카 서해안을 오랫동안 탐사했었다. 포르투갈은 1418~1480년 아프리카 서해안을 따라서 남쪽으로 가는 바다의 지도를 다시 그리기 위해 해양탐사대를 여러 차례 파견했다. 그것을 근거로 과거에는 어떤 유럽 사람도 가 본 적이 없는 곳을 영토로 표시했다.

 포르투갈이 가장 먼저 아프리카 남단을 돌아서 동방항로를 개척할 수 있었던 배경에는 그처럼 오랫동안 아프리카 서해안 탐사를 통해 쌓았던 항해경험이 있었다. 한 세기 가까운 탐사 경험을 토대로 포르투갈이 아프리카 남단을 돌아서 아시아로 가는 동방항로를 개척할 수 있었던 것이다. 그 과정에서 포르투갈은 아프리카에 노예시장이 존재한다는 사실을 알게 되었다.

 포르투갈이 막상 동방항로를 열었지만 아시아에 가져가서 팔아 동방물자를 살만한 상품이 없었다. 그 까닭에 포르투갈이 아프리카 동해안에서 사람들을 납치해서 아시아로 끌고 가서 노예로 팔아 동방물자를 사고, 또 무역선의 용병이나 향신료 농장의 노예로 부렸다. 나중에 대항해 시대가 열리자 포르투갈이 그 노예장사를 밑천으로 대서양 노예무역에도 나섰다.

 그에 따라 포르투갈은 1526년 아프리카 서해안에서 아메리카로 가는 대서양횡단 노예무역 항로를 개척하는 데 성공했다. 그 때부터 포르투갈은 아프리카인들을 사냥해서 아메리카로 끌고 가서 파는 대서양 노예무역을 선도했고 다른 유럽 국가들은 한 세기 쯤 지나서 그 대열에 합류했다.

 한편 콜럼버스가 상륙했던 아메리카에는 그가 기대했던 향신료가 나지도 않았고 약탈할 만한 금은보화도 별로 없었다. 스페인이 궁리 끝에 그곳에서 농산물을 싸게 대량으로 재배해서 유럽에 가져다 파는 돈벌이를 착상해 냈으니 그것이 대농장(plantation)이었다.

 스페인과 포르투갈이 대농장 개간에 나섰는데 일손이 턱없이 모자랐다. 대농장은 노동집약 산업이라 많은 노동력을 필요로 했는데 아메리카는 인구밀도가 아주 낮았다. 거기에다 유럽 백인의 무자비한 학살과 유럽 전염병에 걸려 원주민이 멸족위기에 놓일 만큼 많이 죽어 일손이 절대적으로 부족했다.

유럽 이주민이 증가하고 그에 따라 농지개간도 늘어나자 노동수요가 빠르게 증가했다. 일손부족으로 인해 노예무역이 유망산업으로 떠오르자 포르투갈이 본격적으로 노예사냥에 나섰다. 유럽 이주민들이 아메리카 전역에서 아프리카인들을 노예로 부리기 시작하면서 아프리카는 노예 사냥터로 변해갔다.

재배품목도 날씨가 따듯한 북아메리카 남해안, 카리브 제도와 남아메리카 서해안을 중심으로 사탕수수, 커피, 연초, 곡물, 목화 등으로 다양화되었다. 그 연유로 카리브 제도와 남아메리카의 대농장이 북아메리카보다 훨씬 더 많은 아프리카인들을 끌어 들여 노예로 부렸다.

아메리카 대륙의 작물수출이 늘어나자 인력수요도 폭발적인 증가세를 보였다. 유럽 노예상들이 노예 사냥꾼한테 잡힌 아프리카 사람들을 사서 노예선에 태워 대서양을 건너 주로 카리브 해안과 브라질에 데려다 팔았다. 대서양을 사이에 두고 아프리카에서 아메리카로 끌려가는 노예거래가 16~19세기에 걸쳐 이뤄졌다.

그것이 400년 동안 정기적, 반복적으로 지속되었던 까닭에 그 노예거래를 대서양 노예무역이라고 일컫는다. 노예로 잡혀간 아프리카 사람들은 거의 서해안이나 중부지역 출신이었다. 유럽 노예상들이 직접 노예사냥에 나가 사람을 잡아서 아메리카로 끌고 가서 노예로 팔아넘긴 사례는 알려진 것과 달리 거의 없었다.

노예상들이 내륙지방으로 들어가서 사람을 사냥하다가는 죽을 위험이 컸기 때문이었다. 노예상들은 아프리카인의 격렬한 저항도 무서웠지만 풍토병이 두려웠다. 그런 연유로 그들은 서해안에 앉아서 데리고 오는 사람들을 사기도 했으나 그 경우는 극히 소수였다. 주로 노예선을 타고 강을 따라 내륙지방으로 들어가서 노예 사냥꾼들이 강가로 끌고 오는 피랍자들을 샀다.

17세기 말엽부터 18세기에 이르는 기간에 서유럽 국가들이 신대륙에서 제국의 꿈을 이루려는 경쟁이 치열했기에 노예수입이 날로 늘어났다. 그 즈음 노예장사가 서유럽에서는 최고의 수익사업인지라 저마다 경쟁적으로 뛰어 들어 노예무역에 주력했다.

노예선 선주들은 노예를 가능하면 빨리, 싸게 수송해서 비용을 절약하려고 아프리카 사람들을 짐짝처럼 취급했다. 납치하는 과정은 물론이고 수용소에서 노예선 승선을 대기하는 과정에서도 많은 이들이 죽었지만 대서양을 횡단하는 도중에도 많은 이들이 생명을 잃었다.

18세기 말엽까지는 남북아메리카를 통틀어 아프리카출신 노예가 백인 이주자보다 훨씬 많았다. 그 만큼 노동수요가 컸고 많이 끌려갔다는 뜻이다. 노예로 팔려간 아프리카인들은 주로 커피, 담배, 코코아, 설탕, 목화 농장이나 금광, 은광, 그리고 곡물농사, 건설공사, 벌목, 집안일 등 막노동을 도맡아서 처리했다.

 개척초기에 영국식민지로 끌려간 아프리카 사람들은 영국에서 데려간 노동자처럼 계약하인이나 종신도제로 대접을 받았다. 그러다 17세기 중반 들어 노예로 취급하기 시작했다. 스페인의 인종차별 신분제도가 정착되면서 노예와 노예 자손은 법률적으로 주인의 소유물이 되었고 흑인노예에 대한 학대도 더욱 가혹해졌다.

 노예가 자식을 낳으면 아버지가 누구인지 가리지 않고 어머니가 노예이면 그 출생아는 무조건 노예가 되었다. 노예는 상품이나 노동의 단위로 취급되어 시장에서 재화로서 다른 상품이나 용역과 마찬가지로 거래되었다. 체격, 연령, 성별에 따라 가격차등도 크게 났다.

 대서양 노예거래 실적은 포르투갈이 단연 선두였다. 어떻게 집계했는지 몰라도 한 자료에 따르면 1519~1867년 유럽 국가 중에서 포르투갈이 아프리카 노예를 아메리카에 가장 많이 팔았다. 전체에서 차지하는 비율이 38.5%였다. 그 다음은 영국으로서 점유율이 24.9%였다. 영국의 점유율은 서인도제도와 남아메리카 18.4%, 그리고 북아메리카 6.45%를 합한 것이다. 이어서 스페인이 점유율 17.5%로 의외로 높게 나왔다. 동방무역에서 포르투갈과 스페인의 적대국이었던 네덜란드는 대서양

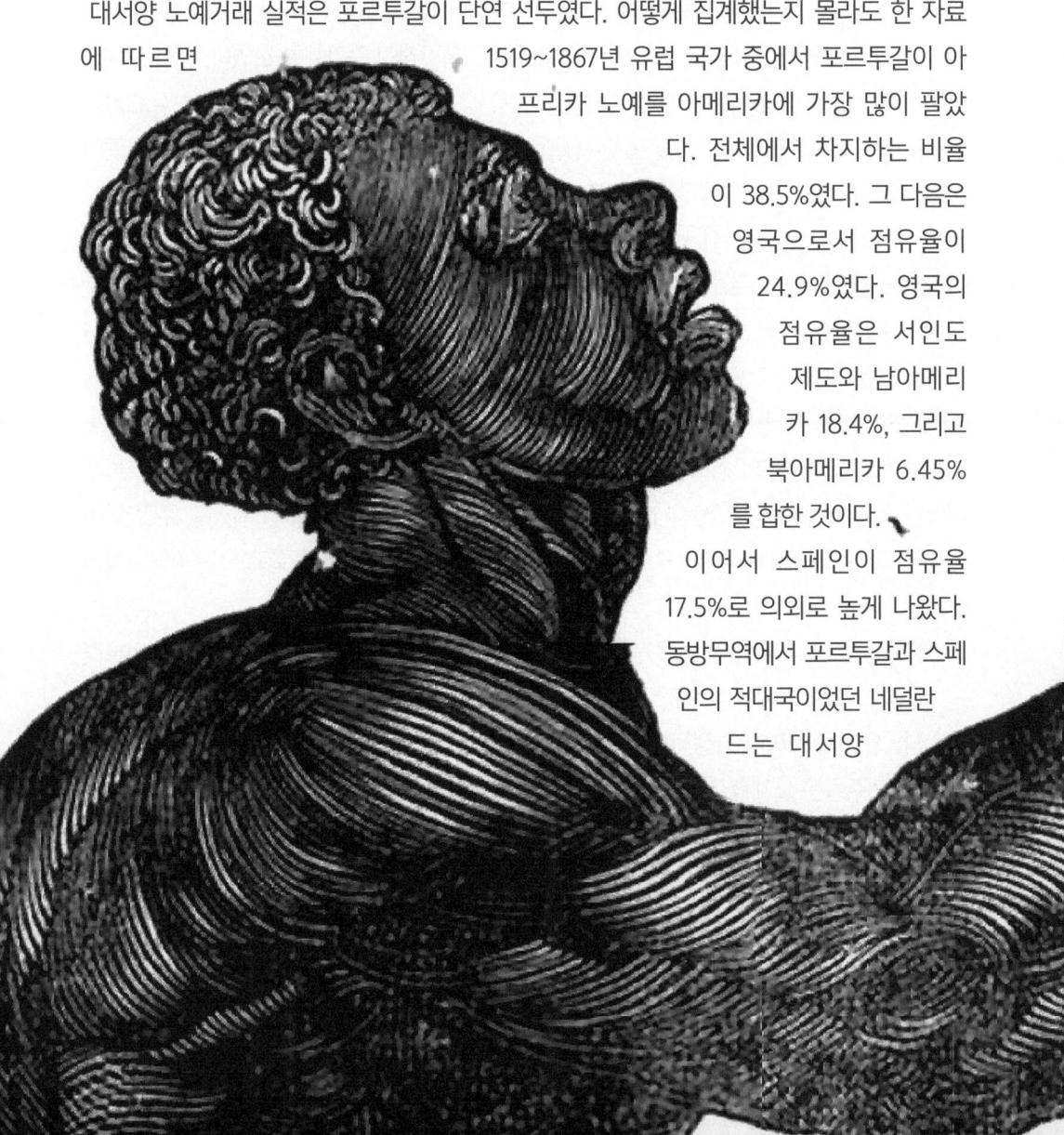

무역에서는 부진했는데 노예무역에서도 그 비율이 아주 낮게 나왔다. 숙적인 포르투갈이 노예무역을 선점했고 스페인이 아메리카 대륙에서 막강한 영향력을 갖고 있었기 때문이었다.

영국, 프랑스, 네덜란드도 노예무역으로 떼돈

 대서양 노예무역이 개시되기 이전인 15세기에도 이베리아 반도의 카스티야 왕국은 아프리카인들을 잡아다 파는 노예장사로 재미를 봤다. 카스티야는 아프리카 북서해안에 위치한 카나리 제도에 유럽인들을 데리고 가서 포도주와 설탕을 생산했다. 또 그곳의 원주민을 잡아서 노예로 부리거나 지중해로 끌고 가서 노예로 팔았다.
 중세시대 이베리아 반도의 중앙을 차지했던 카스티야 왕국은 훗날 아라곤 왕국과 통합하여 스페인 왕국으로 태어났다. 그 스페인이 나서 콜럼버스의 아메리카 원정을 후원했다. 그 때 이베리아 반도에서는 선박에 대포를 장착하면서 교역방식이 상품교역의 단계를 너머서 남의 나라를 침략해서 약탈하는 방식으로 바뀌고 있었다.
 그 즈음 포르투갈도 카나리 제도를 아프리카 서해안을 침탈하기 위한 해군기지로 활용하면서 아프리카인들을 납치해 지중해안에 내다 팔았다. 처음에는 아프리카인의 조직적 저항이 거의 없어 노예장사로 큰 재미를 보았지만 점차 아프리카인들의 반격도 만만찮아졌다.
 그 때만해도 아프리카의 수상장비가 우수해 아프리카 서해안과 내륙지방의 강을 따라서 통과하는 데는 아프리카 배가 훨씬 효율적이어서 노예사냥이 수월하지 않았다. 포르투갈은 1494년까지 아프리카 서해안의 여러 나라와 상호우호통상협정을 맺었다. 그에 따라 침략행위가 폭력을 부르는 예외적 사태가 더러 있었으나 비교적 평화적인 교역이 이뤄졌다.
 그 이후 콜럼버스가 첫발을 디딘 아메리카 서인도 제도를 유럽 정벌자들이 농지로 개간하면서 아프리카인을 납치해서 파는 대서양 노예무역이 개시되었다. 대서양 노예무역은 시기적으로 두 단계로 나눌 수 있다. 첫째 단계는 포르투갈과 스페인이 우호적 관계에 있던 1502~1580년이었다.
 그 시기의 초기에는 포르투갈이 아프리카 사람들을 노예로 포르투갈과 스페인의 아메리카 식민지로 끌고 가서 부렸다. 그 때는 식민지 개척의 초창기이어서 농장개간이 활발하지 않았고, 그에 따라 노예무역의 규모가 별로 크지 않았다. 그 기간에는 포르투갈이 노예무역을 주도했다.

포르투갈은 아프리카 서해안을 따라서 남쪽 끝자락까지 내려간 다음에 그곳에서 동쪽으로 돌아서 아시아로 가는 동방항로를 개척했다. 그 이전부터 포르투갈은 아프리카 노예시장을 잘 알고 있던 터라 동방무역 초기부터 노예무역을 영위했다. 한 세기가 지나서 네덜란드와 영국도 아프리카 남단을 돌아서 동방무역에 진출하면서 상황이 달라지기 시작했다.

유럽 국가들이 아메리카에 대농장을 개간하면서 인력부족을 타개하려면 구조적으로 노예제도에 의존하지 않을 수 없었다. 그에 따라 노동력 수요가 급증하면서 노예무역이 더욱 활기를 띠었다. 영국과 네덜란드도 동방무역 진출을 계기로 대서양 노예무역에도 본격적으로 참여하면서 유럽, 아프리카, 아메리카를 왕래하는 노예선들이 날로 늘어났다.

하지만 선발주자인 포르투갈이 여전히 노예무역을 거의 독점하고 있었다. 그 즈음에는 포르투갈이 브라질과 스페인 식민지의 노예수입을 거의 전담하고 있었기 때문이었다. 나머지 시장을 놓고 후발주자인 네덜란드, 영국, 프랑스가 각축전을 벌이는 형국이었다.

스페인은 포르투갈과는 달리 다른 나라 노예상들에게 자국의 식민지에 노예를 공급하는 면허를 내주었다. 그 이유는 스페인은 아프리카를 거치지 않고 막 바로 대서양을 횡단하여 아메리카로 갔기 때문에 아프리카와 접촉이 적어 노예시장을 잘 몰랐다.

그러나 포르투갈-스페인 왕관연합이 깨진 이후에는 스페인이 포르투갈과 노예거래를 중단하는 한편 스페인도 직접 노예무역에 뛰어 들었다. 여기서 왕관연합은 스페인 국왕이 포르투갈 국왕을 겸직했던 사실을 말한다. 그 이후에는 포르투갈과 함께 영국, 스페인, 프랑스, 네덜란드가 노예무역을 주도했다. 노예선의 목적지는 거의 카리브 해안과 브라질이었다.

18세기 들어서 대서양 노예무역이 절정에 달했는데 그 시기에 노예무역의 절반 이상이 이뤄졌

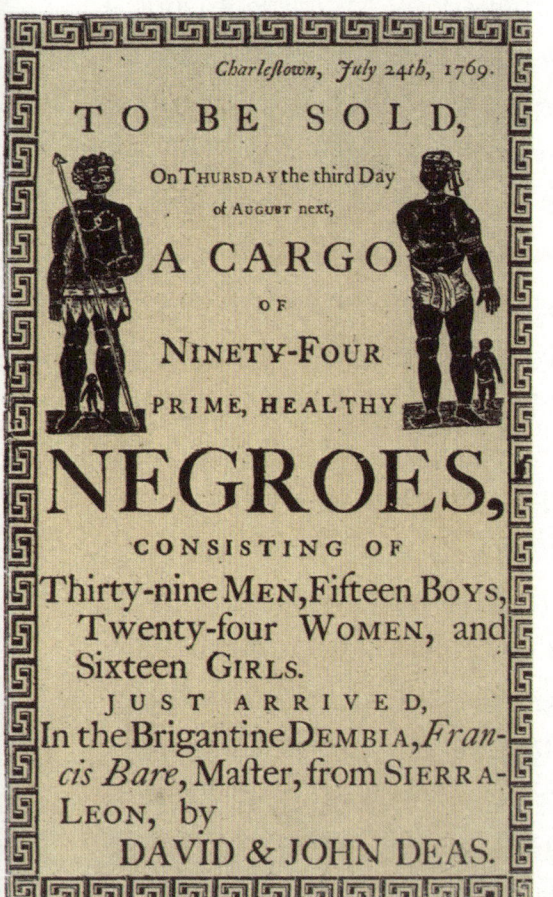

1769년 미국 사우스 캐롤라이나 주 찰스턴에서 노예경매를 알린 광고지.

다. 그 때 노예 열 명 중의 아홉 명은 포르투갈, 영국, 프랑스 3개국의 노예상들이 끌고 가서 팔아넘겼다. 그런데 18세기 후반 들어서는 세계적으로 노예무역을 규제해야 한다는 비판의 소리가 나오기 시작했다.

그에 따라 영국과 미국이 1808년 아프리카 노예무역을 금지했다. 하지만 그 이후에도 포르투갈이 노예제도를 고수한 바람에 노예무역이 여전히 성행했으며 어떤 교역상품보다도 교역규모가 컸었다.

노예선은 시궁창내 풍기는 움직이는 전염병동

1781년 11월 아프리카 노예해안에서 자메이카로 가던 종(Zong)이란 선명을 가진 영국 노예선에 전염병이 돌았다. 작은 배에 처음부터 무리하게 470명이나 태워 위태로웠다. 과다적재, 영양실조에다 전염병까지 번져 선원 7명과 노예 60명이 죽었다. 거기에다 악천후까지 겹쳐 항해가 늦어지면서 식량과 식수마저 바닥이 났다.

선장이 돌림병을 막고 물과 식량을 아끼려고 병든 노예 133명을 바다로 던지라고 명령을 내렸다. 노예들을 산채로 바다에 던져 수장하려고 하니 작은 노예선은 아수라장으로 변했다. 노예들이 몸부림치며 저항하고 더러 스스로 몸을 던져 자살하기도 했다. 종 호가 영국으로 돌아가니 노예주들이 보험회사를 상대로 노예운송 보험금을 내놓으라는 소송을 제기했다.

선주는 당시 식수가 바닥났고 병든 노예들을 그냥 뒀더라면 다른 노예들도 병들어 생명을 부지하기 어려웠을 것이라고 주장했다. 그 이유로 보험회사가 보험금 지급을 거부했는데 1783년 노예주들이 승소했다. 그 사건은 재판과정을 거치면서 노예선의 참혹상이 재조명되는 계기가 되어 노예제도 폐지운동에 불길을 당겼다.

노예선의 참상을 묘사한 증거자료는 많은 편이다. 선원들과 노예들이 남긴 편지, 일기, 회고록, 선장의 항해일지, 선박회사의 기록 등이 그것들이다. 또 노예폐지론이 대두되면서 영국 의회에서 행해진 청문회의 증언도 중요한 증거자료였다. 그 이외에도 비판적인 언론보도가 적지 않았다.

16~19세기 아프리카 서해안에서 아메리카 대륙의 서인도 제도까지 항해하는 노예선에는 노예로 잡혀가는 아프리카 사람들을 짐짝처럼 빈틈없이 빽빽하게 실었다. 노예들은 항해기간 내내 사슬에 묶이고 족쇄가 채워진 상태에서 선반에 나란히 누워있어야만 했다.

조선술과 항해술이 발달하면서 항해일수가 수세기에 걸쳐 점차 줄어들었다. 16세기 초기에는 보통 서너 달이 걸렸으나 19세기 들어서는 한 달 반으로 절반 가까이 단축되었다. 하지만 그 때도 대서양 횡단기간이 계절에 따라, 기후에 따라 두 달에서 여섯 달로 큰 차이가 났다.

노예선 바닥의 선반 높이는 1m가 되지 않아 허리를 펴고 앉아 있기도 어려웠다. 노예선 한 척에 보통 600명가량을 태워 옴짝달싹 할 수 없었다. 끌려간 사람들은 거의 다른 부족 출신이라 서로 얼굴을 모르고 말도 통하지 않아 선상반란은 꿈도 꿀 수 없었다.

아프리카 사람들을 가둔 배 밑바닥은 그야말로 생지옥이었다. 여기저기서 들려오는 앓는 소리, 매 맞는 소리, 울부짖는 소리로 노예선 밑바닥은 전율을 자아내는 공포의 도가니였다. 몸서리치는 비명도 통곡도 차츰 참을 수 있었지만 악취만큼은 갈수록 심해져 도저히 견딜 수 없었다.

밀폐된 공간에 몸을 돌려 누울 틈도 없이 사람들을 빽빽하게 집어넣었다. 폭염 탓에 그 많은 사람들이 땀을 끝없이 쏟아 냈다. 옆 사람과 함께 족쇄를 채워 묶었으니 용변인들 마음대로 볼 수 없었다. 그 자리에서 똥오줌을 싸야했으니 악취가 진동했다.

옆 사람이 죽어나도 더러 며칠씩 죽었는지 살았는지 몰랐다. 여기저기서 사람들이 죽어나나 제때 치우지 않았으니 송장내가 진동했다. 거기에 똥내, 오줌 내, 땀내가 범벅이 되어 썩는 통에 숨쉬기조차 어려워 질식할 것 같았다. 돼지우리보다 못하면 못했지 나을 리가 없었다. 인간의 탐욕이 빚은 지옥의 냄새였다.

노예선에서는 남자는 두 명 씩 짝을 지어 한 사람은 오른 발에 다른 한 사람은 왼발에 족쇄로 채워 묶었다. 또 목에는 쇠사슬을 채웠다. 여자와 어린이는 남자보다 조금 느슨하게 채웠다. 급식은 콩, 옥수수, 얌, 쌀, 야자수 기름 등을 하루에 한 끼만 줬고 그 때 물이 나왔다. 식량이 모자랄 때는 선원에게만 주었다.

노예선은 뱃사람, 피랍자 모두에게 고통을 주는 지옥 같이 잔인한 체제였다. 노예선 사망률은 아주 높았다. 1680~1688년 영국왕립 아프리카회사 소속 노예선에 탔던 피랍자 100명 가운데 23명꼴로 항해 도중에 죽었다. 전염병이 번지면 심하게 앓는 사람은 그냥 배 밖으로 던져버렸다.

선장은 모든 승선자에 대해 전권을 가지고 있었고 어떤 책임도 지지 않았다. 노예선은 노예가 선원보다 10배나 많다보니 반란의 기미가 보이기만 해도 가차 없었다. 닥치는 대로 잡아다 죽지 않은 만큼 두들겨 패거나 엄지손가락을 고문 틀에 넣어 비틀었다. 그래도 저항은 그치지 않았다.

1788년 노예선의 크기에 따라서 노예 숫자를 고정하는 법률이 영국에서 제정되었다. 그러나 승선환경은 여전히 놀랄 만큼 열악했다. 1794년 발표된 자료에 따르면 노예 1인당 배정된 평균면적이 성인남자 세로 183cm, 가로 40.64cm, 성인여자 세로 152.4cm, 가로 40.64cm, 소녀 세로 130.48cm, 가로 30.48cm였다.

한 사람당 차지한 평균면적이 너무 작아서 키 큰 사람은 다리를 뻗을 수 없었고 폭이 좁아 보통 체구의 사람도 누우면 옆 사람과 겹치니 몸을 옴짝달싹할 틈이 없었다. 여자와 어린이는 따로 가두었다. 그 자료에 따르면 노예의 12.5%가 항해 도중에 죽었고 4.5%가 해안에 도착해서 팔려나가기 전에 죽은 것으로 드러났다.

해난사고라도 나면 항해일수가 더욱 길어져 질병과 기아에 의한 사망률이 더욱 높아졌다. 질병 중에서는 이질과 괴혈병의 치사율이 높았다. 또한 천연두, 매독, 홍역도 치명적이었다. 수백명의 노예들이 서너 달 씩 누워서 지냈던 노예선의 밑바닥은 시궁창 냄새가 진동하는 움직이는 전염병동이나 다름없었다.

인간화물 실은 노예선은 바다의 인간 도살장

18세기 들어 유럽에서 설탕과 함께 커피도 수요가 폭발적으로 증가했다. 그에 따라 아메리카 대륙에서 사탕수수, 커피, 목화 대농장이 공전의 대호황을 누렸다. 또 아메리카 대륙에서 노동력 수요가 급증세를 보여 대서양 노예무역이 유럽에서 가장 유망한 호황업종으로 떠올랐다.

대항해 시대에는 흑인노예가 가장 비싼 '상품'이었다. 18세기 중반 아메리카 대륙에서 흑인노예 가격은 800~1,200달러에 달했다. 오늘날 값으로 치면 3만2,000~4만8,000달러에 해당한다는 계산도 있다. 너무 과다하게 계상한 것 같은데 당시 100달러를 오늘날의 가치로 4,000달러에 평가했다고 한다.

18세기 들어 노예상들은 이윤을 극대화하기 위해 노예선의 선형을 부분적으로 개선했다. '인간화물'의 손실률을 줄이기 위해 새로운 선형개발에도 투자했다. 노예선의 선내통풍을 개선함으로써 16~17세기 악명 높았던 사망률을 어느 정도 줄였다. 노예도 '화물'로서 관리함으로써 사망률을 낮추려는 노력이었다.

노예로 잡히면 강가로 끌고 가서 작은 배에 태워 서해안 수용소로 데리고 갔다. 새 선형을 개발함에 따라 배가 강을 따라서 아프리카 내륙 깊숙이 진입하여 피랍자들을 더 빠르게 더 안전하게 실어 나를 수 있었다. 목을 쇠사슬로 묶고 발을 족쇄로 채워 길도 없는 육지로 끌고 바닷가로 가는 것보다 배에 실어 수송하는 것이 훨씬 수월하고 사망률도 크게 줄일 수 있었다.

노예무역이 정점에 달했던 1570~1808년 노예선은 크기가 보통 150~250t으로 일반 화물선보다 작았다. 그 이유는 노예선이 강을 따라 아프리카 내지까지 기동성 있게 움직이게 설계했기 때문이었다. 그런 선박은 1t 당 노예 1.5~2.4명꼴로 쳐서 350~450명을 실었다. 영국 배

아프리카 사람들을 가둔 배 밑바닥은 그야말로 생지옥이었다. 여기저기서 들려오는 앓는 소리, 매 맞는 소리, 울부짖는 소리로 노예선 밑바닥은 전율을 자아내는 공포의 도가니였다. 몸서리치는 비명도 통곡도 차츰 참을 수 있었지만 악취만큼은 갈수록 심해져 도저히 견딜 수 없었다.

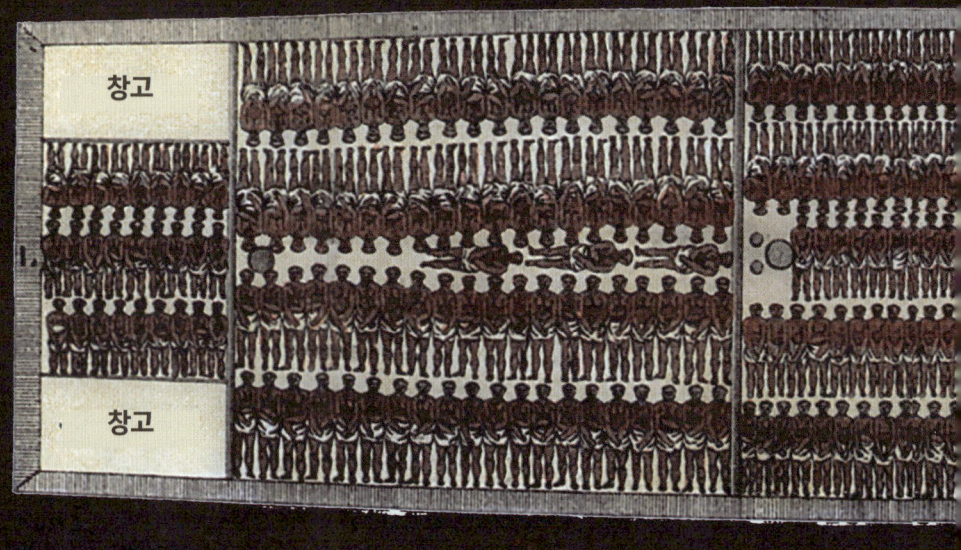

영국 노예선 브룩스 호의 내부구조 목판화. 토마스 클라크슨의 1808년 작. 영국도서관 소장. 이 목판화는 노예제도 폐지론자들이 노예선의 비인간적인 참혹성을 폭

밀폐된 공간에 몸을 돌려 누울 틈도 없이 사람들을 빽빽하게 집어넣었다. 폭염 탓에 그 많은 사람들이 땀을 끝없이 쏟아 냈다. 옆 사람과 함께 족쇄를 채워 묶었으니 용변인들 마음대로 볼 수 없었다. 그 자리에서 똥오줌을 싸야했으니 악취가 진동했다.

남자

로하는 자료로 공개되면서 브룩스 호가 악명을 탔었다. 브룩스 호는 노예를 싣는 선반이 4층의 다층구조였다. 1781년 건조. 1804년 폐선.

가 프랑스 배보다 조금 더 큰 편이었다.

1700년대 들어 노예선의 크기가 다소 커졌지만 승선인원은 거의 변화가 없었다. 선적면적을 넓혔는데도 승선인원을 늘리지 않았던 이유는 인간화물의 생존율을 높이기 위한 것이었다. 그와 함께 선상반란을 막으려고 반항적인 피랍자들을 격리하는 감방을 따로 두었다.

19세기 초엽에는 비바람이 몰아치면 통풍구를 닫도록 만든 노예선도 생겼다. 통풍을 잘 시켜 노예 생존율을 높임으로써 투자손실을 줄이려는 노력의 하나였다. 인간화물의 손실을 막기 위한 또 다른 변화는 병과 약에 대한 지식이 늘어나고 상비약을 비치했다는 점이다.

19세기 진입을 전후해 한 때 네덜란드와 영국에서 노예선에 의료진 배치를 시도했었다. 하지만 말이 진료지 노예를 인간 이하로 취급하기는 여전했었다. 아프리카인은 노예시장으로 운송되는 '화물'이나 '상품'으로 취급했지 '인간'으로 대우하지 않아 의료진 배치는 결국 없던 일이 되었다.

노예선은 식량과 식수가 바닥나거나 노예가 크게 다치거나 병이 들면 산채로 그냥 바다에 던져 버렸다. 목판화. 1833년작, 작가미상.

의료진은 비용이 많이 든다는 이유로 그만 두고 상비약만 비치했다. 하지만 18세기 들어서도 사망률은 여전히 높았다. 맞아서 죽고 굶어서 죽거나 자살하는 사람이 많았기 때문이었다. 여자와 어린이는 공간을 많이 차지한다는 이유로 박대가 훨씬 심했다. 또 여자는 선원의 성적 노리개였다.

폭행은 일상적이었다. 채찍질을 일삼다보니 쳐다본다고 때리고 운다고 때리고 이 트집, 저 트집을 잡아 때리기가 일쑤였다. 임신부가 애를 낳으면 엄마를 팔려고 애기는 예사로 죽였다. 반란이 일어나면 악마적 폭력을 휘둘렀다. 가담자 한 명을 죽이고 나서 나머지 두 명에게 그의 간과 심장을 먹인 사례도 있었다.

반항적인 노예는 고분고분하게 말을 잘 들을 때까지 매질과 고문으로 길들였다. 노예들이 건강해야 제값을 받으니까 항해 중에 죽지 않을 만큼 음식을 주고 마실 물도 줬다. 예기치 못한 악천후나 사고-사건으로 인해 항해가 길어져 식량과 식수가 모자라면 노예들은 굶겼다.

노예들은 갖가지 방법으로 저항했다. 가장 흔한 유형이 단식이나 자살이었다. 밥이나 약 먹기를 거부하거나 바다로 뛰어 드는 등 자해적 방법으로 목숨을 끊었다. 단식을 하면 먹을 때까지 입을 벌려 억지로 먹이거나 고문을 했는데 그래도 끝까지 버티며 먹기를 거부하다 죽기도 했다.

그 까닭에 자살하는 데 쓰일만한 도구나 물건은 늘 노예들 곁에 두지 않았다. 갑판 양측에 그물을 치기도 했다. 그래도 갑판을 뛰어 넘어 자살하는 노예들이 있었다. 반란을 일으켰다가 실패하면 여럿이 함께 바다로 뛰어 들기도 했다. 아프리카인들은 바다에서 죽으면 내세에 가족과 친구들을 만날 것으로 믿었다.

노예선에 타는 뱃사람들은 아주 열악한 환경에서 살았거나 강제로 고용된 사람들이 대부분이었다. 뱃사람들은 대체로 노예무역의 실상을 잘 알고 있었기에 노예선이라는 말만 들어도 넌더리를 냈다. 항구에는 으레 선원 사냥꾼이나 술집주인이 있어 노예선에 탈 만큼 사정이 절박한 사람들을 골라 꼬드겼다.

술을 잔뜩 먹여 취한 상태에서 계약서를 쓰게 하거나 빚을 진 사람들을 찾아 노예선에 타면 빚을 갚아준다고 미끼를 던지기도 했다. 빚을 갚지 못하면 감옥에 가야 하는 처지니 노예선에 타기도 했다. 선원이 한번 감옥에 다녀오면 일자리 잡기란 어려웠다. 결국 전과가 있는 뱃사람은 노예선을 타는 도리 밖에 없었다.

이런 저런 사유로 노예선에는 포악한 사람들이 많이 탔고 그 까닭에 노예선은 바다에 위에 떠있는 인간 도살장의 모습을 닮아갔다.

노예 사냥터로 변한 아프리카

노예사냥으로 피 마르는 날이 없었던 아프리카

아프리카의 노예무역은 그 역사가 길다. 서유럽이 아메리카를 식민지로 만들기 이전에도 수세기에 걸쳐 무수한 아프리카 사람들이 노예로 유럽과 아시아에 끌려갔다. 아프리카 안에서도 부족끼리 인신매매가 성행했지만 그 보다 훨씬 많은 아프리카인들이 이슬람권에 노예로 팔려 나갔다. 하지만 아프리카 흑인의 강제이주는 콜럼버스 이후 대서양 노예무역이 인류 역사상 최대의 규모였다.

아프리카에서는 오랜 세월에 걸쳐 여러 경로를 통해 인신매매가 이뤄지면서 피가 멈출 줄 날이 없었다. 사하라 사막을 넘어 지중해와 홍해를 거쳐서, 아니면 인도양을 건너서 또는 대서양을 횡단하여 무수한 아프리카 사람들이 노예로 팔려나갔다. 아프리카인들이 이슬람권에 노예로 끌려간 역사는 적어도 9~19세기 천년세월에 걸쳐 이어졌다.

400만명 이상의 아

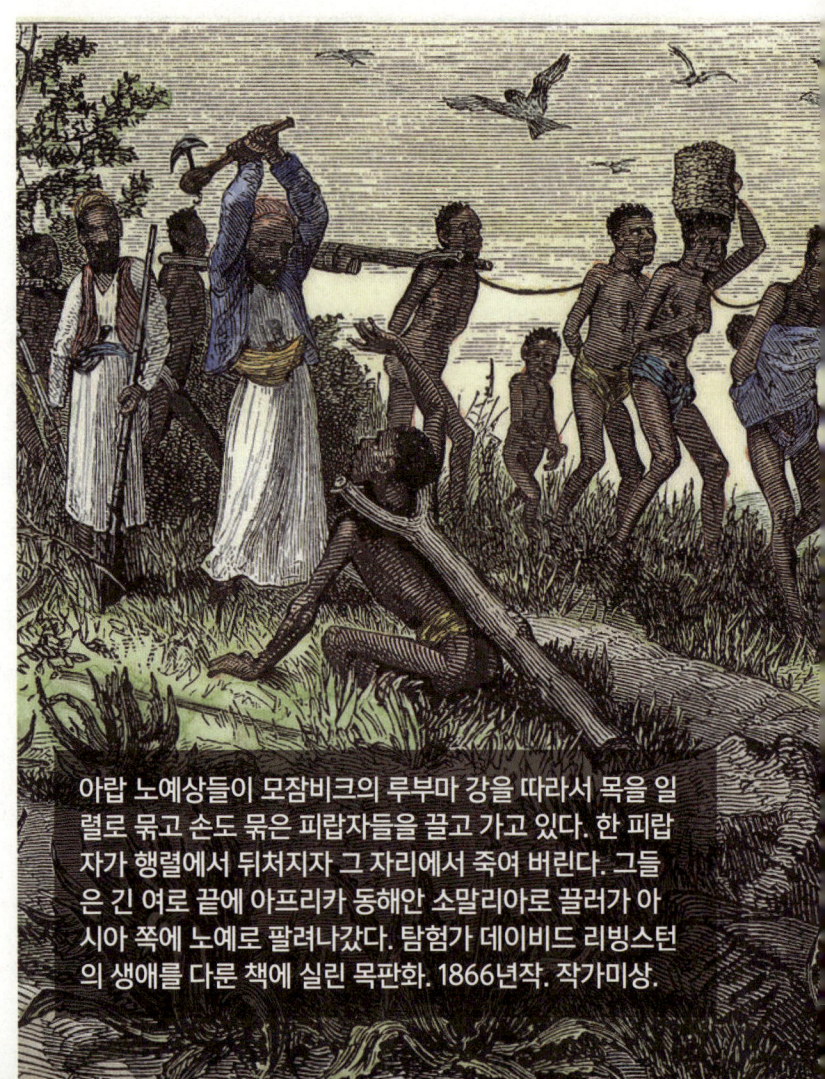

아랍 노예상들이 모잠비크의 루부마 강을 따라서 목을 일렬로 묶고 손도 묶은 피랍자들을 끌고 가고 있다. 한 피랍자가 행렬에서 뒤처지자 그 자리에서 죽여 버린다. 그들은 긴 여로 끝에 아프리카 동해안 소말리아로 끌려가 아시아 쪽에 노예로 팔려나갔다. 탐험가 데이비드 리빙스턴의 생애를 다룬 책에 실린 목판화. 1866년작. 작가미상.

프리카인이 홍해를 통해 노예로 잡혀갔고 또 다른 400만명이 인도양의 스와힐리 항구를 거쳐 노예로 끌려갔을 것이란 연구가 있다. 또 사하라 사막을 건너는 대상의 길(Caravan Road)을 따라서 많은 이들이 북부에서 나는 소금과 바꾸려고 노예로 팔려갔는데 그 숫자가 자그마치 900만명이란 추정이 있다.

이슬람 율법은 무슬림이 같은 무슬림을 노예로 부리지 못하도록 금지하고 있다. 그 까닭에 이슬람권에서는 중세부터 아라비아 반도의 남단 건너편에 있는 아프리카의 뿔을 통해 수많은 흑인들을 노예로 끌고 갔다. 아프리카의 북동쪽 끝자락에 위치한 그곳은 아라비아 해를 향해 돌출되어 있다. 그 모습이 코뿔소 뿔을 닮았다고 해서 아프리카의 뿔이라고 부르는데 소말리아 반도라고도 일컫는다.

아메리카 대륙은 농장에서 노예로 일을 시키려고 주로 남자들을 납치해 갔다. 그와 달리 이슬람권은 맘루크나 하렘의 성노예로 부리려고 여자들을 많이 끌고 갔다. 맘루크는 9~19세기 무슬림 노예군인이나 노예출신 지배자를 일컫는다. 하렘(harem)은 일부다처제가 허용된 이슬람권에서 세도가의 부인들이 모여 사는 거처를 가리키는 금남의 구역이다.

서유럽이 주도하여 아프리카와 아메리카 사이에 행해진 인신매매를 대서양 노예무역이라고 말한다. 하지만 현지에서는 상업적 거래가 아닌 주로 폭력적 납치에 의해 이뤄졌다. 유

럽 노예상들이 납치자들에게 아메리카 대륙에서 흑인을 노예로 부려 생산한 설탕이나 럼주를 주거나 유럽에서 제조한 총기류를 주고 피랍자와 바꾸었다.

 대서양 노예무역이 초기에는 물물교환 방식에 의해 인신매매가 행해졌지만 점차 무력을 동원한 납치방식으로 바뀌었다. 그 즈음 대서양 노예무역은 포르투갈의 독무대였다. 노예무역의 선발주자인 포르투갈은 아프리카 서해안 일대를 중심으로 활동하다 점차 내륙으로 침투해 땅을 뺏기 시작했다. 그 지역이 오늘날의 앙골라다.

 포르투갈은 그와 동시에 동남부 해안 일대에서도 점차 내륙지역으로 침탈해 들어가 점령했으니 그곳이 오늘날의 모잠비크다. 그 때 아프리카는 북부지역을 제외하고는 국가체제가 확립되지 않아 부족단위로 공동체를 이루고 있었던 까닭에 제압이 용이했다. 아메리카 대륙에서 노예수요가 폭발적인 증가세를 보이자 아프리카는 점차 서방열강의 각축장으로 변해갔다.

 영국, 프랑스, 네덜란드, 스페인 등 서유럽 국가들이 노예의 안정적 확보를 목적으로 무력을 동원한 아프리카 정벌에 나서 식민지를 만들었다. 그에 따라 국제사회에서 대서양 노예무역이 종식될 즈음에는 에티오피아, 그리고 미국의 해방노예들이 건설한 라이베리아를 빼면 아프리카 전역이 유럽의 식민지였다.

 역사는 서유럽의 식민화를 아프리카의 정벌, 아프리카의 분할, 아프리카의 겁탈이라고 말한다. 서유럽의 아프리카 식민화는 아주 짧은 기간에 이뤄졌다. 1870년까지만 해도 아프리카의 10%만이 유럽의 지배를 받고 있었다. 그 후 서유럽이 경쟁적으로 자원착취에 나서 1914년에는 90%가 서유럽 국가들의 수중에 들었다. 오늘날의 아프리카 지도는 서유럽 제국주의자들이 그린 것이다. 자로 잰 듯이 반듯반듯한 국경선이 그것을 말한다.

 1840년까지만 해도 서유럽 국가들이 아프리카 해안지대에 무역거점을 건설하고 내륙에는 들어가지 않았다. 말라리아와 같은 풍토병이 두려워 중부지역은 접근조차 기피했다. 1870년대 이전까지는 서방열강의 식민지는 포르투갈의 모잠비크와 앙골라, 프랑스의 알제리, 영국의 케이프 식민지를 꼽을 정도였다.

 케이프 식민지는 1652년 네덜란드 동인도회사가 포르투갈의 무역기지를 강탈하여 개척한 남아프리카 남단을 말한다. 그곳이 1795년 영국의 식민지가 되었으며 바로 그 케이프 타운이 모태가 되어 인종차별로 악명을 날렸던 백인지배국가 남아프리카 공화국이 태어났던 것이다.

 서유럽 국가들이 대항해 시대 이후 아프리카에서 사람들을 납치해 노예로 대서양을 건너 끌고 간 숫자가 자그마치 1,100만~2,000만명에 달할 것으로 추정된다. 그들 말고도 무수한 이들이 바다 위에서 병들거나 맞아서 죽고 굶어서 죽었다. 생존자의 행선지는 카리브 제도 40%, 브라질 37%, 스페인 식민지 17%, 미국 6%였다.

1600~1800년에 걸쳐 동방무역을 제외하고 대서양 노예무역에만 종사한 뱃사람이 30만명이라는 자료가 있다. 200년이란 긴 세월이기는 하지만 30만명이나 되는 선원들이 노예선을 부렸다니 얼마나 많은 아프리카 사람들이 노예로 팔려 대서양을 건너갔는지 대충 짐작이 된다.

서유럽이 대서양을 탐험하려던 동기는 유럽 이외의 지역에서 향신료를 비롯한 수익성 높은 상업적 기회를 포착하려는 것이었다. 또 중동에 포진한 이슬람 세력이 기독교 세계에 행사하던 정치적, 경제적, 종교적 위협과 통제에서 벗어나서 새로운 무역망을 구축하려는 시도였다.

그들은 중동지역의 아랍 상인의 손을 거치지 않고 서아프리카에서 금을, 아메리카에서 향신료를 구할 수 있기를 기대했었다. 그 까닭에 콜럼버스 이후 서유럽 앞에 떠오른 거대한 아메리카 대륙으로 유럽인들이 무리를 지어 달려갔다. 그러나 그곳에는 금도 향신료도 없자 사탕수수, 연초, 목화, 커피를 대규모로 재배하는 대농장을 개간했다. 그에 따라 인력수요가 폭발적인 증가세를 보였다.

그러나 백인들이 땅을 뺏으려고 원주민들을 너무 많이 죽인 탓에 일손이 턱없이 부족했다. 유럽 노예상들이 아프리카로 달려가서 노예사냥에 나섰다. 그들은 아프리카를 값싼 노동력을 무한정으로 공급하는 마르지 않는 샘처럼 여겼다. 유럽의 노예상, 노예사냥꾼, 노예선주들이 떼돈을 벌면서 아프리카 서해안 일대에는 유럽 노예상을 대상으로 하는 거대한 인신매매 시장이 형성되었다.

서아프리카와 아메리카 사이에 이뤄진 노예무역은 18세기 중엽에 이르러 절정에 달했다. 해마다 8만명 이상의 아프리카 사람들을 족쇄, 수갑, 쇠사슬로 손발과 목을 묶어 대서양을 건너 아메리카로 끌고 갔다. 10년이면 80만명, 100년이면 800만명이 노예로 납치되어 갔다는 소리다. 대서양 노예무역 역사가 400년이니 3,200만명이란 계산이 나온다.

16~19세기 대서양 노예무역을 통해 45개 아프리카 종족이 아메리카 대륙으로 끌려갔다. 그 중에서도 콩고민주공화국과 앙골라의 바콩고 족이 가장 많았다. 그 다음으로는 업퍼 기니아의 만데 족이 많았고 이어서 토고, 가나, 베닌의 그베 족, 그리고 가나, 아이보리 코스트의 아칸 족, 세네갈, 감비아의 우올로프 족의 순으로 많았다.

서유럽 노예상들이 서아프리카에서 사람들을 아메리카 대륙으로 반출한 지역은 8곳이다. 노예를 가장 많이 송출한 지역은 아프리카 중서부 지역으로 전체의 40%를 차지했다. 열 명 중의 네 명이 그 지역에서 노예선에 탔다는 뜻이다. 콩고공화국, 콩고민주공화국, 앙골라가 그 지역에 해당한다. 그 다음은 베닌 만이 20%, 이어 비아프라 만이 15%를 차지했다.

얼마나 많은 아프리카 사람들이 노예로 끌려갔는지 정확한 숫자는 아무도 모른다. 여기저기서 아무나 마구잡이로 납치해서 팔아먹었으니 근거자료가 있을 수 없다. 설혹 기록이 있어도 극히 부분적이어서 불충분할 수 밖에 없다. 그 까닭에 연구자료에 따라 노예로 잡혀간 인구의 편차가 크다.

그래도 대서양 노예무역에 관한 숫자는 비교적 근거가 있는 편이다. 연구자들이 당시 선박의 항해일지, 항구의 입출항일지, 선원의 일기, 노예의 일기 등 여러 가지 자료를 토대로 근사치를 산출하려고 노력했다. 하지만 분명한 사실은 여전히 백만명, 천만명 단위로 편차가 크다는 점이다.

서유럽 노예상들은 아프리카 부족끼리 전쟁을 벌이다 잡힌 포로와 직업적인 노예 사냥꾼한테 포획된 사람들을 주로 샀다. 족장 중에는 순전히 돈을 벌려고 전쟁을 일으켜 다른 부족을 잡아다 노예로 팔기도 했다. 또 유럽 노예상들이 무기를 대주고 전쟁을 부추기기도 했다.

아메리카 대륙에서 노동력 수요가 급증하면서 노예 값이 뛰었다. 그러자 노예상들이 나일 강변지역에 노예로 팔려갔던 사람들까지 다시 서해안의 항구로 끌고 가서 아메리카로 팔아넘기기도 했다. 유럽 노예상들은 노예 사냥꾼들에게 머스킷 장총, 옷, 술, 설탕 따위를 주고 노예와 바꾸었다.

아프리카에는 기존의 노예시장이 있었다. 거기에 더하여 대항해 시대가 열려 대서양 노예거래가 성행하자 아프리카 서해안에는 거대한 노예시장이 형성되었다. 노예로 잡히면 누구나 탈출을 꿈꾸었겠지만 한번 노예선에 타면 살아서 아프리카로 돌아갈 수 있는 기회는 영영 없었다.

굶고 병들고 맞아 죽은 자가 산 자보다 많았다

　아프리카 사람들을 노예선에 태워 대서양을 건너 아메리카로 끌고 가는 동안 병이 들거나 죽으면 그냥 바다에 던져 버렸다. 그 까닭에 항해 도중에 얼마나 많이 죽었는지 알 길이 없다. 여러 주장이 있지만 항해 도중에 죽은 사람만도 120만~240만명이란 추산이 있다. 노예선이 나타나면 상어 떼가 배 꽁무니를 좇아 다녔다는 증언이 나올 정도였으니 무수한 이들이 바다 위에서 죽음을 맞았을 듯싶다.

　아메리카 땅에 도착했다고 해서 그것으로 죽음과의 싸움은 끝나지 않았다. 대서양을 횡단하는 동안 병들고 맞거나 굶어서 초주검이 되어 땅을 밟았으니 거의 사경을 헤맸다. 지옥 같은 배 밑창에서 서 너 달씩 지냈으니 뭍에 닿자마자 사망한 사람이 바다 위에서 죽은 사람보다 적지 않다는 연구도 있다.

　납치하는 과정에서 얼마나 많이 죽었는지는 아무도 모를 일이다. 그물을 던져 아주 쉽게 잡은 경우도 많았다. 산채로 잡아야 하니 좇는 사람도 좇기는 사람도 맞붙으면 서로 살려고 발버둥을 쳤을 테니 누군가는 죽을 수 있었다. 죽지는 않았지만 너무 많이 다쳐 수용소까지 끌고 가기 어려울 것 같으면 그냥 버렸다.

　잡으려고 하면 몸부림쳤고 저항이 심하면 총이나 칼을 썼으니 많이 죽었을 것이 틀림없다. 틈만 나면 도주하려고 노렸고 도망치면 잡으려고 몸싸움을 벌이다 총과 칼을 휘둘렀을 테니 많이 죽지 않을 수 없었다. 잡으면 그것으로 끝나지 않았다. 바닷가의 수용소까지 끌고 가려면 또 똑 같은 일들이 벌어졌다.

　수용소에서 아메리카로 가는 노예선을 기다리는 동안에도 마찬가지였다. 잡히고, 끌려가고, 노예선에 실려 가는 도중에 죽은 이가 살아서 목적지에 도달한 이보다 많거나 비슷했을 것이란 추정이 일반

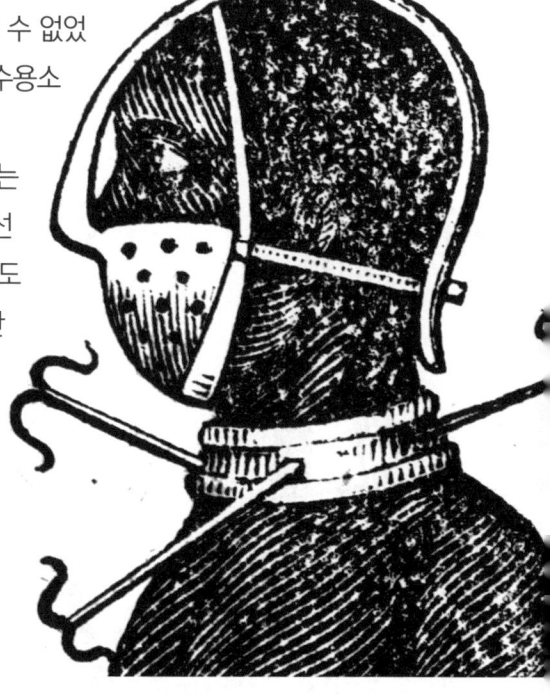

노예상과 농장주들은 노예들이 저항하거나 도망가지 못하게 하려고 신체를 결박하는 갖가지 잔혹한 도구를 사용했다. 입에는 철제 입마개를 넣어 침도 삼키기 어렵게 만들었다. 얼굴에는 철가면을 씌우고 목에는 쇠갈퀴가 달린 철제 올가미를, 손에는 수갑, 다리에는 족쇄를 채웠다.

적이다. 그런데 납치하는 과정과 수용소로 압송하는 과정에 발생한 사망자에 대한 자료가 없으며 그에 관한 추정치도 거의 없다.

납치되어 서해안에 끌려가면 공장(factory)이라고 부르는 요새에 감금되어 노예선에 승선할 때까지 대기해야만 했다. 수용소의 사망률이 12.5%라는 연구자료가 있어 수감자를 얼마나 가혹하게 다루었는지 말해준다. 배설물과 오물이 넘쳐나는 비위생적인 시설은 말할 것도 없다.
 불결하기 짝이 없는 조악한 음식물을 그나마도 죽지 않을 만큼만 주었다. 고분고분하게 말을 듣지 않으면 죽지 않을 정도로 매질을 일삼았다. 수용소에서 살아남아도 항해 도중에 살아남는다는 보장이 없었다. 노예선은 수용소보다 더 열악해 숨쉬기조차 어려운 공간이었다.

 노예선의 대서양 항해일수는 보통 석 달이었다. 노예무역이 집중적으로 이뤄진 18세기 들어 조선술과 항해술이 크게 발달했는데도 대서양을 횡단하는데 두 달 반이나 걸려 사망률이 높았다. 배설물이 깔린 배 밑창에 350~600명을 밀어 넣어 몸을 옆으로 돌려 눕기도 어려웠다.
 노예선은 인간에 대한 최소한의 존엄성도 생명에 대한 최소한의 경외심도 없었다. 선상반란을 두려워한 나머지 목에는 쇠사슬을 씌우고 손목에는 수갑을, 발목에는 족쇄를 채웠다. 그것도 모자라 누워서 옴짝달싹하지 못하도록 묶었다. 노예주야 한 사람, 한 사람이 돈이기 때문에 죽지 않기를 바랐지만 뱃사람들은 달라서 노예를 짐짝처럼 거칠게 다뤘다.

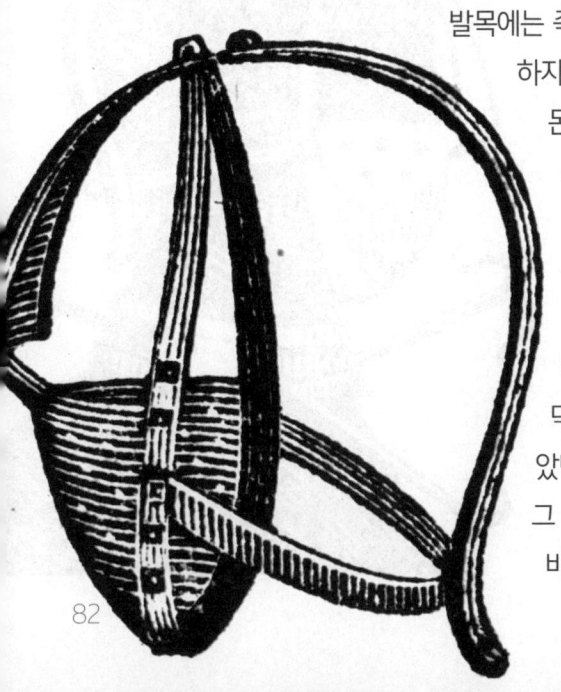

 날씨가 좋으면 운동시킨다고 노예들을 갑판으로 불러 올려 강제로 발을 구르며 토속 춤을 추도록 강요했다. 더러 배려심이 있는 선장을 만나면 그 시간을 이용해서 시궁창 같은 배 밑바닥을 청소했다. 그런데 그런 선장은 그리 많지 않았던 것 같다.
 그 시간에는 선상반란이 일어날 수 있어 선원들은 바짝 긴장해야만 했다. 또 고통을 견디기 어려워

몸을 바다로 던져 자살하는 경우도 의외로 많았기 때문이었다. 한 사람이라도 죽으면 그 만큼 손해를 보니까 굶어서 죽으려고 음식물을 먹지 않으면 입을 억지로 벌려서 밀어 넣었다.
 자살도 많았지만 전염병이 돌아 많이 죽었고 맞은 자리에 덧이 나고 굶아서도 많이 죽었다. 노예선은 돼지우리보다 나을 게 없어 인간 하치장의 모습을 하고 있었다.

3,000만명이 노예로 끌려가다 1/3은 중도사망

 동방무역을 먼저 개척한 포르투갈이 대서양 노예무역도 선도했다. 포르투갈이 16세기 초엽에 대서양 노예무역의 문을 열면서 아프리카는 400년 가까이 노예 사냥터로 변해 살육의 잔혹사를 살았다. 그 즈음 노예선의 종착지는 40% 가량이 카리브 해안이었다. 그 까닭에 오늘날 카리브 제도의 얼굴이 아메리카 속의 아프리카라고 할 만큼 그곳의 모습을 그대로 빼다 닮았다.
 콜럼버스가 아메리카 대륙에 첫 발을 디딘지 10년이 되던 해인 1502년 스페인이 아프리카 사람들을 탐험대의 보조자 내지 일꾼으로 히스파니올라로 데리고 갔다. 히스파니올라는 오늘날의 아이티와 도미니카 공화국이 나눠 자리 잡고 있는 섬이다. 쿠바는 1513년 아프리카인 4명을 처음으로 노예로 맞이했다.
 1518년 아프리카인 4,000명이 자메이카에 노예로 끌려갔다. 이어서 1526년 온두라스와 과테말라에도 아프리카 노예가 수입되었다. 엘 살바도르는 1541년, 코스타 리카는 1563년, 나중에 미국에 편입된 플로리다는 1581년 아프리카인들을 노예로 사들였다.
 1545년 포르투갈이 점령한 브라질 북부지방의 사탕수수 대농장들이 서아프리카에서 노예를 본격적으로 조달하기 시작했다. 처음에는 아메리카 원주민을 노예로 부렸으나 전염병이 번져 많이 죽은 데다 백인들이 많이 죽여 원주민이 거의 멸족상태였다. 그 탓에 1630년에는 아프리카인이 원주민을 모두 교체할 정도로 많이 수입되었다.
 오늘날 미국 땅에 아프리카인이 처음 발을 디딘 시기는 1526년 1월이었다. 스페인이 사우스 캐롤라이나를 식민지로 만들려고 아프리카에서 100명을 노예로 끌고 갔다. 그런데 그 중의 일부가 도주해 원주민 촌락에 숨어 버리는 바람에 스페인이 그 지역을 식민지로 개척하려던 계획을 포기했다.
 영국이 북아메리카에 최초로 건설한 식민지는 오늘날 미국 버지니아 주의 제임스 타운이었다. 1607년 5월 영국이 국왕 제임스 1세의 이름을 따서 세웠던 제임스 타운 요새가 1616~1699년 83년에 걸쳐 영국의 북아메리카 식민지의 수도 역할을 했다. 그곳이 1619년 아프리카 노예를 처음으로 수입했는데 그들은 계약제 노예였으며 7년 후 자유인이 되었다.

대서양 노예무역의 초기에는 그 숫자가 미미했지만 대농장의 생산규모가 늘어나면서 노예수입이 급증세를 보이기 시작했다. 피츠버그 대학교 세계사 교수로서 아프리카 노예인구 통계학을 연구한 패트릭 매닝(Patrick Manning)은 16~19세기 대서양 노예선에 승선한 아프리카인의 규모를 1,200만명으로 추산했다.

그 중에서 150만명은 배를 타고가다 죽어 1,050만명이 아메리카 대륙에 도달했다는 것이 그의 연구결과다. 당시의 아프리카 인구를 고려하면 그 숫자는 오늘날에 비해 훨씬 더 충격적인 의미를 가진 규모다. 그는 그 외에도 아프리카에서 납치되는 과정에 저항하다가 살해되거나 잡힌 다음에 수용소가 있는 서해안 항구까지 끌려가는 도중에 죽은 사람이 400만명이나 된다고 추정했다.

거기에다 항해 도중에 죽은 150만명을 포함하면 납치-압송하는 과정에서 발생한 사망자가 550만명에 달한다는 이야기다. 사망자 숫자를 보면 납치-압송과정에 얼마나 잔인한 가혹행위가 행해졌는지 짐작된다. 그것은 납치-수송과정에 1/3 이상이 잔혹행위로 죽고 나머지가 목적지에 도달했다는 의미다.

그는 아메리카 대륙을 향해 출항한 1,200만명 말고도 600만명이 아시아 노예시장에 팔려간 것으로 추산했다. 그는 또 아프리카 안에 형성되어 있던 노예시장으로도 800만명이나 끌려간 것으로 추정했다. 역내교역이 그 정도로 많았으니 아프리카의 중요한 교역상품은 인간이었고 인신매매가 대단히 성행했음을 알 수 있다.

그들 중에서 상당수는 소금과 교환하려고 사하라 사막을 넘어서 북아프리카로 끌려갔고, 그곳에서 상당수는 또 다시 지중해를 건너서 유럽으로 팔려 나갔다. 노예로 잡히거나 끌려가는 도중에 죽은 사망자까지 모두 합하면 3,000만명 가량이 노예로 납치되었다는 계산이 나온다.

역사학자인 하와이대학교 교수 데이비드 E. 스태나드(David E. Stannard)는 그의 저서 '아메리카 대학살'(American Holocaust)을 통해 아프리카인 사망원인의 50%는 종족간의 전쟁에 따라 발생한 '노예납치'라고 분석했다. 그들은 전투과정에도 많이 죽었지만 노예로 납치되거나 포로로 잡혀 지중해와 아프리카 서해안의 노예 수용소까지 끌려가는 과정에도 많이 죽었다는 것이다.

노예무역은 종족간의 또는 국가간의 전쟁과정에서 부수적으로 발생했지 노예조달을 목적으로 전쟁을 일으키는 경우는 드물었다고 한다. 하지만 일단 전쟁이 일어나면 적군과 주민들을 잡아서 노예로 팔아넘겼다. 그처럼 포로나 피랍자를 노예로 파는 데는 경제적 이유 말고도 정치적 목적이 있었다.

잠재적 반대자를 미리 제거하여 우환을 없애려는 의도도 있었고 장차 일어날 전쟁에 대비하여 재원을 조달하려는 방책이기도 했다. 그 시기에 노예무역으로 악명을 날렸던 포르투갈의 인구는 100만~200만명이었으니 아프리카에서 노예로 끌려간 인구의 규모가 얼마나 엄청났는지 얼추 짐작된다.

노예사냥에 의한 살인적 인구유출이 낙후원인

대항해 시대를 맞아 아프리카의 서해안과 중부지역에서는 자고나면 가족이 없어지고, 또 자고나면 친척이나 이웃이 사라졌다. 노예로 끌려가는 길은 멀고도 먼 고난의 행로였다. 고향 아프리카에서 잡혀 이역만리 아메리카까지 걷고 또 걸어서 배에 실려 끌려가는 데만 꼬박 반년이나 걸리는 간난의 행군이었다.

유럽 사람들은 너 나 없이 잘 살아보려는 꿈과 희망을 안고 신대륙, 신세계라는 아메리카로 달려갔다. 하지만 검은 대륙 아프리카 사람들은 느닷없이 하루아침에 노예신세가 되어 생지옥 같은 세상에 강제로 끌려갔다. 아프리카에서는 그보다 훨씬 이전부터 피눈물을 흘리며 통곡의 길로 끌려가는 노예사냥이 천년세월이나 이어졌었다.

세계인구 변동을 보면 아프리카가 노예사냥으로 인해 얼마나 많은 피를 흘렸는지 짐작된다. 한 자료에 따르면 세계인구는 1750년 7억9,100만명, 1800년 9억7,800만명, 1850년 12억6,200만명, 1900년 16억5,000만명으로 완만한 증가세를 나타냈다. 세계인구가 1750~1800년 50년 동안 1억8,700만명이 늘었고 1750~1850년 100년 동안 4억7,100만명이 증가한 셈이었다.

그와 대조적으로 아프리카 인구는 1750년 1억600만명, 1800년 1억700만명, 1850년 1억1,100만명, 1900년 1억3,300만명으로 150년 동안 거의 정체상태에 머물렀었다. 1750~1800년 50년 동안 고작 100만명이 늘어나는 데 그쳤고, 이어서 1750~1850년 100년 동안에도 겨우 500만명 밖에 증가하지 않았던 것이다.

아시아 인구와 비교해도 아프리카 인구가 정체상태에 빠져있었음을 알 수 있다. 아시아 인구는 1750년 5억200만명, 1800년 6억3,500만명, 1850년 8억900만명, 1900년 9억4,700만명으로 세계인구와 유사한 증가추세를 보였다. 다시 말해 아시아 인구는 1750~1800년 50년 동안 1억3,300만명이 증가했고 1750~1850년 100년 동안 3억700만명이 늘어 61%의 높은 증가율을 보였다.

아프리카 인구의 정체현상은 그 원인이 그 기간에 대서양 노예무역이 절정에 이르러 많은 아프리카인들이 노예로 끌려갔기 때문이다. 그러나 1850~1900년 50년 동안은 아프리카 인구가 2,200만명 늘어 다른 기간에 비해 다소 높은 증가세를 보였다. 그것은 1800년대 중반 이후 국제사회에서 대서양 노예무역을 금지하자는 움직임이 구체화되면서 아프리카에서 노예로 잡혀간 인구가 줄었기 때문이다.

세계인구의 점유율을 보면 아프리카 인구의 정체현상이 더욱 뚜렷하게 나타난다. 아프리카 인구 점유율이 1750년 13.4%, 1800년 10.9%, 1850년 8.8%, 1900년 8.1%로 갈수록 줄어들었다. 그것은 아프리카 인구가 노예무역으로 인한 유출-사망이 많아 정체 내지 감소한 데 반해 유럽과 아시아는 인구가 높은 증가세를 나타냈다는 뜻이다.

유럽 인구는 1750년 1억6,300만명, 1800년 2억300만명, 1850년 2억7,600만명, 1900년 4억800만명으로 높은 증가세를 보였다. 특히 1850~1900년 50년 동안 인구가 1억3,200만명이 늘어 47.8%의 높은 증가율을 나타냈다. 그 기간에는 유럽인들도 식민지로 대거 이주했다는 점을 고려하면 이례적으로 높은 증가세다.

그에 비해 아프리카는 1750~1900년 150년 동안 인구가 1억600만명에서 1억3,300만명으로 2,700만명이 늘어나는 데 그쳐 25.5%의 증가율을 보였다. 반면에 유럽은 같은 기간에 인구가 1억6,300만명에서 4억800만명으로 2.5배나 늘었다. 증가율도 150.3%로 아프리카에 비해 거의 6배나 높았다.

여기서 주목할 점이 있다. 그 기간에 유럽도 아프리카 못지않게 인구유출이 컸다는 사실이다. 아프리카에서는 많은 인구가 노예로 아메리카, 아시아로 강제로 잡혀갔지만 유럽에서는 많은 인구가 자발적으로 아메리카 대륙 이외에도 오세아니아로 이주했다. 또 유럽에서는 아시아로 간 이주민도 많았다.

유럽에서는 경제적 이유로 많은 이들이 고향을 떠났지만 종교개혁 이후 종교탄압을 피해 신교도, 유대인들이 신대륙으로 적지 않게 이주했다. 그럼에도 유럽 인구가 아프리카 인구에 비해 아주 높은 증가율을 보였다. 그것은 유럽이 동방무역, 노예무역, 설탕무역에 따른 소득 향상과 식민지 착취에 힘입어 생활이 풍족해졌기 때문이다. 그에 따라 사망률이 낮아지면서 평균수명이 늘어나는 한편 출산율도 높아졌다는 뜻이다.

피츠버그 대학교 교수 패트릭 매닝(Patrick Manning)은 대서양 노예무역의 희생자를 다른 연구자들보다 보수적으로 분석했다. 그는 16~19세기 대서양 노예선에 승선한 아프리카인을 1,200만명으로 추산했다. 거기에다 납치-압송 중에 죽은 사망자 400만명, 그리고 아시아로 끌려간 노예 600만명을 합하면 2,200만명이 넘는다. 아프리카 내에서 이뤄진 역내거래 800만명까지 포함하면 납치규모가 모두 3,000만

명에 달한다는 계산이다.

 아프리카 밖으로 끌려 나간 피랍자 2,200만명이 오늘날의 숫자감각으로는 그리 큰 숫자로 비치지 않을 수도 있다. 그러나 1750년 세계인구가 오늘날의 1/10 수준인 7억9,100만명이었고 아프리카 인구가 1억600만명에 불과했다는 점을 고려할 필요가 있다. '2019 세계인구 현황보고서'에 따르면 세계인구는 77억1,500만명으로 1750년에 비해 10배 가까이 증가했다.
 그 점을 고려하면 2,200만명이 전체인구에서 차지하는 비중이 얼마나 컸는지 유추가 가능하다. 특히 피랍자들은 거의 청-장년층이었다는 사실이 중요한 의미를 갖는다. 그 연령층은 생산활동 뿐만 아니라 인간으로서 생식활동도 가장 왕성한 시기다. 아프리카 인구가 정체 내지 감소한 또 다른 원인이 거기에도 있다.
 아프리카는 경제발전의 중추적 역할을 담당해야 할 청-장년 세대가 그 이전부터 천년 세월에 걸쳐 노예라는 올가미가 씌어져 아메리카 말고도 아시아, 유럽으로도 줄지어 끌려감으로써 성장동력을 잃어 버렸다. 즉 유럽의 식민지화와 노예무역에 따른 과다한 인력손실로 말미암아 아프리카가 발전역량을 상실한 것이다. 그것이 오늘날 아프리카를 세계의 다른 지역과의 경쟁에서 불리하게 만든 절대적인 요인이다.
 다시 말해 아프리카가 오늘날 경제적 후진성에서 벗어나지 못한 가장 큰 원인은 유럽 백인들이 주도했던 대서양 노예무역에 의해 이뤄진 살인적 노동력 착취에 있다. 연구자료가 빈약하여 거의 알려지지 않고 있지만 천년세월에 걸쳐 사하라 사막을 통해 지중해를 넘어서 끌어간 노예숫자도 엄청났다는 점도 고려해야 한다.
 그런데 21세기 들어서도 아프리카에서는 그 비극이 멈추지 않고 있다. 오늘날에는 강제적 노예납치가 아닌 자발적 인력유출이지만 그 행렬에는 제동이 걸리지 않고 있다. 경제적 궁핍이나 정치적 탄압에서 탈피하려고, 아니면 타종족의 핍박에서 탈출하려고 지중해를 건너는 죽음의 도전이 줄을 잇는다.
 아프리카 젊은이들이 유럽이라는 멀고 먼 무지개를 좇아 열사의 땅 사하라 사막을 종단하여 북아프리카 해안에 줄지어 닿는다. 지브롤터 해협은 폭이 14~60km에 불과하여 지중해 건너편 유럽 땅이 손에 잡힐 듯하다. '약속의 땅'으로 알려진 그곳이 잘 살아보려는 꿈을 안고 유럽으로 가려고 몰려드는 아프리카 젊은이들에게 유혹의 손길을 보낸다.
 북아프리카에 위치한 모로코 속의 스페인 영토 세우타에서 여객선을 타면 30분이면 이베리아 반도의 남부지방, 스페인 속의 영국 영토 지브롤터에 도달한다. 그들에게는 풍요의 땅으로 비치는 그곳이 소리를 치면 들릴 듯한 지척의 거리에 있지만 높디높은 철조망이 그들의 월경을 허용하지 않는다.

아프리카는 경제발전의 중추적 역할을 담당해야 할 청-장년 세대가 천년 세월에 걸쳐 노예라는 올가미가 씌어져 아메리카 말고도 아시아, 유럽으로도 줄지어 끌려감으로써 성장동력을 잃어 버렸다.

16~19세기

노예 사냥군들이 아프리카 피랍자들을 손에는 사슬을 채우고 목에는 올가미를 씌워 강가에서 대기하고 있는 노예선에 팔려고 끌고가고 있다.

2016년 5월 아프리카에서 지중해를 건너 유럽으로 가려던 난민선이 전복되는 순간. 550명은 구조되었으나 몇 명인지 알 수 없는 나머지는 모두 생명을 잃었다.
<이탈리아 해군촬영>

21세기

오늘날에도 경제적 궁핍이나 정치적 탄압에서 탈피하려고, 아니면 타종족의 핍박에서 탈출하려고 지중해를 건너려는 아프리카사람들이 줄지어 죽음의 도전에 나선다.

천신만고 끝에 잡은 기회지만 돌아오는 것은 좌절뿐이다. 역사의 아이러니가 연출한 세우타와 지브롤터가 온갖 역경을 딛고 찾은 그들에게 꿈의 땅으로 가는 징검다리가 될 줄 믿었는데 말이다. 그래도 그들은 포기하지 않고 숲속에 숨어들어 유럽으로 밀항할 틈을 염탐하며 오늘도 한 없이 기다린다.

 그들이 넘어야 할 장벽이 너무 높자 리비아를 통해 이탈리아 마피아의 고향 시칠리아로 가는 길에 목숨 건 도전이 이어진다. 그 길도 막히자 낡은 쪽배에 수백명이 매달려 무작정 지중해를 건너는 죽음의 항해가 그치지 않고 있다. 하지만 유럽은 그들을 반기지 않는다며 세차게 손사래를 친다.

 지중해가 무정하게도 때로는 그들을 삼켜버려 아프리카의 끝없는 비극에 세계가 눈시울을 적신다.

포르투갈 제국의 저주

지진해일이 제국의 황금도시 리스본을 삼켰다

 대항해 시대를 개막하여 제국으로 등극한 포르투갈의 수도 리스본은 노예무역, 향신료무역, 도자기무역을 기반으로 우뚝 선 황금의 도시였다. 대항해 시대의 살육과 약탈의 본영인 리스본은 암스테르담, 런던과 자웅을 다투며 번영을 구가하던 제국의 수도였다. 리스본은 또한 신앙의 도시이자 탐욕의 도시였다.

 포르투갈은 로마 가톨릭 포교의 선봉장을 자처하고 세계의 바다를 누볐다. 포르투갈은 한 손에는 성경을, 다른 손에는 총을 들고 이교도를 도륙하면서 가톨릭 전도에 앞장섰다. 리스본은 세계에서 가장 독실한 가톨릭 신자의 도시라고 자부하고 있었다. 그런 터라 리스본에는 이름난 성당들도 많았다.

 리스본 대성당, 상 파울로 성당, 산타 카타리나 성당을 비롯한 40여개의 성당이 있었고 교구에 소속되지 않은 성당들도 여러 곳이 있었다. 그 성당들은 하나 하나가 아프리카 흑인과 동남아시아 원주민의 뼈를 벽돌 삼아 지었다고 해도 과언이 아니었다. 리스본 시민들은 가톨릭 국가의 신자답게 주일이면 가족과 함께 그 많은 성당들을 가득 채웠다.

 1755년 11월 1일. 그 날은 로마 가톨릭이 모든 성인들을 기리는 축일인 만성절(萬聖節-All Saints' Day)이었다. 그 까닭에 리스본의 거의 모든 신자들이 사회활동을 접고 가정사를 뒤로 한 채 아침부터 미사를 올리려 성당에 모였다. 9시 30분. 돌연 마차들이 굴러가는 듯한 소리가 들리는가 싶더니 삽시간에 폭음으로 돌변했다.

 그것은 한 순간이었다. 갑자기 성당건물들이 폭풍을 만난 배처럼 심하게 요동쳤다. 9시 40분, 모든 건물들이 흔들리면서 모든 성당의 종들이 한꺼번에 요란하게 울려 댔다. 그와 동시에 스테인드 글라스가 산산조각 나서 장대비 오듯이 쏟아졌고 천장에서는 대리석 조각들이 한꺼번에 폭삭 내려앉았다.

 그것 또한 한 순간이었다. 성당건물들이 여기저기서 맥없이 무너지는 바람에 예배를 보러갔던 신자들이 떼죽음을 당했다. 리히터 규모 9.0의 강진이 황금의 제국, 포르투갈의 수도 리스본을 덮쳐 온 시가지를 아수라장으로 만들어 버렸다. 역사상 관측된 가장 강력한 지진이 1960년 칠레 앞바다에서 일어난 리히터 규모 9.5니 그 지진의 위력이 짐작된다.

 성당들이 주로 퇴적층으로 이뤄진 도시 중심부에 위치해 더 큰 피해를 입었다. 거기에다 만성절이란 축일 중의 축일을 맞아 거의 모든 시민들이 예배에 참석했거나 참석하려고 가고 있었다. 오후에는 이교도의 종교재판이 예정되어 있었기 때문에 오전 미사 참석률이 여느 때보다 훨씬 높았다.

 대지진이 예배시간에 맞춰 일어났기에 많은 신자들이 몰사하는 참사가 빚어졌다. 그런데 왕족들은 새벽 미사를 보고 일찌감치 야유회를 떠나 지진피해를 모면했다. 또 귀족들은 관례대로 평민들보다 예배에 늦게 참석하다보니 사상자가 별로 나지 않았다. 결국 희생자는 거의 평민이었다.

 지진은 3~6.5분 동안 이어졌으며 도시 중심부가 폭 5m의 균열을 내며 쫙 갈라졌다. 곳곳에서 건물들이 와르르 무너져 내리자 사람들이 왕궁광장이 있는 항구 쪽으로 달려가 피신했다. 그런데 거기서 괴기한 현상을 목도했다. 바다에는 바닷물이 온 데 간 데 없이 사라지고 부서진 침몰선들과 버린 선박용구들만이 어지럽게 널러있는 바다 밑바닥이 드러나 있었다.

 첫 지진은 서곡에 불과했다. 10시 10분. 여진이 채 가시기도 전에 두 번째 지진이 엄습해 리스본을 쑥대밭으로 만들었다. 땅이 꺼지고 온 시가지에서 건물들이 부서지고 무너져 내려앉았다. 지진이 일어난 지 40분이 지나 높이 15m의 거대한 산더미 같은 지진해일(tsunami)이 덮쳤다. 그 쓰나미가 그 때 바닷가에서 바닷물이 사라진 놀라운 광경을 지켜보던 수천명의 사람들을 삽시간에 쓸어 가버렸다.

그 쓰나미는 항만과 도심에 이어 리스본으로 금은을 실어 나르던 관문인 타구스 강을 삼켰다. 뒤이어 쓰나미가 두 차례나 더 연거푸 닥치더니 지진의 잔해를 쓸어가 버렸다. 교회를 밝히던 촛불과 주택의 난롯불이 엎어지면서 시내 곳곳에서 불이 나서 온 시가지가 화마에 휩싸

1755년 리스본 대지진이 일어나기 이전인 1700년대 중반의 리스본 시가지 전경을 그린 목판화, 작가미상. 포르투갈 국립도서관 소장

였다.

 대지진, 해일이 덮친 데 이어 대화재가 발생해 지진과 해일이 남기고 지나간 리스본의 잔해를 닷새 동안이나 불태워 잿더미로 만들었다. 지진으로 부서졌던 건축물들도 화재로 소실되어 도시의 85%가 폐허로 변해 버렸다. 신축한 오페라 하우스, 리베이라 왕궁이 부서지고 불에 탔다.

 왕실 도서관이 소장했던 귀중한 장서 7만권, 루벤스, 티치아노 등등 유명한 화가와 조각가의 미술작품, 바스쿠 다 가마를 비롯한 포르투갈의 위대한 탐험가들이 남긴 소중한 항해기록들도 흔적 없이 사라져 버렸다. 800년 역사와 전통을 자랑하던 리스본이 하루아침에 대지진의 날벼락을 맞아 잿더미로 변하고 말았다.

대지진 희생자는 자료에 따라 큰 차이를 보인다. 당시 리스본의 인구가 27만명이었는데 부상자는 그만 두고 사망자도 파악하기 어려웠던 상황이었다. 사방에 너부러진 시신에서 송장내가 진동하는데 매장할 일손이 없어 많은 시신들을 그냥 바다에 버렸으니 말이다.

1755년 대지진이 일어나 화염에 휩싸인 리스본 시가지와 쓰나미가 선박들을 덮친 항구를 보여주는 동판화. 1755년작. 리스본 도시박물관 원본소장

사망자는 1만~10만명으로 편차가 크다. 대체로 3만~6만명이라는 추산이 지배적이다. 리스본 말고도 포르투갈 남부지역도 재앙적 피해를 입었다. 진앙지는 리스본에서 남서쪽으로 200km 떨어진 대서양 해저로 추정되었다. 대지진의 충격파가 유럽 전역에서 감지되었다. 핀란드, 그린란드, 카리브 해안까지 지진파가 미쳤다. 높이 20m의 쓰나미가 모로코 해안의 도시들을 비롯한 북아프리카 해안도 강타하여 엄청난 피해를 입혔다. 그 해일은 대서양을 10시간이나 횡단하여 카리브 해안을 휩쓸어 수많은 희생자를 낳았다.

포르투갈 식민지 브라질에서도 쓰나미가 엄습해 그 피해가 극심했다. 브라질 식민정청이 리스본에 보낸 보고서에 피해상황이 자세히 기록되어 있다. 리스본 대지진이 일어난 지 반년이 지나도록 여진이 250차례나 이어졌다.

대지진이 재촉한 제국의 사양길, 예수회와 결별

 포르투갈은 16세기 내내 동방무역의 선구자로서 독점적 지위를 향유했다. 하지만 17세기 들어서는 네덜란드와 영국이 동방무역에 진출하면서 사정이 달라졌다. 거기에다 공세적인 가톨릭 포교활동이 빌미가 되어 포르투갈이 일본에서 축출됨으로써 독점적 지위를 향유하던 일본무역이 단절되었다.

 후발주자 네덜란드가 향신료 무역에 진출하여 포르투갈이 세계 곳곳에 세운 무역기지를 탈취하려고 나선 바람에 그 쟁탈전이 61년간이나 벌어졌다. 또 영국의 산발적인 공격도 이어졌다. 포르투갈이 그 전쟁에서 승리를 이끌어 내지 못함으로써 향신료 무역의 거점인 인도 아대륙과 동남아시아에서 입지가 크게 위축되었다.

 거기에 더하여 18세기 말엽부터는 국제사회에서 노예무역 폐지론이 대두되기 시작했다. 그에 따라 포르투갈이 독보적 지위를 누리던 대서양 노예무역도 치명적 타격을 입었다. 그 일련의 사건은 세계의 바다를 주름잡던 포르투갈 제국의 전성시대에 종막을 알리는 예고편에 불과했다.

 800년 역사를 자랑하던 제국의 도시, 그 리스본이 어느 날 아침 엄습한 대지진으로 말미암아 생지옥으로 돌변했다. 리스본은 아시아, 아메리카, 아프리카에 걸쳐 거대한 무역망을 구축한 포르투갈 제국의 중심축이었다. 수도 리스본이 한 순간에 폐허로 변하자 황금의 제국 포르투갈의 금빛 찬란하던 광채가 퇴색하기 시작했다.

 도자기무역, 노예무역, 향신료 무역의 번영이 쌓아올린 부의 상징인 웅대한 건물들이 한 순간에 무너져 버렸다. 땅이 갈라지고 무너지더니 바다에서 산더미 같은 물벼락이 몰아쳐 시가지를 휩쓸었다. 이어 불난리가 일어나 온 도시를 불바다로 만들었다. 땅, 물, 불이 한꺼번에 벼락을 내려쳐 황금의 도시 리스본은 온 데 간 데 없고 황량한 잿더미 위에 온통 시체더미가 너부러져 송장내가 진동했다.

 어미, 애비는 자식을 찾아 울부짖고 자식은 어미, 애비를 찾아 비명을 지르니 그야말로 아비규환이었다. 부서진 감옥소에서 탈옥한 죄수들이 약탈, 방화, 살인을 저지르고 산자들은 굶주린 이리떼마냥 먹을 것을 찾아 배회하니 짐승이 따로 없었다. 교회는 부서지고 화마가 삼켜 버렸는데 기이하게도 타락의 상징인 매음굴은 멀쩡했다.

 탐욕에 눈먼 왕족과 귀족은 살아남고 가난하고 죄 없는 평민과 노예만이 재앙의 희생물이 되었다. 그 어처구니없는 현상을 목도한 신학자와 성직자들은 지진을 자연현상으로 받아들이는 행위를 불경스럽게 여겼다. 그들이 나서 인간이 저지른 죄악에 신이 내린 징벌이요, 심판이라고 목소리를 높였다.

포르투갈은 가는 곳마다 피를 불렀다. 주력산업인 노예무역과 향신료 무역은 무수한 시체더미를 밟고 일어섰다. 왜 죽는지도 모르고 무고하게 생명을 앗긴 무수한 흑인노예들과 아메리카 원주민들, 그리고 땅을 뺏기고 목숨마저 잃은 향신료 주산지 원주민들, 그들의 뼈 더미를 벽돌로 삼아 우뚝 일어섰던 리스본이 한 순간에 무너졌다.

생지옥이나 다름없는 그곳에는 광신적인 말세론, 종말론이 난무하는 가운데 사제들이 나서 혹세무민을 일삼았다. 성직자들이 거리를 떠돌면서 재앙은 신의 뜻이니 저주의 도시 리스본을 버려라, 심판의 날이 다가왔으니 구원을 받으려면 원혼이 떠도는 리스본을 빨리 떠나라고 외쳤다.

 그들은 신이 진노하여 또 다시 재앙을 내릴 테니 어서 빨리 타락의 도시, 탐욕의 도시를 탈출하라고 울부짖었다. 또 그들은 복구가 아니라 회개하고 속죄하라고 소리쳤다. 수상 폼발이 사제들의 선동을 중지시켜 달라고 대주교에게 간청했지만 그는 들은 척도 하지 않았다.

 외방선교를 통해 포르투갈이 저지른 피의 광란을 세계 곳곳에서 오랫동안 목도했던 사제들이 종말론을 부르짖었다. 사제들의 말세론에 현혹되어 민심이 걷잡을 수 없을 만큼 날로 흉흉해지자 국왕 조세 1세가 리스본을 버리고 천도하려고 마음을 굳혔다.

 수상 폼발이 나서 리스본을 버리고 떠나려는 국왕을 말렸다. 수도를 포기하면 리스본 항을 잃게 되어 해외교역이 큰 타격을 받는다, 수도를 옮기면 나라가 망한 것처럼 알려져 외국과 외국상인의 포르투갈에 대한 신뢰가 붕괴되고 나아가서는 식민지들을 상실한다는 이유를 들어 설득했다.

 그 와중에도 재건을 위한 도시계획에 앙심을 품은 귀족들이 국왕을 제거하려는 음모를 꾸몄으나 거사 직전에 발각되어 가담자들이 체포됐다. 1759년 민중을 선동한다는 이유로 예수회를 포르투갈과 그 식민지, 보호령에서 추방하는 포고령이 내려졌다. 예수회 사제들은 모두 체포되어 낡은 배에 실려 교황의 통치령으로 추방되었다.

 그와 함께 예수회가 소유한 학교들이 폐쇄되고 모든 재산이 몰수되었다. 그 예수회는 포르투갈과 함께 대항해 시대를 연 동반자였다. 포르투갈이 가는 곳마다 예수회가 성경을 들고 따라다니면서 포교활동을 벌였다. 그 까닭에 예수회는 포르투갈 왕실, 교회와 유대관계가 깊었다.

 예수회는 라틴아메리카에서는 물론이고 중국과 일본에서도 죽음을 무릅쓰고 포교활동을 펼쳤다. 수익활동도 벌여 세계 곳곳에서 건물, 토지, 대학, 농장을 소유한 거대한 다국적 조직체로 성장했다. 또 교육사업에도 주력하여 미국의 조지타운 대학교, 포덤 대학교, 이탈리아의 그레고리오 대학교 등등, 그리고 훗날 한국의 서강대학교도 설립했다.

포르투갈은 십자군기를 앞세우고 가는 곳마다 살육과 약탈을 저질렀다. 동남아시아에서는 향신료를 뺏으려고, 아메리카에서는 땅을 강탈하려고 수많은 원주민들을 도륙했다. 아프리카에서는 노예사냥에 광분했다. 리스본은 그 억울한 영혼들이 부르짖는 원성에 귀를 막고 그들의 뼈와 피로 이룩한 원혼의 도시였다.

그 황금의 도시가 한 순간에 금빛 광채를 상실하더니 저주의 도시로 돌변해 버렸다. 국립 아줄레주 박물관에 가면 리스본의 잃어버린 그 옛 모습을 다시 볼 수 있다. 대항해 시대를 개막했던 옛 리스본 시가지를 코발트 블루로 그린 길이 36m의 청화벽화 아줄레주가 벽면을 길게 장식하고 있다.

리스본 국립 아줄레주 박물관

정교분리, 재해관리, 복구체제 정립한 포르투갈

포르투갈 국왕 조세 1세가 리스본 지진수습대책을 외교관 출신으로 나중에 후작의 작위를 받은 폼발에게 맡겼다. 절망에 빠진 국왕 조제 1세가 수상 폼발에게 대책을 묻자 그의 대답은 간단했다. "죽은 자는 묻고 산자는 치료해야 한다"였다. 다친 자가 아닌 산 자라고 말한 것을 보면 살아남아서도 온전한 사람들이 그리 많지 않았던 모양이다.

복구작업에 관한 전권을 위임받은 폼발은 지진피해 수습대책을 조직적, 체계적으로 실행했다. 그는 먼저 대주교의 승낙을 얻어 전통적인 장례의식을 생략하고 시신을 바다에 버려 수장했다. 일손이 달리기도 했지만 리스본 시가지에 너부러진 시신더미에서 악취가 진동하는 통에 일일이 종교적 의식을 거쳐 매장할 시간적 여유도 없었다.

그는 먼저 시신을 빠르게 수습해내어 전염병 창궐을 막아냈다. 민심수습과 질서유지를 위해

지방에 주둔하던 군대를 리스본으로 불러들여 복구작업에 동원했다. 시내 곳곳에 교수대를 설치하고 약탈자들을 공개적으로 처형했다. 식량배급도 공정하고 공평하게 분배되도록 군대에 감시업무를 맡겨 불만을 차단했다.

 매점매석과 폭리행위를 단속하여 물가안정을 도모했다. 리스본을 빠져나가려는 성한 사람들을 잡아서 복구작업에 투입했다. 퐁발은 리스본을 복구가 아닌 재건하는 쪽으로 방향을 잡았다. 그러자 건물주들이 자기 땅을 찾아 표지물을 세우거나 천막을 치고 부서진 건물을 복구하려고 서둘렀다.

 하지만 퐁발은 새로운 도시계획을 수립할 때까지 복구작업을 중단하라는 지시를 내렸다. 5개 도시복구계획안이 마련되었는데 그는 그 중에서 도시를 완전히 새로 재건하는 방안을 채

택했다. 건물의 외양, 높이를 통일하여 건물주가 맘대로 건물을 짓지 못하도록 했다.

 또 건물 소유주가 귀족이라는 표시를 부착하지 못하도록 금지했다. 귀족들은 신분을 과시할 방법이 없자 불만을 품었다. 사제들은 종말론적 선동을 중지하라는 경고가 잇달자 반발하고 나섰다. 퐁발은 반란을 음모한 귀족들을 체포하고 선동을 일삼는 예수회에게는 추방령을 내렸다. 그에 따라 지진수습대책에 대한 귀족과 사제의 반발로 인해 정치적 긴장이 고조되었다.

 그럼에도 퐁발은 재난복구작업을 교회중심에서 정부중심체제로 바꾸었다. 수습대책만 강구한 것이 아니라 포르투갈 전역에 걸쳐 지진에 대비한 사전조사를 실시하여 대책을 마련했다. 그의 강력하고 효과적인 재해대책은 근대적 재난관리의 효시라는 평가가 가능하다.

 또 그의 도시재건사업은 근대적 도시계획의 전형으로 평가된다. 유럽국가들이 그의 재난수습대책을 본받아 사회제도와 도시체제를 재정비하는 데 활용했다. 포르투갈 왕족의 혈연과 혼맥으로 얽힌 유럽국가들이 원조에 나서 국제구호라는 새로운 개념도 정립되었다. 스페인은 금을 세 마차나 보냈지만 경쟁국이자 적대국인 네덜란드는 냉담했다.

또한 지진에 대한 과학적 연구가 이뤄지면서 포르투갈 대지진은 현대적 의미의 지진학이 탄생하는 계기가 되었다. 그에 따라 폼발은 근대적 재난관리의 새로운 장을 열었다는 평가를 받는다. 같은 이유로 포르투갈 대지진은 유럽사회-문화에 심대한 영향을 미쳤다.

리스본 대지진은 또한 유럽 지성인들에게 사상적 대전환을 가져왔으며 유럽 계몽시대를 살아가는 지식인에게 과학적 사고의 중요성을 깨우쳤다. 또 약탈과 살육을 근간으로 하는 식민지 정책에 대해서도 근본적인 변화가 요구되었다. 그 문제에 대해서는 계몽주의 철학자들 사이에서 심도 있는 논의가 있었다.

신학자와 철학자들은 리스본의 지옥 같은 재앙을 종교적으로 어떻게 해석해야 할지 고심에 빠졌었다. 지진을 도덕적 타락에 대한 신의 응징이라는 주장이 강한 전파력을 가지고 번져나가고 있었다. 다른 한편 악의 존재를 신의 섭리로 보는 신정론(神正論-theodicy)이 힘을 얻었던 것도 사실이다.

볼테르는 신의 존재에 대해 근본적인 회의를 제기했다. 그는 "신에게 정의가 있고 신을 믿는 이들을 신이 사랑한다면 어떻게 죄 없는 이들을 그토록 비참하게 죽음으로 몰아넣었는가라고 반문했다. 그는 모든 불행의 시작이 신의 권위라는 이름으로 자행된 만행이라면 나는 신을 믿지 않겠다"라는 말을 남겼다.

그에 대해 이마누엘 칸트는 지진을 과학적으로 설명해야 한다고 설파하고 나섰다. 그는 리스본 지진에 관한 많은 정보를 수집, 연구하여 지진의 원인을 추론해 냈다. 그의 이론은 거대한 지하 동굴을 채우고 있는 뜨거운 가스가 이동함에 따라 지진이 발생한다는 것이었다. 오늘날에는 틀린 학설이지만 자연재해를 초자연적 현상으로 보던 당시로서는 최초의 과학적 접근이라고 볼 수 있다.

그 까닭에 칸트의 시도를 과학적 지질학 또는 과학적 지진학의 효시로 평가한다. 한편 '자연으로 돌아가라'의 장 자크 루소는 재앙의 원인을 사회적, 과학적 관점에서 규명했다. 그는 지진을 자연이 인간에게 내린 재앙이라기보다는 인간이 자연의 이치를 거슬러 무분별하게 훼손하고 도시를 건설했기 때문에 일어났다는 취지로 규정했다.

폼팔 후작 초상화. 유화.
Claude-Joseph Vernet의 1766년작.
폼팔은 외교관 출신으로서 리스본 대지진을 성공적으로 수습하고 포르투갈의 근대국가기반을 다졌다는 평가받는 인물.

폼발(1699~1782)은 지진으로 폐허가 된 리스본을 재건한 개혁가였다. 재건과정에 이익이 침해됐다고 생각하는 귀족들을 견제함으로써 리스본을 계획도시로 재건했다. 신이 재앙을 내렸다며 선동하는 예수회를 추방함으로써 정교분리를 이룩하는 데 기여했다.

그는 또 군대개혁, 교육개혁을 통해 근대국가의 과제를 성공적으로 수행함으로써 후세에 계몽적 지도자로 평가 받는다. 그의 본명은 세바스티앙 조제 드 카르발류 이 멜루(Sebastiao Jose de Carvalho e Melo)다. 그는 영국, 오스트리아 주재 대사를 지낸 외교관 출신으로서 지진수습의 책임을 맡아 실질적인 통치자 역할을 해냈다.

국왕은 지진수습의 공로와 포르투갈을 근대국가로 만든 그의 공적을 높이 사서 1769년 9월 그에게 폼발(Pombal) 후작이란 작위를 수여했다. 그 후부터 그는 폼발 후작으로 불렸다

그러나 포르투갈은 재기하지 못하고 쇠락의 길을 걸었다.

03

일본의
국책사업
종군위안부

극동까지 뻗친 포르투갈의 마수

일본은 정부 차원에서 매춘영업을 관리한 오랜 전통을 가진 나라다. 16세기 후반부터 봉건영주들이 전비조달을 위해 경쟁적으로 어린 여자들을 포르투갈 노예상에게 팔아넘겼고 그들은 거의 해외에서 매춘의 삶을 살았다. 19세기 후반 들어 쇄국시대를 끝낸 일본은 일본인들이 해외로 가는 곳마다 소녀들을 데려가서 매춘부 노릇을 시켰는데 그들을 '가라유키상'이라고 불렀다.

사진은 사이공의 가라유키상. 프랑스 식민지 인도차이나의 우표와 사이공의 도장이 보인다.

03 극동에 뻗힌 포르투갈의 마수

일본인, 조선인 노예로 팔아

일본여자 리스본 매음굴에 팔아넘긴 포르투갈

 포르투갈인 3명이 탔던 중국 난파선이 1453년 일본해안으로 떠내려갔다. 그들이 조총을 가지고 있었던 까닭에 포르투갈은 일본과 교역의 문을 의외로 쉽게 열 수 있었다. 그 3자루의 조총이 일본에도 대항해 시대의 바람을 몰고 간 셈이었다. 그 우연한 사건이 계기가 되어 포르투갈은 100년 가까이 중국 밀수꾼과 함께 일본의 대외거래를 독점하다시피 했다.
 일본은 명나라가 조공무역을 단절한 바람에 마카오에 무역거점을 확보한 포르투갈을 통해 중국물자를 구입해야만 했다. 일본이 포르투갈을 통해 중국을 비롯한 외국물자를 수월하게 살 수 있었지만 막상 살 돈은 없었다. 포르투갈 사람들이 일본에 드나들 즈음 일본은 전국시대를 맞아 다이묘(大名-대명)들이 피비린내 나는 권력투쟁을 벌이고 있었.

 다이묘들이 경쟁적으로 신무기인 포르투갈 조총을 사서 무장하려고 해도 구매력이 없었다. 다이묘는 지방에 영지를 가졌던 영주를 말한다. 그 때 일본에서는 다이묘들이 전쟁에서 패배한 영주의 농노와 포로를 팔아 전비를 조달하고 있어 인신매매가 성행했었다. 여자는 창녀로 팔아 넘겼고 남자는 일손이 부족한 마을에 노예로 끌고 가서 부렸다.
 그것을 알아차린 포르투갈이 노예장사에 나서 많은 일본인들을 해외로 끌고 가서 노예로 팔았다. 그 즈음 포르투갈은 대서양 노예무역을 선도하고 있었고 노예무역이 포르투갈의 주력산업이었다. 포르투갈이 겉으로는 크게 드러내지 않았지만 알고 보면 일본에서 해외로 가져다 팔아먹은 값나가는 '상품'은 노예였다.
 포르투갈이 1543~1638년 한 세기 가깝게 일본에서 많은 사람들을 사서 여러 나라에 노예로 내다팔았다. 돈벌이에 눈이 어두웠던 다이묘들은 농노와 포로들을 포르투갈 상인들에게 노예로 팔아넘기는 데 주저하지 않았다. 다이묘들은 포르투갈 상인에게 그들을 넘긴 대가로 조총과 화약을 받았다. 또 중국물자도 샀다.

화약 100kg를 사려면 노예 10여명을 줬다고 하니 사람값이 값이 아니던 시절이었다. 그 당시 일본에 30여년간 체류했던 예수회의 포르투갈 선교사 루이스 프로이스(Luís Fróis)가 기록한 '일본사'에는 큐슈지방에서 이뤄진 노예사냥과 노예거래에 관한 상세한 내용이 나온다. 16~17 세기에 걸쳐 포르투갈이 일본에서 노예들을 사서 여러 나라에 팔아 넘겼다는 사실은 여러 문서를 통해 확인되었다.

노예수출의 중심지였던 시마바라 반도 일대에는 포르투갈 말고도 캄보디아, 태국에서 온 상인들이 노예들을 사들였다. 포르투갈은 수많은 일본인들을 인도, 필리핀, 마카오뿐만 아니라 멕시코, 페루, 아르헨티나 등 라틴아메리카, 그리고 스페인, 포르투갈에도 노예로 팔아넘겼다.
포르투갈은 또 일본인들을 수도 리스본과 중국 마카오로 데려가서 포르투갈인의 노예로 삼거나 노예의 노예로 부리기도 했다. 포르투갈은 특히 매춘을 목적으로 많은 소녀노예를 사들였다. 17세기 중반 마카오에는 포르투갈인 2,000명과 함께 노예 5,000명이 거주했었다.
포르투갈은 동방무역에 진출하면서 점령한 아프리카 모잠비크, 인도 고아, 그리고 오늘날의 인도네시아, 말레이시아 등지에서 많은 사람들을 마카오로 끌고 가서 노예로 부렸다. 그 마카오에 중국인 거주자도 점차 늘어나서 1664년 2만여명이 살고 있었다.
마카오에는 중국여자와 결혼한 포르투갈인은 드물었지만 일본인을 노예로 부리거나 일본 소녀를 사서 부인으로 데리고 사는 포르투갈 사람들이 적지 않았다. 포르투갈인들은 임진왜란이 일어나자 일본으로 끌려간 조선인을 사서 노예로 삼았다. 조선인은 거의 가톨릭으로 개종했다.
남중국해안에 처음 접근한 포르투갈은 명나라에 함포를 쏘면서 통상개방의 압력을 넣었다. 포르투갈이 1515년, 1521~1522년 1, 2차 툰멘전투를 도발했지만 연패하여 중국의 문을 여는 데 실패했다. 그 때 명나라 황제 정덕제(正德帝)가 수염이 나고 눈이 큰 서방인의 출입을 금지하라는 칙령을 내렸다.
사건의 발단은 포르투갈이 중국 어린이들을 납치해 말라카로 끌고 가서 노예로 팔았기 때문이었다. 그럼에도 1520년대 포르투갈은 중국의 눈을 피해 많은 중국인들을 노예로 세계 각지에 팔아넘겼다. 마카오에서 납치된 중국인 소년들이 리스본으로 끌려갔다가 다시 브라질로 팔려가기도 했다.
16세기 포르투갈 노예상 페레스가 일본에서 산 일본인 노예 3명을 스페인이 지배하던 마닐라를 거쳐 멕시코로 데려갔다는 기록이 있다. 16세기 남부 포르투갈에는 아프리카, 동인도, 말레이, 아랍 등지에서 데려간 노예와 숫자는 적었지만 중국인 노예도 거주하고 있었다. 포르투갈 상인들이 조선인도 사서 포르투갈로 데리고 갔다.

유화. 16세기말 또는 17세기초 제작. 그레고리오 교황청 대학교 소장.
 일본이 유럽에 파견한 첫 사절단인 천정견구소년사절이 1585년 3월 23일 로마 가톨릭 교황 그레고리 13세를 알현했다. 그것은 당시 일본이 서양문물을 배우려는 열정이 담긴 획기적인 사건이었다. 그런데 그 소년들은 가는 곳마다 노예나 창녀로 팔려온 일본인들을 목도하고 실망과 함께 분노를 느꼈다고 토로했다.

 중국인이 노예로 리스본에 끌려간 최초의 기록은 1540년이었다. 따지면 그는 유럽에 발을 디딘 첫 중국인이기도 하다. 남중국해안에서 납치되어 포르투갈로 끌려갔던 그는 학자였다. 그는 그곳에서도 포르투갈어를 공부해서 중국문서를 포르투갈어로 번역하는 일을 맡았었다. 리스본에 끌려간 중국인들은 다시 스페인으로 팔려나가기도 했다.
 1582년 가톨릭으로 개종한 다이묘 3명이 소년 3명으로 구성된 유럽견학소년사절단을 유럽에 파견했다. 이른바 천정견구소년사절(天正遣欧少年使節)이다. 여기서 천정은 그 시기의 연호다. 그들은 스페인, 포르투갈 국왕과 로마 가톨릭 교황을 알현하고 귀국했다. 그 사절단의 회화록에는 그들이 해외에서 목도한 일본인 노예의 참상이 담긴 대목이 나온다.
 "우리가 가는 곳마다 노예신세가 된 일본인들을 보았다. 그 때마다 사람을 헐값에 작은 가축처럼 팔아넘긴 우리 민족에 대한 격렬한 생각이 불타오르지 않을 수 없었다", "저렇게 많은 우리 민족의 남녀를 그것도 어린 소년소녀들을 싼 값에 팔아치워 비참한 천업에 종사하는 것을 보고 연민의 정을 느끼지 않을 수 있겠는가?"라는 내용이 있다.

포르투갈까지 노예로 팔려간 일본인 중에서도 소녀노예들의 종착지는 리스본 매음굴이었다. 일본 여자노예들은 일본무역에 종사하는 유럽 선원의 첩이나 아프리카 흑인선원의 첩으로도 팔렸다. 그것은 1598년 예수회 포르트갈 신부 루이스 세르꾸에이라(Luis Cerqueira)의 증언에도 나오는 대목이다.

이탈리아 플로렌스 출신 여행가이자 상인인 필리포 사세티는 1578~1582년 4년간 포르투갈 리스본에 거주했었다. 그가 그곳에는 커다란 노예 마을이 있는데 거주자는 거의 흑인이지만 중국인, 일본인 노예도 적지 않다고 기술했다. 포르투갈 사람들은 일본인, 중국인 노예들이 지적이고 근면하다며 아프리카 노예보다 높게 평가했다고 한다.

그에 앞서 1555년 포르투갈 교회의 기록에는 일본인 소녀노예들을 매입해서 창녀로 부릴 목적으로 포르투갈로 데리고 갔다는 내용이 나온다. 일본인 노예의 거래규모가 커지자 1570년 9월 20일 포르투갈 국왕 세바스티앙 1세가 포교에 미칠 악영향을 고려해 일본인 인신매매 금지령을 내렸다.

그것은 포르투갈의 일본인 노예거래에 대해 일본의 반감이 크다는 사실을 알고 있었다는 뜻이다. 이어서 포르투갈은 1595년 일본인과 중국인을 노예로 팔고 사는 행위를 법제화를 통해 금지했다. 그것은 포르투갈의 일본인 인신매매를 파악한 일본이 교역을 금지하는 사태가 일어날까 포르투갈이 크게 우려했다는 사실을 말한다.

도요토미 히데요시(豐臣秀吉-풍신수길)가 일본의 남단지방인 규슈(九州-구주)에서 많은 일본인들이 해외에 노예로 팔려나간다는 사실을 알고 크게 격분했다. 그가 1587년 7월 24일 일본에 파견된 예수회 사절단 부교구장 가스파르 코엘료(Gaspar Coelho)에게 친서를 보냈다. 그것은 임진왜란이 일어나기 5년 전의 일이었다.

그 친서를 통해 그는 포르투갈, 타일랜드, 캄보디아는 일본인을 노예로 사고파는 행위를 즉각 중단하고 인도까지 끌려간 일본인들을 송환하라고 요구했다. 이어 일본이 포르투갈과 예수회를 비난하는 한편 예수회의 포교활동을 금지했다. 그 무렵에 일본은 포르투갈의 노예장사와 포교활동에 대해 인내의 한계를 느끼고 있었다.

일본의 조치에 따라 사태의 심각성을 깨달은 포르투갈 국왕 펠리페 3세가 1624년 2월 19일 중국인을 노예로 부리지 못하도록 금지했다. 그 때는 명나라 말기라 정치적, 경제적 혼란기였지만 명나라가 중국인의 해외이주를 금지한다는 사실을 포르투갈이 크게 의식했음을 알 수 있다.

도요토미 히데요시가 포르투갈의 일본인 인신매매에 분노했었지만 그 자신도 조선인 피랍인들을 노예로 팔아넘겼다. 또 조선인들을 끌고 가서 노예로 부렸다. 도요토미가 임진왜란에

105

참전한 나베시마 나오시게에게 보낸 공문에 그 같은 내용이 나온다.
 그 공문에는 바느질꾼이나 손재주가 뛰어난 조선여자들을 잡아 가두었다가 진상하라는 내용이 있다. 집집마다 뒤져서 잡아오라는 당부까지 했다. 그의 정실부인 오네가 잡혀간 조선여자들을 하녀로 곁에 두고 그녀가 죽을 때까지 부렸다고 전해진다. 붉은 도장을 찍어 봉인한 그 주인장(朱印狀)을 오사카성 박물관이 소장하고 있다.
 그런 상황에서 포르투갈이 맡았던 일본 대외거래의 독점적 지위가 흔들리기 시작했다. 그 즈음 네덜란드 난파선이 일본에 표착했으니 그 때가 1600년이었다. 도쿠가와 이에야스(德川家康-덕천가강)가 그 배의 항해사인 영국인 윌리엄 애덤스의 조선술과 항해술에 관한 해박한 지식과 경험에 감복한 나머지 그를 중용했다.
 그가 푸른 눈의 사무라이로 이름난 윌리엄 애덤스였다. 도쿠가와가 그에게 다른 유럽국가와 교역을 추진하도록 지시했다. 그가 교섭에 나서 네덜란드가 1609년, 영국이 1613년 일본시장에 진출했다. 또 스페인도 비슷한 시기에 마닐라를 거쳐 일본과 교역을 개시했다. 그와 동시에 중국 밀수꾼의 밀무역도 활발했다.
 일본정부의 운항허가증을 가진 주인선(朱印船)도 1604년부터 동남아시아를 왕래하며 해외시장 개척에 나섰다. 일본이 더 이상 대외거래를 포르투갈에만 의존할 필요가 없는 상황이 전개되었다. 그러더니 일본이 1638년 예수회 신부들을 몰래 밀입국시킨다는 혐의를 물어 모든 포르투갈인들을 축출했다. 그로써 포르투갈-일본의 교역시대가 종막을 내렸다.

부산까지 와서 조선인을 노예로 사간 포르투갈

 대서양 노예무역을 주도하던 포르투갈은 조선침략을 감행한 일본이 많은 조선인들을 일본으로 납치해가자 동방무역에서도 노예장사로 호기를 누렸다. 정황적으로 보면 포르투갈이 조선인은 일본의 눈치를 볼 것도 없이 닥치는 대로 사서 내다팔았다는 판단이 가능하다. 하지만 관련자료가 거의 없어 그 실태를 윤곽조차 파악하기 어렵다.
 그러나 빈약한 자료이지만 포르투갈의 일본인 노예거래를 통해 그 실상을 유추할 수 있다. 포르투갈이 일본에서 인신매매로 성업을 이뤘던 배경에는 가톨릭으로 개종한 기리시탄 다이묘(大名)들이 도사리고 있었다. 기리시탄은 그리스도, 다이묘는 10~19세기 일본에서 지방영지를 소유했던 봉건영주를 뜻한다.
 일본이 1592~1598년 조선을 침략한 임진왜란은 노예전쟁이나 다름없었다. 왜군은 살육, 방화, 약탈을 일삼으면서 조선인들을 닥치는 대로 납치해갔다. 거기에는 포르투갈 노예상들의 농간도 있었다. 포르투갈 노예상들은 일본에 끌려간 조선인들을 사들이는 데 그치지 않고 부산까지 와서 조선인들을 노예로 사갔다.

 조선조정은 그들을 적한테 사로잡혀 갔다는 뜻으로 피로인(被虜人)이라는 표현을 썼다. 조선 피로인의 상당수는 포르트갈 노예상들이 사들여 중국 마카오와 인도 고아로 끌고 갔다. 포르투갈은 그들을 동남아 향신료 농장에 데려가 노예로 부리거나 다른 나라 노예상들에게 팔아 넘겼다. 아니면 포르투갈에 노예로 데려갔다.

 대항해 시대 이전에도 아프리카 사람들을 사냥해 유럽에 팔았던 포르투갈은 동방무역에 진출한 이후에는 노예장사로 재미를 톡톡히 봤다. 아프리카 동해안의 모잠비크에서 사람을 잡아다 향신료 섬에 끌고 가서 노예로 부렸다. 포르투갈은 그 경험을 토대로 아메리카대륙에서도 노예장사를 개시했다.

 일본이 조선을 침략했던 즈음 포르투갈은 동방무역을 가장 먼저 개척했을 뿐만 아니라 대서양 노예무역도 선도하여 악명을 날리고 있었다. 당시 포르투갈이 가장 큰 수익을 올리던 상품은 노예였고, 또 노예무역이 포르투갈의 주력산업이었다. 그 포르투갈이 일본이 잡아온 조선인들을 그냥 보고만 있을 리 없었다.

 일본 안양사 주지 케이넨(慶念-경념)이 임진왜란 당시 일본 규슈(九州-구주) 우스끼성 성주 오오타 히슈우를 따라 조선에 와서 1597년 6월 24일~1598년 2월 2일 일본군 군의관으로 종군했다. 그가 남긴 조선일일기(朝鮮日日記)에는 왜군이 저지른 포악성, 잔인성과 함께 그 참상이 담겨있다.

 1597년 8월 6일-"사람을 쳐 죽이고 산 사람은 쇠줄과 대나무 통으로 목을 묶어서 끌고 간다. 어버이는 자식 걱정에 탄식하고, 자식은 부모를 찾아 헤매는 비참한 모습…" 1597년 8월 16일-"남원성내의 사람들을 남녀노소 가리지 않고 모두 죽여 버려 멀쩡하게 잡힌 사람이 없다. 무참하구나"

 1597년 11월 19일-"일본에서 온갖 장사꾼들이 따라 왔는데 그중에는 사람을 사고파는 노예상도 있었다. 그들은 병사들의 뒤를 쫓아다니며 젊은이 늙은이 가리지 않고 사서 목을 묶어 앞으로 끌고…, 잘 걷지 못하면 뒤에서 지팡이로 두들겨 패는 모습이 지옥의 아방(阿防)이라는 사자가 죄인을 길들이는 것과 같아…"

 여기서도 일본 노예상들이 일본군을 따라 다니며 조선인을 노예로 마구 사들였음을 알려준다. 일본에 끌려간 조선 피로인의 규모는 대충이라도 파악할 길이 없다. 목격담, 상소문 등을 토대로 하고 당시 노예무역이 국제적으로 성행했던 정황 등을 미뤄 그 규모가 더러 10만명 이상이 될 것이라는 추정이 있다.

 10만명설의 근거로 일본으로 끌려갔다가 1599년 7월 조선으로 도망쳐온 피로인 정희득의

상소문을 든다. 그 중에 "일본에 잡혀간 포로가 남자는 3만~4만명은 되겠고, 늙고 병약한 여자는 그 수가 갑절이나 될 것"이라는 내용이 있다는 것이다. 학자에 따라서는 많게는 40만명까지도 본다.

 피로인의 체험담은 시간이 한정적이고 장소도 제한적이어서 전체적 윤곽을 파악하는 데 큰 도움이 되지 않는다. 하지만 피로인의 상당수는 포르투갈 노예상에 의해 해외로 팔려갔다는 사실은 분명하다. 포르투갈 노예상들이 얼마나 많은 조선인들을 해외로 팔아 넘겼는지는 알아 낼 길이 없다.

 포르투갈에서도 관련자료를 발굴하기 어려울 것 같다. 1755년 11월 1일 리스본 대지진으로 인해 동방무역에 관한 많은 자료가 소실되었기 때문이다. 일본에 체류했던 예수회 포르투갈 선교사 루이스 세르꾸에이라(Luis Cerqueira)가 남긴 1598년 9월 4일 기록에는 포르투갈 노예상들이 조선인을 사들인다는 사실을 알고 일본인들이 조선인들을 잡아다 팔았다는 내용이 나온다.

 그 내용을 보면 "나가사키 가까이에 살던 많은 일본인들은 포르투갈인들이 노예를 사들인다는 사실을 알고 있었다." "그래서 노예상들이 조선인들이 잡혀있는 각지를 돌아다니며 조선인들을 사서 팔아넘겼다.", "그들은 조선에까지 가서 사람들을 잡아서 팔기도 했다."

 또 "그 과정에서 많은 조선인들을 잔인하게 죽였고, 중국 밀수꾼 배에서 조선인들을 포르투갈 상인에게 팔아넘기기도 했다"라는 대목이 나온다. 당시 중국 밀수꾼과 포르투갈 상인들이 같은 배를 타고 중국과 일본을 오가며 여러 가지 상품을 사고팔았으니 설득력이 있는 내용이다.

 여기서 주목해야 할 사실은 당시 포르투갈 상인의 입장에서는 노예가 가장 수익성이 높은 상품이었다는 점이다. 또 포르투갈은 노예를 내다팔 세계적 유통망을 갖추고 있었다는 사실이다. 무엇보다도 중요한 점은 포르투갈은 노예무역을 주력산업으로 삼고 있었기 때문에 조선인 피랍자들을 그냥 둘리 없었다는 사실이다.

향신료 제도에 노예로 팔려갔을 조선 피로인들

 임진왜란 당시 김덕령의 의병군으로 싸웠던 조위한(趙緯韓)은 1612년에 '최척전'(崔陟傳)이라는 소설을 썼다. 일본군한테 잡혀가는 바람에 헤어졌던 최척(崔陟)과 옥영(玉英) 부부가 노예로 팔려 각기 중국 무역선과 일본 무역선을 타고 베트남으로 갔는데 그곳에서 기이하게 해후한다는 내용이다.

베트남은 당시 포르투갈의 포교지역이었으니 현실성 있는 이야기다. 중국 정크선이나 일본 무역선이 조선인을 그곳에 데려가면 포르투갈 상인한테 노예로 팔 수 있었을 것이다. 명나라가 일본과 조공무역을 단절하자 그 즈음 일본이 무역선을 만들어 베트남에 왕래하며 교역에 종사하고 있었다. 또 일본 무역선에는 중국 밀수꾼과 포르투갈 상인이 동승하기도 했다.

여러 역사적 사실과 정황을 살펴보면 포르투갈이 조총을 일본에 팔면서 포교를 목적으로 이교도의 나라인 조선을 침략하도록 부추겼을 개연성이 크다. 실제 가톨릭 신자인 고니시 유키나가(小西行長-소서행장)가 함선 700척에 십자군기를 휘날리며 신자부대 1만8,700명을 이끌고 임진왜란에 참전했다.

벨기에 화가 폴 루벤스(1577~1640년)가 그린 소묘화에 등장한 인물이 임진왜란 당시 잡혀가 노예로 팔린 조선인 '안토니오 코레아'(Antonio Correa)' 라는 보도가 있었다. 그러나 그 후 그 기사는 근거가 부족하다는 반론이 나오기도 했다. 중국 명나라 상인이라는 주장이 그것이다.

전쟁이 나자 포르투갈 노예상의 마수가 조선에도 뻗혔다. 그들은 한 손에는 성경을 들고 예수를 팔면서 다른 손으로는 조선인 인신매매로 더러운 돈을 챙겼을 것이다. 일단 일본 밖으로 끌려간 노예는 포르투갈 노예상의 손을 거쳐 어디인가로 팔려나갔다고 보면 틀림없다.

그 즈음 아시아에서 노예를 세계 각지로 팔 수 있는 유통망을 갖춘 나라는 포르투갈뿐이었다. 그 때 포르투갈은 아프리카 동해안의 모잠비크에서 사람들을 마카오로 끌고 가서 노예로 부리거나 경비를 맡겼다. 그 당시에 유럽 국가 중에서 포르투갈만이 중국, 일본과 교역관계를 가지고 있었다.

그 시점에 스페인이 마닐라를 점령하고 있었지만 일본에 진출하지 않았다. 또 영국과 네덜란드는 아직 중국근해에도 진출하지 못한 상태였다. 당시 포르투갈은 아프리카인들을 아메리카로 끌고 가서 노예로 파는 대서양 노예무역을 선도하며 호황을 누리고 있었다.

포르투갈은 또 동남아시아 일대에 산재한 향신료 섬들을 점령하고 유럽에 향신료를 독점적으로 공급하고 있었다. 포르투갈이 향신료 섬들을 장악하는 과정에 너무 많은 원주민들을 죽인 바람에 일꾼이 모자라 아프리카에서 사람들을 납치해 그곳에 데려가 노예로 부리고 있었다.

 포르투갈은 그 즈음 '포르투갈 리스본~인도 고아~동남아 말라카~중국 마카오~일본 나가사키'를 연결하는 세계무역망을 구축하고 있었다. 포르투갈은 그 무역망을 이용하여 중국인, 일본인들을 납치해서 노예로 팔았다. 그런 점들을 고려하면 포르투갈이 조선인들을 향신료 섬들로 끌고 가서 노예로 부렸을 개연성이 대단히 높다.

 조선인과 동남아시아인은 인종적으로는 피부색과 골격이 차이가 나지만 흡사하게도 생겨 유럽인과는 달리 그 차이가 크지 않다. 그 까닭에 여러 세대를 거쳐 혼혈이 이뤄지면 유럽인은 겉으로 그 흔적이 남아있으나 조선인의 흔적을 찾기 어려울 것으로 유추된다. 포르투갈이 지배했던 향신료 섬 주민의 유전자 검사를 한다면 조선인의 유전자를 찾을 가능성이 있다.

 피로인 중에는 이탈리아로 끌려간 인물이 있다는 주장이 있다. 바로크 미술의 거장으로 알려진 루벤스(1577~1640년)가 그린 소묘화에 등장한 인물이 '조선 남자' 안토니오 꼬레아(Antonio Correa)라는 것이다. 피렌체 상인 프란체스코 카를레티(Francesco Carletti)가 1598년 3월 일본 나가사키에서 노예로 샀던 조선인 5명중의 한 사람이라고 한다.

 그는 그들에게 세례를 받게 한 뒤 안토니오만 이탈리아로 데리고 가고 나머지는 인도 고아에서 풀어준 것으로 알려지고 있다. 하지만 그 때 노예는 재물로서 거래되었기 때문에 그들이 팔렸을 가능성이 크다. 그 즈음 해외여행을 떠나면 오랜 시간이 걸렸던 관계로 짐이 많아 상인들이 짐꾼으로 몸종을 데리고 다녔다. 한 사람은 짐꾼으로 데리고 갔을 것으로 짐작된다.

 1979년 10월 7일자 한국일보는 이탈리아 남단 알비 시에는 코레아(Correa) 성씨를 가진 집성촌이 있다고 보도했다. 그 시조로 거론되는 인물이 임진왜란 당시 노예로 끌려가 팔린 조선인 '안토니오 코레아'라는 기사였다. 그러나 그 후 그 기사는 근거가 부족하다는 반론이 나오기도 했다.

 루벤스의 소묘화에 등장한 인물이 조선인이 아닌 중국 상인이라는 기사가 2018년 12월 28일 국민일보에 게재되었다. 그 신문은 네덜란드 위트레흐트 대학교 교수 테이스 베스트스테인이 2016년 현지 학술지 '네덜란드 미술사 연보'에 발표한 논문을 인용하여 그 같이 보도했다.

 그 교수는 그 근거로 1601년 익명의 작가가 그린 중국인 초상화를 제시했다. 그 초상화에 등장한 인물의 복식과 생김새가 루벤스 소묘화의 그것과 너무나 흡사하다. 그리고 그 초상화에는 '대명지분 객흥포(大明之焚 客興浦)'이라는 한자가 종서로 크게 쓰여 있다. 여기서 '대명'은 명나라를 가리키니 그는 중국인이라는 소리다. 그 점에서 그의 복식이 과연 조선인의 양식인지도 고증이 필요한 대목이다.

 어쨌든 무능하고 무책임했던 조선조정은 제 나라 백성이 무수하게 노예로 끌려가고 팔려나갔지만 그 실태라도 파악하려고 노력했다는 역사적 흔적은 찾기 어렵다.

매춘사업에 개입한 일본정부

국가가 관리한 일본군 위안부의 원조 '가라유키상'

일본은 인신매매의 역사가 길고도 깊은 나라다. 일본은 정부 차원에서 매춘영업을 관리한 전통을 가졌다. 16세기 후반부터 봉건영주들이 경쟁적으로 어린 소녀들을 포르투갈 노예상에게 팔아넘겼고 그들은 거의 해외에서 매춘의 삶을 살았다. 19세기 후반 들어 쇄국시대를 끝낸 일본은 일본인들이 해외로 가는 곳마다 소녀들을 데려가서 매춘부 노릇을 시켰는데 그들을 '가라유키상'이라고 불렀다.

태평양 전쟁을 벌인 일본은 사실상 정부 차원에서 종군 위안부 제도를 운영했다. 정부가 나서서 원정 성매매를 지원하고 관리했다는 소리다. 2차 세계대전에서 패배한 일본은 점령군의 성범죄를 예방한다는 명목으로 만든 특수단체를 앞세워 매춘사업을 관리하고 지원했다. 그 속내를 들여다보면 외화벌이라는 실상이 드러난다.

일본의 여자노예 수출역사는 16세기 전국시대로 거슬러 올라간다. 전국시대를 맞은 봉건영주들은 노예와 포로를 노예로 팔아 전비를 조달했다. 그런데 1543년 조총을 가진 포르투갈인 3명이 탄 중국 정크선이 일본해안에 표착했다. 그 사건이 계기가 되어 포르투갈과 교역의 문을 연 일본은 어린 소녀들을 포르투갈 노예상들에게 팔아 넘겼다.

시세는 화약통 1개에 여자 10명꼴이었다고 하니 사람값이 말이 아니었던 시절이었다. 그 때 포르투갈은 일본여자들을 리스본까지 데려가서 매음굴에 팔아넘겼다는 기록이 있다. 당시 포르투갈은 아프리카 흑인들을 아메리카에 끌고 가서 파는 대서양 노예무역을 개척한 데 이어 아시아, 유럽, 아메리카에 걸쳐 노예유통망을 구축하고 있었다.

일본어에는 '唐行きさん'(가라유키상)이란 말이 있다. 일본어 사전은 1800년대 후반에 규슈(九州-구주)의 아마쿠사(天草-천초)제도 부근에서 돈을 벌려고 해외로 나갔던 일본여성을 말하는데 대개 매춘부로 일했다고 설명한다. 어원을 따져보면 '唐'(당)은 '당나라'를 뜻하니 중국을 가리키고 '行'(행)은 '가다'라는 뜻이다. 따라서 '唐行'(당행)은 중국에 간다는 의미다.

옛날에야 배를 타고 멀리 나가면 으레 중국이니 '唐行'이란 말을 썼을 테지만 그 뜻

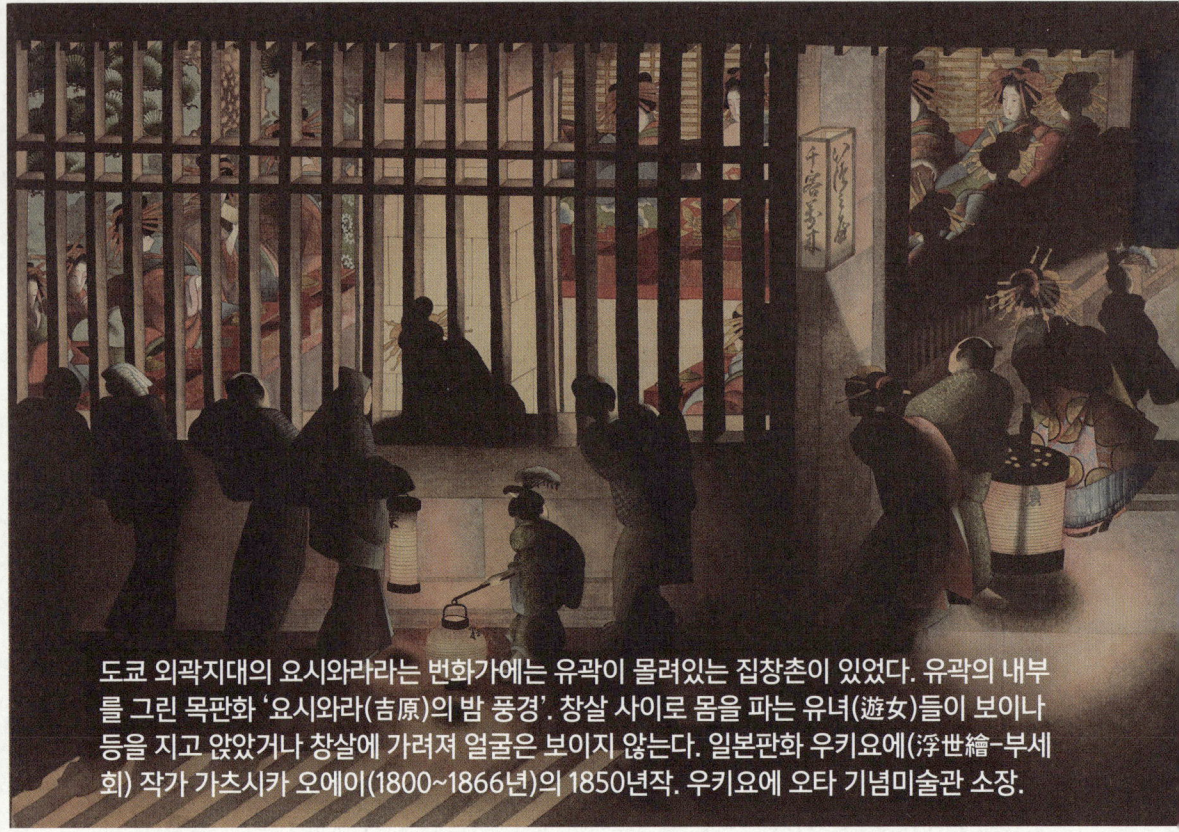

도쿄 외곽지대의 요시와라라는 번화가에는 유곽이 몰려있는 집창촌이 있었다. 유곽의 내부를 그린 목판화 '요시와라(吉原)의 밤 풍경'. 창살 사이로 몸을 파는 유녀(遊女)들이 보이나 등을 지고 앉았거나 창살에 가려져 얼굴은 보이지 않는다. 일본판화 우키요에(浮世繪-부세회) 작가 가츠시카 오에이(1800~1866년)의 1850년작. 우키요에 오타 기념미술관 소장.

은 해외로 나간다는 소리다. 'きさん'은 부모가 의절한 자식이 어버이의 허락을 받아 집에 돌아온다는 뜻을 지녔다. 글자 풀이대로 많은 젊은 일본여자들이 19세기 후반기에서 20세기 전반기에 걸쳐 몸을 팔아 돈을 벌려고 해외로 나갔다가 돌아갔다. 많은 이들이 다시 고향 땅을 밟지 못했지만 말이다.

규슈지방에서도 나가사키(長崎-장기), 구마모토(熊本-웅본) 출신들이 많았다. 규슈지방은 외래문물이 들어오던 입구이기도 했지만 많은 노예들이 팔려 나가던 출구였다. 제겐이라는 거간꾼들이 농어촌을 돌면서 가라유키상을 모집했다. 그들은 딸을 가진 가난한 집들을 찾아다니면서 해외에 나가면 돈을 많이 번다고 어린 딸을 꼬드기고 부모에게는 돈을 미끼로 부추겼다.

더러는 7살짜리도 있었다고 한다. 그들은 부모를 설득하면서 공적임무로 해외에 나간다는 말도 서슴지 않았다. 부모가 마지못해 고개를 끄덕이면 선지급금이라고 해서 몸값을 쳐주고 부모한테서 딸을 거간꾼의 처분에 맡긴다는 약정서를 받아냈다. 뚜쟁이 손에 들어간 딸은 포주에게 넘어갔다.

그들은 거개가 돈을 번다니 따라 나섰지만 어디로 가는지 무슨 일을 하는지조차 몰랐다. 화물선에 몸을 맡기고 원행 길에 올랐던 그들은 거의 14~16세였다. 너저분한 화물선 밑창에 갇힌 그들에게 한쪽 구석에서는 창녀 노릇을 어떻게 하는지 가르쳤다. 금전거래와 계약서가 있었으나 몸을 판다는 소리를 하지 않았으니 따지면 취업사기이자 인신매매였다.
 그들의 행선지는 만주, 홍콩, 필리핀, 싱가포르, 태국, 인도네시아의 보르네오, 수마트라, 인도의 카라치, 봄베이 등 주로 서유럽 국가들의 식민지였다. 또 중국의 상하이 등 서방열강의 조차지, 조선에도 많이 팔려나갔다. 더러는 멀리 미국의 하와이, 샌 프란시스코, 아프리카 동해안의 탄자니아, 잔지바르에까지도 퍼져나갔다.

 일본이 1932년 세운 괴뢰국가 만주국에 파견하는 가라유키상은 따로 자격시험을 거친 다음에 선발했다. 그들이 팔려간 곳은 일본정부의 허가를 받아 운영하던 매춘시설인 유곽(遊廓)이었다. 그들은 또 청-일전쟁, 노-일전쟁, 시베리아 원정에 참전하는 일본군을 따라 다니며 종군 위안부 노릇을 했다.
 1860년대 러시아의 극동지역과 바이칼 호의 동부에 있던 일본인 거류민촌은 매춘부와 상인이 주류를 이루고 있었다. 블라디보스토크, 이르쿠츠크에서는 그들이 군사정보 수집임무를 수행했으니 **일본이 러시아와 일전을 일찍부터 준비하고 있었음을 짐작케 한다.**
 1908년쯤 인도차이나 반도의 일본인 거류민촌에는 매춘부들이 다수를 차지했었다. 1940년 일본이 프랑스 식민지 인도차이나 반도를 침공하기 이전에는 프랑스 군인들이 그곳 일본 유곽의 단골손님이었다. 그 때 그들은 고객을 상대로 첩보활동을 벌이고 있었다.

 그 즈음 싱가포르에서도 가라유키상들이 첩보활동을 하며 영국군의 정보를 빼내 일본에 넘겼다. 일본군이 태평양 전쟁에서 연승의 깃발을 휘날릴 수 있었던 배경에는 그들의 활약이 컸었다는 기록도 있다. 그들은 외화벌이의 첨병이자 최전선에서 뛰는 첩보요원이었다. 1872~1940년 많은 일본 매춘부들이 네덜란드 식민지 인도네시아에도 거주했었다.
 호주에는 일본 매춘부가 1887년 처음 나타났다. 호주 동부-서부의 금광에 팔려간 일본 매춘부들은 주로 중국인 광부들을 상대로 매춘행위를 했었다. 북부의 사탕수수 농장, 진주 양식장, 광산에서는 고객이 주로 태평양 군도출신 원주민, 말레지아인, 중국인들이었다.
 호주에서는 중국인뿐만 아니라 많은 유럽인들이 일본인 매춘부들을 데리고 살림을 차렸다. 그 때 여자를 데리고 해외로 나간 중국인은 거의 없었다. 1890~1894년 일본여자 3,222명이 싱가포르에 입국했는데 그들 중에서 상당수는 호주를 비롯한 딴 나라로 옮겼다.
 쿠알라 룸푸르, 싱가포르를 거쳐 호주에 입국하는 일본여자들에게는 유색인을 상대로 매춘영업을 하라는 지시까지 내려졌다. 1890년대 호주는 매춘부로 일한다는 조건을 달아 일본여자의 이민을 허용했다. 1880년대 말기부터 1900년대 초기에 호주에는 수백명의 일본여자들이 유곽에서 일하고 있었다.

1896년 들어서는 일본정부가 매춘부의 출국을 금지했으나 해외에서는 한 동안 매춘영업이 이뤄지고 있었다. 오늘날에는 거꾸로 많은 외국 여성들이 부자나라 일본에 들어가 성매매 유흥업소에 종사하고 있다. 일본은 그들을 '재팬'(Japan)에 '가라유키상'을 더해 '쟈파유키상'이라고 부른다.

외화벌이 매춘사업 유곽, 국치로 여겨 숨기는 일본

일본의 유곽은 그 역사가 400년 이상 거슬러 올라간다. 유곽은 정부의 허가를 받아 매춘영업을 하던 건물이나 그 구역을 말한다. 도요토미 히데요시(豊臣秀吉-풍신수길)가 유곽을 처음 도입했으며 1585년 오사카(大阪-대판), 1586년 교토(京都-경도)에도 생겼다. 이어서 도쿠가와(德川-덕천) 막부 시대에는 유곽이 25개로 늘어났고 에도[江戶-강호]막부 들어서는 더욱 번창했다. 막부는 1192~1868년 일본을 실질적으로 통치한 군사 독재인 쇼군의 세습 정권을 뜻한다.

유곽은 에도시대에도 부유층이 주로 출입하며 유흥을 즐긴 장소여서 일본문학과 우키요에(浮世繪-부세화)에 큰 영향을 끼쳤다. 우키요에는 일본판화를 말한다. 1868년 메이지(明治-명치)유신 이후에는 매춘부의 등록제도, 성병검진, 거주제한을 실시하는 공창제가 시행되었다. 1930년에는 유곽이 511개로 늘어났고 5만여명이 공창에 종사했었다.

19세기 후반 들어 일본이 침탈을 노리던 조선에도 일본의 유곽과 공창제가 상륙했다. 1876년 일본의 강압에 의해 개항된 부산, 원산, 인천에 일본인 유곽업자가 여자들을 데리고 나타나 매춘영업을 개시했다. 일본인 거류지를 중심으로 일본식 매춘시설이 들어섰던 것이다. 그 때 일본은 일본군이 가는 곳마다 여자들을 데리고 다니며 매춘영업을 했다.

그 유곽이 20세기 진입을 전후해 일본군의 진격 나팔소리에 발맞춰 일본 대동아공영권의 식민지, 점령지, 조차지를 넘어서 호주, 미국까지 퍼져나갔다. 일본정부가 내세운 대리인들이 일본군이 가는 곳마다 일본에서 데려간 가라유키상들이 종사하는 공창을 운영했던 것이다. 거기에는 먼 나라로 원정에 나가 고생하는 일본군을 위안한다는 정부의 개입이 숨어있었다.

그 시기에 그들이 몸을 팔아 번 외화를 부모에게 보냈다. 제국주의의 기치를 높이 든 일본은 가라유키상을 서방열강과 최전선에서 싸우는 군인에 비유해 낭자군(娘子軍)이라는 말로 찬사를 보냈다. 또한 외화를 벌어들이는 애국자라고 치켜세웠다. 실제 그 때 이른바 일본 낭자군은 외화벌이의 첨병이었다. 그들이 벌어들인 외화가 1910년경에는 일본의 전체 외화수입의 10%에 달했다는 소리도 있으니 말이다.

그 시절에 일본은 임진왜란 때 납치한 조선도공의 후예들이 만든 도자기를 유럽에 수출해서 큰 호평을 얻고 있었다. 하지만 그 돈으로는 급증하는 군비를 충당하기에는 태부족이었다. 그 이외에는 일본이 세계시장에 내놓을 만한 수출상품이 별로 없었다. 그 일본이 있는 돈, 없는 돈을 박박 털어 영국, 독일, 프랑스, 네덜란드에 군함을 발주해 무장하더니 일약 해양대국으로 도약하여 청나라와 러시아를 잇달아 격파했다.

삽시간에 서방열강과 자웅을 겨룰 만큼 국력이 신장한 일본은 강대국의 반열에 올라섰다. 국제사회에서 일본의 국가적 위상이 높아지자 세계 각지에 퍼져나간 가라유키상을 바라보는 일본사회의 시각이 차츰 싸늘해졌다. 국가적 수치로 받아들이기 시작했던 것이다. 1910~1920년대에 걸쳐 일본관리들이 해외에서 일본유곽을 없애려고 분주하게 뛰었다. 1920년에는 매춘금지령이 내려졌다.

정부가 관리하던 많은 가라유키상들이 일본으로 돌아갔으나 그들을 기다리고 있는 것은 사회적 멸시와 천대뿐이었다. 일본에 돌아가도 생활연고가 없는 이들은 그냥 그 자리에 주저앉

노-일전쟁이 일어나자 일본군 수십만명이 한반도를 거쳐 만주로 진군하는 한편 한성에는 사단병력이 주둔했다. 일본군의 진주와 함께 일본의 공창시설인 유곽도 상륙했다. 사진은 오늘날 서울 중구 장충단 공원 옆에 자리 잡았던 유곽이 일장기를 휘날리고 있다. 장충단은 을미사변, 임오군란으로 순사한 충신, 열사를 모시던 제단이어서 일본의 불순한 의도가 엿보인다.

았다. 싱가포르, 홍콩, 말레이시아, 시베리아 등지에는 가라유키상이 묻힌 묘지가 더러 남아 있다.

 가난이 죄가 되어 세상물정 모르는 어린 나이에 돈에 팔려나가 이국땅에서 몸을 팔다 다시는 가족의 품에 돌아가지 못한 채 생을 마감한 이들의 무덤이다. 그나마 흔적이라도 남긴 이들은 낫다. 성병, 폐병이나 풍토병에 걸려 죽은 뒤 바다나 정글에 그냥 버려진 여인들의 시신이 부지기수였다.

 일본의 하와이 진주만 미국 해군기지 기습공격을 시발로 태평양 전쟁(1942~1945년)이 발발했다. 일본의 애국주의가 1920년 금지했던 해외원정 성매매를 되살렸다. 그에 따라 종군위안부들이 일본군부가 관리하는 공창에 들어가거나 민간이 운영하던 사창에서 매춘행위를 했다. 일본군 점령지의 공창에서는 일본헌병이 성병검사를 실시했다.

 태평양 전쟁에서 패배한 이후 일본에는 미국 점령군을 상대로 하는 매춘부가 생겼다. 일본정부가 점령군의 강간 등 성범죄를 예방한다는 명목으로 연합국사령부의 허가를 받아 특수위안시설협회를 설립하고 기지촌 부근에 위안소를 설치했다. 일본정부는 그 단체를 내세워 신문광고를 통해 위안부를 모집했다.

 위안부 모집에는 도쿄에서만 응모자가 1,360명이나 몰렸고 위안소는 30여 곳으로 늘어났다. 점령군을 상대로 하는 매춘사업에 정부가 개입했다는 비판의 소리를 의식해서인지 일본정부는 강간 등 여성의 성적피해를 막는다는 취지를 유독 강조했다. 그 단체를 '육체의 방파제'라는 말로 비호하기도 했다.

 그 당시 연합군 주둔규모는 30만명이었으며 미군을 상대로 하던 일본여성은 사무직을 포함해 5만5,000명에 달했었다. 그들은 성범죄를 막는 효과도 있었지만 외화벌이의 목적이 컸었다. 1952년 그들이 벌어들인 달러가 1.5억달러라는 추정도 있다. 그들이 가라유키상과 다른 점은 해외가 아닌 일본에서 매춘행위를 했다는 사실이다.

 성병이 크게 번지자 연합군 최고사령부가 1946년 위안소 허가를 취소했다. 하지만 자발적 성매매에 대해서는 규제할 도리가 없어 연합군이 사창가를 접근금지구역(Off Limits)으로 지정하고 주둔군의 출입을 통제했다. 그러자 일본정부는 아카센(赤線-적선)구역이라고 해서 성매매가 가능한 지역을 지정하여 사실상 매춘영업을 보호했다.

 2차 세계대전 패전과 더불어 가라유키상을 일본의 치부로 여기는 시각이 커지더니 1956년 일본정부가 매춘방지법을 제정하고 유곽을 공식적으로는 폐지했다. 그 어두운 역사는 일본사회에서 한 동안 가려져 있었다. 그런데 1972년 야마자키 도모코가 펴낸 '산다칸 유곽 8번'(Sandakan Brothel No. 8)이라는 책이 일본사회가 잊고

싶어 하는 가라유키상의 뼈아픈 슬픈 기억을 다시 불러냈다.
 그 책은 인도네시아 보르네오의 칼리만탄 유곽의 속살을 속속들이 드러냈다. 네덜란드의 식민지였던 그곳의 유곽에는 유럽인의 출입이 많았다. 몸값의 절반은 포주가 떼어 가고 남은 절반에서 출국할 때 진 빚을 갚고 화장품과 옷가지를 사고 나면 그들의 손에는 몇 푼 남지 않았다고 한다. 그것이 가라유키상의 일생이었다.

종군 위안부의 역사를 지으려고 안간힘 쓰는 일본

 일본이 태평양과 동아시아 일대에서 1941~1945년 태평양 전쟁을 벌이면서 식민지, 점령지에서 많은 어린 소녀들을 강제로 연행하여 일본군 위안부로 부렸다. 또 위안소에서는 협박과 폭행을 일삼았다는 무수한 증언이 피해자들의 입을 통해 쏟아졌다. 하지만 일본정부는 그 사실을 일관되게 무시하고 부인하고 있다.
 일본정부의 변명은 거간꾼들이 조선, 중국, 동남아시아 등지에서 돈을 벌 수 있다고 여자들을 꾀어 일본군 위안소로 보냈지 일본정부는 개입하지 않았다는 것이다. 돈에 팔려나간 그들이 스스로 일본군을 따라 다니면서 몸을 팔아 돈을 벌었다는 주장이다. 일본정부의 주장을 한마디로 말하면 위안부 동원에 대한 강제성 부인과 자발성 인정이다.
 그에 대해 일본의 16개 역사학단체들이 2015년 일본정부는 위안부 강제연행을 인정해야 한다는 성명을 발표한 바 있다. 강제연행은 많은 사료와 연구를 통해 입증됐으며 당사자 의사에 반했다면 모두 강제연행으로 봐야 한다는 지적이었다. 하지만 일본정부는 일본학자들의 양심의 소리마저 애써 외면하고 있다.
 또한 일본의 일각에서는 일본군 위안부는 자발적 창녀이며 돈을 많이 벌었다는 주장까지도 서슴지 않는다. 일제는 태평양 전쟁이 벌어지던 시기에 조선에서만도 많은 나이어린 소녀들을 끌고 가서 일본군을 상대로 성노예로 부렸다. 그 때 교사는 교실에서 군복을 입고 칼 차고 가르쳤으며 헌병이 경찰업무를 맡아 무단통치를 자행했다.
 탄압에 항거하다 많은 이들이 참수의 형장에서 사라졌다. 많은 사진자료가 그것을 증명한다. 그 때는 어린 소녀들이 납치나 연행에 저항할 상황이 아니었다. 수많은 피해자들이 수치심과 굴욕감을 무릅쓰고 용기를 내어 증언했는데 일본정부는 그 사실을 부인하고 있다.
 그것도 한국에서 뿐만 아니라 중국, 필리핀, 태국, 베트남, 인도네시아, 네덜란드에서도 같은 내용의 증언이 잇따랐다. 그럼에도 일본정부는 그 주장을 굽히지 않고 수많은 증언을 날조라고 반박하고 있다. 네덜란드 피해자들은 식민통치 시절에 인도네시아에 체류하던 사람들이다.

어떤 역사도 현장을 목도하고 체험한 생존자와 당사자의 증언보다 더 중요한 사료는 있을 수 없다. 그것도 다수의 증언이 일치한다면 더 이상의 중요한 역사적 자료는 존재할 수 없다. 그런데 일본정부는 역사교과서를 왜곡하고 일본 국내외의 얼빠진 어용학자들을 동원하여 일본군 위안부 동원의 강제성을 감추려고 사력을 다하고 있다. 거기에는 한국의 매국적 친일세력까지 끼어 일조하고 있다.

일본이 위안부 강제동원을 극구 부인하는 이유는 간단하다. 그것은 수치스런 역사를 없애고 싶은 심정 때문이다. 일본은 국가 차원에서 여자노예를 수출하고 어린 소녀들을 해외에 데려가서 창부로 부리고 그 시설을 운영했다. 2차 세계대전 패전 이후에는 점령군을 상대로 하는 공창을 운영했던 나라다. 그것은 문명국의 시각에서 본다면 야만적 행위다. 또 외화벌이 수단으로 활용했다는 사실은 국가적 수치다.

그 까닭에 서방열강과 어깨를 나란히 겨루는 선진 강대국이라고 자부하는 오늘날의 일본은 그 부끄러운 역사를 지우고 싶어 한다. 그런데 일본군 성노예를 인정한다면 숨기려는 역사를 다시 되살리는 꼴이 된다. 그 연유로 일본은 식민지 여성을 위안부로 강제로 연행한 사실에 대해서는 절대로 인정하지 않으려고 든다.

그 이유는 그것이 일본의 국가적 도덕성과 정체성과 연관되기 때문이다. 민간인 대량학살과 같은 전쟁범죄는 어느 전쟁에서나, 어떤 전승국도 자유롭지 못하다. 그 까닭에 일본이 위안부 강제연행과 달리 다른 전쟁범죄에 대해서는 정부 차원에서 과도하게 민감한 반응을 보이지 않는다.

한국어에는 원래 위안부라는 단어가 없었다고 보아야 한다. 일본어 위안부는 매춘부의 완곡어법이다. 위안부의 한자표기는 위로할 '慰'(위) 편안할 '安'(안) 지어미 '婦'(부)자다. 남자를 편안하게 위로해주는 부인이니 매춘부를 뜻한다는 것을 한자문화권에서는 누구나 쉽게 알 수 있다. 그 까닭에 한국이 일본어의 위안부를 무비판적으로 차용해서 쓰다 보니 우리말처럼 굳어졌다는 판단이 옳다.

영어에서도 일본어 위안부를 문자 그대로 직역하다보니 'comfort woman'으로 표기하고 있다. 문제는 한국어의 '위안부'나 영어의 'comfort woman'가 일본정부가 관리한 종군위안부가 지닌 본래의 의미를 전달하지 못한다는 점이다. 한국의 역대정권이 정부 차원에서 용어조차 뜻에 맞게 정리하지 않았으니 일본의 억지주장에 제대로 대처하지 못한다는 소리를 듣는다.

그 까닭에 세계인권단체나 UN산하 인권기구에서는 'sex slave' 또는 'military sexual slavery'와 같은 표현으로 바꾸어야 한다는 주장이 제기되기도 한다. 그런데 일본이 이제는 한 발 더 나가 종군 위안부라는 단어조차 폐기하려고 들고 있다. 2021년 4월 스가 요시히데

(菅義偉-관의위) 내각이 '종군 위안부'라는 용어 대신 단순히 '위안부'라는 표현이 적절하다는 공식견해를 밝혔다. 그러자 일본 교과서 출판업체들이 '종군 위안부'라는 표현을 삭제하거나 수정하려는 움직임을 보였다.

매춘은 인류가 태어나면서 생긴 가장 오래된 직업이라는 말이 있다. 세계의 어느 곳에도 매춘행위가 없는 곳이 없겠지만 일본은 국가권력이 거기에 깊숙이 개입했다. 어린 소녀들을 오랫동안 해외에 노예로 팔아넘긴 역사를 가진 나라다. 또 종군위안부 제도를 국가가 운영한 나라다. 문명국에서는 그 유례를 찾을 수 없는 인간의 존엄성을 파괴한 야만적 행위다.

그것이 국가적 치부라는 사실을 뒤늦게 깨달은 일본이 그 역사를 은폐하려고 무던히 애쓰는 모습이다. 대표적 사례가 고등학교 역사교과서에서 일본군 위안부 강제연행을 삭제한 사실이 그것이다. 그 부끄러운 역사를 지우려고 일본이 조선에서 어린 소녀들을 강제로 연행해 일본군의 성노예로 부린 만행을 극구 부인한다. 일본이 역사왜곡을 위해 또 다른 역사적 만행을 저지르면서 말이다.

일본이 역사에 정직하지 않다는 뜻은 역사적 과오를 반성하지 않는다는 소리다. 또 역사적 과오를 되풀이하고 싶은 의중을 드러낸 처사이기도 하다. 그것은 한국에서 날로 목소리를 높이는 망국적 친일세력의 득세에 힘입은 바 크다.

일본정부는 종군 위안부 동원에 대해 강제성 부인, 자발성 인정이라는 자세를 견지해 왔다. 그러나 2020년대 들어서는 '종군 위안부'의 존재 자체조차 부정하며 교과서에서 지우고 있다. 단순히 위안부라는 표현을 쓰기 시작한 것이다. 한마디로 종군 위안부는 없었다는 소리다. 여기에는 한국의 매국적 친일세력의 활동에 힘입은 바 크다.

그 부끄러운 역사를 지우려고
**일본이 조선에서 어린 소녀들을
강제로 연행해 일본군의 성노예
로 부린 만행을** 극구 부인한다.
일본이 역사왜곡을 위해 또 다른
역사적 만행을 저지르면서 말이다.

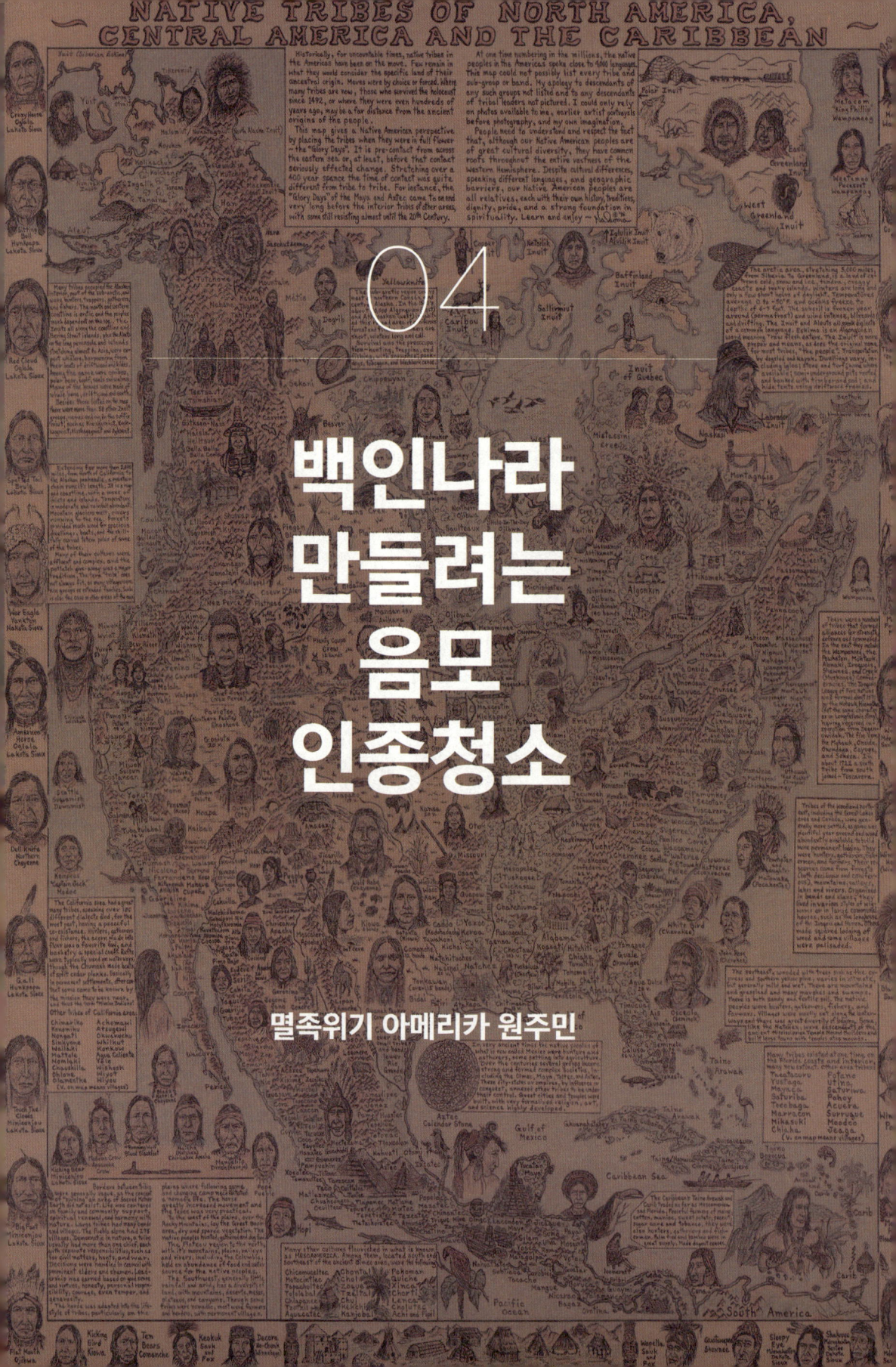

미국 7대 대통령 앤드류 잭슨. 그는 원주민 섬멸전을 벌여 인간백정이란 악명을 날렸던 인물이다. 인디언 사냥으로 대통령이란 권좌에까지 올라 미국화폐 20달러권에도 등재될 만큼 영광을 누렸었다. 그러나 미국사회가 점차 다인종사회로 전이하면서 그에 대한 평가도 달라지고 있다. 거의 알려지지 않았던 이 인물사진은 수정이나 가필을 전혀 하지 않았으며 사망 2년 전에 찍은 것이다.

04 멸족위기 아메리카 원주민

학살과 질병의 희생물

유럽, 아프리카 전염병에 몰사위기 몰렸던 원주민

향신료가 난다는 동인도를 찾아 나선 스페인의 크리스토퍼 콜럼버스(Christopher Columbus)가 1492년 10월 12일 오늘날 아메리카 대륙의 바하마 제도에 닻을 내렸다. 그는 그곳을 성 구세주라는 뜻인 산 살바도르(San Salvador)라고 명명했다. 그런데 그는 그곳을 서인도로 잘못 알고 있었다. 그 연유로 오늘날에도 아메리카 대륙의 카리브해 일대와 대서양 연안지역을 아직도 서인도 제도라고 부른다.

미국은 그 날을 신대륙을 발견한 국경일로 지정하고 축제를 벌인다. 유럽계 백인들이 말하는 '신대륙', '발견'이란 단어 자체가 아메리카 대륙에는 인간이 존재하지 않았다는 의미를 전제로 한다. 아무도 밟지 않았던 미답의 땅이라는 뜻이니 그들의 눈에는 원주민이 인간으로 비치지 않았다는 소리나 진배없이 들린다.

하지만 콜럼버스 이전(B.C.-Before Columbus)부터 그 땅에서 수천년에 걸쳐 대대로 살아온 원주민들에게는 그 날이 피비린내가 진동하는 학살과 살육으로 얼룩진 유혈시대를 개막했던 날이다. 살아남았더라도 땅을 뺏기고 여자들은 겁탈당하고 노예로 전락해 약탈과 착취에 시달리는 굴욕과 치욕의 시대를 살아야 하는 삶을 알렸던 날이기도 하다.

아메리카 원주민을 인도 사람이란 뜻으로 영어권인 북아메리카에서는 인디언(Indian), 스페인어권인 중앙-남아메리카에서는 스페인어로 인디오(Indio)라고 일컫는다. 콜럼버스가 그곳을 인도로 잘못 알고 원주민을 인디언이라고 부른 데서 유래했다. 북아메리카 중북부 지역에서 수렵생활을 하던 원주민은 피부가 발갛게 탔다고 해서 '홍인종'(red skin)이라고 부르기도 한다.

원주민들은 홍인종이란 표현에 대해서는 대단히 거부적이며 모욕적으로 받아들인다. 또 인종차별적 용어로 인식한다. 인디언 또는 인디오는 인도인과 혼동할 우려가 있어 미국에서는 아메리칸 인디언(American Indian) 또는 아메리카 원주민(native American)이라고 부르는 경향을 보인다.

콜럼버스의 상륙. 미국의회가 1836년 의사당의 원형현관에 설치하려고 신고전주의 화가 존 밴덜린에게 의뢰하여 제작한 유화. 1847년 작. 콜럼버스의 왼손은 그의 대양원정을 후원한 여왕 이사벨 1세와 국왕 페르난도 2세의 문장을 새긴 깃발을 높이 치들고, 장검을 잡은 바른손은 이 땅은 스페인 땅이라는 뜻으로 땅을 가리킨다.

한 설문조사에 따르면 미국 원주민은 아메리칸 인디언을 선호하고 인디언에 대해서도 차별적 용어로 생각하지 않는 추세다. 캐나다에서는 원주민을 퍼스트 네이션(first nation), 퍼스트 맨(first man)라고 부르다 점차 원주민(aboriginal people)이라고 지칭하는 추세다. 호주에서는 원주민(aborigine)이라고 부르고 라틴아메리카의 스페인어 권역에서는 부족명으로 호칭한다.

아메리카 원주민이라고 해서 인디언을 동일한 종족으로 간주할 수 없다. 남북아메리카에 걸쳐 원주민은 지역별로 종족과 언어에서 큰 차이를 보인다. 북극권의 이누이트 족, 브라질 열대우림지역의 부족, 미국 대평원의 부족, 남아메리카 끝자락 티에라델푸에고 섬의 토착민을 비교하면 그 차이가 아주 극명하다는 사실을 알 수 있다.

콜럼버스 이전의 아메리카 대륙 인구는 대략 2,000만~3,000만명에 달했을 것이란 추정이 유력한 편이다. 적게는 수백만명에서 많게는 1억명까지 다양한 추정치가 존재하나 어느 주장도 그 근거는 미약하다. 분명한 사실은 아메리카는 아시아와 유럽에 비해서 인구밀도가 아주 낮았다는 점이다.

 중앙-남아메리카에서도 그리스-로마 문명, 메소포타미아 문명, 이집트 문명, 인더스 문명, 황허 문명에 버금가는 고대문명을 꽃피웠었다. 미지의 불가사의로 알려진 마야, 잉카, 아즈텍 문명이 그것이다. 그런데 그 역사적 유적지가 백인 침략자들에 의해 거의 파괴되고 훼손되어 그 가치가 거의 매장되어 버렸다.

 원주민의 유래에 관해서는 여러 가지 학설이 존재한다. 수만년 전에 시베리아에서 베링 해협을 건너 이주한 집단이 아메리카 대륙의 각지로 흩어졌다는 학설이 있다. 아프리카와 오세아니아에서 배를 타고 바다를 건너 아메리카로 집단적으로 이주했다는 학설도 있다.

 북아메리카 원주민은 물소를 따라 옮겨 다니며 초원생활을 했던 수렵부족과 평지에서 정착생활을 했던 농경부족으로 나눠진다. 원주민은 거의 대부분이 수렵생활을 했으며, 해안지역을 중심으로 특정한 지역에 정착하여 농경생활을 영위했던 부족은 소수에 불과했다.

 아메리카에는 유럽, 아시아와 달리 농지를 개간하고 수확물을 운송하는 소, 말과 같은 가축이 없었다. 그 점도 농경생활을 영위할 수 없게 만든 중요한 원인으로 꼽힌다. 다만 남아메리카에서는 낙타과에 속하는 라마와 알파카가 짐을 나르는 운반용으로 사육되었다.

 일부 지역을 제외하면 대부분의 원주민은 소단위의 부족을 중심으로 외부세계와 격리되어 고립적, 독립적 생활권을 형성하고 있었다. 그 까닭에 외부세계의 질병에 대한 면역력이 아주 취약했다. 그로 인해 콜럼버스 이후 많은 원주민들이 유럽, 아프리카에서 옮겨간 전염병에 감염되어 집단적으로 병사함으로써 인구가 급속하게 감소했다.

 유럽인, 아프리카인과 함께 상륙하여 창궐했던 페스트, 장티푸스, 천연두, 홍역, 인플루엔자, 말라리아, 디프테리아, 발진티푸스, 콜레라, 황열병 등이 원주민들에게 치명적이었다. 천연두는 치사율이 대단히 높아 남북아메리카에 걸쳐 사망률이 70~90%에 달했다. 특히 카리브 제도, 칠레, 우루과이, 아르헨티나, 그리고 미국의 일부지역에서는 원주민이 거의 멸족상태에 이를 정도였다.

 아메리카 원주민은 오랫동안 다른 대륙과 접촉이 없어 유전적 동일성이 대단히 높았다는 점이 그 원인이었다. 유럽에서는 인간이 가축과 함께 밀접하게 생활하다 보니 가축을 통해 감염되는 질병에 대한 면역력이 생성되어 있었다. 그런데 아메리카 대륙에는 말, 소, 돼지, 개 같은 포유동물의 가축화가 이뤄지지 않아 원주민은 면역력이 없었다.

유럽 가축에 묻어서 옮겨간 각종 전염병까지 전파되면서 원주민은 거의 멸족위기에 내몰렸다. 유럽에서 전파된 질병에 대한 원주민의 면역력 결핍이 알려져 나중에는 유럽인들이 고의적으로 질병을 퍼뜨려 원주민들이 몰사하는 일도 일어났다. 일종의 세균전과 비슷한 악랄한 수법이었다.

또 원주민은 알코올에도 내성이 약하다는 사실을 알고 도수 높은 술을 선물로 주어 알코올성 질병으로 인한 사망률도 높았다. 백인이 아메리카에 정벌자로 나타난 이후 아즈텍, 잉카 문명권에서만 수백년에 걸쳐 수천만명이 죽었다. 유럽 침략자들이 도래한 이후 아메리카 대륙은 집단병사 이외에도 집단학살, 강제노역 등에 의해 원주민의 거대한 무덤으로 변해갔다. 유럽에서 이주해온 백인 농장주들이 초기에는 원주민을 잡아다 노예로 부렸었다. 그런데 대량학살과 집단병사에 따라 원주민이 거의 몰사하는 바람에 심각한 노동력 부족사태가 일어났다. 그러자 포르투갈이 아프리카에서 흑인들을 노예로 사냥해 끌고 가서 부족한 일손을 메우기 시작했다. 그런데 그들을 따라서 아프리카 전염병도 옮겨가 맹위를 떨쳤다.

약탈, 착취로 최하위층으로 전락한 원주민 후손들

향신료를 찾아 대서양을 건넌 크리스토퍼 콜럼버스는 닻을 내린 곳이 서인도인 줄 잘못 알았다. 그는 그곳에서 아무리 찾아도 향신료는 없고 금도 나오지 않자 미친 듯이 날뛰었다. 그는 원주민들을 붙잡아 금이 있는 곳을 대라고 마구 족치다 죽였다.
그는 금붙이를 찾으려고 원주민의 신전을 파괴하고 장신구까지 모조리 약탈했다. 그 날부터 유럽 정벌자의 원주민에 대한 학살과 약탈이 400년간이란 긴 세월에 걸쳐 이어졌다. 그 과정에서 아즈텍, 잉카, 마야문명은 파괴되고 원주민은 무자비한 살육으로 인해 멸족직전까지 갔었다.
콜럼버스가 대양원정에 나선 즈음 가톨릭 왕국 스페인은 이슬람 세력인 무어 족을 이베리아 반도에서 축출하는데 성공했다. 이른바 레콘키스타(Reconquista-재정복)의 승리였다. 무어 족은 북부의 산간지역을 제외한 이베리아 반도를 800년 가까이 지배하고 있었다. 이어 스페인은 종교재판이라 형식을 빌려 이민족, 이교도들을 처형하거나 추방하느라 광분했었다.
무슬림, 유대인, 신교도는 물론이고 개종자도 탄압의 대상이었다. 집집마다 찾아다니며 이교도를 색출해 온갖 악행과 고문을 자행하고 개종을 강요했다. 이교도들에게 개종을 강요했다가 다시 그 개종자들을 박해하느라 영일이 없었다. 그들을 위장 개종자로 몰아서 재산을 몰수하고 처형하거나 추방했다.
 그 스페인의 정복자들이 아메리카 대륙에 상륙하여 한 손에는 성경을 들고 다른 한 손에는 총을 들고 만행을 저질렀다. 그들의 눈에 비친 원주민은 모두 이교도이고 이민족인 까닭에 포교의 대상이었다. 다른 한편 같은 이유로 학살의 대상이기도 했다. 닥치는 대로 개종을 강요하고 살육과 약탈을 일삼아 라틴아메리카는 원주민 피로 붉게 물들었는데 그 흔적이 아직도 역력하다.

콜럼버스 이전의 아메리카 대륙은 인구밀도가 전체적으로 매우 낮았다. 다만 중앙아메리카와 안데스 산맥 일대만이 유라시아의 정주지역과 비교할 만했다. 아즈텍 제국, 잉카 제국처럼 문자, 화폐, 계급이 확립되고 행정체계가 구축되어 전시에 10만명의 병력동원이 가능한 국가체계가 존재하기도 했었다.
 북아메리카에는 원주민들이 동부, 남부, 서부의 해안지역에 주로 거주했다. 일확천금의 꿈을 안고 유럽에서 몰려간 백인들이 원주민의 땅을 뺏으려고 말을 타고 총을 쏘며 살육을 자행했다. 그들은 활과 창을 들고 저항하던 원주민들을 총과 대포로 도륙하고 동부의 해안지대를 차지했다. 미국은 그것도 모자라 살아남은 원주민들을 내륙지역의 황무지로 끌고 가서 그곳에 이른바 유보지라는 곳을 만들어 가두었다.
 1500년께 멕시코를 포함한 북아메리카 인구는 3,000만명 이상으로 추정되었는데 한때 140만명으로 격감했었다. 특히 콜럼버스의 2차 원정 첫 기항지인 히스파니올라 섬은 원주민의 사망률이 100%로 멸족해 버렸다. 25만명에 달했던 원주민이 1515년 5만명으로 줄었고 1550년 500명만이 생존하여 명맥을 유지하더니 1650년 0명으로 한 명도 살아남지 못했다.

 현존하는 원주민 인구는 멕시코 1,500만명, 캐나다 140만명으로 비교적 많게 집계되었다. 그것은 개척기에 두 나라의 원주민 사망률이 낮아서가 아니라, 20세기 후반 들어서 생존해 있던 원주민의 출산율이 높아지고 사망률이 낮아진 까닭이다. 1950년 멕시코 인구가 2,829만명이었는데 2000년 1억387만명으로 급증세를 나타낸 데서도 그 추세를 짐작할 수 있다.
 아메리카 대륙 전역에서 백인들이 원주민들을 조직적으로 학살하고 그들의 땅을 강탈했다. 그 땅에 주거지와 대농장을 만들고 공장도 세워 살아남은 원주민들을 강제로 쫓아내거나 노예로 부렸다. 소수의 백인끼리 토지를 독차지하고 나눠가졌던 것이다.
 결국 토지의 과점은 경제적, 사회적 불평등 구조를 조장함으로써 설혹 목숨은 건졌지만 땅을 뺏긴 원주민들은 최하위층으로 전락했다.

포토시 은광의 광부들. 광산내부구조를 보여주는 선각판화(線刻版畵). 테오도르 드 브리(1528~1598년)의 1590년작. 광부들에게 하루하루 그날의 작업량이 할당되어 노동강도가 살인적이었다. 광부들이 막장에서 캐낸 은광석 45kg을 담은 들것을 지고 하루에 25번씩 사다리를 타고 나르라 몸이 녹아내려 줄초상이 이어졌다.

끌려가면 죽어서 나오는 제국의 금고 포토시 은광

1545년 발견된 페루의 포토시 은광이 스페인 제국의 번영과 영광을 약속했다. 그러나 그 화려한 겉모습과 달리 그 이면에는 어떤 광산도시보다 짙은 죽음의 그림자가 깔려 있던 저주의 도시였다. 그 그늘 아래에서는 무수한 젊은 생명들을 앗아가는 처참한 참극이 벌어지고 있었다. 잉카인들은 남편이나 아들이 포토시에 강제로 끌려가면 죽을 날이 얼마 남지 않았다며 미리 장사를 지냈다.

해발 4,000m에 위치한 포토시는 세계에서 가장 높은 지대에 자리 잡은 하늘의 도시다. 산소부족으로 인해 호흡하기도 곤란한데 채광작업이 너무나 혹독하여 사람들이 고산증세를 호소하다 푹푹 쓰러져 나갔다. 거기에다 수은중독이 치명적이었다. 곳곳에 사지마비, 체중감소, 식욕상실, 우울증세를 앓다가 숨을 거둔 주검이 너부러졌었다.

숱한 광부들이 40세를 넘기지 못하여 줄초상이 이어가자 잉카 사람들은 포토시를 '지옥의 입구', '사람 잡아먹는 산'이라고 불렀다. 그런데 1570년대 수은을 사용하는 아말감 추출법이 개발된 이후 은채굴량이 폭발적으로 증가했다. 그에 따라 인력수요가 급증하자 수백km나 떨어진 곳에서도 원주민들을 강제로 징발해 부렸다.

광부들에게는 아예 1일 작업량을 할당했다. 누구나 막장에서 채굴한 은광석을 담은 45kg들이 들것을 하루에 25번씩 지상으로 지어 날라야만 했다. 그 작업이 얼마나 고역이었던지 20명이 막장으로 끌려 내려가면 1주일만에 절반이 다리를 절면서 나온다는 말이 있을 정도였다. 한 마을에서 7,000명이 끌려갔는데 2,000명만이 살아서 돌아가고 나머지는 죽거나 걸을 수 없어 인근 마을에 주저앉아 버렸다고 한다. 은광석을 빻은 돌가루에다 수은을 섞어서 광부들이 맨발로 밟은 다음에 불에 데워서 은과 수은을 분리했다. 그 같은 제련과정을 거치면서 수은에서 증기가 발생해 수은중독으로 무수한 광부들이 젊은 나이에 저승길로 갔다.

은광석을 빻는 물레를 돌리는 노새가 몇 달을 견디지 못하고 쓰러져 나갔다. 그러자 아프리카인들을 노예로 끌고 가서 인간노새로 혹사한 바람에 줄초상이 이어졌다. 노새 한 마리 대신에 노예 4~5명을 부려서 물레를 돌렸다. 인간의 값이 노새의 값에도 못 미치던 세상이었다. 그곳에서 3만명의 아프리카인들이 무덤으로 실려 나갔다.

스페인을 200년간 제국으로 떠받던 포토시 은광이 얼마나 많은 원주민과 흑인을 삼켰는지 아무도 모른다. 그런데 우루과이의 언론인이자 저술가인 에두아르도 갈레아노(Eduardo Galeano-1940~2015년)는 그의 저서 '라틴아메리카의 갈라진 혈맥'(Open Veins of Latin America)를 통해 포토시에서 800만명이 사망했다고 주장했다.

그 숫자는 포토시의 살인적인 노동착취와 참혹한 작업환경을 말할 때 자주 인용된다. 하지만 그의 주장에 대해 포토시의 사회역사학자 이그나치오 곤잘레스 카사노바는 사망자가 그보다 훨씬 적다고 이론을 제기했다. 홍수 피해자까지 포함하여 희생자가 800만명이라지만 그 숫자는 지나치게 과장되었다는 주장이다.

그것은 단순히 계산하면 200년 동안 해마다 4만명이 사망했다는 뜻이다. 인구 20만명의 도시에서 해마다 인구의 1/5이 죽었다는 소리다. 사망자가 연평균 4만명씩 발생했다면 하루에 110명씩 작년에도 4만명이 죽었고 올해도, 내년에도 4만명이 죽는다는 말이다. 모든 주민의 수명이 1~5년 밖에 남지 않은 죽음의 도시라는 뜻이나 다름없다.

그것은 광산도시로서 기능을 상실하여 생산활동을 중단해야 할 유령의 도시였다고 보아야 한다. 무엇보다도 중요한 사실은 당시에는 그 규모의 인력을 공급할 능력이 없었다는 점이다. 대서양 노예무역을 통해 400년 동안 아프리카에서 아메리카 대륙으로 연평균 8만명씩 노예로 끌려갔다는 연구결과가 있다. 100년간이면 800만명이란 뜻이다.

피츠버그 대학교 교수 패트릭 매닝(Patrick Manning)은 노예사냥꾼한테 잡혀 아메리카 대륙에 살아서 도착한 아프리카인 규모를 1,050만명으로 추산했다. 콜럼버스 이전의 아메리카 대륙 인구는 대략 2,000만~3,000만명에 달했을 것이란 추정이 유력한 편이다. 적게는 수백만명에서 많게는 1억명까지 다양한 추정치가 존재하지만 말이다.

그 같은 연구결과를 토대로 판단한다면 800만명이란 숫자는 그 근거가 터무니없이 빈약하다. 참혹성을 강조하다 나온 숫자로 보이지만 그것은 설득력이 없다. 아무튼 스페인 제국의 금고였던 포토시는 지배국이 페루에서 볼리비아로 바뀌었다. 볼리비아가 독립한 1825년 그 포토시의 인구가 1만명으로 줄어 한낱 작은 촌락으로 쇠락하고 말았다.

은매장량이 거의 고갈된 탓이었다. 그 즈음 스페인 제국도 사양길에 접어들어 라틴 아메리카 전역에서 독립의 깃발이 휘날리고 있었다.

독립 이후에도 백인이 나라 차지해 지배자로 군림

콜럼버스 이후 스페인의 잔혹한 식민통치로 말미암아 무수한 아메리카 원주민들이 학살되었다. 그로 인해 인구가 급속하게 감소하자 스페인 내부에서조차 소수지만 자성의 소리, 양심의 소리가 나오기도 했다. 그에 맞서 철혈통치만이 야만인을 순치할 수 있다는 논리로 원주민 학살을 옹호하는 소리도 높았다.

콜럼버스의 아메리카 탐험을 후원한 스페인의 여왕 이사벨과 국왕 페르난도의 손자인 카를로스 1세가 원주민의 지위와 권리를 판단하기 위해 바야돌리드에서 여러 날에 걸쳐 회의를 갖고 신학적, 도덕적 격론을 벌였다. 그것이 1550년 바야돌리드 논쟁(Valladolid Controversy)이다.

당대 스페인의 저명한 석학이었던 후안 지네스 데 세풀베다는 아메리카 원주민은 이성이 없기 때문에 강압적 방법을 통해 통치해야 한다고 주장하며 군사적 정벌을 옹호했다. 그는 그 근거로 원주민의 인신공양, 식인풍습을 제시하며 철혈통치의 정당성과 합당성을 설파했다.

그에 맞서 정복자의 살육현장을 목도한 도미니크회 선교사 바르톨로메 데 라스 카사스는 원주민도 이성을 가졌다고 강조하며 설득과 교육을 통해 교화해야 한다고 반박했다. 그 논쟁이 스페인의 양심을 일깨우는 데는 일조했다. 또 스페인의 통치방식에 어느 정도 변화를 이끌어 낸 것도 사실이다.

그러나 아메리카의 식민주의자들은 달랐다. 이미 대농장을 개간하여 부유한 지주로서 자리를 잡은 식민주의자들의 반발이 드셌다. 결국 그 논쟁도 원주민에 대한 정복자의 야만적인 통치방식을 본질적으로는 바꾸지 못했다. 그에 따라 그 이후에도 살육, 혹사, 수탈, 약탈의 역사가 수백년간 이어져 아메리카 대륙을 피로 물들였다.

 중앙-남아메리카는 북아메리카와 달리 원주민, 그리고 원주민-백인 혼혈인인 메스티소를 합친 인구가 백인인구에 비해 훨씬 많은 편이다. 하지만 백인이 원주민의 토지를 강탈해 대농장을 경영하면서 경제권을 장악함으로써 백인과 원주민 사이에는 경제적, 사회적 불평등이 극도로 심화되었다. 그 빈부격차가 오늘날까지 이어지면서 더욱 악화되어 원주민=빈민이란 등식이 고착화되었다.

 칠레, 아르헨티나, 우루과이는 백인의 인구비율이 원주민과 메스티소보다 월등히 높다. 그 이유는 많은 원주민들이 토지를 강탈당하고 무수하게 학살당하기도 했지만 20세기 들어 백인 이민이 크게 늘어났기 때문이기도 하다. 대규모의 학살이 없었던 나라도 경제적 착취로 인해 백인과 원주민의 빈부격차가 세계적 수준으로 크다.

 대다수의 라틴아메리카 국가들이 19세기 전반기에 스페인한테서 독립했지만 원주민의 정치참여는 20세기 중반 들어서도 원천적으로 봉쇄되었었다. 원주민은 사실상 노예신분으로 전락했기 때문에 정치적 발언권은 일체 허용되지 않았다. 원주민 비율이 가장 높은 볼리비아에서도 1952년에야 원주민에게 투표권이 부여되었다.

 대부분의 라틴아메리카 국가에서는 원주민의 고유언어도 사용을 금지했었다. 원주민 비율이 상대적으로 높은 페루도 1970년대에야 원주민 언어인 케추아어가 공용어로 지정되었다. 원주민이 고유언어를 쓰는 파라과이도 한 때 과라니어를 사용하지 못하도록 탄압했었다.

 2차 세계대전의 종식은 아시아와 아프리카를 결박했던 식민주의자의 쇠사슬을 끊고 해방을 가져왔다. 아시아와 아프리카에서는 백인 지배자들이 식민지 독립과 동시에 혼혈후손들을 남겨두고 유럽으로 돌아갔다. 남아프리카공화국과 같이 유럽인의 집단이주가 이뤄진 소수의 국가들을 빼고 말이다.

 원주민이 멸종위기까지 갔던 아메리카 대륙의 국가들은 거의 19세기 전반기에 스페인한테서 독립했다. 하지만 백인들이 원주민들을 학살, 축출하고 땅을 뺏은 다음에 나라의 주인 자리까지 차지하여 독립은 원주민들에게 아무런 의미가 없었다. 다시 말해 그곳은 2차 세계대전 이후 독립한 아시아, 아프리카 국가들과 달리 백인들이 이미 나라를 차지함으로써 주인이 바뀌어 버렸던 것이다.

 남북아메리카 대륙을 통틀어서 미국이 18세기 중반에 가장 먼저 독립했다. 그 바람이 라틴아메리카에도 불어 대부분의 국가들이 19세기 중반 이전에 독립했지만 유럽

백인들이 그대로 남아 지배자로 군림하고 있다. 그것은 아메리카 원주민의 인구밀도가 낮은 것도 큰 원인이었지만 백인들이 원주민들을 그 만큼 많이 학살했고 백인들이 많이 이주해 갔기 때문이다.

아메리카 대륙에서 백인의 원주민 말살정책은 조직적으로 행해졌다. 캐나다에서는 2008년 6월 11일 수상 스티븐 하퍼가 과거 백인이 원주민에게 행한 만행에 대해 공식적으로 사과했다. 그 후에도 수상 쥐스탱 트뤼도도 백인이 원주민한테 저지른 과오를 인정하고 사과했다. 두 명의 역대수상이 원주민 기숙학교에서 자행된 악행을 거론하며 속죄의 뜻을 밝혔다.

캐나다는 정부 차원에서 1883년부터 100년이 넘도록 원주민 문화를 말살하려는 의도로 원주민 자녀들을 강제로 격리, 수용하는 기숙학교를 운영했다. 그 기간에 교육이란 미명 아래 15만명 이상의 원주민 어린이들을 부모한테서 떼어내어 집단적으로 수용했는데 폭행과 학대로 인해 사망한 어린이가 6,000명에 달했다.

2007년 기숙학교 생존자들이 정부를 상대로 집단소송을 제기했다. 그에 따라 진상이 부분적으로 드러나서 수상들이 나서 두 차례나 속죄의 뜻을 밝혔으나 그 후에도 원주민의 생활환경은 여전히 달라지지 않고 있다. 2016년 4월 캐나다 정부는 온타리오 주 애터워피스컷이란 원주민 마을에 비상사태를 선포했다.

그 이유는 듣기에도 생소한 '자살비상사태'였다. 청소년 11명이 한꺼번에 자살을 시도하는 사상 유례가 없는 사건이 일어났기 때문이었다. 2,000명의 주민이 거주하는 마을에서 2015년 9월부터 10개월간 100명 이상이 자살을 시도했고 그 중에 10명이 생명을 잃었다.

그 마을 말고 다른 원주민 마을의 자살률도 백인 마을에 비해 남자는 10배, 여자는 20배 이상 높다는 연구조사도 나와 '자살전염병'이란 말이 나올 정도였다. 원주민을 차별하는 사회 구조에 대한 절망감이 극단적인 선택으로 몰고 가고 있으니 그것이 21세기 들어서도 캐나다 원주민이 살아가는 현실이다.

오스트렐리아도 개척기에 원주민에게 자행한 학살정책에 대해 속죄의 모습을 보이고 있다. 초등학교부터 미디어 교육을 통해 개척기 선조들이 원주민한테 자행했던 야만적 악행을 낱낱이 고발하고 반성하며 다인종, 다문화, 다종교 사회를 지향하고 있다.

그것은 백인우월주의를 신봉했던 오스트렐리아가 백호주의를 포기하고 인종과 문화를 초월해 문호를 개방하고 있다는 의미다. 그것은 또한 백인국가 오스트렐리아의 생존을 위한 몸부림이기도 하다. 1993년 1월 유럽이 경제통합을 지향하여 EU(유럽연합)를 출범시킴에 따라 오스트렐리아는 유럽경제와 동떨어진 태평양의 고도가 되고 말았다. 그 같은 현실에서 오스트렐리아의 선택은 아시아 경제로 편입되기 위한 고육책이라는 성격이 강하다.

미국은 2010년 5월 20일 정부 차원에서 원주민에 대한 폭력행위에 관해 처음으로 잘못을 인정했다. 원주민 유보지에서 빈곤과 질병이 만연했지만 법적으로 구제받지 못한 데 대해서도 바로 잡겠다고 약속했다. 미국 연방정부는 원주민 유보지가 자치권을 부여받았기 때문에 연방법의 효력이 미치지 않는다는 이유로 마약과 폭력도 사실상 방치해 왔다.

원주민 아동 체포해 백인사회에 이식시킨 캐나다

캐나다에서는 20세기 중반까지도 원주민 가족의 해체작업이 자행되고 있었다. 정부가 나서 100년 넘게 원주민 어린이들을 부모한테서 강제로 떼어내어 기숙학교라는 집단수용소에 집어넣었다. 아니면 백인가정에 집단적으로 입양시켰다. 정부가 원주민 어린이들을 부모한테서 강제로 떼어내어 원주민 공동체와 교류도, 접촉도 하지 못하도록 차단했던 것이다.

그에 따라 수많은 원주민 어린이들이 가족과 생이별하고 나서는 평생 부모형제와 다시 만날 길이 끊어져 버렸다. 그것은 그들을 주류사회에 동화시킨다는 계획 아래 추진된 국가폭력이었다. 원주민 어린이들을 삽으로 뿌리 채 퍼다 나르듯이 백인가정이나 기숙학교에 억지로 이식시켰다는 뜻에서 1960년대를 전후해 '60년대 삽질'(Sixties Scoop)이라는 말이 생겼다.

'60년대 삽질'이라고 말하지만 그 삽질은 그보다 훨씬 이전부터 행해지고 있었다. 주정부의 아동복지기관이 그 사업을 본격적으로 추진한 것은 1950년대 후반부터였으며 1980년대까지 계속되었다. 그 용어는 1980년대 들어 브리티시 컬럼비아 주정부의 사회복지부서 공무원들이 어린이들을 닥치는 대로 잡아가면서 쓰이기 시작했다.

캐나다는 다른 아메리카 국가들보다 늦은 1867년 영국한테서 독립했다. 초대총리 존 맥도널드는 1883년 의회에서 "기숙학교는 원주민 아동을 위한 교육시설이 아니라 원주민 문화와 정체성을 파괴하기 위해서 세워졌다"고 분명히 밝혔다. 그 때 이미 기숙학교를 운영했다는 사실을 알 수 있는 대목이다. 그 후 캐나다 정부는 원주민의 땅을 빼앗고 이어 토착신앙과 고유언어를 금지했다.

캐나다 정부는 부모와 자식을 강제로 분리, 격리시켜 놓고는 그것을 아동복지정책이라고 말했다. '60년대 삽질'은 부모의 의사에 반하여 원주민 어린이들을 조직적으로 검거, 체포, 구금해 백인사회에 집단적으로 이식시킨 국가폭력이었다. 원주민 씨를 말리려고 한 세기에 걸쳐 자라는 세대를 뿌리 채 뽑아냈다는 점에서 그것은 원주민 말살정책이었다.

당시 선교사들의 꽁무니를 좇아 다니면서 어린이 체포에 앞장섰던 주정부 관리들은 원주민 아동격리야 말로 최선의 원주민 구조정책이라고 확신에 차있었다. 이른바 아동보호교육은

켄트 몽크맨의 비명. 2017년 작. 원주민 화가인 몽크맨은 외할머니가 원주민 기숙학교의 생존자였다. 그는 할머니한테서 들은 소름끼치게 슬픈 체험담을 토대로 관헌들이 가톨릭 성직자들의 뒤를 쫓아다니며 원주민 어린이들을 사냥하는 모습을 생생하게 담아냈다.

1951년 브리티시 컬럼비아 주정부가 아동 29명을 체포하면서 본격적으로 실시되었다.

기숙학교체제는 연방정부가 추진하고 종교단체들이 맡아서 관리, 운영했다. 종교별 비율은 가톨릭 60%, 성공회 30%, 연합교회 10%이었다. 그 목적은 유럽백인의 크리스천 가치관을 원주민 아동에게 주입시킴으로써 주류사회에 편입시킨다는 계획이었다. 1883년부터 시작한 기숙학교체제는 1996년 마지막 학교가 폐교되기까지 한 세기 넘게 존속했었다.

캐나다 전역에서 운영된 139개 기숙학교들은 원주민의 전통문화를 조직적으로 훼손하고 파괴하는 데 앞장섰다. 원주민의 고유언어 사용을 금지하고 어떤 형태의 전통문화와 접촉도 금지했다. 원주민 아동과 그 가족, 공동체와 혈연-유대관계를 단절시킴으로써 고유의 언어와 문화를 말살하려는 정책이었다.

그 만행은 인디언, 북극의 이누이트(Inuit) 족은 물론이고 원주민과 백인 사이에 태어난 메티스를 상대로 광범위하게 집중적으로 자행되었다. 정부와 교회는 원주민 아동이식계획의 목적을 원주민 문화를 철저하게 배척함으로써 다음 세대에 계승되지 않도록 차단하는 데 두었다. 그것은 한마디로 문화말살 정책이었다.

메티스(Métis)는 스페인의 지배를 받았던 라틴아메리카에서 원주민과 백인의 혼혈인을 지칭하는 메스티소와 같은 개념이다. 캐나다를 지배하던 프랑스가 7년전쟁(1756~1763년)에서 영국한테 패배하여 철수하기 이전에는 이누이트 족과 프랑스인의 혼혈인을 메티스라고 불렀었다. 그런데 영국이 캐나다를 지배하기 시작한 이후에도 원주민과 백인 사이에 태어난 모든 혼혈인을 그대로 메티스라고 부른다.

원주민 어린이들이 일단 강제로 끌려간 다음에는 거의 부모 곁으로 돌아가지 못했다. 언제 어디서 끌려갔는지 자료가 없거니와 그들은 대부분이 6살 이전에 끌려가 부모형제가 누구인지 모르니 장성해서도 핏줄을 찾을 길이 없었다. 그들은 부모와 함께 이름도 언어도 빼앗긴 채 그들의 전통문화와 단절되어 정체성을 모르는 삶을 살아야만 했다.

많은 어린이들이 여러 입양가정을 전전하거나 고아원에서 살았다. 그들은 신체적, 정신적, 성적 가혹행위를 예사로 당했지만 호소할 곳도 없었다. 가정에 따라서는 그들을 노예로 취급하거나 성적 노리개로 여겼다. 결국 그들은 백인의 주류사회에도 원주민 공동체에도 귀속감을 느끼지 못한 채 사회적, 경제적으로 유리된 생활을 했다.

또 그들의 상당수는 가족, 공동체와 철저하게 격리된 채 기숙학교라는 수용소에 갇혀 집단생활을 했다. 그 탓에 그들은 성장해서도 가족을 어떻게 부양하고 자녀를 어떻게 키우는지도 몰랐다. 그 과정에 온갖 잔혹행위가 자행되어 훗날 많은 생존자들이 입양가정, 기숙학교에서 당한 학대와 폭행을 토로하여 그 야만성과 폭력성을 고발했다.

피해자들이 정부를 상대로 집단소송을 제기했다. 그에 따라 2008년 캐나다의 진실과 화해 위원회가 출범했다. 그 위원회가 2015년 작성한 보고서에 따르면 연방정부와 주정부가 백인 중류가정에 재정을 지원하는 조건으로 원주민 아동입양 계획을 추진했다. 대상아동은 주로 출생 6주에서 6살이었다.

위원회의 설명에 따르면 원주민과 백인 사이에 많은 혼혈인들이 태어나면서 고아가 크게 늘어나자 그 해결책으로 원주민 아동입양계획이 등장했다는 것이다. 하지만 입양가정이 부족하여 적지 않은 어린이들이 캐나다를 떠나서 멀리 미국, 오스트렐리아, 뉴질랜드와 서유럽에도 입양이라는 명목으로 아주 싼값에 팔려나갔다.

그래도 입양가정을 구하기 어렵자 정부가 나서 신문-방송광고를 통한 입양운동을 벌여 상당한 효과를 얻었다고 한다. 그 광고운동은 인종주의적 편견을 정당화하는 부정적 영향이 컸다. 혼혈인은 자녀를 양육할 능력이 없다든지, 원주민은 열등하여 존재가치가 없으며 백인가정은 누구나 입양능력이 있다는 고정관념을 심은 측면이 강했다는 것이다.

미국가정에서 성장한 이들이 친부모를 찾아 캐나다에 갔지만 입국이 거절당하는 사례도 있었다. 출생증명서도 없고 이름도 바뀌었으니 그들이 캐나다에서 태어났다고 증명할 도리가 없었던 것이다. 캐나다의 진실과 화해 위원회가 2011년 그 같은 미국 입양아들에게 처음으로 캐나다 시민권을 인정한 바 있다.

원주민 어린이들을 닥치는 대로 마구잡이로 끌고 갔으니 피해자가 얼마나 많은지 아무도 모른다. 그 규모가 2만명이라는 주장이 정설처럼 알려졌었지만 정확성에 대해서 의문이 제기되어 왔었다. 집단소송에 따라 진실과 화해 위원회가 2008년 출범하여 활동하면서 원주민 아동 강제격리의 윤곽이 부분적으로 드러났다.

2019년 9월말 캐나다 정부가 발표한 바에 따르면 1863~1998년 기숙학교들이 원주민 아동 15만명을 수용했었는데 그 중에서 8만명이 생존해 있다고 한다. 또 수용기간에 죽은 희생자는 명단이 파악된 숫자가 2,800명이지만 실제 사망자는 6,000명이 넘는 것으로 추정된다고 밝혔었다. 피해규모가 그 동안 알려졌던 것보다 몇 배나 크다는 사실이 증명된 셈이다. 하지만 그보다 훨씬 많을 것이란 주장도 제기되고 있었다.

2021년 5월 그 같은 주장을 뒷받침하는 충격적인 사건이 일어났다. 한 원주민 부족의 지도자들이 브리티시 컬럼비아의 캠루프스 인디언 기숙학교 부지에서 지표투과 탐사기를 통해 어린이 유해 215구의 존재를 확인했다는 성명을 발표했다. 학교기록에 없는 인명피해자들이라는 점에서 놀라움을 더해줬다.

한 생존자의 증언에 따르면 어느 날 밤 비명을 지르며 끌려 나간 그의 친구는 그 후로 영영 다시 볼 수 없었다고 한다. 그 말은 어린이들을 죽도록 폭행하다 죽으면 그냥 암매장했다는 뜻이다. 그것은 또 어린이들이 상시적으로 반복적인 폭력에 시달리며 공포와 불안에 떨며 살았다는 의미다. 아니면 집단학살일 가능성도 배제하기 어렵다.

그 학교는 원주민 아동들을 강제로 수용했던 139개 기숙학교 중에서는 규모가 가장 큰 편이었으며 500명을 수용했었다. 그 학교는 가톨릭교회가 1890~1969년 지방정부를 대신해 맡아 운영했으며 1978년 폐교되었다. 그런데 2021년 5월 유해발견에 이어 또 6월 서스캐처원 주의 매리벌 기숙학교 자리에서 어린이 751명이 묻힌 암매장 터가 발견되어 경악을 자아냈다.

한 달 남짓 새 1,000구의 유해가 발견되자 캐나다가 발깍 뒤집어졌었다. 7월 1일은 캐나다 독립기념일이다. 하지만 그 날 대부분의 행사는 인종청소를 규탄하는 시위가 격렬하게 벌어지는 바람에 취소되었다. 곳곳에서 규탄-추모시위가 벌어지는 가운데 교회방화 사건이 잇따랐다.

시위대가 매니토바 주 위니펙 주의회 앞에 자리 잡은 영국여왕 엘리자베스 2세와 여왕 빅토리아의 동상을 밧줄로 묶어 끌어내렸다. 온타리오 주 토론토에 있는 라이어슨 대학교 교정에서는 19세기 원주민 어린이 기숙학교라는 제도를 만든 교육학자 에저턴 라이어슨의 동상을 붉은 페인트로 칠하고 쓰러트렸다.

캐나다가 원주민 격리정책을 추진한 이면에는 캐나다를 백인국가로 만들려는 백인의 국가적 음모가 숨어있다는 판단이 옳다. 캐나다는 기후 특성상 미국 남부와 달리 대농장을 개간할 수 없다. 그 까닭에 아프리카 흑인을 노예로 수입할 필요가 없었다. 캐나다에도 흑인들이 더러 있지만 그들은 주로 미국에서 인종탄압을 피해 이주한 이들이거나 그 후손들이다. 따라서 원주민만 제거하면 백인국가의 건설이 가능하다는 판단이 작용했을 것이다.

오늘날에도 캐나다 원주민의 생활수준은 크게 나아지지 않고 있다. 캐나다에는 인디언 140만 명, 북극 이누이트 족, 혼혈인 메티스 등 모두 170만 원주민이 살고 있는데 생활환경과 학교수준이 매우 열악하다. 캐나다정책대안센터의 2016년 연구자료에 따르면 원주민 아동의 51%가 여전히 빈곤상태에서 살고 있으며 유보지 거주자는 그 비율이 60%에 달했다.

같은 앵글로 색슨 족 계열의 호주에서도 캐나다의 '60년대 삽질'과 유사한 정책을 실시했었다. 오스트레일리아도 원주민 자녀를 강제로 고아원이나 어린이 집에 격리시키거나 백인 가정에 입양시켰었다. 오스트레일리아에서는 그들을 '잃어버린 세대'라고 말한다.

미국의 인디언 청소작업

남미에 넘치는 인디언이 미국에는 안 보이는 이유

미국은 인종전시회 마냥 온갖 인종과 혼혈인이 넘쳐나지만 원주민인 인디언과 그 혼혈인은 좀처럼 눈에 띄지 않는다. TV화면에서도 원주민과 그 핏줄을 쉽게 볼 수 없다. 더러 있다면 그들은 거의 20세기 후반 이후 미국으로 이주한 라틴아메리카 출신이거나 그 후손들이다.

그런가 하면 라틴아메리카에서는 어느 나라 어디에 가도 원주민인 인디오와 백인-원주민 혼혈인인 메스티소와 늘 마주친다. TV화면에도 그들이 넘쳐난다. 그 같은 현상은 영국이 지배했던 북아메리카의 미국, 캐나다, 그리고 주로 스페인의 식민지였던 라틴아메리카에서 행해졌던 두 나라 인종차별 정책의 상이점에서 비롯되었다.

영국은 기본적으로 원주민과 아프리카인을 국가구성원으로 수용하는 데 대해 거부적이었다. 그와 대조적으로 스페인은 원주민과 아프리카인을 제도화를 통해 철저하

게 차별하고 착취하되 인력자원을 최대한 활용하는 수용적 자세를 보였다. 바로 그 상이점에서 미국과 라틴아메리카 원주민의 인구구조에 서로 다른 변화가 일어난 것이다.

미국에는 라틴아메리카와 달리 백인과 원주민 사이에 태어난 혼혈인인 메스티소(mestizo)와 같은 개념이 존재하지 않는다. 같은 맥락에서 흑백 혼혈인인 물라토(mulatto)와 같은 개념도 없다. 미국은 혼혈인의 경우 아버지가 누구인지 어느 인종인지 따지지 않고 흑인여자가 자식을 낳으면 흑인, 인디언 여자의 자식은 인디언으로 취급했다.

그와 달리 라틴아메리카에서는 백인과 다른 인종과 사이에 태어난 혼혈인의 경우 차별은 하되 백인의 피가 섞인 정도에 따라 차별을 차등화했다. 예를 들어 백인 남자와 원주민 여자를 부모로 둔 혼혈인은 메스티소로 분류했다. 그 메스티소가 백인과 결혼하여 자식을 낳으면 메스티소보다 백인 피의 비율이 더 높아 신분이 카스티소(castizo)로 한 단계 높아졌다.

카스티소는 백인 피가 메스티소보다 더 많이 섞였다는 이유로 원주민, 흑인은 물론이고 메스티소보다 한 단계 높은 우대를 받았다. 스페인이 실시한 인종차별 신분제도(cast)는 백인의 피가 얼마나 섞였느냐에 따라서 차별과 우대를 결정했다. 다시 말해 백인의 피가 많이 섞일수록 백인과 가까운 대우가 따랐다.

프랑스는 영국과 싸운 7년전쟁에서 패배하여 북아메리카에서 일찍 퇴진했다. 또 카리브 제도의 설탕 주산지 아이티에서도 노예반란이 일어나 조기에 물러났다. 짧은 기간이지만 인종문제에 관해서는 영국, 스페인과 다른 자세를 보였다. 프랑스는 혼혈아를 자유인으로 인정하고 일정한 교육을 시키고 군복무도 허용했다.

또 프랑스는 혼혈인이 재산을 모아 작은 농장을 경영하도록 허용함으로써 그들은 별도의 사회계층을 구성하고 있었다. 반면에 영국이 지배했던 미국에서는 흑인과 백인 사이에 태어난 혼혈인은 대를 이어 이른바 유색인으로 분류했다. 다시 말해 백인과 흑인의 자식은 무조건 흑인으로 취급했고 그 후손에게도 그대로 적용되었다.

흑인여자 노예가 백인 농장주의 아들을 낳았더라도 그 자식은 모친의 인종에 따라 흑인이 되고 모친의 신분에 따라 노예가 되었다. 성씨도 마찬가지였다. 부친은 그의 혼혈자식을 자식으로 인정하지도 않았다. 그 같은 묵시적인 관습은 원주민에게도 그대로 적용되었고 대를 이어 갔다.

미국의 백인사회는 혼혈인을 반쪽 백인으로 받아들이지 않기 때문에 흑백혼혈인도, 백인-

원주민 혼혈인도 어머니의 공동체에 들어가서 살면서 흑인 또는 인디언으로 동화되었다. 따라서 미국 혼혈인들은 자신의 정체성을 흑인 또는 인디언으로 인식하고 살았고 그 후손에게도 그대로 이어지고 있다.

라틴아메리카에서도 혼혈인들이 백인사회의 차별을 피해 모친사회에 들어가서 살았다. 하지만 많은 이들이 장성하면 같은 혼혈인 끼리 공동체를 구성하여 공동이익을 추구했다. 백인의 피가 섞인 까닭에 거기에 상응하는 대우를 받기 위해서였다. 또 되도록 배우자도 백인 또는 혼혈인을 선택하여 차별을 피하려고 노력했다.

미국이 노예해방을 둘러싸고 남북전쟁까지 벌였지만 그것은 노예신분 폐지의 문제였지, 인종차별 철폐는 부차적인 문제였다. 비인간적인 노예제도를 착취의 수단으로서 존치할 수 없다는 북부가 승리했지만 실질적인 노예해방까지는 길고도 긴 세월이 걸렸다.

남북전쟁이 끝난 지 한 세기반이 지나 여러 세대에 걸쳐 혼혈에 혼혈이 이뤄졌지만 흑백혼혈인들은 여전히 흑인으로 분류되고 또 스스로 흑인으로 처신하고 흑인으로서 살아간다. 스페인은 인종차별 신분제도를 운용하면서 흑인을 최하위층에 놓고 원주민을 바로 그 위의 단계로 분류하여 철저한 수탈과 차별의 대상으로 삼았다.

하지만 라틴아메리카의 어느 나라도 메스티소와 인디오를 합친 인구비율이 미국에 비해서는 월등히 높다. 마야, 아즈텍 문명발상지인 중앙아메리카와 잉카문명 발상지인 안데스 산맥 일대의 원주민 인구밀도가 북아메리카보다 훨씬 높았었다는 점을 고려하더라도 그 사실을 부정할 수 없다.

북아메리카에서 백인의 정착과정은 땅을 둘러싼 백인과 원주민 사이에 벌어진 교전상태의 연속이었다. 원주민 땅을 뺏으려는 백인과 땅을 뺏기지 않으려는 원주민 사이의 싸움이 오늘날 미국 땅의 전역에서 끝없이 전개되었다. 미국은 기본적으로 인디언을 적군, 또는 적국으로 간주하여 섬멸대상으로 삼았었다.

그 기간을 대체로 1622~1890년으로 보는데 백인과 원주민의 무수한 무력충돌을 통 털어 미국역사는 미국 인디언 전쟁(American Indian Wars)라고 일컫는다. 인디언을 인종청소의 대상으로 삼고 있던 미국정부가 다 죽이기가 어렵다고 판단한 끝에 1830년 인디언 이주법(Indian Removal Act)을 제정했다.

그 법에 따라 동부와 남부에 밀집해 살던 원주민 부족들을 미시시피 강 서쪽으로 강제로 이주시켰다. 허허벌판에 이른바 유보지라는 곳을 만들어 원주민들을 끌고 가서 포로처럼 격리, 수용했던 것이다. 그 과정에 수많은 원주민들이 학살되었다. 그에 따라 19세기 말엽에는 미국의 원주민 인구가 백인의 1/100 수준인 25만~30만명으로 줄어들었다. **하지만 미국역사는 그 참혹한 인디언 말살정책을 학교에서도 정직하게 말하지 않는다.**

19세기 후반 들어 인디언과 흡사하게 생긴 중국인들이 불쑥 나타나자 미국은 아주 민감한 반응을 보였다. 미국사회가 허드렛일을 맡기려고 싼 품삯에 데려간 날품팔이였지만 조직적으로 탄압했다. 골드러시가 끝나자 제도화를 통해 중국인 축출운동을 벌였다. 1862년 제정한 반쿨리법(Anti-Coolie Act)도 그 중의 하나다. 이어서 1882년 중국인의 이민을 금지하는 중국인 배제법(Chinese Exclusion Act)을 만들어 추방에 나섰다.

미국은 인종에 관한 한 철저한 차별정책을 견지한 나라다. 미국은 원주민을 학살하고 흑인을 족쇄와 수갑으로 채워 노예로 부리다 노예해방을 둘러싸고 내전까지 벌였다. 그처럼 유색인과 부닥치는 순간에 관용을 잃었던 미국이었지만 타종교에 관해서는 포용적이었다. 영국을 비롯해 유럽에서 종교탄압을 받던 이들이 종교의 자유를 찾아 세운 나라였기 때문이었다. 미국의 종교적 관용이 국적과 종교를 초월한 다양한 계층의 인력을 끌어들여 국가발전의 초석을 놓았다. 미국이 이민자의 지식, 기술, 재능, 노동, 자본을 흡수함으로써 단기간에 산업화를 이룩하는 데 성공할 수 있었다. 2차 세계대전을 승리로 이끈 원자폭탄 개발도 독일에서 종교적 박해를 피해서 미국으로 간 과학자들의 공로였다.

반면에 십자군기를 앞세우고 아메리카 대륙에 상륙한 스페인은 신정일치를 추구하여 가톨릭 이외의 종교는 이단으로 규정하고 이교도를 처형, 추방했다. 아니면 이교도를 강제로 개종시켰다. 또 인종을 10가지도 넘게 단계별로 분류하여 스페인인을 비롯한 유럽 백인 이외의 인종과 혼혈인에 대해서는 철저하게 차별했다. 하지만 다른 인종을 섬멸 내지 청소대상으로는 삼지 않았다.

연방군 투입해 250년 넘도록 벌인 인디언 소탕전

영국인들은 스페인인보다 1세기나 늦은 1607년 북아메리카에 첫 발을 디뎠다. 그곳은 오늘날 미국 버지니아 주의 제임스 타운이었다. 따진다면 그들이 미국남부의 시조격이다. 그들은 스페인과 달리 포교의 목적은 없었고 금을 찾아 갔기 때문에 처음부터 원주민과 충돌했다. 미국역사의 시발점으로 볼 수 있는 그 시점에 한반도에서는 임진왜란이 끝나고 9년이 지난 무렵이다.

금이 나오지 않자 그들은 담배농사를 지어 돈을 벌었다. 알려진 것처럼 원주민들은 담배를 상습적으로 피지 않았고 종교적 의식으로 흡연했다. 첫 영국인이 도착한지 13년이 지난 1620년 순례자(Pilgrim)라고 불렸던 영국 청교도(Puritan) 41명이 플리머스에 도착했다. 그들은 오늘날 미국 북부의 시조격이라고 볼 수 있다.

이주 초기에는 백인들이 원주민과 비교적 사이좋게 지냈다. 청교도는 영국 국교인 성공회의 전통주의와 형식주의에 반발하여 분파해서 나온 개신교로서 종교의 자유를 찾아 북아메리카로 이주했다. 성공회는 영국 국왕 헨리 8세가 로마 가톨릭 교황이 그의 이혼을 인정하지 않는다는 이유로 가톨릭과 결별하고 세운 교파다.

이어서 아메리카에서 새로운 꿈을 이루려는 유럽 사람들이 몰려들기 시작했다. 개척기 초기에는 백인 이주자들이 원주민들한테서 옥수수, 고구마 등 아메리카 농작물의 농사법과 조리법을 비롯해 여러 가지 도움을 받으며 새로운 환경에 적응해 나갔다.

아메리카 원주민은 땅은 하늘과 같이 무한하며 어느 한 사람이 소유할 수도 소유해서도 안 된다는 믿음을 갖고 있었다. 원주민 사회에서는 토지를 소유물로 여기지 않았던 연유로 땅을 사고파는 관행도 없었다. 원주민은 거의 수렵부족이었던 까닭에 정주생활을 하는 농경부족과 달리 토지의 소유와 거래에 관한 개념이 희박했었다.

반면에 고향에서 가난한 소작인이었던 유럽인들은 토지에 대한 집착이 아주 강했다. 그들은 거개가 자기 땅을 가져보려고 고향을 떠난 이들이었다. 백인들은 토지를 매입하는 대가로 원주민

블랙 힐즈에서 금이 발견되자 백인 이주민들이 원주민들을 쫓아내고 그 땅을 뺏으려고 하자 긴장이 고조되기 시작했다. 마침내 1876년 6월 25일 북부평야의 모든 원주민 부족이 연합해 제7 기병대와 맞서 싸운 리틀 빅혼 전투가 터지고 말았다. 전투에서 기병대 대장 조지 커스터를 포함해 전원이 전사하는 참극이 벌어졌다. '커스터의 최후'를 묘사한 유화.

에게 여러 가지 물품을 주었지만 원주민들은 일시적인 체류로 오해했기에 시비와 분쟁이 그치지 않았다. 백인들이 땅을 팔았으니 땅을 내놓으라고 요구하다 시비가 붙었다.

 북아메리카에는 각기 다른 문화, 전통, 언어를 가진 다양한 원주민 부족들이 존재했었다. 인디언 추장은 대표, 수장, 지도자, 부족장이 아니고 중재자, 봉사자에 가까운 개념이었다. 따라서 추장은 공동체의 의사를 결정할 권한이 없었다. 인디언은 개인의 의사에 따라 전투에 참가하지 상사의 지휘를 받는 훈련된 군인이 아니었다.

 그런데 분쟁이 나면 백인들이 추장이 그렇게 말했다는 따위를 이유로 내세우니 백인과 인디언 사이에는 많은 오해가 생겼고 시비가 그치지 않았다. 그에 따라 오늘날 미국의 국토로 편입된 북아메리카에서는 땅을 뺏으려는 백인 이주민과 땅을 뺏기지 않으려는 원주민 사이에 싸움이 끝없이 벌어졌다. 땅을 뺏기면 수렵할 땅이 없어지니 삶터를 잃지 않으려는 그들의 저항이 격렬했다.

 북아메리카에는 많은 부족들이 널리 흩어져 살았고 부족마다 이해가 달랐기 때문에 곳곳에서 백인과 산발적인 무력충돌이 그치지 않았다. 미국역사는 그 시기를 보통 1622~1890년으로 보고 그 기간에 일어난 백인과 원주민의 무력충돌을 묶어서 미국 인디언 전쟁이라고 일컫는다.

 남북전쟁이 끝나고 나서 1868년 공포된 미국 수정헌법 제14조는 흑인노예에게는 법률상이라도 평등권을 부여했다. 그러나 인디언은 제외하여 평등권을 주지 않았다. 미국이 땅을 뺏기 위해 인디언을 국가구성원이 아닌 적으로 간주했기 때문이다. 1883년 미국 대법원은 인디언이 미국 땅에서 태어났지만 이방인이라는 이상한 판결을 내렸다. 그 땅의 주인이 주인이 아니라는 판결이니 원주민이 승복할 리 없었다.

미국정부는 19세기 말까지 땅을 뺏으려고 연방군을 투입하여 인디언 소탕전을 끊임없이 벌였다. 한밤중에 인디언 천막촌을 급습해 불을 지르고 놀라 뛰어나오는 사람들에게 기관총을 난사하여 몰살하기도 했다. 인디언은 북아메리카 대륙에 서식하던 들소나 마찬가지로 백인의 사냥감이 되어 들판에서 총을 맞아 무수히 쓰려져 나갔다.

그 즈음 몸무게가 600kg이나 나가 지구상에서 가장 큰 포유동물의 하나였던 들소들도 백인들의 남획으로 인해 인디언들과 함께 거의 사멸되었다. 1850~1880년 북아메리카 들판에는 3,000만~6,000마리의 들소가 살고 있었다. 그런데 1889년 3만1,000마리만 남아 멸종직전까지 갔었다.

털옷을 만드는 가죽을 얻으려고 마구잡이로 사냥했기 때문이다. 가죽 말고도 뼈는 접착제, 비료, 본차이나를 만드는 원료로 쓰였다.

멸족위기에 처하자 20세기 들어서야 멈춘 소탕전

노예로 잡혀간 아프리카인들은 부족이 서로 다른 까닭에 언어와 풍속도 달라 소통이 잘 이뤄지지 않았다. 또 끌려간 지역의 지리에도 어두워 반란을 일으킬 소지가 적었다. 그와 달리 원주민들은 여기는 우리 땅이라는 주인의식이 강하고 지리에도 밝아 도주할 염려가 많다 보니 노예로 부리기 어려웠다.

그런 연유로 백인 이주민들은 원주민들을 노예로 부리기를 단념하고 그들의 땅을 뺏기로 마음을 먹었다. 그 땅의 주인인 인디언들이 저항하자 백인들은 그들을 섬멸의 대상으로 삼아 인디언이라면 남녀노소를 가리지 않고 무자비하게 학살했다. 백인들은 처음부터 원주민과 공존할 생각이 없었던 것이다.

그들은 인디언을 인간이 아닌 사냥감으로 여겨 예사로 죽였고 그들의 머리 가죽을 벗겨 장식용으로 사고팔았다. 원주민을 많이 죽일수록 자랑거리로 뽐내고 무용담을 즐겼다. 기본적으로 원주민은 인종청소의 대상이었다. 그러나 현실적으로는 모두 몰살하는 데는 한계가 있었다. 또 인디언 학살에 대한 부정적 여론도 만만찮았다.

결국 미국 연방정부는 원주민을 보호한다는 미명 아래 척박한 땅을 골라 이른바 인디언 유보지(Indian Reservation)를 만들어 그들을 잡아서 그곳에 몰아넣어 가두었다. 미국 전역에 흩어져 사는 원주민들의 토지를 강탈한 다음에 그들을 유보지로 강제로 끌고 가서 수용하여 백인사회와 격리했던 것이다. 그것은 백인들에게 땅을 나눠주기 위한 방책이었다.

미국 연방정부가 교육과 취업에서도 원주민 차별정책을 실시함으로써 원주민은 제도적으로 빈곤층으로 전락할 수 밖에 없었다. 원주민들이 1차 세계대전에 참전하여 백인과 함께 나란히 싸운 대가로 미국의회가 1924년 인디언에게 시민권을 주는 법을 제정했다. 인디언에게 시민권이라는 법적지위는 부여했지만 막상 주에 따라서는 투표권을 주지 않았다.

많은 인디언 부족들이 자치권을 요구하며 그 동안 체결된 조약의 이행을 연방정부에 촉구했다. 미국 연방정부는 1700년대 후반부터 100여년에 걸쳐 많은 인디언부족들과 371건의 각종 조약을 체결했다. 하지만 백인들이 거의 지키지 않아 휴지조각이 되어 버렸다.

미국이 영국한테서 독립한 이후 유럽 이주민이 빠른 증가세를 보였다. 그에 반해 원주민 인구는 유럽, 아프리카에서 옮겨간 전염병에 걸려 죽거나 백인의 소탕전으로 목숨을 잃어 급속한 감소세를 나타냈다. 19세기 말엽에는 미국의 원주민 인구가 백인의 1/100 수준인 25만~30만명으로 줄어 멸족직전까지 내몰렸었다.

1917년이 되어서야 원주민의 출생률이 사망률을 앞질렀다. 1890년 마지막 인디언 학살인 운디드 니(Wounded Knee-상처 난 무릎) 사건 이후 30년 가까이 지나서야 원주민 인구가 회복세로 돌아섰다는 뜻이다. 그것은 20세기 들어서야 미국 연방정부가 조직적인 원주민 소탕전을 멈췄다고 해석할 수 있는 대목이다.

2000년 조사에 따르면 미국본토에는 원주민이 567개 부족, 300만명이 거주하는 것으로 나타났다. 알래스카와 하와이를 포함하면 원주민이 400만명이고 혼혈인까지 치면 500만명에 달했다. 그 중에서 100만명 이상이 유보지에 거주하고 있었으며 언어는 영어를 쓰지만 원주민 토착어가 176가지나 존재했다.

오늘날에도 원주민의 사회적, 경제적 생활환경은 매우 열악하다. 사우스 다코타 주의 파인 리지(Pine Ridge) 인디언 유보지의 경우 주민의 절반이 빈곤층이고 80%가 실업자이며 1인당 주민소득도 연6,000달러 수준에 머물렀다. 평균수명도 50세에 불과하고 범죄율도 백인에 비해 3배나 높았다.

원주민 유보지는 풍요의 나라 미국 안의 외딴 섬처럼 외부와 격리된 채 원주민 끼리 모여 사는 빈곤의 나라다. 하지만 미국은 각급 학교에서 인디언 학살에 관한 부끄러운 역사를 정직하게 가르치지 않는다. 아주 완곡한 표현으로 언급하는 수준에 머물고 있다.

그와 관련한 자료도 아주 빈약한 편이다. 또 원주민은 수적으로 아주 적은데다 유보지에 격리, 수용되어 있었던 까닭에 탄압의 실상이 외부세계에 잘 알려지지 않았다. 그에 따라 원주민의 정치적 발언권이 아주 미약하다. 그 탓에 많은 미국인들은 인디언 학살에 관해 관심도 없지만 학살의 역사를 잘 모른다.

그에 비해 흑인의 잔혹사는 비교적 많이 알려진 편이다. 흑인은 도시주변에 밀집해 거주하면서 탄압과 차별에 대해 조직적으로 저항하기도 했지만 스스로 그 실상을 전파하기도 했다. 또 백인들이 생활 속에서 흑인차별을 체험하고 목도했기 때문이다. 그에 따라 적지 않은 흑인들이 주류사회에 진입함으로써 정치적 발언권이 커지고 있다.

금 나오자 땅 뺏기고 죽음의 길로 내몰린 체로키족

오늘날 미국 땅에 사는 체로키 족의 선조들은 유럽 백인들을 1540년 처음 조우했다. 콜럼버스가 아메리카에 상륙한지 반세기가 지난 시점이었다. 그 백인들은 금을 찾아 남쪽에서 북쪽으로 북진해가던 스페인 병사들이었다. 헤르난데즈 드 소토라는 스페인 장교가 이끌던 300명쯤 되는 무장병력이었다.

그들은 잉카제국을 무너뜨리고 전리품으로 금붙이를 3m 높이로 쌓을 만큼 약탈했으나 만족할 줄 몰랐다. 그 무리는 더 많은 황금을 찾아 오늘날의 미국 땅인 플로리다, 조지아, 테네시, 앨라배마를 헤매며 체로키 족을 닥치는 대로 잡아다 주리를 틀며 금을 내놓으라고 윽박질렀다.

체로키 족을 아무리 죽여도 없는 금이 나올 리 없었다. 하지만 그들은 금 찾기를 멈추지 않고 헤매다 차례로 습격 받거나 풍토병에 걸려 모두 죽어 버렸다. 미국 역사는 그 탐욕의 살육 행각도 위대한 탐험으로 둔갑시켜 기록하고 있다. 스페인 병사들을 만난 체로키 족은 황금을 갖고 있지 않아 더러 학살을 모면했더라도 유럽 전염병에 걸려 떼죽음을 당했다.

그 후 또 50여년이 흘러 1600년대 초엽부터 몰려들기 시작한 영국인들도 황금을 찾아 광분하는 바람에 체로키 족은 모진 시련과 고통을 겪어야만 했다. 황금을 찾아도 찾아도 찾지 못한 영국 이주민들은 그 대신에 체로키 족을 살육하고 땅을 강탈해 그 때 비싸게 팔리던 담배를 재배해서 돈을 벌었다.

북아메리카에서는 영국과 프랑스가 서로 인디언 땅을 많이 차지하려고 피비린내 나는 영토쟁탈전을 벌였다. 그 전쟁을 프렌치 인디언 전쟁(French and Indian Wars-1755~1763년)이라고 말한다. 프랑스와 인디언이 벌인 싸움이 아닌 영국과 프랑스의 전쟁이었건만 체로키 족이 프랑스와 손잡았다고 해서 영국이 그렇게 이름을 붙였다.

그와 달리 프랑스는 식민지간 전쟁(Intercolonial Wars)라는 객관적인 표현을 쓴다. 체로키 족의 입장에서는 프랑스나 영국이나 똑 같은 백인 침략자였다. 하지만 프랑스인이 비버가죽 값을 영국인보다 더 후하게 쳐 주고 덜 야비하여 프랑스 편을 들었다. 그 때 가장 큰 돈벌이는 털옷을 만드는 짐승가죽이었다.

그런데 영국이 이기는 바람에 체로키 족은 무참하게 도륙당하는 피의 수난을 겪어야만 했다. 독립전쟁이 끝나고 유럽에서 백인들이 몰려오자 연방정부가 나서 그들에게 나눠줄 땅을 마련하려고 원주민 소탕전을 벌였다. 그 유혈의 와중에서도 체로키 족은 살아남으려고 유럽 침략자들의 문명을 받아들여 자체적으로 도로, 학교, 교회 등을 건설했다.

 또 자치정부를 세워 대의제를 도입하는 모습을 보이기도 했다. 추장을 비롯한 지도층은 백인여자를 아내로 맞이하는 등 환경변화에 타협적인 자세를 보였다. 그 같은 생존의 몸부림을 벌이는 사이에 난데없이 금이 나왔다. 그 바람에 그들의 운명이 바꾸고 말았다.

 조지아 주의 달로네가 개울에서 발견된 사금덩어리가 비극의 씨앗이었다. 서부의 골드러시(1848~1855년) 보다 20여년 앞서 찾아온 그 발견이 알려지자 황금에 눈먼 백인들이 떼를 지어 몰려와 약탈과 살육의 광란을 벌였다. 조지아 주정부가 조그만 마을에 살던 체로키 족 20여명한테 돈을 주고 미시시피 강의 동쪽 땅을 포기한다는 각서를 받아냈다.

 그것을 빌미로 조지아 주정부는 모든 인디언의 재산, 토지를 몰수한 다음에 그들을 쫓아내고 추첨을 통해 그 땅을 백인이주민들에게 나누어 주었다. 모든 재산을 뺏긴 체로키 족이 연방대법원에 소송을 제기하여 인디언은 주정부에 종속되지 않고 연방의회의 결정을 따라야 한다는 승소판결을 이끌어냈다.

 그런데 대통령 앤드류 잭슨(Andrew Jackson-1829~1837년 재임)이 "그것은 마셜의 결정일 뿐이다, 능력 있으면 법을 집행해보라"며 일축했다. 여기서 마셜은 연방대법원장 존 마셜(John Marshall)을 지칭한다. 대법원 판결도 행정부가 집행하지 않으니 아무런 소용이 없었다.

 가난한 아일랜드계 개척민의 아들로 태어난 앤드류 잭슨은 무자비한 인디언 소탕전을 벌여 얻은 명성을 발판으로 대통령이란 권좌에 올랐던 인물이다. 그는 인디언에게는 인간백정이라 불릴 만큼 잔혹하여 잭슨대왕이라는 악명을 날리기도 했다. 백인은 인디언과 함께 살 수 없다는 그의 인종주의가 의회를 압박해 1830년 5월 인디언 이주법(Indian Removal Act)을 만들어 냈다.

 그 법에 따라 동부와 남부의 인디언 부족들을 미시시피 강 서쪽의 황무지에 강제로 이주시켰다. 그것은 이주가 아니라 추방이자 축출이었다. 1838년 장군 윈필드 스콧이 이끈 7,000명의 기병대가 체로키 족을 총칼로 위협하여 땅을 뺏고 삶터에서 쫓아냈다.

 기병대는 길고 긴 겨울 다섯 달 동안 눈보라가 휘몰아치는 황량한 벌판으로 그들을 끌고 가서 말뚝을 둘러치고 가두었다. 그것은 그 해 10월부터 그 이듬해 3월까지 이어진 유폐의 여정이었다. 또 그것은 1만6,000명의 체로키 족이 테네시와 켄터키를 거쳐 오하이오 강과 미시시피 강을 건너 오클라호마까지 끌려가는 죽음의 행군이었다.

살을 에는 혹독한 날씨에 헐벗고 굶주려 지칠 대로 지친 나머지 4,000명이나 길 위에서 쓰러져 다시는 일어나지 못했다. 그 숱한 돌무덤을 뒤로 하면서 고난과 고통의 행렬은 날이 갈수록 줄어들었다. 사람들이 하나 둘 씩 죽어나자 병사들이 처음에는 잠시 행군을 멈추고 시신을 묻도록 시간을 내줬다.

그러다 갈수록 줄초상이 길게 이어지자 사흘에 한번 씩 따로 매장시간을 줬다. 병사들은 죽은 사람을 수레에 싣고 가도록 지시했으나 그들은 자식의 주검을 안거나 업고 걷고 자식은 어버이의 주검을 업고 걸었다. 시신을 묻고 나면 그들도 쓰러져 먼저 떠난 이들의 뒤를 따라 갔다.

목적지에 도달했을 때에는 행렬이 1/4이나 줄었다. 그 만큼 죽었다는 소리다. 미국인들은 그 강제추방을 눈물의 행로(Trail of Tears)라 말하지만 그것은 피눈물마저 삼킨 죽음의 행군, 지옥의 행군이었다. 체로키 족은 원래 조지아, 앨라배마, 테네시에 걸쳐 살고 있었다.

1900년 초엽에는 그 광활한 강토의 90%를 백인들이 강탈해 차지했다. 백인한테 땅과 무수한 목숨을 뺏기도 모자라 쫓기고 또 쫓기더니 체로키 족은 이제 겨우 종족의 명맥만 유지하는 신세가 되었다. 그 들판의 들소 떼가 백인들의 눈먼 사냥놀이에 씨가 말랐듯이 말이다.

인디언 학살의 주역 앤드류 잭슨은 그 공로로 대통령을 연임했다. 또 그는 미국의 위대한 대통령의 한 사람으로 꼽혀 20달러권 지폐에는 그의 초상화가 등재되어 있다. 장군 윈필드 스캇은 조지아 주립공원에 이름이 헌정되어 있다. 그것이 인디언의 피로 쓴 미국역사의 한 단면이다.

'눈물의 행로'를 피해 산속으로 피신했던 이들과 오클라호마에서 도망쳐 되돌아 온 이들이 모여 사는 곳이 있다. 스모키 산자락에 있는 인디언 유보지가 그곳이다. 그곳에는 1만여명의 체로키 족이 살고 있고 오클라호마에는 눈물의 행로에서 살아남은 이들의 후손 30여만명이 모여 산다.

그 '눈물의 행로' 이야기를 조부모부터 들은 체로키 혈통의 작가 포리스트 카터(Forrest Carter-1821~1877년)가 자전적 소설(the Education of Little Tree)에서 그 행군의 처절했던 하루, 하루를 피눈물로 묘사했다. 그 책은 한국에서는 '내 영혼이 따뜻했던 날들'이란 책명으로 출판되었다.

원주민 강제로 이주시키다 몰살한 운디드 니 학살

 미국 연방정부가 원주민을 상대로 전쟁을 한창 벌이던 즈음에 인디언들 사이에는 유령의 춤이 유행했었다. 인디언들은 선혈이 낭자한 현세의 억울한 삶을 애도하고 내세에는 천국의 삶을 살기를 기원하며 발로 땅을 구르는 춤을 추면서 슬픔을 달랬다. 미국 연방정부는 그 춤이 백인을 두렵게 만드는 악마의 의식이며 백인에 대한 불복종을 부추기는 유령의 춤이라고 트집을 잡아 금지했다.

1890년 12월 운디드 니 학살의 희생자들을 매장하고 있는 장면.

 그 무렵에 운디드 니(Wounded Knee-상처 난 무릎) 집단학살이 일어났다. 그 학살사건은 미국 연방정부가 원주민을 상대로 벌인 마지막 인디언 소탕전이었다. 1890년 12월 29일 미국육군 제7기병대 병력 500명이 운디드 니 냇가와 그 인근에서 남녀도 노소도 가리지 않고 수우 족 300여명을 몰살했으니 그 사건을 운디드 니 학살이라고 말한다.
 제7기병대에 항복한 수우 족 350여명이 삶터를 뺏기고 유령의 춤도 추지 않기로 언약하고 유보지로 끌려가던 참이었다. 그들이 사우스 다코타 주에 있는 운디드 니 냇가에 잠시 천막을 치고 있었고 병사들이 무기를 수거하는 사이에 다툼이 일어났다. 그러자 기병대가 갑자기 원주민들이 병사들을 공격한다며 천막에 있던 원주민들을 향해 대포와 기관포를 무차별적으로 난사하여 학살을 자행했다.

더러는 언덕을 넘어 도주하자 병사들이 좇아가 사살하여 삽시간에 300명을 죽였다. 심한 부상을 입은 50명은 눈보라가 몰아치는 들판에 그냥 버려 얼어 죽었고 몇 사람만이 목숨을 부지하여 유지로 끌려갔다. 운디드 니 학살사건의 공로로 병사 20명은 명예훈장을 받았다. 그것이 19세기 말엽 미국에 살던 백인들이 원주민한테 가졌던 기본인식이었다.

1830년 5월 26일 대통령 앤드루 잭슨이 인디언 이주법(Indian Removal Act)에 서명했다. 그 법에 따라 미시시피 강 동쪽인 동해안과 남해안 일대에 살던 인디언 부족들을 강제로 미시시피 강 서쪽의 황무지로 쫓아냈다. 기마대가 끌고 간 인디언의 행렬은 죽음의 행군이었고 그 길은 무수한 주검이 들판에 너부러지던 통곡의 길이었다.

영국과 벌인 독립전쟁에서 승리한 미국은 1783년 파리조약에 따라 국제적으로 주권국가로 인정받았다. 그 후 유럽에서 미국으로 인구의 대이동이 일어나면서 미국인구가 빠르게 늘어났다. 그런데 그곳에 살던 원주민은 거개가 수렵부족이어서 토지거래-소유에 관한 개념이 없었기 때문에 토지매매를 둘러싼 분쟁이 그치지 않았다.

미국 연방정부가 나서 인디언의 땅을 강제로 뺏어 백인들에게 나눠주기 위해 인디언들을 미시시피 강 서쪽에 유보한(reserved) 땅으로 쫓아내기로 작정했다. 오늘날의 오클라호마 주가 바로 그 땅이다. 연방정부가 1830년대 기마부대를 동원해 동부와 남부의 해안지대에 살던 인디언 부족들을 모두 그곳에 강제로 이주시키기로 했던 것이다.

북아메리카 원주민은 주로 동부, 남부, 서부의 해안지대에 흩어져 살고 있었다. 유럽 백인들이 배를 타고 상륙하여 동해안 일대에 정착하다 보니 그곳을 중심으로 13개 독립주가 형성되었다. 그 지역에 인구가 증가하자 연방정부가 동해안과 남해안에 거주하던 인디언 부족의 땅을 강탈한 다음에 그들을 한 군데로 몰아넣어 수용하는 이주계획을 추진했던 것이다.

원주민이 이주명령에 따르지 않으면 그 부족을 멸족시키는 인종청소가 자행되었다. 대부분의 인디언은 굴욕적이지만 죽음보다는 삶을 택해 고난의 행군에 끌려 나갔다. 하지만 일부 부족들이 결사항쟁을 벌였다. 세미놀 족은 치고 빠지는 게릴라전을 벌여 1835~1842년 7년간이나 격렬하게 항쟁을 이어갔다.

미국 연방정부는 10만명의 원주민을 강제로 이주시켜 수용했다. 그 과정에서 얼마나 많은 원주민들이 학살되었는지 알 길이 없다. 미국이라는 나라는 그처럼 동부와 남부에 살던 원주민들의 땅을 뺏고 저항하면 죽여 그 주검을 밟으면서 서쪽으로 영토를 확장해 나가 오늘날 본토의 지도를 그렸다.

인디언을 격리하여 수용할 목적으로 내륙에 황무지를 골라 '유보지'(reservation)를 설정하고 인디언을 총칼로 위협하며 끌고 가서 강제로 이주시켰다. 저항하면 그것은 곧 죽음이었다. '유보지'라는 단어 자체가 완곡어법인데 한국에서는 마치 인디언의 권익을 증진한다는 의미를 가진 '보호구역'이란 말로 번역함으로써 미화하는 느낌을 준다.

미국은 스스로 다양한 인종, 문화, 종교를 녹여 하나로 만들어내는 다종교, 다문화, 다인종의 용광로(melting pot)라고 자랑하나 그것은 백인에게만 통용되는 말이다. 애초부터 이민자 나라 신생국 미국은 아프리카인과 아메리카 원주민, 그리고 나중에 막일꾼으로 팔려간 아시아인을 국가 구성원으로 인정하지 않았다.

헐리웃의 서부영화도 원주민에 대한 인식을 왜곡하고 편견을 고착화하는데 큰 몫을 했다. 인디언은 말을 타고 다니면서 무고한 백인을 살육하고 머리 가죽을 벗기는 만행이나 저지르는 야만인의 무리로 묘사했다. 백인=선, 인디언=악이라고 도식화함으로써 원주민은 악당이라는 고정관념을 만들어냈다.

그런 의미에서 1970년 랄프 넬슨이 감독하고 캔디스 버건이 출연한 영화 솔저 블루(Soldier Blue)는 인디언에 대한 백인의 악행과 만행을 처음 고발한 헐리웃 영화라고 평가할 수 있다. 그 영화는 미국 기병대가 원주민의 팔다리를 잘라내고 머리 가죽을 벗기며 환호하는 장면을 연출했다.

당시 그 영화는 미국사회에서 사실을 왜곡했다는 비판이 제기되는 가운데 많은 논란을 낳았다. 여러 장면이 삭제되어 상영되었고 일부 주에서는 아예 상영을 금지했다. 그에 대해 감독 랄프 넬슨은 "그것이 바로 미국의 진실이다"라는 말로 응수했다. 그때까지만 해도 미국사회는 인종청소의 진실을 받아들이기를 완강하게 거부하고 있었던 것이다.

영화 솔저 블루의 문제가 되었던 장면

가난한 아일랜드계 개척민의 아들로 태어난
앤드류 잭슨은 무자비한 인디언 소탕전을
벌여 얻은 명성을 발판으로 대통령이란 권자에
올랐던 인물이다. 그는 인디언에게는 인간백정이라
불릴 만큼 잔혹하여 잭슨대왕이라는 악명을
날리기도 했다.
백인은 인디언과 함께 살 수 없다는 그의
인종주의가 의회를 압박해 1830년 5월
인디언 이주법(Indian Removal Act)을
만들어 냈다.
그 법에 따라 미국 전역에 흩어져 살던 원주민들을
허허벌판에 몰아넣어 말뚝을 치고 가두었다.

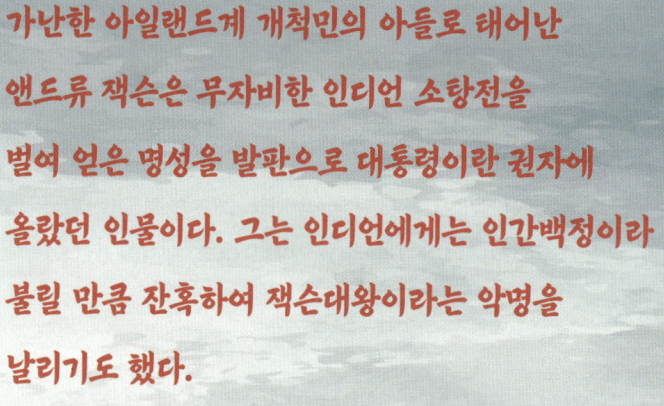

(상) 워싱턴 D.C 라파예트 광장에 있는 잭 앤더슨의
기마상. 조각가 클라크 밀의 1853년 작품.

(하) 베니 앤드류의 유화 '눈물의 행로'. 2005년 작품.
크기 183cm x 366cm. 뉴욕 미카엘 로젠펠드
미술관 소장.

05

얼굴색 짙을수록 세금도 더 갈취

백인의 아메리카 인적유산

인종차별 신분제도의 기본골격

01 에스파놀(Española) : 가톨릭을 믿는 스페인인과 그 후손.

　① 반도인(peninsulare) : 유럽 태생의 스페인인과 유럽의 다른 국가 출신.

　② 크리오유(criollo) : 아메리카 대륙에서 태어난 반도인의 후손.

02 카스티소(castizo) : 원주민 혈통을 가진 유럽인.

03 메스티소(mestizo) : 원주민과 유럽인의 혼혈인.

04 물라토(mulatto) : 아프리카인과 유럽인의 혼혈인.

05 파르도(pardo) : 유럽인, 아프리카인, 원주민 등 3개인종의 혼혈인.

06 촐로(cholo) : 메스티소 혈통을 가진 원주민.

07 인디오(indio) : 아메리카 원주민.

08 삼보(zambo) : 원주민과 아프리카인의 혼혈인.

09 네그로(negro) : 아프리카인.

10 기타

05 백인의 아메리카 인적유산

스페인의 인종차별 신분제도

무슬림, 유대인과 혼혈 피하려고 원주민과 결혼

 이베리아 반도에서 광풍을 일으킨 종교재판이 아메리카 대륙에서도 맹위를 떨쳤으나 그 위세는 훨씬 떨어졌다. 그러나 가톨릭으로 개종한 유대인에 대한 박해는 혹독했다. 개종자들은 대부분이 멕시코 시티와 리마에 살던 포르투갈 상인들이었다. 그 배경에는 1640년 포르투갈이 스페인과의 왕관연대에서 탈퇴한 데 대한 보복적 성격도 강했다.

 스페인은 종교재판을 통해 유대인이나 무어인의 피가 섞이지 않았다고 입증된 사람만이 아메리카 대륙으로 이주를 허용했다. 스페인이 멕시코 시티를 300년 동안 지배하면서 41명의 이교도를 화형에 처했다. 그들의 상당수는 신교도였다. 아메리카에 거주했던 스페인인들은 신교도를 경멸했을 뿐만 아니라 박해했다.

 교회가 교육을 관장하고 유대교, 이슬람, 개신교가 발행한 책과 일반인의 정치의식을 깨우치는 책을 금서로 지정했다. 교회는 기성체제에 대한 불복종을 유발할 수 있는 금서의 밀수를 막는 역할도 담당했다. 스페인이 지배한 라틴아메리카는 종교의 자유를 허용한 북아메리카와 달리 가톨릭을 강요했던 까닭에 오늘날에도 가톨릭 신자비율이 압도적으로 높다.

 도시를 중심으로 백인과 원주민 사이에 태어난 혼혈인구가 늘어나자 스페인은 16세기부터 라틴아메리카 전역에서 인종차별 신분제도를 실시했다. 그 신분제도는 종교재판을 거치는 과정에 제도화되었다. 그 제도의 본질은 식민지 인구를 유럽인과 원주민으로 분류해 단계별로 차별하는 작업이었다.

 신분계급을 나타내는 스페인어 casta는 혈통, 종족, 인종을 뜻하며 혈통이 순수하다는 의미를 갖는다. 어원은 순결, 순수를 뜻하는 라틴어 castus에서 연유했다. 혈통의 순수성이란 개념은 가톨릭을 통해 정립되었으며 유대인이나 무슬림의 피에 의해 오염되지 않았다는 뜻이다.

 스페인은 이베리아 반도에서 무어인과 유대인을 축출한 이후에도 혈통의 순수성에 집착한 나머지 잔류한 이교도를 개종하도록 강요했다. 혈통의 순수성을 입증하는 증거가 부족하면 결혼은 물론이고 공직취임, 성직진출, 해외이주도 제약했다. 그 입증자료로 족보를 제시해야 하니 가짜 족보를 만들어 파는 장사 또한 성업을 이뤘다.

순수한 혈통이란 개념이 스페인에서 아메리카 식민지로 이식되면서 가계가 유대인 또는 무슬림의 피가 섞였는지 따지는 문제가 스페인 식민정청의 중요한 업무였다. 그 까닭에 식민통치 초기의 수십년 동안 많은 스페인인들이 유대인이나 무슬림과 혼혈을 피하려는 고육책으로 원주민 여자와 결혼했으며 그에 따라 혼혈세대가 탄생하게 되었다.

스페인은 인종차별 신분제도를 식민지 라틴아메리카에서 통치력을 강화하는 수단으로 활용했다. 그 제도는 출생, 종교, 인종, 종족 이외에 사회적 요인도 적용하여 신분을 다양하게 차등화, 계급화했다. 식민통치 초기에는 인종문제를 유럽과 아메리카 대륙의 문화적, 생물학적 유산에 근거하여 규정했었다.

그러다 차츰 가족배경이 잘 알려진 경우에는 인종과 혼혈을 개인의 사회적-경제적 신분과 연관해서 판단했다. 혈통을 알 수 없으면 단순히 얼굴 생김과 안색으로 보는 표현형(phenotype)에 따라 결정했다. 쉽게 말해 얼굴빛이 희면 흴수록 신분이 높아졌고 얼굴빛이 검을수록 신분이 낮아졌다.

인종차별 신분제도는 세금을 포함해 일상적 경제-사회생활의 모든 방면에서 큰 영향을 미쳤다. 스페인 식민정청과 교회는 사회적, 인종적으로 신분이 낮은 계층에게 더 많은 세금과 공물을 부과했다. 원주민의 피가 많이 섞일수록 신분이 더 하층단계로 내려가고 세금도 더 많이 내야하는 구조였기 때문에 그들은 더 가난해졌다. 아프리카 흑인은 신분이 원주민보다 더 낮아 최하위 계층이었다.

그 같은 신분제도에 따라 고위관리는 식민통치 초기부터 스페인 태생의 반도인이나 유럽출신이 차지했고 그들은 거의 부자가 되었다. 반면에 조상이 아프리카인, 원주민이거나 또는 얼굴이 검은 사람은 세금도 더 많이 내야 했기 때문에 구조적으로 가난해질 수 밖에 없었다. 돈이 없으니 더욱 열등한 종족으로 취급당하기 마련이었다.

백인과 원주민의 혼혈인인 메스티소는 공직취업에 많은 제한이 따랐고 일반적인 직업도 여러 분야에서 취업이 금지되었다. 재판에서도 판결에 차별을 받았다. 다른 말로 표현하면 스페인의 식민지 아메리카는 소수의 순수한 스페인 혈통이 지배했으며 나머지 인구는 권리라는 개념조차 없었다.

식민통치 초기에는 혈통의 순수성이란 개념이 비교적 단순해 백인과 원주민, 그리고 그 혼혈인과 연관되었었다. 그런데 원주민 이외에도 아프리카에 이어 아시아에서도 인구유입이 늘어나고 대를 이어 혼혈에 혼혈이 이뤄지면서 다양한 형태의 혼혈인이 탄생하였다.

그에 따라 인구의 상당한 부분을 차지하는 아프리카계에 이어 아시아계의 인적 유산이 더해지면서 라틴아메리카의 인종문제는 더욱 복잡하게 얽히게 되었다.

통치기반 강화 위해서 인종-신분차등 세분화

스페인은 라틴아메리카를 식민지로 통치하면서 인종에 기반을 둔 복잡한 신분제도를 고안해 운영했다. 그 신분제도는 인종차별을 통해 사회통제를 강화하고 개인권리를 규제함으로써 통치기반을 확충하는 장치였다. 그 제도는 인종의 범주를 스페인인을 정점에 두고 스페인인을 다시 본토출생과 현지출생으로 구분해 차별했다. 또한 그 제도는 기본적으로 종교는 가톨릭을 전제로 했으며 타종교는 배척과 탄압의 대상으로 삼았다.

그 인종차별 신분제도는 하부구조에 원주민, 그리고 그 밑에 흑인을 둠으로써 순수혈통을 크게 4단계로 분류했다. 첫째 단계는 반도인(peninsular)으로서 이베리아 반도에서 태어난 스페인인을 지칭했다. 둘째 단계는 크리오요(criollo)로서 같은 스페인 핏줄이지만 중앙-남아메리카와 카리브 제도에서 출생한 스페인인과 그 후손을 말했다. 순수한 혈통의 같은 스페인인이더라도 출생지역에 따라 차별했다.

셋째 단계는 인디오(indio)로서 중앙-남아메리카와 카리브 제도의 원주민과 그 후손이 해당되었다. 넷째 단계는 네그로(negro)로서 아프리카인과 그 후손을 일컫는다. 스페인은 거기에다 혼혈의 정도에 따라 인종을 더욱 세분화하여 신분을 차등하는 단계를 추가했다.

혼혈인이 다른 인종과 결혼하거나, 또 혼혈인이 다른 형태의 혼혈인과 결혼함으로써 혼혈에 혼혈이 이뤄짐에 따라 백인의 피가 얼마나 섞였는지를 따져서 차별했다. 그에 따라 인종차별 신분제도가 더욱 복잡해지고 차별도 더욱 세분화되고 차등화되었다. 그 범주가 30개도 넘었으나 실제로는 문서 등에 대체로 7개 범주가 사용되었다. 인종차별 신분제도의 기본골격은 아래와 같다 ;

(1) 에스파뇰(Españole) : 가톨릭을 믿는 스페인인과 그 후손.
  ① 반도인(peninsulare) : 유럽 태생의 스페인인과 유럽의 다른 국가 출신.
  ② 크리오유(criollo) : 아메리카 대륙에서 태어난 반도인의 후손.
(2) 카스티소(castizo) : 원주민 혈통을 가진 유럽인.
(3) 메스티소(mestizo) : 원주민과 유럽인의 혼혈인.
(4) 물라토(mulatto) : 아프리카인과 유럽인의 혼혈인.
(5) 파르도(pardo) : 유럽인, 아프리카인, 원주민 등 3개인종의 혼혈인.

(6) 촐로(cholo) : 메스티소 혈통을 가진 원주민.
(7) 인디오(indio) : 아메리카 원주민.
(8) 삼보(zambo) : 원주민과 아프리카인의 혼혈인.
(9) 네그로(negro) : 아프리카인.
(10) 기타

에스파뇰(Españole)은 스페인인과 그 후손을 지칭했다. 스페인은 아메리카에 거주하며 히스패닉 문화에 적응한 다른 유럽국가 출신과 그 후손도 그 범주로 인정했다. 물론 가톨릭 신자에만 해당되었다. 같은 스페인인이더라도 스페인에서 태어난 반도인과 아메리카 태생의 크리오유(criollo)를 따져 법적으로 차별했지만 대체로 동등한 권리와 특권을 부여했다.

스페인 태생의 반도인도 두 부류로 나누었다. 첫째 부류는 국왕이 식민지 통치를 위해 임명한 군인과 정부관리, 그리고 가톨릭 성직자였다. 그것은 국왕이 식민지의 통치계급을 임명함으로써 군신관계를 영속화하기 위한 방책이었다. 국왕이 임명한 관리는 오랫동안 국왕에게 봉직했으며 그의 부름에 따라 임지를 옮겨 다녔다. 그 까닭에 그들은 한 곳에 정착해 살지 않았다.

둘째 부류는 같은 반도인이지만 개인적인 사유로 이주한 정착민이었다. 식민통치 초기의 정착민들은 총칼을 들고 침입한 정복자들이었다. 정복이 끝난 다음에는 수 세기에 걸쳐 상업적 이윤을 추구하는 다양한 계층의 반도인의 이주가 꾸준한 증가세를 이어갔다. 스페인인이 아메리카에 이주해서 낳은 자손들은 크리오유로 분류되었다.

크리오유는 부계와 모계가 모두 순수한 혈통의 스페인인 또는 유럽인이더라도 아메리카에서 태어나고 자란 세대를 지칭했다. 말하자면 이민 2세였다. 많은 크리오유 2, 3세들이 광산, 목장, 대농장을 소유한 부자가 되었다. 더러는 거부가 되어 스페인 제국의 고위직까지 올라갔다.

스페인이 식민지가 필요로 하는 모든 물자를 공급하기 어려웠다. 그에 따라 크리오유들이 밀수에도 종사하여 큰돈을 벌었다. 스페인 귀족들은 그 같은 사실을 알고도 눈감아 주고 그 대가를 받았다. 크리오유는 주로 말단관리에 임명되었으나 점차 그 세력이 확대되었.

16세기 말엽부터 매관매직이 성행하면서 크리오유들이 지역재판소 판사와 같은 고위직에도 진출했다. 19세기 들어 각지에서 벌어진 식민지 독립전쟁은 본국의 지시를 받는 반도인과 정착지의 이익을 앞세운 크리오유 사이의 투쟁으로 번져 나갔다. 그런데 양쪽에는 양쪽의 인사들이 뒤섞여 있었던 것도 사실이다.

세월이 지나면서 많은 크리오유들이 경제적으로 성공했다. 그들이 차츰 얼굴색이 흰 메스티소나 유럽인 피가 원주민 피보다 많이 섞인 혼혈인인 카스티소와 결혼하는 사례가 늘어났다.

그에 따라 사회적으로 출세한 가족의 경우 조상 중에 원주민의 피가 섞였다는 사실이 알려지더라도 스페인 혈통의 지배사회가 별로 문제를 삼지 않았고 크리오유로 수용했다.

그 아래 계층이지만 혼혈족인 메스티소와 카스티소 사이에 태어난 후손 중에서도 원주민 피가 적게 섞인 경우는 스페인인으로 간주되었다. 카스티소는 백인과 메스티소 사이에 태어난 혼혈인으로서 백인 피의 비율이 메스티소보다 많은 계층을 가리킨다.

흑인과 백인의 혼혈인인 물라토와 유럽인 사이에서 태어난 혼혈인을 모리스코라고 말한다. 모리스코는 물라토보다 백인 피의 비율이 높아 물라토보다 우대를 받았다. 이베리아 반도에서는 레콩키스타(재정복) 이후 로마 가톨릭교로 개종한 무슬림을 모리스코라고 지칭했다. 또 몰래 이슬람을 믿는 것으로 의심되는 사람을 경멸조로 모리스코라고 불렀다.

식민통치 말기에 100가지도 넘었던 인종신분

스페인의 식민통치 초기에는 아메리카 대륙에 스페인 여자가 거의 없었다. 여자는 극소수만이 이주해 스페인 남자와는 비교도 할 수 없을 만큼 드물었다. 아프리카인도 주로 남자가 노예로 끌려갔다. 그래서 스페인 남자와 원주민 여자, 아프리카 남자와 원주민 여자 사이에서 수많은 혼혈인들이 태어났다.

그 즈음 혼혈인이라고 하면 모계가 원주민이었다고 보면 틀림없다. 혼혈인이 급증하자 16세기 말엽부터 조상 중에 아프리카 혈통이 있는지에 관한 조사가 시작되어 식민통치가 끝나는 무렵까지 진행되었다. 때로는 원주민 피로 오염되었는지도 조사했다. 조상 중에 흑인이나 원주민의 피가 섞였다는 사실은 가계의 혈통이 불순하다는 뜻이었다.

그 같은 상황은 식민통치 초기에 원주민을 성직자로 만들 수 있다는 프란체스코회의 판단이 16세기 중반에 들어 흔들리면서 생겼다. 거기에다 스페인의 통치기반이 강화되면서 스페인 통치자들이 초기에 인정했던 원주민 귀족의 이용가치도 줄어들어 통혼정치(通婚政治) 차원의 결혼이 감소했다. 그에 따라 식민통치 초기에 성행했던 스페인 남자와 원주민 여자의 결혼이 줄었다.

거기에다 혼혈을 막으라는 국왕의 칙령이 내려졌다. 그 조치에 따라 비원주민의 혈통을 가진 원주민, 말하자면 유럽인이나 아프리카인의 피가 섞인 원주민은 공직을 맡지 못하도록 금지했다. 혈통의 순수성을 강조함에 따라 혼혈인끼리의 결혼이 늘어나면서 혼혈에 혼혈이 빠르게 이뤄졌다. 결국 혈통의 순수성은 점차 스페인의 피가 얼

스페인 남자와 원주민 여자의 혼혈자식 메스티소. 후안 로드리게스 후아레스의 유화. 1715년작. 영국 햄프셔 브리모아 미술관 소장.

(좌) 스페인인 남자와 흑인 여자 사이에 태어난 흑백혼혈인인 물라토 자식. 미겔 카브레라의 1763년작. (우) 스페인 남자와 흑백혼혈인인 물라토 여자의 혼혈자식 모리스코. 미겔 카브레라의 1763년작.

마나 섞였는지, 피부색이 얼마나 흰지를 따져 결정되었다.

인종차별 신분제도는 스페인 식민정청이 개개인의 사회적 신분을 결정함으로써 사회통제를 강화하는 통치수단으로서 운용되었다. 그런데 다른 인종과 피가 뒤섞이면서 신분제도의 범주가 갈수록 방대하고 복잡해졌다. 스페인의 식민통치가 끝날 즈음인 1821년에는 혼혈인의 범주가 100가지도 넘는 변형이 생겨났고 세분화되었다. 또 용어의 의미도 지역에 따라 달라지기도 했다.

그러나 교회의 세례-혼인기록, 관청의 인구조사, 체포기록에는 스페인인, 카스티소, 메스티소, 물라토, 인디오 등으로 간단하게 기재되었다. 세월이 흐르면서 인종차별 신분제도인 카스타(casta)는 인종 이외에도 재산과 출생지도 감안하여 분류되었다. 혼혈에 혼혈이 복잡하게 이뤄지면서 카스타는 혼혈인의 집단적 호칭으로도 쓰였다.

순수한 혈통은 초기부터 변형이 없었다. 스페인과 다른 유럽국가 백인도 포함한 에스파뇰(Española)은 종교적으로 가톨릭을 전제조건으로 삼았다. 같은 스페인 혈통이더라도 스페인 태생의 반도인(peninsula), 그리고 그 밑단계로 아메리카 대륙에서 태어난 스페인인 또는 유럽인과 그 후손을 크리오유(criollo)로 분류해 차별했다. 순수한 혈통의 원주민은 인디오(indio)라고 불렀다.

메스티소(mestizo)는 원래 혼혈비율이 유럽인 1/2, 원주민 1/2로서 원주민과 스페인인을 부모로 둔 혼혈인을 말했다. 그런데 세월이 흐르면서 조상이 원주민이지만 백인의 혈통이 섞인 혼혈인을 뜻하게 되었다. 카스티소(castizo)는 백인 혈통 3/4, 원주민 혈통 1/4인 혼혈인을 지칭했다.

다시 말해 카스티소는 유럽인과 원주민 사이에 태어난 혼혈인인 메스티소가 유럽인과 결혼하여 낳은 혼혈인을 가리켰다. 카스티소는 부모의 한 쪽이 백인과 원주민의 혼혈인인 메스티소이고 다른 쪽은 백인인 까닭에 원주민 피가 섞였지만 메스티소보다 유럽인의 피가 훨씬 많은 경우였다.

카스티소가 스페인인과 결혼해서 낳은 자손의 경우 원주민 피가 더욱 희석됨으로써 종종 크리오유로 분류되어 스페인인으로 대우를 받았다. 카스티소와 유럽 백인 사이에서 탄생한 혼혈인은 원주민 피가 적게 섞였다는 이유로 더러 에스파뇰, 즉 스페인인으로 간주되었다는 소리다.

콰르테론 데 인디오(cuarterón de indio)나 촐로(cholo)는 원래 혼혈비율이 유럽인 1/4, 원주민 3/4이었다. 그러나 촐로는 여러 세대를 거치면서 메스티소의 피가 조금만 섞인 원주민을 아우르는 호칭이 되었다. 다시 말해 조상 중에 백인이 있으나 부계와 모계가 거의 다 원주민인 경우였다.
 흑인은 주로 사하라 사막 이남 출신으로서 이주 1세대는 모두 노예였다. 노예의 신분을 가진 순수한 혈통의 아프리카인은 인종차별 신분제도에서 최하위층으로 분류되었다. 자유를 얻어도 사회적 박해가 많다보니 아프리카인들 끼리 몰려 사는 공동체가 생겨났다.
 식민지 시절에는 아프리카인과 유럽인의 혼혈인을 물라토(mulatto)라고 불렀다. 모친이 흑인노예이면 태어난 자식도 노예의 신분을 물러 받았다. 어머니가 노예에서 해방되면 자식도 노예신분에서 벗어났다. 백인 피가 섞인 물라토는 순수한 혈통의 흑인보다 우대를 받았다.
 오늘날에는 물라토라고 하면 일반적으로 아프리카인과 원주민 사이에 태어난 혼혈인을 뜻한다. mulatto는 원래 어린 숫노새라는 뜻이다. 물라토는 혼혈의 정도에 따라 여러 가지 호칭이 있었다. 그 중에는 늑대를 뜻하는 로보(lobo) 말고도 자갈, 돌멩이, 중국인의 뜻을 가진 치노(chino)가 있다.
 chino는 돼지를 뜻하는 코치노(cochino)에서 나왔다. 곱슬머리라고 해서 펠로 치노(pelo chino)라고도 불렀다. 그 같이 복잡한 호칭은 백인의 피가 얼마나 많이 섞였느냐에 따라 차등이 심했다는 사실을 뜻한다. 삼보(zambo)는 원주민과 아프리카인 사이에 태어난 혼혈인을 나타냈다.
 파르도(pardo)는 여러 세대에 걸쳐 백인, 흑인, 원주민의 피가 섞인 3개 인종의 혼혈인을 말한다. 파르도는 원주민과 흑인의 혼혈인인 삼보와 백인 사이에서 태어난 혼혈인일 가능성이 있다. 아니면 아프리카 흑인과 메스티소 사이에서 태어난 혼혈인이다.
 파르도는 어떤 경우에도 백인 피가 섞여 있다. 파르도라는 용어는 포르투갈어를 공용어로 쓰는 브라질에서도 오늘날 사용된다. 브라질 인구의 절반가량이 파르도다. 파르도는 카리브 제도의 푸에르토 리코, 도미니카 공화국, 쿠바 등지에 많이 사는 편이다.
 네그로(negro)는 아프리카인을 가리키며 신분이 노예이기 때문에 최하위 계층에 속했으며 사회활동에도 많은 법적 제약이 따랐다. 아프리카인은 성직을 맡을 수 없었고 법원에서 증언도 다른 인종에 비해 낮게 인정했다. 하지만 흑인만으로 구성된 민병대 입대는 허용했다.
 아프리카에서 출생하여 스페인 문화에 적응력이 부족한 흑인을 네그로 보살(negro bozal)라고 불렀다. negro bozal은 갓 데리고 온 흑인이란 뜻이다. 이베리아 반도에서 태어나 스페인어를 구사할 수 있으며 주인을 따라 아메리카로 이주한 흑인을 라디노(ladino)라고 칭했다.
 같은 흑인이라도 아메리카에서 태어났으면 네그로 크리오요(negro criollo)라고 불렀다. 아메리카에서 출생한 백인을 크리오요라고 부른 것과 같은 이치다. 크리오요는 이민 1세대가 아닌 그 후손으로서 출생지가 아메리카라는 뜻을 지녔다. 그런데 그 크리오요가 백인은 차별적, 흑인은 우대적 의미를 가져 인종에 따라 다르게 적용되었다.

Español con India, Mestizo.

Mestizo con Española, Castizo.

Castizo con Española, Español.

Morisco con Española, Chino.

Chino con India, Salta atras.

Salta atras con Mulata, Lobo.

Albarazado con Negra, Canbujo.

Canbujo con India, Sanbaigo.

Calpamulato con Canbuja, Tente en el Aire.

인종전시장 남미

라틴아메리카를 정복한 스페인은 스페인 혈통을 정점으로 하는 인종차별 신분제도를 운영했다. 그것은 스페인의 인종적 우월성을 강조함으로써 통치기반을 강화하려는 의도였다. 공직을 맡으려면 스페인인으로서 10대조 조상까지 가톨릭 신자라는 사실을 입증해야만 했다.

백인 피는 특권이었다. 혼혈의 경우 백인 피가 얼마나 섞였느냐에 따라 차별과 우대가 따랐다. 흑인이나 원주민의 피가 많이 섞일수록 세금도 더 많이 내는 차별이 따랐다. 땅을 뺏긴 원주민은 하층민으로 전락하여 흑인과 함께 천민취급을 받았다.

개척초기에는 스페인 남자들이 여자를 거의 데려가지 않아 원주민 여자와 사이에 무수한 혼혈인이 태어났다. 흑인노예도 여자가 드물어 흑인-원주민 혼혈인이 많이 탄생했다. 스페인이 한 때는 혈통의 순수성을 보존하려고 스페인인과 비스페인의 혼인을 금지했었다.

그에 따라 혼혈인 끼리 결혼이 성행하여 혼맥이 더욱 복잡하게 얽혔다. 그 연유로 라틴아메리카는 지구상에서 가장 다종한 종족, 인종으로 구성된 대륙이 되었다.

작가미상. 신분제도. 18세기 작품. 멕시코 국립총독박물관 소장.

다시 말해 같은 백인이라도 아메리카에서 태어났으면 스페인 출생의 백인보다 한 단계 낮게 대우했다. 그러나 같은 흑인이라도 아메리카 태생의 흑인은 아프리카 출생의 흑인보다는 우대를 받았다. 출생지가 같은 아메리카이더라도 백인은 한 단계 낮게 차별했고 흑인은 한 단계 높게 우대했던 것이다.

스페인이 인종차별 신분제도를 운용하면서도 다른 인종에 대해서는 경멸조의 명칭을 붙였다. 그것은 다른 인종에 대한 스페인의 불신과 함께 공포를 나타낸 것이라고 볼 수 있다. 그것은 또한 스페인의 인종적 우월성을 강조함으로써 통치기반을 강화하려는 의도였다.

회화작품을 보더라도 백인 피가 섞인 메스티소는 일반적으로 겸손하고 조용하고 직설적인 것으로 묘사했다. 혼혈흑인 로보(lobo)와 원주민 여자는 느리고 게으르며 다루기 어렵다고 표현함으로써 식민통치 세력의 인종적 편견이 획일적이었음을 드러냈다.

스페인 피는 특권' 섞이면 권세와 위세 누려

스페인은 식민지 아메리카에서 수 세기 동안 순수혈통법을 운영했다. 공직을 맡으려는 사람은 종교재판소에 나가 스페인인으로서 10대조 조상까지 가톨릭 신자라는 사실을 입증해야만 했다. 그런데 문제가 있었다. 주민의 대다수가 문맹자였고 출생신고서, 결혼신고서, 거주증명서 따위를 발급할 완벽한 행정체계가 갖추어지지 않은 상태에서 10대조까지 혈통을 증명하기란 불가능에 가까웠다는 점이다.

결국 얼굴 생김새, 피부색 등 외부에 나타난 성질과 특징을 보고 혼혈의 정도를 판단하는 표현형(phenotype)에 의존할 수 밖에 없었다. 그것은 담당관리의 재량권이 컸다는 사실을 말한다. 그 같은 연유로 관리에게 뇌물을 주고 서류조작을 통해 신분을 세탁해서 백인처럼 행세하는 사람들이 많았다.

스페인 아메리카는 순수한 스페인 혈통을 내세운 소수세력이 지배했던 철저한 신분사회였다. 그 까닭에 스페인 아메리카에서 백인과 원주민의 혼혈족인 메스티소는 공직뿐만 아니라 사회적으로 중요한 직책을 맡을 수 없었고 재판에서도 차별을 받았다.

스페인인들이 순수한 혈통을 자랑했지만 선대로 올라가면 타종족, 타인종, 이교도의 피가 섞이지 않았다고 보장하기 어렵다. 이베리아 반도가 800년 가까이 이슬람 세력의 지배를 받는 과정에서 스페인인과 무어인의 혼혈결혼이 적지 않았다. 또 유대인과도 적지 않게 결혼했다. 그 까닭에 어디까지 순수혈통인지 대답하기 어려운 문제였다.

그럼에도 아메리카 대륙을 지배한 스페인인들은 인종에 근거한 계급의식에 집착했다. 특히 가장 높은 계층인 반도인(peninsular)은 스페인 왕국이 파견한 지배층이라는 자부심이 대단히 강했다. 같은 순수한 스페인 혈통이지만 아메리카 대륙에서 태어난 스페인인은 그 아래 단계인 크리오유(criollo)로 분류할 만큼 지역적 차별도 철저했다.

식민통치 초기에는 스페인 상류층 남자와 원주민 귀족의 딸 사이에 정략결혼이 성행했었다. 통치기반을 강화하기 위한 일종의 통혼정치(通婚政治)였다. 본국에서 데리고 간 여자가 아주 희소하다보니 스페인 남자들이 원주민 여자를 첩이나 아내로 삼았다.

한 자료에 따르면 1570년 메스티소가 2,437명이었는데 1646년 10만9,042명으로 급증세를 나타냈다. 그것은 스페인 남자와 원주민 여자의 혼혈결혼 말고도 스페인 남자들이 원주민 여자들을 마구잡이로 겁탈하여 무수한 혼혈인들이 태어났음 말한다. 그 같은 사실을 뒷받침할 자료는 없지만 정황적으로 보면 그 개연성이 충분하다.

아프리카인과 원주민의 결혼도 많아 흑인처럼 보이는 혼혈인이 많이 태어났다. 또 여러 세대를 거쳐 흑백혼혈 결혼이 성행하다 보니 얼핏 보면 백인과 구별하기 어려운 흑백 혼혈인들도 많았다. 순수한 혈통의 스페인인이 적다보니 스페인 피가 조금만 섞여도 권세를 누리고 위세를 떨었다.

그 같은 사회적 분위기를 타고 원주민이나 흑인한테서 태어났지만 백인 피가 흐르는 혼혈인들이 순수한 백인혈통인 크리오유처럼 행세하기도 했다. 원주민 중에는 더러 백인처럼 옷을 입고 스페인어를 구사하며 메스티소마냥 행동했다. 파라과이 아순시온, 칠레 산티아고에서는 유전적으로 유럽인의 혈통을 가진 혼혈인은 순수한 유럽인으로 간주하기도 했다.

그런 모습은 라틴아메리카 전역에서 볼 수 있었다. 적지 않은 혼혈인들이 백인처럼 행세하자 아메리카 태생의 순수한 백인혈통인 크리오유들이 독자적인 공동체를 형성하고 자체의 교회를 설립하여 끼리끼리 몰려 살면서 뭉쳤다. 혼혈인과 구분화, 차별화를 통해 나름대로 권익을 지키려는 의도였다.

많은 크리오유들이 이권사업을 통해 큰돈을 벌어 호화주택에서 살면서 인종적 특권을 누리며 지배층으로 군림했다. 크리오유들은 아들들을 예수회가 운영하는 대학교에 보내거나 스페인으로 유학을 보내기도 했다. 그 아래 단계에는 백인을 제외한 여러 인종으로 구성된 소규모의 중산층이 형성되었었다.

유럽 각지에서 이주자들이 새로운 삶터를 찾아 스페인의 아메리카에 몰려갔다. 19세기 들어 소수지만 중국과 인도 출신도 눈에 띄었는데 그들은 거의 아메리카 대륙에 입항한 선박에서 탈출한 뱃사람들이었다. 더러는 밀수품을 사고팔아 돈을 벌어 중산층에 진입하기도 했다.

주인자리 뺏기고 하층민으로 전락한 원주민들

 아메리카 대륙 원주민이 유럽인과 접촉하기 이전에는 정체성이란 문제가 없었다. 그런데 오늘날 원주민을 뜻하는 인디언, 인디오는 가난, 시골, 낙후, 무식, 미신과 결부되어 원주민을 경멸하는 멸칭어로 쓰인다. 그 까닭에 원주민이라는 정체성은 사회에 동화하지 못하는 낙오자라는 부정적인 인상이 붙어 다닌다. 따라서 대다수의 원주민은 그 낙인을 숙명처럼 여기고 살아가는 게 현실이다.
 스페인 식민지법에 따라 원주민은 식민통치기관의 보호를 받아야 하는 하급종족으로 취급되었다. 실제 원주민은 스페인 지배세력에 의해 억압과 통제를 받으며 피정복자로서 고통을 감내하고 살았다. 잉카, 아즈텍 등 원주민 국가의 지배층은 통혼정치 차원에서 혼혈결혼을 통해 스페인의 귀족으로 흡수되었다. 원주민은 개인의 재력에 따라 신분이 달라졌으나 대부분은 농사꾼으로서 빈한한 생활을 영위했다.

 콜럼버스 이후의 아메리카 대륙은 수십년 동안 백인인구가 증가하는데 반해 원주민 인구는 급격하게 감소했다. 백인의 원주민 학살과 유럽 전염병이 주원인이었다. 그 후 인구가 회복세를 보여 6,000만명까지 늘어났다는 추산도 있지만 아메리카 대륙의 주인인 원주민은 대량학살과 집단병사로 인해 소수종족으로 전락하고 말았다.
 유럽인과 함께 아프리카인, 혼혈인도 인구가 증가하는데 반해 원주민은 인구가 오히려 감소함에 따라 원주민이 다수를 차지하는 나라는 볼리비아뿐이다. 과테말라는 원주민이 많은 편이지만 인구비율이 2/5에 불과하다. 그것은 유럽인과 아프리카인이 수적으로 빠른 증가세를 보이는 사이에 원주민은 급속한 감소세를 나타냈음을 증명하는 대목이다.

 한 통계자료에 따르면 1570년 스페인 태생의 반도인은 6,600명이었고 아메리카에서 태어난 스페인인인 크리오유는 1만1,000명이었다. 그런데 1646년 반도인은 1만3,800명으로 2배 조금 넘게 늘어나는데 그쳤지만 그와 대조적으로 그들의 아메리카 태생 후손인 크리오유는 16만8,600명으로 15배 이상 급증세를 나타냈다.
 반면에 원주민은 1570년 334만명, 1646년 126만명으로 격감했다. 그것은 1570년에 비해 거의 1/3 수준으로 줄어든 것이다. 유럽에서 옮겨온 전염병이 원주민에게는 치명적이어서 떼죽음이 이어졌으며 그와 동시에 대농장, 광산에서도 혹사로 인한 줄초상이 멈추지 않았기 때문이었다. 무엇보다도 중요한 점은 무수한 원주민들이 땅을 뺏으려는 백인들에 의해 무참하게 학살되었다는 사실이다.

 멕시코는 원주민과 유럽인의 혼혈인인 메스티소가 아메리카 대륙에서 가장 많은 나라다. 그 다음으로는 원주민이 많지만 그 인구비율은 14%에 불과하다. 멕시코 이외의 나라에서도 원주민은 소수인종으로 전락하여 인구비율이 평균적으로 1/10선에 불과하다. 대부분의 나라에서는 메스티소가 주류를 형성하고 있다.

 서남아메리카는 원주민 인구밀도가 낮았고 스페인과 문화적 융합이 적게 이뤄졌으며 혼혈결혼도 적었다. 그곳의 원주민 부족들은 스페인 점령자들과 교류와 접촉을 되도록 기피했기 때문에 혼혈아 출생이 적었다. 그 까닭에 그 지역은 다른 지역과 달리 스페인의 인종차별 신분제도가 확립되지 않았었다.

 그곳의 일부 원주민들은 전통의상을 입고 고유언어를 사용하면서 스페인의 통제권 밖에서 동화를 거부하고 살았다. 그럼에도 더러는 스페인이 유럽에서 가져간 소와 당나귀를 키우기도 했다. 하지만 스페인의 통제를 받는 원주민들은 특정지역에 수용되어 강제노역에 동원되었다.

 스페인 식민정청은 원주민의 거주이전의 자유를 금지했다. 노예는 아니지만 빚으로 올가미를 씌우는 방식 등으로 묶어 놓았다. 스페인은 꼭두각시 추장을 두고 뒤에서 원주민을 조정하기도 했다. 스페인 식민통치기관은 원주민은 교육을 받기에는 너무 단순하다고 믿었다. 그

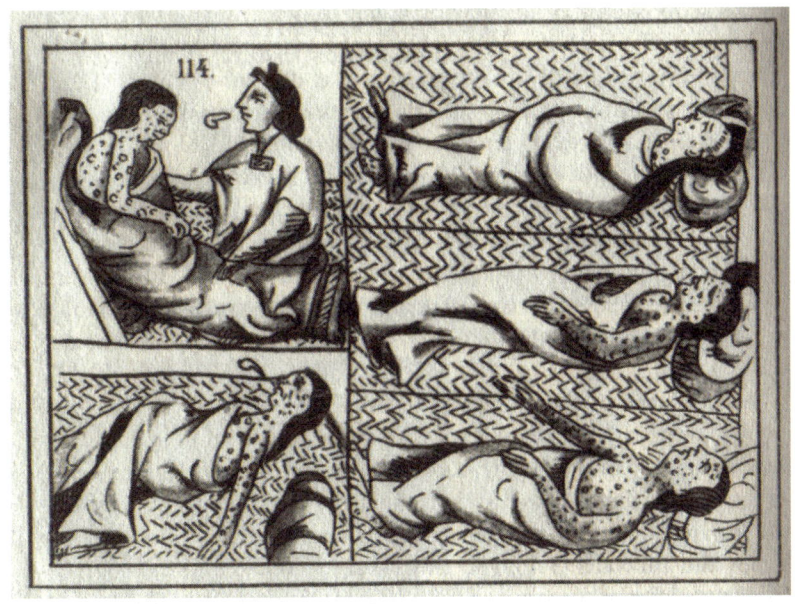

**스페인인들을 묻어서 멕시코에 상륙한 천연두가 라틴아메리카 전역에 창궐하여 원주민들이 떼죽음을 당했다. 그 괴질이 아즈텍 제국의 몰락을 재촉했었다.
삽화출처는 16세기 종족지학서인 플로렌틴 코덱스.**

까닭에 교육은 스페인 피를 받은 일부 극소수 혼혈인에게만 제공했다.
 극히 일부이지만 원주민 가운데는 유럽인의 직업영역에 진출하기도 했다. 페루에서는 원주민이 광산에 손을 대어 돈을 벌기도 했다. 원주민이 더러 성직에 나가 신부를 보좌하기도 했었다. 그런데 가톨릭이 결국 원주민은 성직에 부적절하다는 결론을 내리고 그들을 쫓아냈다.

 멕시코의 1793년 인구조사를 보면 백인은 주로 도시에, 원주민은 외곽지대에 거주한 사실을 알 수 있다. 주요 대도시는 백인의 인구비율이 원주민보다 2배 이상 높았다. 또 혼혈인도 도심지역에 사는 비율이 외곽지역보다 높았다. 외곽지역은 원주민의 거주비율이 단연 우세했다.
 그 점은 미국과 대조적이다. 미국에서는 기본적으로 원주민은 대도시나 그 외곽지대에 거의 거주하지 않았다. 미국은 인디언 이주법을 제정해 황무지에 유보지를 만들어 원주민들을 강제로 끌고 가서 그곳에 가두었기 때문이다. 다시 말해 미국은 원주민을 강제로 이주, 격리, 수용하여 집단적으로 고립화시킴으로써 미국사회의 일원으로서 동화할 수 있는 기회를 원천적으로 봉쇄했다.

신인종 메스티소의 탄생

다인종 혼혈인이 주류를 차지한 라틴아메리카

 라틴아메리카는 지구상에서 가장 다양한 종족, 인종으로 구성된 대륙이다. 또한 세계에서 가장 다양한 혼혈인으로 구성된 대륙이기도 하다. 그러면서도 나라마다 주류 인종이 원주민, 혼혈인, 백인, 흑인 등으로 다르다. 원주민이 다수인 국가, 백인이 지배하는 나라, 아프리카인이나 그 혼혈인이 주류를 이루는 나라가 있다. 그러나 대부분의 나라는 백인과 원주민의 혼혈인인 메스티소가 다수를 차지한다.

스페인이 정복한 이후 라틴아메리카에서는 혼혈에 혼혈이 이뤄지다보니 조상의 인종을 분류하는 작업이 복잡하다. 당장 부모의 혈통만 따진다고 해도 조부모가 어떤 인종과 혼혈이 이뤄진 조상한테서 태어났는지 따지기 어렵다. 그 까닭에 심한 경우 분류방식에 따라 같은 아버지, 같은 어머니한테서 태어난 형제가 다른 인종으로 분류될 수도 있다.

아메리카 원주민은 생김새가 백인과 명확하게 구분된다. 하지만 혼혈인이 더러 백인과 흡사하게 생겨 혼혈인인지 백인인지 구별하기 어려운 사례가 더러 있다. 그런 혼혈인이 인종차별을 의식해 백인처럼 행세하면 몰라볼 정도다. 북아메리카에서나 라틴아메리카에서나 혼혈인을 멸시하다보니 그 같은 일이 허다했고 빈번하다.

스페인 정복자에 이어 유럽에서 정착민이 무리를 지어 라틴아메리카로 몰려가면서 혼혈아가 날로 늘어났다. 식민통치 시절에는 유럽인과 원주민의 혼혈인인 메스티소가 사생아이더라도 아버지가 자식으로 인정하면 스페인 공동체에서 살 수 있었다. 그러나 아버지가 친자로 인정하지 않으면 스페인 세계와 떨어져 어머니의 원주민 촌락에서 살아야만 했다.

1533년 스페인 국왕 카를로스 1세가 스페인 남자와 원주민 여자 사이에서 태어난 혼혈아를 원주민 사회에서 떼어내어 스페인 영역에서 교육시키도록 칙령을 내렸다. 그럼에도 불구하고 혼외출생의 혼혈아들은 대개 어머니의 원주민 촌락에서 살았다. 그런데 혼혈아가 워낙 많이 생기자 사생아라는 이유로 원주민 사회에서도 받아들이지 않고 박대했다.

그럼에도 스페인인의 피가 섞인 혼혈인이 빠른 속도로 증가했다. 지역에 따라서 차이가 있지만 백인과 원주민의 혼혈인인 메스티소, 흑백혼혈인 물라토, 그리고 유럽인, 아프리카인, 원주민 등 3개 인종의 혼혈인 파르도(pardo) 등 혼혈족이 수적으로 백인과 원주민을 제치고 다수를 차지하게 되었다.

백인 피가 섞인 혼혈인이 수적으로는 우세해졌지만 소수자인 유럽 출신의 반도인과 아메리카 태생의 백인 크리오유보다 사회적 지위는 훨씬 낮았다. 그러나 그들은 백인 피가 흐르는 까닭에 원주민, 원주민과 아프리카인의 혼혈인, 흑인보다는 지위가 높아 차별이 상대적으로 덜했다.

메스티소는 원래 스페인인과 원주민의 피를 가진 혼혈인을 말했다. 그런데 여러 세대에 걸쳐 혼혈에 혼혈이 이뤄져 혈통을 따지기가 어렵게 되자 지역에 따라서는 그 뜻이 달리 쓰이기도 한다. 브라질에서는 유전적으로 원주민 피가 많이 섞였지만 원주민 문화를 거부하고 원주민 언어를 쓰지 않는 사람을 메스티소라고 부른다.

또 원주민 피는 아주 적게 섞였지만 원주민 언어를 구사하고 원주민 풍속에 따라 생활하는 이들을 메스티소라고 부르기도 한다. 메스티소는 스페인의 정복 이후 여러 세대에 걸쳐 불법적이란 뜻으로 사용되었었다. 그 같은 부정적인 의미 때문에 결혼을 통해 태어난 혼혈아는 그냥 단순히 아메리카 인디오계 또는 스페인계 후손이라고 불렸다.

스페인 식민통치 시절 베네수엘라에서는 메스티소보다는 3개 인종의 혼혈인인 파르도를 단순히 혼혈인이라는 뜻으로 더 많이 사용했다. 파르도가 특정한 혈통을 가리키지 않고 그냥 혼혈인이라는 의미로 쓰였던 것이다. 다시 말해 조상의 인종을 가리지 않고 라틴아메리카에서 태어난 모든 혼혈인을 파르도라고 불렀다.

17세기 후반 이후에야 인구조사에서 메스티소의 숫자가 공식적으로 늘어났다. 아메리카 인디오계 또는 스페인계라고 주장하지 않는 혼혈인들이 상당히 나타났기 때문이었다. 그 즈음부터 메스티소가 라틴아메리카 인구의 주류를 이루었으며 메스티소는 실제 조상과 상관없이 문화적 용어로 더 많이 쓰이게 되었다.

인종문제는 원래 유럽인과 원주민에 근거하여 규정했다. 하지만 실제로는 생물학적 분류법보다는 사회적, 문화적 특성과 표면적 특징에 따라 분류했다. 원주민을 가리키는 인디오라는 말도 원주민 고유의 언어와 정체성을 특별히 강조하는 사람을 지칭하는 경향을 보였다. 그에 따라 오늘날 스페인어를 구사하는 대다수의 라틴아메리카 사람들이 메스티소로 간주된다.

다시 말해 메스티소라는 단어는 종족적, 인종적 정체성의 상황과 환경에 따라서 유동적으로 쓰이는 경향이 짙어졌다. 1824년 멕시코 공화국이 출범하면서 법적으로 규정했던 인종범주가 폐지되었다. 또 메스티소가 여러 가지 복잡한 의미를 가졌기 때문에 멕시코에서는 인구조사에서 제외하여 오늘날에는 사용하지 않는다.

미국에서는 조상의 피에 따라 인종을 따진다. 그와 달리 남아메리카에서는 1970년대에 학자들 사이에 인종을 개인의 유전적 구성에 따라 규정하기보다는 문화적, 사회적, 신체적 요인을 종합적으로 고려하여 판단하는 쪽으로 사회적 동의가 이뤄졌다.

영어를 사용하는 미국에서는 메스티소라는 단어를 스페인어에서 빌려서 쓰나 유럽인과 원주민 사이에 태어난 혼혈인의 후손인 비백인을 지칭하는 용어로 한정해 사용한다. 일반적으로 라틴아메리카 문화, 그리고 라틴아메리카 혼혈인과 연관하여 쓴다.

혼혈인 메스티소가 주류인종 이룬 남미국가들

메스티소는 원래 유럽인 중에서도 주로 라틴계인 스페인인 또는 포르투갈인과 아메리카 원주민 사이에 태어난 혼혈인을 지칭했다. 오늘날에는 대개 라틴아메리카에 널리 퍼져 사는 유럽인과 원주민의 혼혈인과 그 후손을 말한다. 아시아 태평양 지역에서도 같은 뜻으로 쓰인다. 하지만 멕시코에서는 메스티소의 사용범위가 아주 넓어 광범위한 뜻을 갖는다.

메스티소(mestizo)의 어원은 혼혈아의 뜻을 가진 라틴어 mixticius에서 유래했다. 중앙-남아메리카에서 널리 쓰이는 스페인어 메스티소는 스페인의 정복시대부터 사용되었다. 메스티소는 스페인의 지배를 받은 필리핀, 그 밖에 오세아니아에서도 원주민과 유럽인의 혼혈아를 뜻한다.

그러나 미국-스페인 전쟁 이후 스페인이 패전한 지역에서는 메스티소 대신에 다인종(multiracial)이란 말을 많이 쓴다. 미국에서는 흑인이 혼혈아를 낳으면 흑인, 인디언이 혼혈아를 낳으면 인디언으로 취급하기 때문에 메스티소라는 말을 쓰지 않고 그런 개념도 없다.

미국에서는 또 라틴아메리카 출신으로서 스페인어를 사용하는 메스티소와 그 후손을 히

(좌) 흑인 남자와 흑백혼혈 여자가 낳은 자식은 삼보로 분류되었다. 삼보는 흑인 피가 흑백혼혈 물라토보다 더 섞인 까닭에 더 천대를 받았다. 크리스토발 로자노의 1771~1776년 작품.

(우) 1780년대 페루의 흑백혼혈인 물라토 여성. 성명미상의 원주민 작가의 작품.

스패닉(Hispanic)이라고 부른다. 그런데 라틴아메리카에는 스페인어를 공용어로 사용하지 않는 나라도 있다. 포르투갈어의 브라질, 영어의 자메이카, 네덜란드어의 수리남, 프랑스어의 아이티가 그곳들이다. 그 까닭에 라틴아메리카 출신을 모두 아우르는 뜻으로 라티노(Latino)라는 용어를 쓰기도 한다.

 캐나다에서는 프랑스인과 원주민 사이에서 태어난 혼혈인을 메티스(métis)라고 지칭했었다. 그런데 영국이 프랑스와의 7년전쟁에서 이겨 캐나다를 지배하면서 모든 백인과 원주민의 혼혈인을 그냥 메티스라고 부르기 시작했다. 라틴아메리카의 메스티소와 같은 개념이다. 미국, 캐나다와 달리 라틴 아메리카의 대부분 국가에서는 혼혈인이 인구의 주류를 이룬다.

 메스티소는 그 범위를 유전학적으로 추적하지 않는다면 생물학적으로 정밀하게 파악하기 어렵다. 그 까닭에 스페인이 정복한 이래로 법적인 인종분류는 사회적 신분, 재산, 문화, 언어와 밀접한 연관성을 가지고 있었다. 대부분의 메스티소 통계는 표면적인 특성, 다시 말해 얼굴 생김새와 피부색에 따라 결정되는 경우가 많았다.

 문제는 스페인 식민정청이 원주민에게 무거운 세금을 부과했다는 점이다. 그 때문에 많은 원주민들이 세금을 내지 않으려고 고향을 떠나 메스티소처럼 행세했다. 스페인은 백인에게는 세금을 부과하지 않고 원주민과 흑인에게 무거운 세금을 물렸다. 원주민과 아프리카 혼혈인들이 스페인어를 쓰면서 메스티소처럼 처신하면 메스티소로 분류되기도 했다.

 원주민에 대한 인종차별이 심하다보니 부자는 아예 돈으로 정부관리를 매수해 혈통을 바꾸거나 감추었다. 오늘날 메스티소가 인구의 다수를 차지하는 라틴아메리카 국가로는 콜롬비아, 에콰도르, 엘 살바도르, 온두라스, 멕시코, 니카라과, 파나마, 과테말라, 파라과이, 베네수엘라 등을 꼽는다. 볼리비아와 페루는 원주민에 이어 메스티소가 두 번째로 큰 인구집단을 이룬다.

 국가별로 메스티소 인구비율을 보면 판단기준에 따라 편차가 크다. 참고적으로 한 자료에 따르면 대체적인 메스티소 비율이 파라과이 95%, 엘살바도르 90%, 온두라스 60~90%, 멕시코 55~70%, 파나마 70%, 니카라과 69%, 베네수엘라 69%, 콜롬비아 49~68%, 에콰도르 45~60%, 과테말라 55%, 벨리즈 49%, 볼리비아 30~35%, 페루 37% 등이다.

 미국의 자치령인 푸에르토 리코도 메스티소 비율이 높은 편이다. 멕시코는 북쪽에서 남쪽으로 내려 갈수록 메스티소 비율이 낮아지고 원주민 비율이 높아진다. 에콰도르를 비롯한 여러 나라에서는 순수한 원주민이라도 유럽식 복장을 하고 유럽식 관습을 따르면 메스티소라고 부른다.

 포르투갈의 식민지였고 포르투갈어를 사용하는 브라질은 유럽인과 원주민의 혼혈인을 카보클루(caboclo)라고 일컫는다. 또 브라질에서는 메스티소를 유럽계와 원주민계의 혼혈에 한정하지 않고 다른 종족이나 다른 인종과의 혼혈인도 가리킨다. 원주민 피가 약간이라도 섞였으면 메스티소로 분류한다.

파르도(pardo)는 원래 유럽인, 아프리카인, 원주민 등 3개 인종의 혼혈인을 말한다. 그러나 브라질에서는 얼굴색이 백인처럼 희지도 않지만 흑인처럼 검지도 않은 혼혈인을 파르도라고 말한다. 다시 말해 포르투갈과 브라질에서는 혼혈인을 생물의 형질을 보는 표현형에 따라서, 다시 말해 육안으로 봐서 판단한다.

한 조사자료에 따르면 중앙아메리카의 엘살바도르는 인구의 86.3%가 스스로 메스티소, 12.7%가 백인, 1%가 원주민이라고 응답했다. 3개 인종의 혼혈인인 파르도가 적기도 하지만 스스로 메스티소라고 밝혀 메스티소가 상당히 넓게 사용되는 것을 알 수 있다.

그 이유는 엘살바도르가 노예선이 도착하던 카리브 해안과 접경하지 않고 태평양 연안에 위치해 있기 때문이다. 거기에다 흑인배척법을 시행했던 까닭에 아프리카 노예가 거의 없었다. 백인은 지중해 출신이라고 대답했다. 원주민이라고 밝힌 응답자도 토착어를 구사하지 못하는 것으로 나타났다.

페루가 1940년 마지막으로 인종분류법에 따라 실시한 인구조사에 의하면 백인과 메스티소가 인구의 53%를 차지했었다. 베네수엘라는 한 조사자료에 따르면 인구의 51.6%가 메스티소로서 인구의 다수를 차지했다. 그 중의 57.1%가 얼굴생김이 유럽인을 닮았고 28.5%는 아프리카 흑인, 14.2%는 원주민의 모습을 많이 닮은 것으로 나타났다.

식민통치 초기의 에콰도르도 다른 남아메리카 국가들처럼 스페인 정복자들이 소수였고 여자를 데리고 가지 않았다. 원주민들은 스페인의 학살과 유럽의 전염병으로 많이 죽었다. 그에 따라 두 세대 가까이 지나서 메스티소가 크게 늘기 시작하여 오늘날 인구의 71.9%를 차지한다.

대부분의 라틴아메리카 국가들은 20세기 들어서는 인종차별에 따라 발생하는 사회적 문제를 의식해 혈통조사를 하지 않았다. 그 까닭에 인종문제를 취급한 연구자료가 빈약하고 대부분이 아주 오래된 통계를 인용한다.

백인과의 이인종결혼 장려한 멕시코, 파라과이

스페인 정복 이후의 멕시코는 인구구조가 다인종 사회로 재편되었다. 그와 함께 백인이 인종적으로 우월하다는 주장에 동조하여 백인과 원주민의 혼혈이 인종적 이념으로 자리 잡았다. 그에 따라 멕시코는 백인 유전자를 확산시켜 전인구를 개량한다는

우생학적 전략 아래 이인종결혼을 계획적으로 추진했다.

 그 까닭에 1910년 혁명 이후 멕시코 정부는 경제-사회-문화정책의 초점을 원주민이 메스티소 문화에 동화되도록 지원하는 데 두었다. 원주민 공동체를 혼혈결혼을 통해 다른 계층의 발전단계와 비슷한 수준으로 끌어올림으로써 메스티소 공동체로 전환한다는 계획이었다.

 다시 말해 원주민 공동체가 안고 있는 사회적-경제적 후진성을 정부 차원에서 백인피를 널리 퍼트리는 혼혈전략을 통해 해결하려는 노력이었다. 그에 따라 멕시코를 비롯한 일부 국가에서는 메스티소라는 개념이 스페인인도 아니고 인디오도 아닌 새로운 독립적인 정체성을 형성하는 데 중심적 역할을 했다.

 메스티소라는 단어도 원주민뿐만 아니라 토착어를 쓰지 않는 유럽인, 아시아인, 아프리카인을 아우르는 모든 멕시코인을 포용하는 용어로 사용되기 시작했다. 거기에는 20세기 멕시코의 유명한 저술가, 철학자, 정치가였던 호세 바스콘셀로스(José Vasconcelos 1882~1959년)가 주창했던 '우주적 인종'이라는 개념이 크게 작용했다.

그는 멕시코와 라틴아메리카에서는 새롭게 개량된 우주적 인종이 창조되었으니 그것이 바로 '메스티소'라고 역설했다. 그는 우주적 인종은 몽골로이드, 니그로이드, 코카소이드의 혼혈을 통해 태어나는 미래의 인종이라고 말했다. 다시 말해 우주적 인종은 황인, 백인, 흑인의 피가 섞인 혼혈인을 뜻한다는 것이다.

 우주적 인종이라는 그의 철학은 다인종, 다문화로 구성된 공동체인 멕시코에서 국민적 통합을 이끌어내는 이념적 논리를 제공했다. 1925년 출간된 그의 저서 '우주적 인종'(La Raza Cósmica)은 멕시코의 사회-문화-정치-경제정책을 비롯해 다방면에 걸쳐 심대한 영향을 미쳤다. 그가 주장한 '우주적 인종'이라는 개념이 멕시코의 발전에 기여한 것은 사실이다. 하지만 그는 멕시코 혁명의 문화적 독재자라고 평가를 받을 만큼 논쟁적 인물이기도 했다.

파라과이도 인위적인 혼혈정책을 추진함으로써 메스티소의 인구비율이 높아진 나라다. 독립 이후 초대 집정관을 지낸 호세 프란치아(José Gaspar Rodríguez de Francia)는 스페인한테서 파라과이의 독립을 이끌어내는 데 결정적 역할을 했던 인물이다. 그는 1814~1840년에 걸친 통치기간에 쇄국정책을 실시하여 외세를 배격했다.

 그는 백인우월주의와 백인독점지배를 배척하기 위해 스페인인끼리의 결혼을 금지함으로써 혼혈결혼을 장려했다. 그의 백인배척정책은 스페인의 영향력을 배제하려는 정치적 포석이 깔려 있었다. 다시 말해 인종간의 대립과 갈등이 그의 절대권력을 위협할 수 있다는 판단에 따라 혼혈정책을 추진했던 것이다. 하지만 그 자신은 메스티소가 아니었다. 그의 부계는 아프리카계 브라질 사람이었다.

 파라과이는 1864~1870년 삼국동맹 전쟁에서 패배함으로써 남성인구가 급감했다. 삼각동맹 전쟁은 파라과이가 브라질, 아르헨티나, 우루과이의 삼국동맹을 상대로 싸운 전쟁을 말한다. 그 전쟁은 파라과이 전쟁 또는 대전쟁이라고도 일컫는다. 그 전쟁은 파라과이 성인남자의 70%가 사망하는 참상을 빚어 라틴아메리카 역사상 가장 참혹한 전쟁으로 꼽힌다.

 그 전쟁 이전의 파라과이 전체인구는 52만5,000명이었는데 종전 이후 인구가 22만1,000명으로 줄어들었다. 그 중에서 남자는 2만8,000명만이 살아남았다. 파라과이는 패전으로 인해 1876년까지 브라질과 아르헨티나의 지배를 받았으며 영토의 일부를 두 나라에 할양했다.

 남성은 씨가 마를 정도로 많이 죽은 탓에 초대 집정관 프란치아가 소망했던 대로 인종간의 혼혈결혼이 실현되지는 않았다. 하지만 그 후 백인 노동자의 유입이 크게 늘어나고 그들이 원주민 여자, 메스티소 여자와 결혼하면서 메스티소가 크게 늘어나 중산층을 형성하게 되었다.

 그 결과 오늘날 파라과이는 인구의 90%가 메스티소로 구성되었다. 언어도 2중어를 구사한다. 인구의 60%가 토착어인 구아라니어를 쓰고 40%가 스페인어를 제일국어로 삼고 있다. 그에 따라 파라과이는 인구의 75%가 2개의 언어를 구사하는 2중어 국가가 되었다.

메스티소는 경멸적 의미 지녀 쓰지않는 멕시코

 정벌자로서 아메리카 대륙에 상륙한 스페인 남자들은 여자를 데리고 가지 않았다. 그 바람에 백인남자와 원주민 여자 사이에서 혼혈인인 메스티소가 무수하게 태어났다. 오늘날에는 라틴아메리카 국가의 절반은 메스티소가 인구의 다수를 차지한다. 나머지 나라에서도 메스티소가 소수인종의 주류를 이룬다.

 하지만 멕시코에서는 메스티소라는 단어가 경멸적인 의미를 지녀 라틴아메리카의 다른 나라와는 상이한 뜻으로 쓰인다. 그 까닭에 멕시코에서 메스티소가 폭넓게 정의되고 있음에도 불구하고 'mestizo'라는 단어가 오랫동안 사전에 등재되지 않았었다. 다시 말해 멕시코 사회에서는 메스티소라는 용어가 널리 사용되지 않는다.

 그 같은 이유로 인구조사에서도 메스티소라는 항목이 삭제되었다. 따라서 메스티소에 해당하는 멕시코인들도 대부분이 메스티소가 아닌 멕시카노(Mexicano-멕시코인)이라는 말로 자신의 정체성을 내세운다. 멕시코에서 메스티소는 원주민의 유산도 유럽인의 문화도 의미하지 않고 주로 원주민과 유럽인이 가진 요소를 결합한 문화적 특징을 말한다.

 그에 따라 멕시코에서는 메스티소라는 단어가 토착어를 사용하지 않는 아시아계, 아프리카계를 포함한 모든 멕시코인을 의미하는 포괄적 용어로 쓰인다. 멕시코인의 대다수는 메스티소로 분류가 가능하다는 소리다. 그 까닭에 메스티소라는 말이 지닌 본래의 의미가 멕시코에서는 사회적 현실과 일치하지 않는다.

그 같은 연유로 멕시코에서는 유전적으로 순수한 원주민 혈통을 가졌더라도 원주민 문화와 언어를 거부하면 메스티소로 간주한다. 반대로 원주민 피가 전혀 없거나 그 비율이 아주 낮은 사람도 원주민 언어를 사용하고 그 문화에 따라 생활하면 원주민으로 본다.

오늘날 메스티소의 정의가 폭넓게 해석됨에 따라 인구구조에도 큰 차이를 나타낸다. 생물학적, 인종적 관점에서 계산한 메스티소 인구는 대략 전체인구의 1/2~2/3에 달한다. 그러나 문화적, 사회적 관점에서 메스티소의 의미를 정의하면 그 인구의 비율이 많게는 90%에 이른

멕시코의 유명한 저술가, 철학자, 정치가였던 호세 바스콘셀로스(José Vasconcelos 1882~1959년). 그는 황인, 백인, 흑인의 피가 섞인 '우주적 인종'이라는 개념을 주창했다. 쉽게 말해 백인 피를 널리 퍼뜨리자는 주장이었다. 그의 철학이 다인종, 다문화로 구성된 공동체인 멕시코에서 국민적 통합을 이끌어냄으로써 멕시코의 사회-문화-정치-경제정책에 심대한 영향을 미쳤다.

다.

 인간유전학 저널이 2012년 발표한 연구자료에 따르면 멕시코의 평균적 메스티소의 Y-염색체(부계) 조상은 유럽인 64.9%, 원주민 30.8%, 아프리카인 4.2%다. 지역적으로 보면 유럽계는 북서부에서 66.7~95%로 우세하고 원주민계는 중부와 남동부에서 37~50%로 높게 나타났다. 아프리카계는 지역에 따라 0~8.8%로 상대적으로 낮게 나왔다.

 멕시코 국립게놈의학연구소의 자료에 따르면 메스티소 인구의 55%가 원주민계를 조상으로 둔 것으로 나타났다. 이어서 유럽계 41.8%, 아프리카계 1.8%, 아시아계 1.2%인 것으로 조사됐다. 여러 조사를 종합해 보면 멕시코 인구의 80%가 인종적으로 원주민의 피가 어느 정도 섞여 메스티소로 분류가 가능하다.

 유카탄 반도에서는 전통적인 공동체에서 생활하면서 마야어를 사용하는 주민을 메스티소라고 부른다. 19세기 말엽에 일어난 신분전쟁 과정에서 혁명에 참여하지 않은 마야인을 메스티소로 분류했기 때문이다. 치아파스 지역에서는 메스티소 대신에 라티노(latino)라고 부른다.

멕시코는 북쪽으로 갈수록 주민의 얼굴색이 옅어지고 남쪽으로 갈수록 짙어진다. 개척기부터 스페인 혈통이 북부와 중부에 몰려 살면서 혼혈족과 원주민이 남부로 밀려났기 때문이다.

멕시코에서는 주민의 얼굴색이 남쪽으로 갈수록 짙어지고 북쪽으로 갈수록 옅어진다. 그 같은 현상은 식민통치 시대부터 스페인 정착민들이 주로 북부와 중부에 몰려 살았고 중부에 주거하던 원주민들은 백인들한테 밀려서 남쪽으로 이주했기 때문이다.

베라 크루스 인근 등 멕시코 만 일대에는 아프리카계가 많이 산다. 그 이유는 대서양 노예무역을 통해 아프리카인들이 그곳을 통해 많이 유입되었기 때문이다. 또 아프리카계는 대도시에도 많이 몰려 사는 편이다. 19세기 중반부터는 아프리카계도 메스티소 인구에 포함되었다.

1793년 인구조사를 보면 멕시코 시티의 유럽인과 아프리카인의 혼혈인 물라토가 수도에 7,094명이 거주하여 6.8%의 인구비율을 나타냈다. 외곽지역에는 물라토가 전체인구의 5.0%인 5만2,629명이 거주했다. 그런데 백인의 피가 섞인 물라토는 조사대상이었으나 정작 흑인은 조사항목이 아예 없어 흑인에 대한 스페인 식민정책의 철저한 차별의식을 말해준다.

1811년 멕시코 시티의 주거지별 인구조사를 보면 인종별로 특정지역을 설정해 특정인종이 그곳에 거주했다는 증거는 없다. 수도에서도 스페인인이 밀집해 거주하던 지역은 민간단체, 종교단체들이 몰려 있었고 도심에는 부자들이 주로 거주했다. 수도에는 비스페인인들도 거주했으며 원주민들은 수도의 변두리에 몰려 살았다. 다시 말해 스페인 특권층은 수도의 모든 지역에 거주했었다.

그와 달리 같은 스페인의 식민지이었던 필리핀에서는 스페인인들이 수도 마닐라에서도 높은 담을 쌓은 일종의 성곽도시를 건설하고 그 안에서 원주민과는 격리된 공동체를 만들어 생활했다.

원주민 거의 멸족 흑인나라로 변한 카리브제도

스페인의 식민통치 초기에 라틴아메리카로 이주했던 스페인인들은 대부분이 가난했다. 그들과 그 후손들이 1600년대에 진입하면서 원주민들을 일꾼으로 부려 유럽에서 가져간 말과 가축을 키우고, 또 곡물을 재배해서 스페인에 수출함으로써 점차 부유해졌다.

그런데 원주민 공동체에는 집단병사가 일어났다. 유럽의 이주민과 가축에 묻어 들어간 유럽 전염병, 노예선을 타고 들어간 아프리카 전염병에 걸려 무수한 원주민들이 떼죽음을 당했던 것이다. 거기에다 스페인 정복자들이 원주민의 땅을 뺏으려고 집단학살을 자행하여 원주민은 목숨을 부지하기 어려웠다.

그런 상황인데 카리브 제도의 대농장과 남아메리카의 광산에서는 인력수요가 폭발적으로 늘어났다. 일손은 턱없이 달리는데 땅주인인 원주민들은 저항이 드세 일꾼으로 맘대로 부리기에 버거웠다. 그러자 스페인 농장주들이 아프리카인들을 노예로 수입해 일자리를 채웠다.

모자라는 일꾼을 대서양 노예무역을 통해 아프리카인들로 메꾸니 서아프리카에서 노예수입이 급증했다. 16세기 이후 아프리카인들이 노예라는 이름으로 천만명 단위로 라틴아메리카로 끌려갔다. 그들의 도착지는 거의 카리브 제도와 브라질이었다. 두 지역의 노예수입은 아르헨티나와 칠레보다 훨씬 많았다.

그 연유로 오늘날 흑인으로 분류되는 사람이 브라질에만 1,000만명, 아이티에만 700만명이 산다. 미국이 노예제도를 폐지한 이후에도 남아메리카에는 노예제도가 오랫동안 존속했었다. 19세기 중반에 독립한 브라질은 1888년까지 노예제도를 고수했다.

스페인은 인종차별 신분제도를 운용하면서 아프리카인을 아메리카 원주민보다 낮은 최하위 계층으로 취급했다. 그런데 흑인노예와 혼혈결혼이 증가함에 따라 인구구조에 또 다른 커다란 변화가 일어났다. 아프리카인과 아메리카 원주민의 혼혈인, 백인과 흑인의 혼혈인, 3개 인종의 혼혈인 등 다인종 혼혈인이 무수히 태어났던 것이다.

브라질에서는 아프리카인과 아메리카 원주민 사이에서 태어난 혼혈인인 삼보(zambo)가 인구의 7%를 차지한다. 그 범주에 속하는 혼혈인이 많은 나라는 푸에르토 리코, 쿠바, 도미니카 공화국, 에콰도르, 페루, 온두라스, 니카라과, 파나마, 콜롬비아, 베네수엘라, 우루과이 등이다.

그들 나라에서는 노예로 끌려간 아프리카인들이 백인의 학대를 견디지 못해 농장을 탈출하여 원주민 마을에 숨어 들어가 살다보니 삼보가 많이 생겼다. 스페인어를 사용하는 나라에서는 삼보라고 부르지만 포르투갈어를 쓰는 브라질에서는 카푸주(cafuzo)라고 일컫는다.

또 흑인과 백인의 혼혈인 물라토가 흑인보다 훨씬 많아졌다. 물라토의 백인조상은 거의 스페인인이거나 포르투갈인이고 모계는 아프리카인이다. 물라토 인구가 가장 많은 나라는 브라질이고 물라토가 인구의 주류를 이루는 나라는 도미니카 공화국이다. 파나마, 온두라스, 콜롬비아, 푸에르토 리코, 쿠바는 물라토가 비교적 많은 나라다.

라틴아메리카에는 백인, 흑인, 원주민 등 3개 인종을 조상으로 가진 혼혈인 파르도(pardo)가 수백만명이 존재한다. 그들은 주로 도미니카 공화국, 콜롬비아, 파나마, 베네수엘라, 푸에르토 리코, 브라질, 페루에 많이 거주하며 다른 나라는 그 비율이 훨씬 떨어진다.

카리브 제도는 아메리카 대륙의 다른 지역에 비해 원주민 사망률이 월등히 높아 아프리카 흑인이 많이 수입되었다. 그 연유로 자메이카, 도미니카 공화국은 메스티소 비율이 8%에 불과한 반면에 흑인, 흑백 혼혈인의 비율이 아주 높아 다른 지역과 대조를 이룬다. 특히 아이티는 흑인비율이 아프리카 국가와 비슷할 만큼 높다. 그에 따라 카리브 제도는 제2의 아프리카와 다름없는 모습을 하고 있다.

그런데 쿠바는 백인비율이 높다. 19세기 들어 라틴아메리카 전역에 걸쳐 독립운동의 격랑이 몰아쳤다. 그 와중에도 쿠바는 스페인이 마지막까지 지킨 땅이라 딴 나라에서 많은 백인들이 쿠바로 이주했기 때문이다. 그에 따라 메스티소와 물라토는 합쳐도 그 비율이 20%선에 불과하다.

포르투갈인들은 남아메리카뿐만 아니라 아프리카에서도 원주민 여자와 많이 결혼했다. 이베리아 반도는 역사적으로 오랫동안 로마, 아랍, 켈트 등 이민족의 지배를 받았다. 그 영향으로 인해 포르투갈인은 다른 인종과의 결혼에 대한 편견이 비교적 적은 편이었다.

'법 앞의 세 인종' 또는 '법 앞의 평등'이라는 제목으로 알려진 페루 출신 화가 프란치스코 라소의 1859년작. 유화. 젊은 흑인여자, 원주민 소녀, 백인 소년이 함께 실내에서 카드놀이를 하고 있다.

그 연유로 많은 포르투갈인들이 아프리카 여자와 결혼했다. 그 까닭에 포르투갈인은 풍토병에 대한 면역력이 강한 편이라 아프리카 열대지역을 식민지로 정복하는 데 유리했다. 반면에 아프리카 여자와 결혼을 기피했던 영국인은 아프리카 풍토병에 취약해 아프리카 정벌을 아열대 지역으로 국한했었다.

스페인의 아메리카에서는 인종이 사회생활을 영위하는 데 결정적 역할을 했다. 백인의 피는 특권이었다. 순수한 백인이 아닌 혼혈인은 백인 피가 얼마나 섞였느냐에 따라 인생의 기회가 결정되고, 또 그에 따라 차별과 불평등이 따랐다. 기본적으로 라틴아메리카에서는 인종차별이 심했으나 미국보다는 덜 심각한 편이었다.

스페인이 지배한 라틴아메리카는 유럽, 아메리카, 아프리카의 인종적 특성이 혼합됨으로써 독특한 문화적 융합이 이뤄졌다. 유럽, 아메리카, 아프리카의 문화가 동화되고 융합되면서 새로운 형태의 라틴문화가 꽃을 피웠다. 스페인 제국이 가톨릭을 공식종교로 삼았지만 아프리카인과 아메리카 원주민은 각기의 고유한 전통신앙과 가톨릭을 접목함으로써 새로운 형태의 크리스천 문화를 일궈냈다.

남미 백인국 아르헨티나, 우루과이, 코스타리카

라틴아메리카에서 신분상승은 일반적으로 피부가 얼마나 희냐에 달려있다. 생물학적으로나 문화적으로나 원주민에 뿌리는 둔 계층이 권력과 권위의 자리로 올라가려면 피부색이 다른 사람보다 희어야만 한다. 표면적으로 백인의 피가 더 많이 섞인 것처럼 보여야 출세 길이 더 크게 열릴 수 있다. 그 같은 사회적 제약은 21세기 들어서도 여전히 존재하는 것이 현실이다.

오늘날 라틴아메리카가 백인지배 사회로 변천한 연유는 스페인-포르투갈의 정벌시대로 거슬러 올라간다. 16세기 초엽부터 이베리아 반도의 정벌자들이 라틴아메리카에 정착하기 시작했다. 포르투갈은 주로 브라질을 식민지화하고 스페인은 나머지 지역을 정벌했다. 그들은 스페인어, 포르투갈어, 가톨릭과 함께 이베리아의 전통문화를 가지고 갔다.

스페인은 식민통치 초기부터 인종차별 신분제도를 운용했다. 그것은 스페인의 순수한 혈통을 지킴으로써 백인의 통치기반을 강화하기 위한 수단이었다. 백인 이외의 인종과 혼혈인을 신분계급의 하층구조에 둠으로써 노동력을 동원하는 유효한 도구로 활용했다. 또 백인 이외의 인종을 단계별로 분리, 차별, 격리하여 통제함으로써 예상되는 반란을 차단하는 효과도 가졌다.

라틴아메리카 국가에서 실시된 백색화 정책은 백인화 정책과 동의어로 해석할 수 있다. 백색화 정책은 국가의 정치-경제-사회정책을 백인중심으로 운용하고 추진함으로써 백인이 지배하는 사회구조를 만든다는 계획이었다. 따라서 생물학적으로도 백인끼리 결혼해야 백색화 정책을 달성할 수 있다고 판단했다.

스페인과 포르투갈의 백색화 정책은 브라질, 쿠바, 베네수엘라를 비롯한 대부분의 라틴아메리카 국가에서 실시되었다. 그들 국가는 19세기 초반에 독립을 쟁취한 이후에도 식민주의자의 백색화 정책을 그대로 계승하여 유럽인의 유입을 촉진하는 정책을 추진했다.

1776년 미국독립과 1789년 프랑스 혁명의 여파로 1810~1830년에 걸쳐 대부분의 라틴아메리카 국가들이 독립했다. 그 이후에도 천만명 단위의 유럽 이민자의 행렬이 아메리카로 이어졌다. 그 중에서 이탈리아가 가장 많았고 그 다음은 스페인, 포르투갈의 순이었다. 프랑스, 독일, 그리스, 폴란드, 우크라이나, 러시아, 에스토니아, 라트비아, 리투아니아, 아일랜드, 웨일즈에서도 대거 이민 길에 올랐다.

그 중에는 유태인도 적지 않았다. 아르헨티나에는 세계에서 다섯 번째로 큰 유대인 거주집단이 형성되어 있다. 그런데 모순되게

스페인 남편과 멕시코 원주민 아내, 그리고 그들의 혼혈아 자식 메스티소. 멕시코 화가 미겔 카브레라 (1695~1768년)의 작품. 그는 갖가지 형태의 혼혈가족의 연작을 남겼다.

도 2차 세계대전의 종식과 더불어 나치잔당이 가장 많이 잠입한 곳도 아르헨티나다. 동지중해의 레바논, 시리아, 팔레스타인에서도 많은 이들이 이주했는데 그들은 거의 크리스천이었다.

브라질, 멕시코 같은 나라는 비백인의 비율을 최소화하기 위해 백색화 정책의 일환으로 혼혈결혼 정책을 계획적으로 추진하여 메스티소 비율이 높다. 그것은 백인의 혈통을 확산시키기 위한 전략이었다. 그와 달리 아르헨티나, 우루과이는 자신의 정체성을 메스티소라고 응답한 인구비율이 3~8%에 불과하다. 그것은 뒤집어 보면 백인비율이 그만큼 높다는 뜻이다.

아르헨티나, 우루과이도 식민통치 시절에는 다른 스페인 식민지처럼 메스티소의 인구비율이 높았었다. 그런데 19세기 독립 이후 두 나라가 백인 위주의 이민정책을 펴면서 인구구조가 역전되었다. 그에 따라 두 나라는 코스타 리카와 함께 다른 라틴아메리카 국가들에 비해 백인비율이 월등히 높아 백인이 주류를 이룬다.

아르헨티나, 칠레, 우루과이는 스페인의 식민지배에서 독립한 이후 농수산물과 광산물 수출로 대호황을 누렸다. 그에 따라 인력난이 갈수록 심화되자 그 타개책으로 세 나라는 유럽에서 이민을 적극적으로 받아들였다. 칠레, 우루과이는 브라질, 페루와 달리 중국인, 일본인의 이민을 받아들이지 않았다.

유럽 이민자의 입국이 홍수를 이루면서 백인과 원주민의 이인종결혼이 급속하게 늘어났다. 그에 따라 혼혈인인 메스티소가 크게 증가했다. 그들이 다시 백인과 결혼함으로써 그 후손은 인디오 피가 더욱 희석되어 메스티소보다 원주민의 피가 적게 섞인 카스티소(castizo)가 훨씬 많아졌다.

20세기 들어 유럽인의 이주가 급증함에 따라 아르헨티나, 우루과이의 나라얼굴이 더욱 희게 변해 가면서 메스티소라는 단어도 점차 사라졌다. 문화와 전통도 유럽색채가 더욱 두드러져 두 나라는 라틴아메리카 속의 유럽 국가의 모습으로 변해 갔다. 한마디로 백인의 나라로 다시 태어난 셈이다.

아르헨티나는 19~20세기에 걸쳐 유럽인이 620만명이나 유입되어 백인 인구비율이 85%로 높아졌다. 주로 이탈리아, 스페인에서 갔지만 독일, 프랑스, 영국, 아일랜드 등지의 이주민도 많아 비스페인계 백인의 비율이 높아졌다. 아르헨티나 출신 가톨릭 교황 프란치스코는 이탈리아계다.

아르헨티나는 백인이 인구의 절대다수를 차지하자 백인우월주의가 팽배해져 다른 인종에 대한 인종차별이 심하다. 메스티소는 인구의 8%이고 원주민은 그 비율이 1.6%로 60만명에 불과하다. 4%는 아랍인과 동아시아인의 후손이다. 아랍계도 주로 외모가 라틴계 유럽인과 비슷한 시리아, 레바논 등 동지중해안 출신이다.

아르헨티나 북부에는 아직도 메스티소가 많이 살고 있으며 원주민도 상당수 거주한다. 라틴아메리카에서는 남쪽으로 갈수록 원주민이 적게 살았다. 그 까닭에 대륙의 끝자락인 남극과 가까운 지역과 유럽선박의 왕래가 잦았던 해안지대의 거주민은 거의 백인이다. 브라질 남부지역은 물론이고 아르헨티나와 인접한 우루과이에도 백인이 많이 거주한다.

칠레는 스페인 점령군이 북부를 통해 침략했다. 그 때부터 스페인 군인과 원주민의 혼혈결혼이 이뤄져 메스티소 인구가 빠른 증가세를 보였다. 남부지역은 원주민이 끝까지 항쟁을 벌여 사정이 달랐다. 칠레대학교가 조사한 바로는 인구의 30%가 백인 혈통이고 65%는 메스티소이며 나머지 5%가 원주민이다. 칠레인의 평균적인 유전자는 백인 60%, 원주민 40%이다.

오늘날 라틴아메리카에서 인구비율이 가장 높은 인종은 백인으로서 36%에 달한다. 거기에다 백인혈통을 조상으로 둔 메스티소와 물라토가 있어 백인계가 인구의 절대다수를 차지한다. 브라질, 아르헨티나, 멕시코, 콜롬비아, 베네수엘라는 백인이 인구의 다수를 차지하는 나라다. 브라질은 인구의 절반가량이 백인이다.

스페인어로 '풍요로운 해안'이란 뜻을 가진 코스타 리카(Costa Rica)는 백인비율이 80%로 아주 높으며 메스티소는 17% 수준이다. 코스타 리카는 다른 라틴아메리카 국가들과는 상이하게 개척초기부터 대농장을 경영하지 않아 아프리카 노예를 수입하지 않았다. 그 연유로 백인비율이 다른 나라에 비해 압도적으로 높다.

코스타 리카는 국명답게 중남미에서는 보기 드물게 정치적, 경제적으로 안정된 나라다. 영세중립국인 코스타 리카는 군대를 폐지하여 국방비를 부담하지 않는 까닭에 그 재원으로 고교무상교육, 무상의료 등 폭넓은 복지정책을 실시하고 있다. 자연환경을 잘 보존하여 국토의 거의 절반이 원시림으로 덮여 있으며 어디를 가나 수림이 울창하다.

우루과이의 인구는 2015년 현재 3,431만명이며 그 중에서 백인이 88%를 차지한다. 스페인계, 이탈리아계가 주류를 이루며 이어서 독일계, 폴란드계, 프랑스계, 러시아계가 뒤를 잇는다. 하지만 우루과이도 아르헨티나와 마찬가지로 스페인어를 공용어로 쓴다. 그 외의 인종비율은 메스티소가 8%, 흑인이 4%이며 원주민인 인디오는 소수에 지나지 않는다.

라틴아메리카는 지구상에서 가장 다종한 종족, 인종으로 구성된 대륙이다. 또한 세계에서 가장 다양한 혼혈인으로 구성된 대륙이기도 하다. 그러면서도 나라마다 주류인종이 원주민, 혼혈인, 백인, 흑인 등으로 상이하다. 원주민이 다수인 국가, 백인이 지배하는 나라, 아프리카인이나 또는 그 혼혈인이 주류를 이루는 나라가 있다.

06

교역보다 약탈-착취에 주력

총과 피가 이룩한 해양제국

VOC(네덜란드 동인도회사)는 무력부대 같은 존재였다. 1669년 창업 70년을 맞아 상선 150척, 전함 40척, 종업원 5만명, 용병 1만명을 거느린 거대기업으로 성장했다. VOC가 상업적인 거래를 통해 큰 수익을 올린 것은 사실이다. 그러나 그에 못지않게 군사적 기능에 의존한 살육, 방화, 약탈, 착취와 같은 강탈적 수법을 동원하여 창출한 수익 또한 컸다.

06 총과 피가 이룩한 해양제국

네덜란드 동인도회사는 무력부대

아시아 요지마다 무역거점 세운 인구 200만 소국

17세기 진입을 앞둔 시점에 많은 네덜란드 선박들이 향신료를 찾아 앞 다투어 오늘날의 인도네시아로 뛰어 들었다. 네덜란드 선박회사끼리 과당경쟁을 벌이다보니 현지의 향신료 가격이 급등했다. 반면에 유럽에서는 공급과잉으로 인해 향신료 값이 급락했다.

그에 따라 무모한 출혈경쟁을 방지하기 위해 난립한 30개 해운회사들을 정비할 필요성이 대두되었다. 네덜란드 의회가 나서 해운회사의 통합을 의결함에 따라 연합동인도회사(VOC)가 설립되었다. 그 까닭에 네덜란드 동인도회사는 다른 나라 동인도회사와는 달리 상호 앞에 '연합'이란 단어가 붙었다.

네덜란드 연합동인도회사 문장 VOC. 세계최초의 주식회사 VOC는 1669년 인류 역사상 가장 부강한 기업으로 성장했다.

의회는 VOC에게 통치권에 준하는 사법권, 행정권, 군사권 등의 막강한 권한을 부여하는 한편 총독제를 실시했다. 그것은 상업적 교역보다는 무력침탈을 통해 수익을 내겠다는 뜻이었다. 그것은 또한 선발주자인 포르투갈과의 충돌에 대비한 강구책이었다.

1602년 설립된 연합동인도회사(VOC)는 그 해 12월 18일 첫 출항의 닻을 올렸다. 주어진 임무는 첫째가 향신료 시장 개척이었다. 그와 함께 한 세기 먼저 향신료 제도에 진출한 선발주자 포르투갈이 아시아와 동아프리카 요지에 구축한 무역거점의 강탈이 주요임무였다. 그로써 네덜란드는 포르투갈과 61년간에 걸쳐 피비린내 나는 무역기지 쟁탈전을 벌였다.

포르투갈이 무역거점을 구축한 향신료 원산지인 암본은 네덜란드 선박이 나타나자 단번에 투항했다. 암본은 인도 서해안에 위치한 포르투갈의 동인도 수도 고아와는 거리가 너무 멀리 떨어져 있어 싸워 보지도 못한 채 항복했다. VOC는 바로 그 점에서 향신료 원산지와 지리적으로 가까운 전략적 요충지에 무역거점을 확보하는 문제가 시급하다는 사실을 깨달았다.

VOC의 입장에서는 포르투갈이 장악한 말라카 해협을 통과하지 않고서도 동남아시아 일대에 흩어져 있는 선박들이 빠른 시간에 쉽게 집결할 수 있는 입지가 중요했다. 네덜란드가 그 같은 조건을 충족하는 요지를 물색하다 결국 순다 해협의 자바 쪽에 위치한 반텐을 선택했다.

유력한 후보지로 떠오른 반텐은 수마트라와 자바 사이에 위치해 있으면서 순다 해협과 가까운 지역이다. 그런데 그 지역 통치자가 중국 상인과 오랫동안 유지해온 후추교역의 단절을 원하지 않았다. 또 그는 인근에 자리 잡은 영국의 무역거점을 폐쇄하고 싶지도 않았다.

그럼에도 네덜란드가 그곳 통치자를 회유하고 설득하는 데 성공하여 반텐 동쪽에 위치한 어항인 자카르타(Jakarta)를 확보하고 무역거점을 구축했다. VOC는 그곳에 암스테르담을 본뜬 도시를 건설함으로써 인도네시아 식민통치의 토대를 마련했다. 1613년 VOC는 아시아 무역 총책임자로 얀 피테르스준 코엔(Jan Pieterszoon Coen)을 임명했다.

그는 자카르타가 본국정부와 연결하는 전략적 중심지가 되어야 한다는 확신에 차있었다. 그는 그 일대에 진출한 모든 선박을 동원해서 단번에 자카르타를 동인도의 중심지로 일구어 냈다. VOC는 그곳에 동인도 본사를 두는 한편 로마 시대의 네덜란드 이름을 따서 '바타비아'(Batavia)라고 도시명을 지었다.

VOC는 이어 향신료 제도를 포함해 동남아시아 일대에 포르투갈이 건설한 무역기지를 차례로 침탈하여 식민지를 확장해 나갔다. 네덜란드는 점령지의 요지마다 군사요새와 같은 무역거점을 구축하여 통치기반을 강화함으로써 제국으로 가는 징검다리를 마련했다. 그 과정에 무수한 원주민들을 학살하고 토지를 강탈했음은 말할 나위가 없다.

발권력을 가졌던 네덜란드 동인도회사가 발행한 동전

당시 네덜란드는 인구가 200만명에 불과한 소국이었다. 그 까닭에 VOC가 본국주민을 이주시켜 지배체제를 구축하는 데는 한계가 있었다. 그 이유로 네덜란드는 원주민의 인구증가를 막으려고 대량학살을 자행하면서 무자비한 탄압정책을 썼다. 그 까닭에 네덜란드가 가는 곳마다 핏물이 흥건히 고였다.

네덜란드가 향신료 제도에서는 뺏은 땅에 살아남은 원주민들을 강제로 동원해 향신료의 일종인 육두구를 재배해서 유럽에 독점적으로 공급했다. 육두구는 후추에 비해서 덜 자극적이지만 고급스런 향미가 누린내나 비린내를 없애는 데 탁월한 효능을 가져 유럽에서 인기가 높았다.

네덜란드가 동남아시아 일대에서 흩어져 있는 무수한 섬들을 총칼로 정벌하여 식민지로 삼은 지역이 2차 세계대전 이후 독립하여 인도네시아라는 단일국가로 태어났다. 인도네시아가 1949년 네덜란드로부터 독립하면서 바타비아를 수도로 정하면서 도시명도 '승리의 도시'라는 뜻을 가진 자카르타로 다시 바꾸었다.

네덜란드가 바타비아를 재건한지 400년이 지난 오늘날 자카르타는 인구 1,000만명이 넘는 거대도시로 성장했다. 그런데 인도네시아가 수도를 자카르타에서 보르네오 섬의 칼리만탄티무르로 옮기기로 확정하고 새 수도의 이름을 '누산타라'로 지었다. 천도하는 이유는 자카르타의 지반이 침하하여 해수면보다 낮아지기 때문이라고 한다.

21세기 20대 거대기업과 맞먹는 동인도회사 위력

산업혁명 이전의 유럽은 천연자원도 부족하고 기술수준도 낙후한 상태였다. 대항해 시대가 열려 서유럽 국가들이 향신료를 찾아 동방무역에 뛰어들었지만 막상 아시아 시장에 내다 팔만 한 상업적 가치를 가진 물품이 별로 없었다. 그에 따라 유럽 국가들은 무력에 의존한 약탈과 착취, 그리고 아시아 역내에서 중계무역을 통해 수익을 창출해 나갔다.

포르투갈도 네덜란드도 은을 주고 동남아시아에서는 향신료를, 중국에서는 도자기와 비단을 샀다. 동방물자는 수익성이 높았지만 무역규모가 늘어날수록 무역적자도 커졌다. 포르투갈은 대서양 노예무역을 통해 동방무역에서 발생한 무역적자를 해소했다.

동방무역의 후발주자인 네덜란드도 입장이 포르투갈과 크게 다르지 않았다. 네덜란드도 향신료와 중국물자를 다른 유럽 국가에 팔아서 은을 조달하는 방식으로 이윤을 창출했다. 하지만 네덜란드는 포르투갈과 달리 노예무역은 실적이 저조한데다 상품수출도 저조하여 무역적자를 축소하는 데는 한계가 있었다.

그럼에도 VOC(네덜란드 연합동인도회사)가 아시아 역내에서 중계무역을 통해 구조적인 무역적자를 해소하는 단계를 넘어 막대한 이익을 창출하는 데 성공했다. 중계무역이란 어떤 나라에서 수입한 물품을 가공 없이 그대로 다른 나라에 수출해서 수입대금과 수출대금 사이에서 발생하는 차액을 취득하는 거래형태를 말한다.

VOC는 중국의 도자기, 비단 등과 동남아시아의 향신료를 일본에 가져다 팔았다. 판매대금으로 은이나 구리를 받아 그것으로 다시 중국물자를 사가지고 인도, 동남아 등지에 가서 팔았다. 역내중계무역은 화물을 유럽으로 수송하는 것보다 항해일수가 훨씬 적은 데 비해 이익은 훨씬 컸었다.

VOC는 인도양 해안에서 향신료를 사서 유럽에 팔아 벌어들인 이익금을 말라카, 스리랑카, 일본 나가사키, 타이완, 중국 광저우는 물론이고 페르시아 등지에도 무역거점을 구축하는 데 투자했다. VOC가 개발한 아프리카 남단의 보급기지인 케이프 타운(Cape Town)은 훗날 남아프리카 공화국의 모태가 되었다.

1644년 만주족의 청나라가 한족의 명나라를 굴복시키고 중원을 차지하는 과정에서 친명세력의 저항이 드세 해금령을 내렸다. 그 바람에 VOC의 중국교역이 사실상 중단상태에 빠졌었다. 거기에다 일본의 에도막부가 쇄국정책을 실시함에 따라 은 수입이 감소했다. 그에 따라 VOC의 성장에 제동이 걸리기 시작하였다.

그 같은 경영환경의 변화에도 네덜란드 연합동인도회사는 커피, 차, 면직물 등으로 취급상품을 다양화하고 영업전략 다각화함으로써 수익기반을 확대해 나갔다. 그에 따라 1669년 VOC가 민간기업으로서는 인류 역사상 가장 부강한 회사로 성장했다. 창업 70년을 앞둔 시점에 상선 150척, 전함 40척, 종업원 5만명, 용병 1만명을 거느린 거대기업으로 발달했던 것이다.

그 즈음 VOC의 주식 배당률이 연 40%대에 달했으니 얼마나 엄청난 이익을 창출했는지 짐작된다. VOC가 상업적인 거래를 통해 큰 수익을 올린 것은 사실이다. 그러나 그에 못지않게 군사적 기능에 의존한 살육, 방화, 약탈, 착취와 같은 강탈적 수법을 동원하여 창출한 수익 또한 컸다.

2017년 12월 8일자 금융 블로그 비주얼 캐피털리스트(Visual Capitalist)를 보면 눈길을 끄는 자료가 있었다. VOC 절정기의 가치를 인플레이션을 고려하여 오늘날의 가치로 평가하면 7조9,000억달러에 달해 세계역사상 최고의 가치를 가졌던 기업이라는 분석이다.

21세기의 어떤 거대기업도 VOC와 비교할 수 없다는 내용이다. 그 가치가 애플, 마이크로 소프트, 아마존, 엑스 모빌, 페이스 북, 삼성, 웰즈 파고, 월마트, 비자 등등 21세기 세계20대 거대기업을 모두 합친 규모와 맞먹는다는 것이다. 21세기 초엽의 최대기업인 애플의 가치도 VOC의 11%에 불과하다고 한다.

또 VOC의 가치는 오늘날 GDP(국내총생산) 기준으로 일본의 4조8,000억달러, 독일의 3조4,000억달러를 합친 규모에 조금 미달하는 수준이라고 한다. VOC 절정기의 고용인원은 7만명에 달했다. VOC는 200년 동안 100만명의 유럽 인력을 아시아로 실어 날랐는데 그것은 다른 유럽 국가의 운항실적을 모두 합친 것보다도 많았다. 100만명은 당시 네덜란드 전체인구의 절반규모였다.

VOC의 세계역사상 유례없이 높은 수익은 따지고 보면 무수한 원주민의 생명을 짓밟고 이룩한 성과였다. 다시 말해 원주민을 닥치는 대로 죽이고 뺏은 땅에 살아남은 원주민을 부려 향신료, 커피, 차 등 환금작물을 재배해 유럽으로 가져가 팔아서 번 돈이었다.
그 점은 포르투갈, 영국, 스페인도 결코 뒤지지 않았다. 그러나 네덜란드는 종교를 강요하지 않았다는 점이 다르다.

네덜란드의 무역거점이었던 자카르타, 케이프타운

VOC가 인도네시아 바타비아를 무역거점으로 삼고 나서 동남아시아를 넘어서 중국, 일본까지 아시아 전역으로 무역권역을 확장해 나갔다. 네덜란드를 떠나서 동남아시아의 바타비아로 가는 선박은 중국물자와 향신료를 유럽에 팔아서 벌어들인 은을 가지고 갔다.
VOC는 유럽에서 가져간 은과 아시아 역내교역을 통해 벌어들인 은을 가지고 중국에 가서는 도자기, 비단 등을, 그리고 인도에 가서는 면직물 따위를 사서 네덜란드로 가져갔다. 또는 그 물품을 일본으로 가져가서 팔거나 동남아시아로 가져가서 향신료 등과 바꿔서 네덜란드로 싣고 갔다.
VOC는 또 유럽의 사상과 기술을 아시아에 전파하는 데도 상당한 역할을 했다. VOC는 개신교 선교단을 지원하는 한편 중국과 일본에 유럽의 기술을 소개했다. 특히 VOC가 일본에서는 인도나 인도네시아에서와 달리 유화적인 자세를 취했다. 포르투갈이 가톨릭을 무리하게 선교활동을 벌이다 축출당하는 과정을 똑똑히 목도했기 때문이다.
네덜란드로서는 일본의 눈치를 보지 않을 수 없었다. 나가사키(長崎) 부근에 조성된 인공섬 데지마(出島)라는 5,000평 규모의 통제구역을 무역거점으로 확보해 그곳에 기거하면서 200년 이상 일본의 대외거래를 독점하고 있었기 때문이었다. 일본은 가톨릭 포교를 막기 위해 네덜란드를 제외한 모든 유럽국가와 거래를 단절한 상태였다.
얀 반 리베크(Jan Van Riebeeck)가 이끈 원정대가 1652년 4월 6일 아프리카 남단의 희망봉을 점령하고 있던 포르투갈을 무력으로 축출하고 무역기지를 확장하기 시작했다. VOC는 그곳에 수비대가 주둔하는 군사요새를 구축하고 점령지를 관리하는 한편 아프리카 동부지역, 인도, 동아시아로 운항하는 선박에 식수, 식량 등을 보급했다.
그곳은 1869년 수에즈 운하가 개통되기까지 200년 이상 동방무역의 전초기지로서 역할을 했다. 그 기간에 그곳에는 네덜란드를 비롯해 유럽 각지에서 이주민들이 빠른 속도로 유입되면서 남아프리카에서 요하네스버그 다음으로 큰 도시인 케이프타운으로 성장했다. 그 케이

네덜란드 동인도회사의 본사가 위치했던 자바 섬의 바타비아(오늘날의 자카르타)의 지도. 지도제작자 그레고리오 레티의 1681년 작. 아시아의 진주로 알려졌던 계획도시 바타비아는 1650년 완공되었다.

프타운이 잠시 영국의 식민지가 되었다가 1910년 남아프리카 연방의 일원이 되었다.

그 같은 성장과정을 거치면서 그 기지는 나중에 남아프리카 공화국이라는 백인지배국가가 태어나는 태동지가 되었다. 그와 함께 VOC는 페르시아(이란), 벵골(방글라데시와 인도 중간지대), 실론(스리랑카), 말라카(말레시아의 믈라카), 시암(태국), 광둥(중국), 포모사(타이완), 그리고 인도 남부에 걸쳐 광범위한 아시아 지역을 무력으로 강탈해 무역거점을 구축했다.

네덜란드는 중국대륙에 무역기지를 확보하려고 명나라에 여러 차례 무력도발을 감행했지만 실패한 끝에 차선책으로 타이완에 자리 잡고 있었다. 그런데 그 타이완에서 VOC가 청나라 강희제가 즉위한 다음 해인 1662년 쫓겨났다. 명나라의 잔존세력인 정성공 일파가 청군한테 패배하여 타이완으로 퇴각하면서 그곳에 무역거점을 구축하고 있던 네덜란드를 축출했던 것이다.

17세기 들어서 동방무역에 거의 동시에 진출한 네덜란드와 영국은 초기 20여년간은 연합전선을 펴고 선발주자인 포르투갈을 결박했다. 하지만 시장침탈이 어느 정도 이뤄진 다음에는 양국이 적대관계로 돌아서 곳곳에서 무력충돌을 벌여 피를 흘렸다. 특히 암보이나 학살 이후 양국간의 관계가 극도로 악화됐다.

1623년 암보이나에서 네덜란드의 바타비아 총독 헤르만 반 스페울트(Herman van Speult)가 영국인 10명, 일본인 10명, 포르투갈인 1명을 참수형에 처했다. 그 사건이 이른바 암보이나 학살이다. 암보이나는 오늘날 인도네시아의 암본이다. 암보이나는 향신료 제도에 위치한 섬인데 네덜란드가 그곳에 빅토리아 요새를 구축하고 수비대를 주둔시키고 있었다.

네덜란드측 주장은 영국 선박이 입항하는 시간에 맞춰 영국인들이 총독 스페울트를 살해하고 빅토리아 요새를 전복하려는 음모를 꾸몄다는 것이다. 영국 동인도회사가 그 같은 음모를 획책했는지 아니면 고문에 의해 조작된 사건이었는지는 확실하지 않다. 어쨌든 그 사건으로 말미암아 양국간에 모색하던 화해의 노력이 무산되었다.

그 사건은 당시 유럽사회에서 큰 파장을 일으켰으며 그 후 영국과 네덜란드는 국지전을 4차례나 치렀다. 어쨌든 네덜란드 동인도회사는 1780~1784년 잦은 전쟁을 치루면서 재정상태가 극도로 악화되었다.

결국 네덜란드 동인도회사는 1798년 회사청산 절차를 밟았다. 그 회사가 관장하던 동인도는 1815년 비엔나 회의의 결정에 따라 네덜란드 왕국으로 승계되었다.

1623년 향신료 제도의 암보이나 섬에서 네덜란드의 바타비아 총독이 영국 동인도회사 직원 21명을 참수형에 처했다. 향신료 쟁탈을 둘러싸고 두 나라가 암투를 벌이다 벌어진 참극이었다. 그 사건으로 인해 두 나라는 4차례나 국지전을 치렀다. 암보이나 학살. 동판화. 1700년작.

상업자본이 만든 대영제국

영국의 스페인 무적함대 격파가 동방진출 길 열어

크리스토퍼 콜럼버스가 처음 발견했다는 아메리카 대륙에서 스페인은 거대한 제국을 건설하고 본국으로 은을 실어 날랐다. 한편 바스쿠 다 가마가 동방항로를 개척한 포르투갈은 청화백자 등 중국물자와 동남아시아의 향신료를 사가지고 유럽으로 가져다 팔아 제국으로 도약했다. 한 세기 가까이 스페인은 대서양 무역을, 포르투갈은 동방무역을 독점적으로 향유하고 있었다.

다른 유럽 국가들은 세계 해상권을 제패한 두 나라의 번영과 성공을 거의 100년 동안 선망의 눈으로 쳐다만 봐야했다. 그러던 차에 1588년 영국해군이 스페인의 무적함대를 격파하는 세계사적 대사건이 일어났다. 영국의 승리는 대항해 시대의 해상질서를 재편하는 신호탄이었다.

그 승전보를 타고 영국에서는 동남아의 향신료와 중국의 청화백자를 찾아 동방으로 가자는 목소리가 자본가와 세도가 사이에서 터져 나왔다. 거상들과 귀족들이 앞장서 동방항로를 개척하겠다고 나섰다. 그 사이에 스페인과 전쟁상태에 있던 네덜란드는 동남아시아에 한 발짝 먼저 진출하여 실험항해를 마쳤다.

인도양 항해를 허가해 달라는 런던 상인들의 청원이 잇따르자 여왕 엘리자베스 1세가 인가했다. 1591년 4월 10일 3척의 선박이 인도양을 향해 출항의 고동을 울렸다. 그것은 아프리카 남단 희망봉을 돌아서 아라비아 해를 거쳐 아시아로 진입하는 영국 역사상 첫 인도양 원정이었다.

그 중에서 300t급 상선 에드워드 본벤튜어 호만이 홀로 말레이 반도까지 항해를 끝마치고 1594년 성공적으로 귀항했다. 이어 1596년 3척의 선박이 동방항해를 떠났지만 모두 실종되어 버렸다. 1599년 9월 모험가를 자칭한 상인들이 모여 또 인도양 항해를 추진했다. 여왕의 비공식 인가를 얻어 배를 사서 대양으로 나갔지만 첫 출항은 실패했다.

하지만 여왕의 인가를 얻은 두 번째 출항은 성공적이었다. 그 덕택에 그 모임은 아프리카 남단의 희망봉 동쪽에서 남아메리카 남단의 마젤란 해협 서쪽까지 이르는 해역, 다시 말해 인도양과 태평양을 아우르는 해역에 대해 15년간 독점적 교역권을 취득했다. 그것이 영국동인도회사의 출범이었다.

 영국동인도회사가 극동, 동남아, 인도와의 교역을 목적으로 1600년 12월 31일 여왕 엘리자베스 1세의 인가를 얻어 설립되었다. 1601년 제임스 랭커스터(James Lancaster)가 방향타를 잡은 동인도회사 소속 선박이 첫 출항에 나서 1603년 무사히 귀항했다.

 이어서 1604년 2차, 1607년 3차 출항이 뒤따랐다. 처음에는 향신료 무역을 둘러싸고 한 발 앞서 진출한 네덜란드 동인도회사와 치열한 경쟁을 벌여야만 했다. 드디어 영국동인도회사가 반탐에 첫 무역거점을 확보하고 자바에서 후추를 수입하기 시작했다.

 그 사업은 그 후 20년 동안 영국동인도회사의 중요한 사업으로 자리 잡았다. 하지만 네덜란드의 세력확장에 밀리더니 1683년 반탐 무역거점을 폐쇄해야만 했다. 그 후 2년이 지나 영국동인도회사는 인도아대륙에서 처음으로 남부 벵골 만에 무역거점을 설치했다.

 인도사업이 높은 수익을 내자 국왕 제임스 1세(James I)가 다른 무역회사들에게 자회사 면허증을 내주었다. 그에 따라 인도양에서 영국과 네덜란드, 포르투갈 해운회사들 사이에 무력충돌이 잦아졌다. 그런데 영국동인도회사가 1612년 스윌리 전투에서 선발주자인 포르투갈을 격퇴시켰다.

 그 전투의 승리는 영국이 장차 인도 아대륙을 장악하는 발판을 구축했다는 중요한 의미를 갖는다. 그곳에서 세력확장에 힘입은 영국동인도회사가 왕실에 외교사절 파견을 요청했다. 그에 따라 국왕 제임스 1세가 이듬해인 1613년 토마스 로우에게 무갈 황제 누루딘 살림 자한기르(Nuruddin Salim Jahangir)를 알현하고 통상조약을 체결하도록 지시했다.

 그 조약은 무갈제국이 영국동인도회사에게 거주권을 내어주는 한편 수라트와 그 이외 지역에도 무역기지를 설치할 수 있도록 허용하는 내용을 담았다. 그 대가로 동인도회사는 무갈 황제의 요청에 따라 유럽에서 나는 각종 특산품과 귀중품을 기증했다.

 그는 영국 국왕에게 보낸 서한을 통해 영국인에게 거주이전의 자유를 보장할 뿐만 아니라 극진하게 예우하겠다고 약속했다. 그 후 토마스 로우는 1615~1618년 무갈 주재 영국대사를 지냈다. 영국동인도회사는 왕실의 후원을 업고 빠른 속도로 무역기지를 확장해 나갔다.

 영국동인도회사는 1612년 수라트에 무역거점을 확보한 데 이어 1639년 마드라스, 1668년 봄베이, 1690년 캘커타에 무역거점을 설치했다. 동인도회사는 나중에 그 무역거점에 성벽을

영국국왕 찰스 2세와 그의 포르투갈 출신 여왕 캐서린. 1662년.

쌓아 군사요새를 구축했다. 반면에 인도에 먼저 진출해 고아, 치타공, 봄베이에 무역 거점을 확보하고 있던 포르투갈은 그 위상이 급속하게 쇠락하기 시작했다. 향신료 제도에서 네덜란드와 세력다툼에서 밀렸기 때문이었다.

영국은 인도 아대륙에서 세력을 확장하는 사이에 앉아서 영토를 확장하는 경사까지 생겼다. 포르투갈 공주 캐서린 디 브라간자(Catherine de Braganza)가 영국 국왕 찰스 2세(Charles II, 1660~1685년 재위)와 결혼하면서 지참금으로 인도 봄베이와 함께 아프리카 북부의 탕헤르를 가져갔던 것이다. 그 봄베이는 1995년 지명이 뭄바이로 바꾸었다. 그 즈음 포르투갈은 왕위승계 문제로 알력을 빚던 스페인의 방해로 유럽에서 국가로서 인정을 받지 못하던 실정이었다. 그에 따라 포르투갈 공주가 유럽 왕가로 시집가기가 어려운 처지였다. 그러자 포르투갈 국왕 주앙 4세가 궁여지책으로 식민지를 지참금으로 얹어서 딸의 혼사를 성사시켰던 것이다. 포르투갈이 국가로 인정받기 위해 딸을 매개로 벌인 일종의 정략결혼이었다.

17세기 말엽에 들어 영국동인도회사와 무굴제국과의 관계가 악화되는 사건이 일어났다. 동인도회사가 무갈제국 벵골 총독 샤이스타 칸에게 윌리엄 헤지를 보내 무갈제국 전역의 무역특권을 얻기 위한 협상을 벌였다. 그런데 런던 총독 조시아 차일드(Josiah Child)가 개입하자 무갈황제 아우랑제브(Aurangzeb)가 협상을 파기해 버렸다.

1689년 무갈제국의 함대가 봄베이를 공격했다. 동인도회사가 1년간 항전을 벌였지만 버티지 못하고 1689년 무갈제국에게 항복했다. 회사의 사절단이 황제 앞에 무릎을 꿇고 사면을 애걸했지만 그것으로 사태는 끝나지 않았다. 거액의 배상금을 지불하고 재발방지까지 약속해야만 했다. 무갈황제가 군대를 철수함으로써 동인도회사는 봄베이 기지를 재정립하는 한편 캘커터에 새 기지를 건설했다.

한편 네덜란드는 1640~1641년 말라카 해협에서 포르투갈을 축출하고 향신료 무역을 독차지했다. 그 지역에서 포르투갈의 영향력이 점차 줄어들자 그 틈바구니에서 영국과 네덜란드의 영토쟁탈전이 더욱 격화되었다. 17~18세기에 걸쳐 영국과 네덜란드는 만나는 곳마다 무력충돌을 벌였다.

그러나 19세기에 들어서서는 사정이 달라졌다. 영국이 세계의 해상권을 장악하고 인도 아대륙을 평정한 데 이어 말라카 해협에서 네덜란드를 밀어내고 중국에서도 영향력을 확장하는 데 주력하기 시작했던 것이다. 그것은 동방무역에서 네덜란드 영향력의 퇴조를 의미한다.

본국보다 더 막강했던 영국동인도회사 군사력

향신료 무역은 1588년 영국이 스페인의 무적함대를 격파하기 이전까지 포르투갈의 독점무대였다. 그 해전에서 영국이 승리함으로써 네덜란드도 영국과 함께 동방무역에 진출할 수 있는 길이 열렸다. 그에 따라 두 나라가 동남아시아 향신료 시장에 진출하려고 경쟁적으로 동인도회사를 설립함으로써 동방무역의 독점체제가 깨지기 시작했다.

영국동인도회사는 한 때 세계교역의 절반을 차지할 정도로 급성장했다. 취급상품도 향신료, 도자기, 비단, 염료, 차, 아편, 질산칼슘 등으로 늘어났다. 특히 질산칼슘은 폭약원료로서 동인도회사의 중요한 교역품목 중의 하나였다. 대항해 시대는 전시상황이나 다름없어 질산칼슘 수요가 폭발적으로 증가했다.

영국동인도회사가 급속하게 성장한 배경에는 사설병력이지만 막강한 군사력이 자리 잡고 있었다. 동인도회사는 상업적 기능도 가졌지만 중무장한 무력부대에 가까운 존재였다. 유니언 잭을 휘날리는 영국 범선은 가는 곳마다 살육과 약탈을 벌이며 남의 땅을 뺏어 영토를 확장했다. 남의 나라를 침략해 점령하고 약탈해서 자산을 늘리고, 물자를 착취해서 교역량도 강압적으로 늘렸다.

영국동인도회사가 출범할 당시에는 대주주가 상인과 귀족 중심이었으며 국왕은 지분이 없었지만 정부는 간접적으로 회사경영에 개입했었다. 그에 따라 막강한 사설병력을 보유하고 있던 동인도회사는 인도 아대륙의 대부분 지역을 통치하면서 사실상 정부에 준하는 기능을 수행했었다.

200

그런데 1657년 호국경(Lord Protector) 올리버 크롬웰(Oliver Cromwell)이 동인도회사의 국왕지위를 확보하는 방향으로 인가내용을 개정했다. 그 내용은 국왕 찰스 2세가 동인도회사에게 영토 취득권, 화폐 발행권, 군사 지휘권, 전쟁 선포권, 민-형사 관할권을 허용한다는 것이었다.

그로써 영국동인도회사는 더 막강한 권한을 보유하게 되었다. 민간기업의 범위를 뛰어넘어 실질적으로 정부기능을 수행하는 권한을 갖게 되었던 것이다. 그에 따라 영국동인도회사는 군사력에 의존하여 인도 아대륙의 대부분 지역을 침탈, 점령, 통치했다. 다시 말해 끊임없는 전쟁을 통해 식민지를 확장해 나갔던 것이다.

동인도회사가 인도에 무역기지를 구축하기 시작하면서 어떤 형태이든지 경비병이 필요했다. 1652년 동인도회사는 캘커타 부근의 무역기지를 지키기 위해 유럽 출신의 장교 1명과 사병 30명을 고용했다. 그들은 외국군대의 탈영자, 모험가, 용병들이었으나 점차 직업군인으로 교체되면서 군대의 면모를 갖추게 되었다.

동인도회사가 통치기능을 강화하기 위해 군사력 증강에 박차를 가했다. 출범 초기 50년간은 병력규모가 수백명 수준이었으나 1750년 3,000명. 1763년 2만6,000명, 1778년 6만7,000명으로 빠르게 늘어났다. 동인도회사는 주로 인도인을 모병해 유럽식 군사훈련을 시켰다. 그와 별도로 고도로 훈련된 전문병력도 보유하고 있었다.

동인도회사는 1700년부터 160여년간 인도 아대륙을 봄베이, 마드라스, 벵골 등 3개 행정구역으로 나눠 자체의 군대를 보유하고 있었다. 벵골지역 지휘관이 선임자로서 3개 지구를 총괄하는 방식의 조직이었다. 한 때 인도에서 모병한 비정규군 규모가 28만명에 달했었다.

첫째 부류는 지원병으로서 신분이 낮은 용병이었다. 그 위에는

영국동인도회사 마드라스 군대. 19세기 작가미상의 작품. 시크교도들은 이 그림에서처럼 남자는 머리카락을 가려야하기 때문에 군인도 군모 대신에 터번을 쓴다. 오늘날 미국군대도 시크교도에게는 터번과 수염을 허용하고 있다.

1857년 7월 30일 럭노우에서 일어났던 인도용병 반란군의 레단 포대에 대한 공격. 강판판화. 작가미상의 1860년작. 포병대의 지휘관만 영국군이고 나머지는 모두 인도용병들이어서 불행하게도 인도인들끼리 싸우고 있다.

벵골 군대로서 신분이 높은 힌두교와 이슬람의 지주로 구성되었다. 여기서 벵골은 오늘날 인도 북부지역인 우타르 프라데쉬 주를 지칭한다. 모든 장교는 동인도회사가 운영하던 영국군 사사관학교에서 훈련을 받은 영국 군인으로 충당했다.

유럽인으로 구성된 보병연대도 따로 두었지만 절대다수의 하부구조는 '세포이'(Sepoy)라고 부르는 현지인으로 채워졌었다. 세포이는 연대 단위로 조직되어 영국식 훈련을 받았으며 영국출신 장교와 부사관이 지휘를 맡았다. 거기에다 본국에서 파견된 별도의 영국육군 병력도 주재하고 있었다.

영국육군은 동인도회사가 필요하다고 요청하면 영국정부가 파견했다. 제2차 아편전쟁(1856~1860년)이 벌어지던 시점인 1857년 동인도회사의 병력규모는 유럽인 3만4,000명, 현지인 25만7,000명으로 구성되어 있었다. 2차 아편전쟁 당시 영국군 주력부대는 인도에서 파병되었다.

동인도회사가 보유했던 군대는 규모면에서는 영국 본토의 상비군보다 더 컸다. 당시 영국본토의 상비군 규모가 24만명이었던 점을 고려하면 그 규모가 얼마나 방대했는지 짐작된다. 임금은 동인도회사가 인도 아대륙에서 조달한 자금에서 지급했다.

동인도회사가 1757년부터 인도 아대륙을 통치하기 시작하여 1857년 세포이 반란이 일어나기까지 100년 동안 영국의 민간통치는 계속되었다. 그 기간에 동인도회사는 영국 제국주의의 대리인 역할을 수행했다. 동인도회사가 식민지 개척의 첨병으로서 상당기간에 걸쳐 영국의 인도통치를 담당했던 것이다.

동인도회사의 군사력이 비대했다는 사실은 기업경영을 통한 수익창출보다는 살육과 약탈을 통한 영토확장에 주력했다는 의미다. 결국 군사력에 의존한 기업경영과 철혈통치의 폐해가 누적되어 동인도회사가 인도에서 지지기반을 상실하자 1858년부터는 영국정부가 직접 나서 통치를 개시했다.

영국정부의 개입에도 불구하고 동인도회사는 과도한 전쟁비용 지출로 인한 재정악화로 1874년 끝내 청산절차를 밟았다. 그 후 영국정부가 동인도회사의 군사기능을 인수해 인도통치를 수행했다. 하지만 인도 아대륙에서 영국의 영토확장을 노린 전쟁에는 변함이 없었다.

그에 따라 인도 아대륙에서는 무수한 인명이 죽음의 행렬로 내몰려 피가 마르는 날이 없었다.

07

중국혈통 끝까지 추적-차별

백인의 아시아 인적유산

Chino Chanchaulero.

필리핀 마닐라의 중국인 음식행상. 호세 H. 로자노의 수채화. 1847년작. 스페인 국립도서관 소장. 작가는 식민지 시대에 필리핀에서 살아가는 다양한 인종의 전통의상, 그리고 신분과 직업을 물감으로 담아냈다. 그 때 스페인은 중국인들을 혹독하게 박대하고 차별했다.

07 백인의 아시아 인적유산

신인종 유라시안의 탄생

포르투갈, 화란, 스페인, 영국, 프랑스의 핏줄들

대항해 시대 이후 유럽 국가들이 동남아시아, 서남아시아를 침탈하여 점령하고 식민지로 지배하면서 유라시안(Eurasian)이란 새로운 인종이 탄생했다. 유라시안이란 단어는 1844년 영국이 지배하던 인도에서 생겨났다. 그 말은 원래 영국인과 인도인 사이에서 태어난 혼혈인을 가리키는 말로 사용되었었다.

그 유라시안이 점차 아시아인과 유럽인을 조상으로 둔 모든 혼혈인을 지칭하는 용어로 그 의미가 확대됐다. 유럽인이 아시아에 진출하면서 아시아인과 포르투갈인, 네덜란드인, 스페인인 사이에 많은 혼혈인들이 탄생했다. 아시아인과 프랑스인이 낳은 혼혈인도 적지 않았다. 모계는 거의 아시아인이었다.

영국인과 인도인 사이에서도 수많은 혼혈인들이 생겨났다. 영국동인도회사 군대가 인도 이외의 다른 점령지로 이동하면서 인도인을 용병이나 하인으로 데리고 다녔다. 그에 따라 영국인은 물론이고 인도 고용인과 현지 여인 사이에서도 혼혈인들이 많이 태어났다.

영국은 버마를 124년간, 말레이시아를 120년간, 그리고 인도를 200년 가까이 지배했다. 영국이 언제부터 인도 아대륙을 지배했느냐 하는 문제는 논란의 여지가 있다. 일반적으로는 동인도회사가 벵골, 비하르, 오릿사 등 일부 북부지역을 지배하기 시작한 1757년을 기점으로 본다.

그 시점에는 무갈제국이 존속했었지만 영국동인도회사가 그 지역에서 실질적으로 지배력을 행사하고 있었던 까닭이다. 그와 달리 1859년 무갈제국이 통치권을 완전히 박탈당해 멸망한 시점을 영국의 인도 식민통치의 개시라고 보는 시각도 있다.

동남아시아에서는 필리핀이 가장 오랫동안 백인의 지배를 받았다. 1565~1898년 333년간에 걸친 스페인의 식민통치에 이어 영국 2년, 미국 49년 등 400년 가까이 서방열강의 질곡에서 벗어나지 못했었다. 그 연유로 필리핀은 아시아에서 어느 나라보다 많은 혼혈문제를 떠안았다. 2차 세계대전 이후 냉전체제가 종식되기까지 미국군대가 주둔했던 까닭에 그 기간에도 많은 혼혈아들이 태어났다.

프랑스는 67년간에 걸쳐 인도차이나를 점령했었다. 1946년 프랑스령 인도차이나 인구조사에 따르면 베트남, 라오스, 캄보디아에는 4만5,000명의 유럽인이 거주하고 있었다. 그 중의 1/5이 혼혈인이었다. 대표적인 혼혈인은 캄보디아 왕대비 노로돔 모니네스를 꼽을 수 있다. 그의 아버지는 이탈리아 출신의 프랑스 은행가 장 프랑수아 이지였다.

포르투갈은 1511년 아폰수 드 알부케르케(Afonso de Albuquerque)가 이끄는 탐험대가 말라카를 점령한 이후 향신료 무역을 독점하여 대번영을 누렸다. 포르투갈은 남서유럽의 주변국이지만 뛰어난 조선술과 항해술을 바탕으로 16세기 초엽부터 아시아의 중요한 요지마다 군사적 기능을 갖춘 무역기지들을 건설했다.

포르투갈은 인도 아대륙에서 중국, 일본에 이르는 광대한 지역에 걸쳐 동방무역의 전초기지들을 설치함으로서 독점적 무역망을 구축했다. 그 과정에서 포르투갈계 혼혈인이 많이 태어났다. 네덜란드는 포르투갈에 이어 인도네시아를 149년간 지배했다. 네덜란드는 그 기간에 태어난 혼혈인을 인도(Indo)이라고 불렀다.

식민주의자 유럽 국가들이 아시아에서는 아메리카와 달리 원주민들을 동원하여 농장을 경영하고 광산물을 채굴했다. 그런데 2차 세계대전이 일어나자 일본이 대동아 공영권이란 기치 아래 인도 아대륙을 제외한 대부분 아시아의 유럽 식민지를 침공하여 지배자인 유럽인들을 축출하고 그 자리를 차지했다.

2차 세계대전이 끝나자 패망한 일본이 철수하고 원주민의 자주적 독립운동이 일어나서 남아 있던 유럽 식민주의자들이 아시아에서 쫓겨났다. 유럽의 식민지 시대가 종막을 내리자 인도차이나 반도, 동남아시아, 인도 아대륙에서 지배자로 군림하던 유럽인들이 민족주의 세력에 밀려 철수했던 것이다.

아메리카 대륙에서는 1810~1840년 대부부의 나라가 독립하여 스페인이 물러났지만 백인 정착민들이 나라를 차지하여 주인이 되었다. 그와 달리 아시아에서는 유럽 지배자들이 원래의 주인에게 자리를 내어주고 떠났다. 그러나 유럽인의 식민지배는 동남아시아, 서남아시아에 혼혈인이라는 인종적 유산을 물려주었다.

혼혈인은 예외적인 경우 말고는 유럽계 남자와 아시아계 여자 사이에서 태어났다. 대다수의 유라시안들은 식민통치 기간에 원주민과 유럽인과는 따로 떨어진 공동체를 형성하고 살았다. 분쟁이 나면 두 집단 사이에서 중재역을 맡기도 했으나 독립 이후에는 탄압의 대상이 되었다.

라틴아메리카에서는 혼혈인들이 인종차별을 받으면서도 국가 구성원으로서 동화되었다. 하지만 아시아에서는 독립 이후 민족주의가 대두되면서 혼혈인들은 정체성의 문제를 겪어야

동남아시아의 유럽식민지
(루밀로 산티아고 작)

■ 포르투갈 티모르   ■ 스페인 동인도
■ 네덜란드 동인도   ■ 프랑스령 인도차이나
■ 영국령 버마, 말레이, 보르네오   ■ 시암(태국)

만 했다. 일부 혼혈인들은 탄압을 받으면서도 어머니 나라에 남아 동화되었고 대다수는 탄압을 피해 아버지 나라나 아메리카 대륙으로 이주했다.

　모계의 나라에서 혼혈인에 대한 원주민의 박해가 심해지자 많은 혼혈인들이 부계의 나라로 이주했지만 그곳도 그들을 반기지 않았다. 다시 말해 유럽국가의 아시아 식민지들이 독립한 이후 그곳의 혼혈인들은 모계의 나라에 잔류해도, 부계의 나라로 이주해도 차별과 박해가 기다리고 있어 이중적 인종차별의 고통에 시달려야만 했다.

　혼혈인에 대한 차별은 외모의 차이에 대한 이질감에서 발단하여 민족주의적 감정과 이념이 결합하여 배타적 행태로 나타났다. 그에 따라 혼혈인들은 독립 이후 상당기간에 걸쳐 폭력의 대상이 되어 많은 핍박과 고통을 겪었다. 적지 않은 혼혈인들이 살해되기도 했다.

 부친이 자식으로 인정한 경우 식민통치 기간에 부계의 기득권에 힘입었던 혼혈인들은 대체로 재력기반이 튼튼한 편이었다. 또 상대적으로 교육의 기회도 많았다. 20세기 후반 들어 그 같은 요인들이 작용하여 혼혈인들이 서서히 상류사회로 부상함으로써 사회 전반에 걸쳐 영향력을 행사하기 시작했다.

 1990년을 전후하여 세계적으로 공산주의가 붕괴되고 세계화 물결이 지구를 휩쓸자 혼혈인들이 서서히 지배세력으로 자리를 잡아갔다. 그 파고를 타고 아시아 일대의 유럽계, 미국계 혼혈인들이 이국적인 생김새 덕택으로 연예계에서 독보적인 두각을 나타내어 나라마다 그들이 TV화면을 꽉 채운다.

독립되자 박해 피해 부계나라로 떠난 혼혈인들

 17세기 들어 아시아는 점차 서유럽의 각축장으로 변해갔다. 동방항로를 먼저 개척한 포르투갈이 대호황을 누리자 서유럽 국가들이 동남아시아의 향신료와 중국의 청화백자를 찾아 앞다퉈 뛰어들었던 까닭이다. 그들은 가는 곳마다 약탈, 방화, 살육을 저지르며 땅을 뺏고 원주민 여자들을 데리고 살면서 수많은 혼혈인들을 낳았다.

 서유럽 국가들이 오늘날의 인도, 파키스탄, 방글라데시, 스리랑카, 인도네시아, 티모르, 말레이시아, 싱가포르, 필리핀, 버마, 베트남, 캄보디아, 라오스, 홍콩, 마카오에 이르는 광대한 지역에서 지배자로 군림했다. 그에 따라 서남아시아, 동남아시아에서 수많은 혼혈인들이 태어났다. 유럽인과 원주민 사이에 출생한 혼혈족은 대부분이 모계와 부계와 떨어져 따로 공동체를 형성하고 살았다.

 영국, 스페인, 네덜란드, 포르투갈은 다른 인종과의 결혼을 금지하지 않았고 오히려 장려하는 측면이 있었다. 통치인력이 부족했기 때문에 혼혈인을 보조인력으로 쓰려는 방편이었다. 가톨릭도 이인종결혼을 금지하지 않았다. 스페인은 반란을 방지하기 위한 수단으로 다양한 인종이 서로 복잡하게 얽혀 서로 견제하도록 하는 교묘한 통치술을 구사했다.

 유럽의 식민통치 기간에 걸쳐 스페인과 네덜란드가 보인 인종과 종교에 관한 자세는 극명한 대조를 이뤘다. 필리핀을 지배한 스페인은 본국에서처럼 이교도와 이민족에 대해 철저한 차별정책을 통해 탄압했다. 같은 이베리아반도 국가이자 같은 가톨릭 국가인 포르투갈도 특히 종교에 관해서는 비슷한 자세를 취했다.

반면에 타종교에 대해 관용적이었던 네덜란드는 식민지에서도 종교와 인종에 관해서는 비교적 포용적이었다. 대표적인 사례로 티모르 섬을 꼽을 수 있다. 네덜란드가 포르투갈을 축출하고 오늘날의 인도네시아를 거의 평정했지만 티모르 섬의 솔로르 동부지방에서는 진격이 좀처럼 진척되지 않았다. 토파스(Topass)라고 부르는 포르투갈인과 원주민 사이에 태어난 혼혈족이 완강하게 저항했기 때문이었다.

그런 연유로 같은 티모르 섬이지만 동티모르는 2차 세계대전이 끝날 때까지 포르투갈의 지배를 받았다. 1945년 인도네시아가 독립하면서 네덜란드령이었던 서티모르는 자동적으로 인도네시아에 편입되었다. 그러나 1520년부터 400년 이상 포르투갈의 지배를 받은 동티모르는 인도네시아의 침공에도 불구하고 독립을 지키며 그 지위를 그대로 유지하고 있다.

동티모르는 포르투갈의 오랜 지배를 받은 영향으로 주민의 90% 이상이 가톨릭 신자다. 반면에 네덜란드 지배를 받은 서티모르는 주민의 절대다수가 무슬림이라 대조를 이룬다. 거기서 같은 유럽 식민주의자이지만 네덜란드와 포르투갈의 종교관이 판이한 차이점을 드러낸다. 네덜란드는 종교의 자유를 허용했고 포르투갈은 가톨릭을 강요했다는 점이다.

아시아의 혼혈인들은 대체로 끼리끼리 모여 살다보니 공동체가 형성되었으며 그곳을 중심으로 스스로의 권익을 지켜 나갔다. 인도네시아 혼혈인들은 400년 동안 포르투갈에 이어 네덜란드의 지배를 받으면서 그들 끼리 뭉쳤다. 독립 당시에 말레이시아에는 2만9,000명의 유라시안이 거주했는데 그들은 대부분이 포르투갈인의 후손이었다.

하지만 혼혈인들이 차별과 탄압을 우려해 노출을 꺼렸다는 점에서 그보다는 숫자가 훨씬 많았을 것으로 추정된다. 말레이시아 동부의 보르네오 섬에 거주하던 혼혈인은 그 숫자가 파악된 바 없다. 다만 미국 스탠포드 대학이 실시한 DNA 표본조사에 따르면 말레이시아 보르네오 섬의 최대도시인 코타 키나발루 인구의 7.8%가 유럽인 염색체를 가진 것으로 나타났다.

필리핀은 인종간의 반목과 갈등을 조장할 우려가 있다는 이유로 혈통조사를 하지 않아 혼혈인의 실태를 파악할 수 없다. 그러나 스페인 통치기간의 기록에 따르면 루손 섬 거주자의 1/3이 스페인인 또는 아메리카에서 건너간 메스티소와 원주민 사이에서 태어난 혼혈인이었다. 그 점을 고려하면 인구의 상당한 비율이 혼혈인의 후손일 것으로 추정된다.

베트남어로 '부이더이'는 유랑자란 뜻인데 프랑스 식민지배 시절에 프랑스인과 베트남인 사이에서 태어난 혼혈인을 가리키는 말로도 쓰였다. 그 숫자가 40만명에 달했다. 프랑스가 철수한 다음에 미국이 1965년 베트남 전쟁에 참전함으로써 미군과 베트남 여자와 사이에서 생긴 혼혈인도 4만~10만명에 이르렀다.

 1975년 베트남 전쟁에서 북베트남 공산당이 승리함으로써 미국계 혼혈아들은 고아로 버려져 많은 고통과 시련을 겪어야만 했다. 2차 세계대전 이후 냉전체제하에서 미국군대가 일본, 한국, 태국, 베트남, 필리핀 등지에 주둔하면서 미국군인과 현지여인 사이에서 태어난 혼혈인을 아메라시안(Amerasian)라고 부르기도 했다.

 2차 세계대전 이후 아시아 국가들이 서방열강으로부터 독립하자 혼혈인들은 식민통치의 상징처럼 비춰져 사회적, 국가적 박해를 받아야만 했다. 많은 혼혈인들이 탄압과 박해를 피해 부계의 나라나 미국, 호주, 캐나다 등지로 이민을 떠났다. 미국의회는 입법화를 통해 미국군대가 주둔했던 나라의 미국계 혼혈인 중에서 부친이 친자로 인정한 경우에 한해 이민을 허용했다.

 혼혈인이 소수인 아시아에서는 혼혈인이 사회의 주류를 이룬 라틴아메리카와 달리 혼혈 자체를 숨기고 살았다. 그 까닭에 혼혈실태를 파악하기 어렵고 혼혈인 숫자도 의외로 적게 추산되었다. 그러나 DNA 조사를 통해 보면 유럽인 염색체가 훨씬 높게 나온다.

미국의 시사주간지 '타임'의 2023년 4월 30일자에는 '미군의 필리핀 전설'이라는 기사가 실렸다. 미국이 아직까지도 수천명의 혼혈인을 데려가지 않고 그냥 내버려두고 있다는 내용이다. 그들은 미국이 이제 그들을 잊은 것 같다며 안타까움을 호소했다. 미셀리안 판길리난이라는 아메라시안은 일생을 노력하고 있지만 미국에 가지 못하고 있다고 토로했다. 생부가 미국에서 도와주고 DNA검사를 통해 친자를 확인했는데도 소식이 없다는 하소연이었다.

수에즈 운하개통 따라 영국-인도 혼혈인 감소

유라시안(Eurasian)은 원래 19세기 영국 남자와 인도 여자 사이에 태어난 혼혈인을 지칭했었다. 그러다 오늘날에는 아시아인과 유럽인을 조상으로 둔 모든 혼혈인을 아우르는 용어로 넓게 쓰인다. 그에 따라 1960년대부터는 영국-인도 혼혈인을 특정하여 앵글로-인디언(Anglo-Indian)라고 부른다.

앵글로-인디언이란 말도 원래 조상 중에 인도혈통이 있느냐를 따지지 않고 인도에 정착해 살던 영국인을 지칭했었다. 그러다 차츰 부계가 영국인이고 모계가 인도인인 혼혈인을 가리키는 말로 변했다. 그 이전에는 영국-인도 혼혈인을 단순히 유라시안이라고 불렀었다.

영국동인도회사가 인도를 통치하는 기간 중에서도 18세기 말엽에서 19세기 초엽 사이에는 영국군인이 인도여자와 살림을 차려 혼혈아를 낳은 경우가 아주 흔했다. 그러나 유럽여자와 인도남자의 결혼은 금지했다. 그럼에도 드물지만 인도용병들이 더러 유럽여자를 데리고 살았다.

영국동인도회사의 인도통치 초창기에는 유럽남자 세 사람 중에 한 사람 꼴로 인도여자를 아내로 데리고 살았다. 그러나 무슬림 여자는 종교적 이유로 거의 유럽 남자와 결혼하지 않았다. 유럽인은 주로 잉글랜드, 스코틀랜드, 아일랜드, 포르투갈, 네덜란드, 프랑스, 독일 출신이었다.

19세기 중반 들어 인도에는 영국인 주재인력이 군인 4만명과 관리 2,000명으로 늘어났다. 여러 세대에 걸쳐 많은 영국-인도 혼혈인이 출생했지만 친부가 자식으로 여기지 않아 모친이 따로 데리고 산 경우가 많았다. 포르투갈 식민지였던 인도 고아에도 상당수의 혼혈인이 태어났으나 인종차별을 견디지 못해 대부분이 부계국적에 따라 포르투갈로 이주했다.

1857년 인도용병의 반란 이후 양측에서 혼혈결혼을 기피하는 분위기가 역력했었다. 그 상황에서 영국식민정청이 혼혈결혼을 금지하는 법령을 제정함에 따라 혼혈아 출생이 현저하게 감소했다. 거기에다 1869년 수에즈 운하가 개통되어 영국~인도의 운항시간이 크게 단축되었다. 그에 따라 많은 영국군인들이 가족을 동반한 상태에서 인도에 주둔하면서 혼혈결혼이 현저하게 줄었다.

그럼에도 그 후 여러 세대에 걸쳐 혼혈인끼리의 결혼이 늘어나고 모여 살면서 그들만의 독특한 의상, 언어, 종교, 문화를 지닌 공동체가 형성되었다. 그들은 학교를 세워 영어교육을 실시하고 영국중심의 문화를 조성하는 한편 종교적 유대감을 강화해 나갔다.

한편 영국동인도회사는 혼혈인을 관세-국세국, 우편-체신국, 산림국, 철도국의 직원으로 채용하고 교직원 등 다른 분야에서도 고용을 확대하여 안정적인 생활기반을 마련해 줬다. 오늘

초상화가이자 만화가인 윌리엄 테일러의 1842년 작품. 한 젊은 영국인을 인도인 하인 다섯 명이 붙어서 머리를 빗어주고 발을 씻어주고 거울을 들고 비춰주고 있다. 바닥에는 말안장, 정구채, 장화, 책 등이 어지러이 놓여 있다. 이 한 장의 그림이 당시 영국인들이 인도에서 얼마나 호사를 떨고 세도를 부렸는지 보여준다.

날에는 30만~100만명의 영국-인도 혼혈인이 인도에 거주하는 것으로 추정된다. 편차가 큰 이유는 차별과 박해를 피해 혈통을 숨기기 때문이다.

스리랑카는 오랫동안 포르투갈, 네덜란드, 영국의 식민통치를 번갈아 받아 유럽인과 원주민의 혼혈결혼은 그 역사가 길다. 그곳에서는 부계의 국적을 따지지 않고 혼혈인을 묶어서 버거(Burgher)라고 부른다. 포르투갈이 1505년 스리랑카를 침공하면서 처음 아프리카 노예를 데리고 갔는데 그들과 원주민 여자 사이에도 혼혈인들이 적지 않게 태어났다.

스리랑카는 1983~2009년에 걸쳐 26년간이나 내전을 겪었는데 그 과정에서 많은 버거들이 섬을 떠나 미국, 유럽, 호주, 뉴질랜드 등지로 이주했다. 스리랑카에는 2012년 기준 3만 7,000명의 버거가 거주하고 있었으며 그들은 대체로 가톨릭 신자였다.

이인종결혼 장려하고 혼혈인 중용한 네덜란드

1620년대 네덜란드의 인도네시아 총독 얀 피터스준 코엔(Jan Pieterszoon Coen)이 식민통치를 강화하기 위해서는 네덜란드에서 많은 인력을 이주시켜야 한다고 역설했다. 가족단위로 이주시키고 고아도 함께 보내야 한다는 것이 그의 지론이었다. 그래서 네덜란드는 독신여성들을 바타비아에 보냈고 고아원도 세워 고아 소녀들을 보내 장차 신부감으로 키웠다.

동인도회사 초기에는 네덜란드 남자와 인도네시아 여자 사이에 결혼이 성행했으나 1650년대 들어서는 혼혈결혼이 현저하게 줄어들기 시작했다. 네덜란드에서 신부감들을 많이 데려갔기 때문이었다. 그 시기에 바타비아에서 이뤄진 결혼의 절반은 신부가 유럽출신이었다.

네덜란드에서 많은 독신여성들이 인도네시아로 가기도 했지만 적지 않은 신부들은 인도네시아에서 결혼한 적이 있는 과부였다. 그 때는 원주민과 충돌도 잦았고 해난사고도 많아 남자의 사망률이 크게 높았다. 17세기 말엽에 즈음해서 네덜란드는 아시아 식민지를 효율적으로 통치하기 위해 인력보충이란 중요한 과제를 안고 있었다. 그럼에도 아시아로 가는 유럽인들이 눈에 띄게 줄었다.

문제는 네덜란드 인구가 200만명에 불과했다는 점이었다. 따라서 저개발 지역인 북서유럽에서 많은 인력을 조달했다. 동인도회사가 영입한 외국인력은 주로 무역인, 회계사, 선원, 탐험가였으며 그들이 전체인력의 절반가량을 채웠다. 진출초기인 1622년에만 해도 바타비아에 주둔하던 수비대원 143명의 절반 이상이 외국인이었다.

그 중에서 독일인이 가장 많았고 그 다음으로 프랑스인, 영국인, 스코틀랜드인, 덴마크인의 순이었다. 바타비아에는 그 밖에도 노르웨이, 스웨덴, 이탈리아, 말타, 폴란드, 아일랜드, 스페인, 포르투갈 출신의 외국인들이 적지 않게 거주했다. 또 네덜란드 선박을 타고 동방을 여행한 스웨덴 사람이 수천명에 달했었다. 그 중에 상당수는 바타비아에서 장기간 거주했었다.

오늘날 말로 하자면 네덜란드 동인도회사는 다국적 기업의 면모를 갖추고 있었다. 18세기에 이어 19세기 초엽에 걸쳐 인도네시아 외국인 거주자 중에서 부인이 없던 사람은 거의 원주민과 결혼했다. 동인도회사와 식민지 총독부도 통치기반을 강화하기 위해 혼혈결혼을 장려한 측면이 있었다. 본국에서 가족을 데리고 가는 사람도 더러 있었지만 그들은 거의 고위직이었다.

네덜란드는 자국민과 인도네시아인의 혼혈인인 인도(Indo)는 물론이고 네덜란드 이전의 지배국인 포르투갈의 혼혈인이 결혼해 낳은 혼혈후손도 통합을 위해 수용했다. 그에 따라 인도네시아에는 혼혈인과 유럽인의 공동체가 형성되어 있었다. 대부분의 구성원이 네덜란드 시민권을 가졌지만 공동체 문화는 아시아와 유럽의 문화가 융합된 유라시안의 성격이 강했다.

인도네시아의 유럽사회는 부모가 유럽인이지만 아시아에서 태어난 유럽인인 토톡(Totok)의 사회진출이 늘어나면서 인도(Indo)문화의 영향을 크게 받았다. 토톡이 혼혈인인 인도의 문화와 관습에 익숙해지면서 동화되기 시작했던 것이다. 그러자 총독부가 제동을 걸고 나섰다. 19세기 초엽을 지나면서 의상과 언어 등 인도(Indo) 생활양식을 서구화하라는 압력을 넣었던 것이다.

혼혈인은 네덜란드어와 인도네시아어에 능통했기 때문에 군대와 총독부에 중개자로 채용되었다. 유럽에서 행정관리나 군인을 따라서 인도네시아로 가는 여자는 거의 없었다. 동인도회사 직원들이 원주민과 사이에서 태어난 아들들을 더러 네덜란드로 유학 보냈으나 그들은 거의 인도네시아로 돌아가지 않았다.

1720년 바타비아에 살던 유럽인은 전체인구의 2.2%인 2,000명 수준이었다. 그들은 거의 네덜란드 상인이었다. 그리고 유라시안 1,100명, 중국인 1만1,700명, 인도네시아인 이외의 아시아인 9,000명, 인도-아랍계 무슬림 600명, 다른 도서지방 이주자 5,600명, 말레이시아인 3,500명, 자바, 발리 출신 2만7,600명, 아프리카인을 포함한 노예 2만9,000명이었다.

19세기 들어 말라카 해협에서 네덜란드가 영국한테 밀려나면서 말라카에 살던 네덜란드인들이 바타비아로 이주하기 시작했다. 1854년 자바에 거주하던 유럽인 1만8,000명의 절반은 유라시안이었다. 1890년대 네덜란드의 인도네시아에는 6만2,000명의 유럽인이 살았는데 대부분이 유라시안이었다. 그것은 전체인구의 0.5% 수준이었다.

1869년 수에즈 운하가 개통되어 암스테르담~바타비아 항해일수가 크게 줄자 네덜란드에서 가족단위의 백인 이주민이 늘어나면서 혼혈인의 영향력이 차츰 줄어들기 시작했다. 1925년 인도네시아에 거주하던 유럽인의 27.5%가 원주민 또는 혼혈인과 결혼한 것으로 조사됐는데 그 비율이 1940년에는 20%로 줄었다.

1930년 인도네시아에서 유럽인의 법적지위를 가진 인구가 24만명이었다. 그것은 전체인구의 0.5%에 못 미치는 숫자였다. 그 중의 75%는 법적으로 네덜란드인이었지만 대다수가 이중언어를 구사하는 혼혈인이었다. 1940년 유럽인이 25만명으로 늘었는데 그 중의 80%는 혼혈인이었다.

인도네시아에서는 스페인이 지배하던 필리핀과 달리 혼혈 자체가 식민사회에서 최고직에 올라가는데 장애가 되지 않았다. 그것은 네덜란드가 혼혈인에 대해서도 인종적으로나 종교적으로 포용적이었고 중용했다는 사실을 말한다. 또 본토인구가 200만명에 불과했던 까닭에 세계의 교역망을 유지하기에는 인력이 부족했다. 그 같은 현실적 제약에 따라 혼혈인에 대한 의존이 불가피했던 측면이 있었다.

탄압 피하려고 성씨 바꾼 인도네시아 혼혈인들

2차 세계대전 중에 동남아시아의 유럽 식민지는 거의 일본의 침략을 받아 일본의 대동아 공영권에 편입되었다. 일본은 점령지에서 모든 서방색채를 제거하느라 혈안이었다. 인도네시아에서는 네덜란드인을 비롯한 유럽인들을 모조리 포로수용소에 수감했다.

처음에는 포로로 대우했으나 나중에는 모든 성인 남자에 이어 모든 여자, 어린이, 청소년을 억류했다. 10살 이상의 소년은 어머니와 격리해 노인들과 함께 소년원에 가두었다. 일본 점령기간 중에 네덜란드 군사요원 4만2,000명과 민간인 10만명이 수감되었다.

혼혈인에 대해서도 같은 강제조치를 취했다. 원주민의 피가 섞였다는 사실을 증명하면 포로수용소로 끌려가는 길을 피할 수 있었다. 하지만 대부분이 부계가 인도네시아 사람이라는 사실을 증명하지 못했다. 혼혈인은 10명 중에서 9명 이상이 유럽 남자와 원주민 여자 사이에서 태어났기 때문이었다.

인도네시아에서는 혼혈인이 식민통치 지배세력의 중추적 역할을 담당하고 있었다. 그들은 일반적으로 백인만큼 네덜란드에 대한 충성심이 강했다. 그들은 또 기독교인으로서 네덜란드 관습을 따랐고 네덜란드 시민과 똑같은 권리를 가지고 있었다. 한마디로 혼혈인이지만 네덜란드인처럼 행세했다.

일본 점령기에 인도네시아 독립운동 지도자들이 독립을 위해 일본 침략자와 협력했다. 1945년 8월 일본이 항복하자 이틀 후에 그들은 인도네시아 공화국 독립을 선언했다. 대다수의 혼혈인들은 일본군에 의해 수감되었거나 숨어서 살다보니 그 같은 움직임을 알지 못했다.

그 기간에 네덜란드인들은 최하위층으로 전락해 비참한 삶을 살아야만 했다. 일본이 2차 세계대전에서 패배하여 철수하자 인도네시아는 네덜란드에 대항해 독립투쟁을 벌였다. 그 과정에서 민족주의를 주창하는 청년들에 의해 수백명의 네덜란드인들과 혼혈인들이 살해되었다. 1949년 30만명의 혼혈인이 추방되었다.

그럼에도 인도네시아가 독립한 이후 대부분의 혼혈인들이 네덜란드 시민권을 그대로 보유했고 10% 정도만이 인도네시아 시민권을 취득했다. 일본이 항복한 이후 인도네시아가 독립하는 1945~1950년 과도기에 10만명의 네덜란드인들이 고국을 찾아 떠났다.

그들은 대부분이 일본 수용소에서 여러 해 동안 포로생활을 하면서 고초를 겪었으며 해방 이후에

네덜란드-인도네시아 혼혈인 남매. 1931년 촬영. 작가미상. 암스테르담 세계문화국립박물관 소장.

는 베르시압 폭동을 체험한 이들이었다. 베르시압 폭동으로 인해 8개월에 걸쳐 2만명이 살해되었다. 네덜란드가 인도네시아의 독립을 인정한 이후 1950~1957년 네덜란드인 공무원, 경찰관, 교도관, 군인들이 고국으로 돌아갔다.

식민지 군대가 해체된 데 이어 남몰루카에 주둔했던 용병 4,000명과 그 가족이 송환되었다. 인도네시아가 네덜란드로 보낸 송환자수는 정확히 파악되지 않았으며 1956년을 전후해 20만명이 네덜란드로 이주한 것으로 알려졌다. 1959년 인도네시아가 시민권을 취득하지 않은 네덜란드인들을 추방했고 1960년대 들어 6만여명이 미국으로 이민을 떠났다.

네덜란드는 1967년까지 자국민 송환계획을 운용했다. 그에 따라 인도네시아가 독립한 이후 15년간에 걸쳐 25만~30만명에 달하던 네덜란드인들이 인도네시아를 떠났다. 대부분이 네

덜란드로 갔으며 나머지는 호주, 미국, 캐나다 등지로 삶터를 옮겼다.

 인도네시아 독립과 더불어 민족주의가 대두되면서 상당수의 혼혈인들이 인종차별을 의식해 해외로 이민을 떠났다. 그들이 찾아 떠난 나라는 아버지의 나라 네덜란드 43만명, 미국 10만명, 호주 1만명으로 추정된다. 인도네시아에 그냥 주저앉은 혼혈인은 100만명 가량 되었다. 그러나 그 추정치는 다른 자료와 편차가 커서 얼마나 근사치에 가까운지는 의문이다.

 수하르토 집권기간에는 네덜란드 혼혈인들도 중국화교들처럼 인종차별을 피하고 주류사회에 동화되기 위해 성씨를 바꾸었다. 그런데 냉전체제가 종식된 이후 세계화 물결이 고조되고 혼혈인의 경제적 지위가 향상되면서 중국 혼혈인도 네덜란드 혼혈인도 조상의 성씨를 되찾는 추세를 보였다.

유럽 대도시들에 생긴 아시아계 혼혈인 공동체

 라틴아메리카에서는 지역에 따라서 혼혈인을 박대하기도 했지만 혼혈결혼을 장려하기도 했다. 전체적으로 보면 메스티소라는 백인과 원주민의 혼혈인은 차별을 받으면서도 사회의 주류를 형성해 왔다. 또 백인의 피가 많이 섞인 혼혈인의 경우 백인처럼 행세하고 백인으로 대접을 받기도 한다.

 그와 달리 유럽-아시아 혼혈인은 부계-모계 양쪽 나라에서 도덕적 타락과 인종적 불순의 상징처럼 낙인이 찍혀 수치, 모멸, 수모의 삶을 살아야만 했다. 또 사회적으로 격리되기도 했다. 지역에 따라서는 다른 종족, 다른 계층과의 결혼을 사갈시하는 관습에 따라 증오의 대상이 되었다.

 2차 세계대전 종식과 더불어 유럽 국가의 아시아 식민지들이 독립한 다음에는 혼혈인들은 시련의 시대를 살아야만 했다. 민족주의가 대두되면서 많은 혼혈인들이 탄압과 박해를 피해 부계의 나라로 이주했다. 하지만 그곳도 그들을 반기지 않았다. 외국인 혐오감까지 더해져 그들은 마치 불가촉천민처럼 취급되어 사실상 사회에서 격리되다시피 했다.

 1898년 스페인이 미국과의 전쟁에서 패배하자 스페인-필리핀 혼혈인인 메스티소 11만 5,000명이 스페인으로 이주해 소수인종으로 자리 잡았다. 2차 세계대전이 끝나고 나서 1965년까지 인도(Indo)라고 부르는 네덜란드-인도네시아 혼혈인 50만명이 네덜란드로 이주했다. 그들은 네덜란드에서 가장 큰 소수인종을 구성하고 있다.

17세기 이후 영국동인도회사가 수천명의 인도인을 영국으로 데리고 가서 부렸다. 그 바람에 식민지에서와 달리 영국에서는 인도인 남자와 영국인 여자의 혼혈결혼이 눈에 띄게 늘어났다. 그들은 거의 벵골 출신의 남자로서 무슬림이 많았다. 그들은 여자를 동반하지 않았기 때문에 적지 않게 영국여자와 결혼하거나 동거했다.

영국에서도 혼혈결혼이 점차 사회문제가 되었으나 인도에서처럼 법적으로 규제하지는 않았다. 19세기 중반에는 다양한 직업의 인도인이 영국에 거주했는데 그 중에는 선원이 많았다. 거기에 더해 19세기 들어 인도에서 근무했던 많은 영국군인들이 인도인 부인과 혼혈자식들을 데리고 귀국했다.

1차 세계대전이 발발할 시점에는 영국에 인도선원 5만1,616명이 거주했다. 1차 세계대전이 일어나자 영국에는 인도여자가 인도남자보다 더 많아졌다. 그 즈음 외국인 선원이 부쩍 늘어났는데 대부분은 인도 아대륙 출신이었고 예멘, 말레시아, 중국 선원도 적지 않았다.

영국에 첫 발을 디딘 중국인 정착자는 광둥성 출신이었으며 상하이 출신도 더러 있었다. 그 숫자는 1921년 남자가 2,157명이었는데 의외로 여자도 262명이나 있었다. 그에 따라 적지 않은 중국남자가 영국여자와 결혼했다. 2차 세계대전 중에는 광둥성과 상하이에서 많은 중국선원들이 영국으로 갔는데 기록에 따르면 300명이 영국여자와 결혼했다.

아시아 출신 선원과 영국여자의 이인종결혼과 함께 동거생활도 늘어났다. 그에 따라 영국사회에서 이인종결혼에 대한 비판의 소리가 높아지더니 점차 노골적인 반감을 드러내기 시작했다. 급기야 혼혈인을 배척하는 소요가 일어나서 혼혈인들을 폭행하는 사태가 적지 않게 발생했다.

1920~1950년 일부 작가들이 아시아 남자와 영국여자의 혼혈결혼과 혼혈인에 대해 노골적인 증오심과 적개심을 표출했다. 특히 무슬림 혼혈인과 혼외출산에 대한 선동적 공격을 일삼으며 다른 인종과의 결혼을 강력히 규제하라고 촉구했다. 하지만 그 같은 노력은 큰 결실을 얻지 못했다.

1970년대 들어 많은 동남아시아 여자들이 가족과 함께 영국으로 이주함에 따라 이인종결혼은 눈에 띄게 줄었지만 아시아 공동체는 더욱 커졌다. 2006년 현재 영국에는 24만6,400명의 유럽-동남아시아 혼혈인종이 거주하고 있었다.

모계가 아시아인인 혼혈인들이 탄압을 피해 부계의 나라 유럽에 갔으나 그곳에서도 그들을 반기지 않았다. 박해를 피해 그들 끼리끼리 모여 살다보니 네덜란드, 스페인, 영국에는 그들만의 독특한 문화적 색채를 지닌 공동체가 형성되었다.

스페인의 13단계 인종차별제도

필리핀 333년 동안 지배했던 스페인의 혼혈족

1521년 포르투갈 탐험가 페르디난드 마젤란의 필리핀 상륙은 장차 스페인의 필리핀 점령을 알리는 신호탄이었다. 스페인 국왕의 후원을 얻어 세계일주에 나섰던 마젤란이 필리핀에 잠시 닻을 내렸었다. 그 인연으로 스페인이 44년이 지난 1565년 멕시코에서 태평양을 횡단하여 필리핀 세부를 점령하고 첫 정착촌을 건설했다.

이어서 스페인은 1571년 마닐라를 스페인 동인도의 수도로 삼았다. 국명을 스페인 국왕 펠리페 2세의 이름을 따서 '펠리페의 땅'(Filipinas)이라는 뜻으로 필리핀(Philippines)이라고 지었다. 그 필리핀을 19세기 초엽까지는 멕시코에 자리 잡은 누에바 에스파냐(Nueva España-뉴 스페인) 제국이 통치했었다.

누에바 에스파냐는 오늘날의 미국 남부와 서부, 멕시코, 그리고 파나마를 제외한 중앙아메리카, 카리브 제도, 필리핀에 이르는 광대한 지역을 영토로 관할했었다. 1821년 멕시코가 독립한 이후에는 스페인 마드리드가 필리핀을 직접 통치했다. 다시 말해 북아메리카에서 발판을 잃은 스페인이 동방항로를 통해 필리핀을 오가며 지배했던 것이다.

스페인의 필리핀 점령초기에는 정착자들이 주로 스페인이나 멕시코에서 태어난 탐험가, 군인, 정부관리, 선교사였다. 16~17세기에 걸쳐 수천명의 스페인 상인들이 필리핀으로 이주하면서 상당수는 원주민과 동화되었다. 그들은 주로 스페인에서 태어난 카스티야 출신으로서 식민지 통치를 목적으로 정착했다.

또 그들은 통치기반을 강화하기 위해 통혼정치(通婚政治) 차원에서 원주민 족장들의 딸들과 결혼했다. 중세 카스티야 왕국은 이베리아 반도의 중심부를 차지하고 있었으며 재정복(Reconquista)을 주도적으로 완수했다. 그 카스티야 왕국과 아라곤 왕국이 통합해 태어난 스페인 왕국이 바로 콜럼버스의 대양원정을 후원했다.

필리핀에서는 스페인 사람을 카스티야 왕국의 이름을 따서 카스틸라(Kastila)라고 불렀다. 그 스페인인의 필리핀 출생 후손을 이스파노 필리피노(Hispano Filipino)라고 일컬었다. 또 스페인 태생의 스페인인은 물론이고 멕시코에서 태어난 스페인인도 이베리아 반도 출신이라는 뜻으로 반도인(半島人)이라고 지칭했다.

그러나 멕시코에서는 스페인에서 태어난 이주자는 반도인이지만 아메리카 대륙 태생의 스페인인은 크리오유(criollo)라고 해서 한 등급 낮게 대우했다. 그 점을 고려하면 스페인이 필리핀을 누에바 에스파냐의 중심지인 멕시코의 하위구조로 취급했음을 알 수 있다.

필리핀 태생의 스페인계는 섬 출신이라는 뜻으로 도서인(島嶼人)이라고 불렸는데 그들은 지방관리가 되거나 토지를 부여받아 농장을 경영했다. 필리핀에 거주하던 대부분의 스페인인들은 동족 끼리 결혼했지만 일부는 원주민과 결혼하여 혼혈아를 출산했다.

지역에 따라서는 스페인 정부가 외국상인에게 원주민과 교역을 허용했으나 토지소유는 인정하지 않았다. 외국상인과 원주민 사이에 경제적 교류와 사회적 접촉이 늘어나면서 그들과 원주민의 결혼도 증가했다. 외국상인은 주로 멕시코에서 간 백인 이거나 백인과 아메리카 원주민 사이에 태어난 혼혈인이었다.

멕시코에서 건너간 인종이 원주민과의 결혼이 늘어남에 따라 혼혈인인 메스티소(mestizo)라는 새로운 인종집단이 생겨났다. 메스티소의 후손들이 점차 필리핀의 지배계층으로 자리를 잡으면서 그들의 정치적, 경제적 영향력이 커졌다. 유럽계 멕시코인과 멕시코 태생의 메스티소는 필리핀에서 아메리카노(Americano)라고 불렀다.

그들은 멕시코가 독립하기 이전인 1565~1815년 스페인 점령기간에는 정부관리, 군인, 신부, 선원, 상인, 탐험가로서 멕시코와 필리핀을 왕래했다. 그들의 대부분은 상인으로서 마닐라~아카풀코를 오가는 갤리언선을 타고 주로 필리핀과 아메리카 교역에 종사했었다.

아메리카노, 흑인, 그리고 흑인과 백인의 혼혈인인 물라토(mulatto)도 선원, 죄수, 노예로서 필리핀에 정착했다. 아프리카 흑인노예인 아프리카노(Africano)는 계약제 하인으로서 아메리카노를 따라 필리핀에 갔다. 그들은 계약기간이 끝나면 자유인이 되었다.

필리핀에서 태어난 아메리카노의 후손은 필리피노(Filipino)로 분류했다. 아메리카 대륙에서 스페인 태생의 스페인인을 반도인, 아메리카에서 태어난 스페인인을 크리오유(criollo)로 한 단계 낮춰서 차별했던 것과 같은 원칙이었다. 그것은 인종차별 신분제도가 출신지역에 따라서도 차별했다는 뜻이다.

아메리카 대륙에서 태어나 필리핀으로 이주한 흑백 혼혈인의 후손은 부계의 조상에 따라 분류했다. 그 경우 대부분의 부계가 백인인 까닭에 백인의 혈통을 인정하여 우대했다는 의미다. 그들의 상당수는 원주민과 결혼해 필리핀 사회에 동화되었다.

2차 세계대전 이후 대부분의 스페인 혈통의 혼혈인은 지방방언을 쓰면서 자신이 필리핀의 인종집단에 소속한다고 생각한다. 또 공직생활에서는 영어를 사용하고 필리핀어와 지방방언을 쓴다. 스페인어는 스페인 통치가 끝날 때까지 공용어로 통용되었으나 1987년 폐지되었다.

필리핀이 333년간의 스페인 지배를 받았으나 라틴 아메리카 국가들과 달리 오늘날에는 스페인어를 구사하는 사람은 거의 없어 대조를 이룬다. 일부 지방에서는 극히 소수이기는 하지만 아직도 스페인어를 쓰기도 한다. 하지만 종교는 언어와 달리 가톨릭을 그대로 유지하여 라틴아메리카와 같은 현상을 보인다.

이사벨 프레이슬러. 1951년생. 스페인 혈통의 가수이자 TV진행자로서 한 때 마닐라의 진주라고 불린 만큼 명성을 날렸었다.

오늘날 스페인 혈통의 후손은 중-상류층으로서 주류를 형성하며 하류층은 소수에 불과하다. 그들은 다른 인종집단과는 거의 결혼을 하지 않는다. 대부분이 정계와 재계의 고위직을 차지하고 연예계, 체육계에서도 두각을 나타내고 있다. 필리핀의 각계에서 영향력을 행사하는 가문은 거의 스페인 혈통이다.

스페인인을 조상으로 둔 필리핀 인구에 관한 공식적인 통계는 알려진 바 없다. 필리핀에서는 외모를 봐서 분명히 혼혈인이라고 알아 볼 수 있는 사람만 메스티소로 간주한다. 부계가 스페인 혈통이고 모계가 원주민인 혼혈인은 부계의 전통을 따른다.

혼혈문제는 인종차별을 비롯한 복잡한 사회적 문제를 안고 있기 때문에 필리핀에서는 인종적 배경이나 개인의 조상에 관한 공식통계는 작성하지 않는다. 필리핀이 스페인 식민통치 기간에 실시한 인종차별 신분제도에 따른 폐해를 잘 알기 때문으로 보인다.

따라서 필리핀 국내외에 거주하는 메스티소에 관한 정확한 통계는 알 수 없다. 미국-스페인 전쟁, 2차 세계전쟁이 끝난 이후에는 많은 스페인-필리핀 혼혈인들이 스페인 말고도 라틴 아메리카, 호주, 미국으로 이민을 떠났다.

원주민 피가 1/8 이하 섞여야 백인으로 간주

스페인 식민통치 기간에 많은 스페인인들이 아메리카 대륙에 정착했다. 그 과정에서 스페인 남자와 원주민 여자 또는 아프리카 여자 사이에 많은 혼혈아들이 출생했다. 그에 따라 스페인은 인종을 계급적으로 분류해서 차별하는 복잡한 신분제도를 고안해냈다. 하지만 오랜 세대를 거치면서 여러 인종의 피가 복잡하게 섞이자 나중에는 얼굴색이 하얀 정도를 판단기준으로 삼았다.

스페인은 재정복(Reconquista)과 종교재판이란 명목을 내세워 이교도, 이민족을 처형하거나 재산을 몰수하고 이베리아 반도 밖으로 추방했다. 그 스페인이 순혈주의에 입각하여 만든 인종차별 신분제도(caste system)를 식민지에서 통치기반을 강화하기 위한 수단으로서 엄격하게 적용했다.

스페인은 식민지 주민의 신분을 혈통의 순수성 정도에 따라서 차별화했다. 아메리카 대륙에서 태어난 스페인 혈통을 100%, 75%, 50%, 25%, 12.5%로 분류했으며 원주민 피가 1/8 이하로 섞여야만 백인으로 간주했다. 백인과 원주민 사이에 태어난 혼혈인의 후손은 여러 세대에 걸쳐 백인과 결혼해야만 그 후손이 백인으로 대우를 받을 수 있다는 뜻이었다.

필리핀에서는 스페인의 통치기간인 16~19세기에 걸쳐 이인종결혼이 스페인의 다른 식민지에 비해 적은 편이었다. 그럼에도 스페인은 아메리카 대륙에서 실시한 인종차별 신분제도를 필리핀에서는 중국인까지 포함해 아메리카에서보다 더 복잡한 13단계로 변형해 적용했다.

스페인 혈통을 중심으로 하는 인종분류법은 복잡하기도 했지만 원주민과 중국인에 대한 철저한 차별정책이었다. 그 제도의 핵심골자는 스페인의 피가 얼마나 섞였느냐에 따라 차별과 우대가 적용되었다는 점이다. 또한 중국인 혈통은 끝까지 추적하여 무거운 세금을 물리는 철저한 인종차별 제도였다.

마닐라는 높은 성벽으로 둘러싸인 백인만이 거주하는 격리도시였다. 다시 말해 인종적으로 철저하게 분리된 백인전용의 성곽도시였다. 그 흔적은 아직도 유지되고 있다. 오늘날에도 마닐라의 부촌은 높은 담장을 쌓아 무장경비원이 삼엄하게 경비하며 외부인의 출입을 엄격하게 통제한다.

스페인이 지배할 당시 백인은 마닐라와 세부, 그리고 스페인의 군사-무역기지가 들어선 두서너 개의 섬에만 거주했다. 원주민은 나머지 섬에 거주했다. 중국인-원주민의 혼혈인만이 백인전용 거주지에 들어가서 백인을 위해 시종으로 일할 수 있었다.

백인(blanco)은 세 가지로 분류되었다. 순수한 스페인 혈통으로서 스페인에서 태어난 스페인인을 반도인이라고 지칭했다. 또 순수한 스페인 혈통이지만 필리핀에서 태어난 스페인인을 도서인 또는 필리피노(Filipino)라고 불렀다. 그리고 스페인 혼혈인과 그 후손도 백인으로 우대했다.

 원주민은 필리핀의 최하위 계층으로서 아메리카 대륙의 흑인이나 원주민과 비슷하게 취급했다. 중국인에 대해서는 그보다 조금 우대하여 바로 위의 계층으로 분류했으며 순수한 중국 혈통을 가진 화교 후손이 여기에 해당했다. 하지만 중국인과 원주민의 혼혈인은 순수한 혈통의 중국인보다 한 층 높여 우대했다.

 그것은 스페인 총독부가 화교의 현지동화를 촉진하여 중국화교의 세력확장을 견제하려는 의도였다. 그 위의 계층이 스페인인과 원주민 사이에 태어난 혼혈인이고 거기에 중국인 선조의 피가 섞였다면 또 한 단계 더 높여 대우했다. 아메리카 대륙에서 출생한 혼혈인도 여기에 맞춰서 차별했다.

 가톨릭 신자인 중국인, 그리고 중국인-원주민의 혼혈자손만이 비논도 거주가 허용됐다. 그 연유로 비논도에는 오늘날 유서 깊은 차이나 타운이 형성되어 관광명소로 자리 잡았다. 가톨

필리핀 마닐라의 비논도에는 세계에서 가장 오래된 400년이 넘는 차이나 타운이 있다. 그곳에는 1594년부터 중국인 가톨릭 신자와 중국인과 원주민의 혼혈인만이 거주가 허용되었었다. 가톨릭 개종은 스페인에게 복종적이라는 의미를 갖는다. 스페인은 중국인을 말살할 목적으로 혼혈인을 중국인이나 원주민보다 우대했다. 그 까닭에 그들만이 그곳에 살 수 있었다

릭을 믿지 않는 중국인은 파리안 지구에 수용되었다. 같은 인종도 계층화해서 차별했고 종교적, 지역적으로도 차등해서 격리했다는 소리다.

 원주민은 나머지 7,000여개의 섬에 거주했다. 스페인은 필리핀 제도에 거주하는 모든 원주민을 인디오(Indio)라고 지칭했다. 법률적 분류법으로는 스페인의 식민기지 부근에는 가톨릭을 믿는 원주민만 거주하도록 차별했다. 그리고 마닐라, 세부와 중요한 군사-무역기지 이외에 거주하는 원주민은 더욱 세분화해서 차별했다.

 저지대와 해안지대에 살면서 가톨릭으로 개종한 원주민은 '자연인'으로 분류했다. 도시지역에 살면서 가톨릭으로 개종하지 않은 원주민은 '야만인' 또는 '이교도'로 불렀다. 또 도시지역에 살기를 거부하고 산에서 사는 원주민은 '고산족' 또는 '산적'이라고 분류하여 차별했다.

 순수한 혈통의 원주민은 최하층민인 인디오(Indio)와 네그리토(Negrito)로 분류했다. 네그리토는 마닐라에 살면서 세례를 받았더라도 성내에 출입이 허용되지 않았고 지정된 장소에서만 거주해야만 했다. 네그리토는 동남아시아와 오세아이나에 사는 키 작은 흑인을 말한다. 네그리토와 원주민이 결혼해 낳은 혼혈아는 부계의 혈통에 따라 법적지위가 결정되었다.

 네그리토 부친과 원주민인 인디오 모친 사이에 태어난 혼혈인은 네그리토가 되고 부친이 인디오이고 모친이 네그리토이면 그 출생아는 인디오가 되었다. 네그리토는 사회질서의 외곽에 사는 존재로 간주되어 식민지 밖의 촌락에서 거주했으며 가톨릭으로 개종도 거부했다.

중국혈통 끝까지 추적, 차별, 중과세한 스페인

 스페인이 필리핀을 점령하고 명나라와 교역을 트려고 여러 경로를 통해 접촉을 모색했으나 조공무역이라는 장벽에 부닥쳤다. 스페인이 멕시코에서 은을 가지고 갔지만 도자기, 비단 등 중국물자를 사고 싶어도 공식적으로는 살 수 없었다. 결국 마닐라에 거주하는 중국인들을 통한 간접교역 방식으로 필요한 물자를 조달할 수 밖에 없었다.

 그럼에도 스페인이 필리핀의 무역거점을 통한 해상무역으로 번영을 누리자 필리핀에는 중국 이주민들이 크게 늘어났다. 또 스페인이 식민지 통치를 위한 기간시설을 건설하려고 수천 명의 중국 노무자를 고용함에 따라 중국인 이주민이 더욱 증가했다. 많은 중국 이주민들이 가톨릭으로 개종하고 원주민과 결혼했다. 이름도 스페인식으로 개명하고 현지사회에 동화하기 시작했다.

 그럼에도 스페인은 중국인에 대해 철저한 차별정책을 썼다. 중국인과 다른 인종 사이에 태어난 혼혈인은 대를 이어 끝까지 추적하여 중국 혼혈인으로 분류했다. 또 19세기까지 비논도

지역은 중국 이주자 중에서 가톨릭 신자와 원주민과의 혼혈인만의 거주지역으로 엄격하게 제한했다. 그럼에도 중국인들은 활동영역을 차츰 늘려가며 상인, 지주, 대금업자로 자리를 잡아갔다.

 스페인이 필리핀에서 실시한 인종차별 신분제도는 특히 중국인에 대한 차별은 아메리카 대륙에서는 비슷한 유례가 없을 만큼 가혹했다. 중국인 남자가 원주민 여자나 백인 피가 섞인 중국 혼혈여성과 결혼하더라도 그의 모든 후손은 대를 이어서 중국 혼혈인으로 분류했다. 그 후손이 어떤 인종의 여자와 결혼하여 어떤 인종의 자손을 낳았는지 따지지 않았다.
 누구든지 부계의 조상 중에 중국인이 있다면 그의 후손은 중국인의 피가 얼마나 섞였는지 상관없이 중국 혼혈인이란 법적신분을 상실하지 않았다. 다시 말해 조상 중에 중국인이 한 사람이라도 있으면 영원히 중국 혼혈인으로 분류되어 차별을 받아야만 했다.
 원주민과 중국인의 피가 섞인 여자가 백인으로 분류된 남자와 결혼하더라도 그 여자의 법적신분은 원래대로 중국 혼혈인으로 남았다. 그녀의 남편이 스페인 혼혈인, 반도인, 도서인인지 가리지 않았다. 그 여자의 자녀는 스페인, 원주민, 중국인의 피가 섞인 토르나트라스(tornatrás)로 분류되었다.
 원주민 여성이 백인 남자와 결혼하더라도 그 지위는 그냥 원주민으로 남지만 그 자식은 중국계 여성과 달리 스페인 혼혈인으로 간주되어 우대를 받았다. 스페인인과 원주민 사이에서 태어난 혼혈인 여자가 백인 남자와 결혼하면 메스티소의 신분이 그대로 유지되었다.
 그 여자가 스페인인과 원주민 사이에 태어난 메스티소 남자와 결혼해도 마찬가지였다. 그러나 원주민과 결혼하면 그 여자의 신분은 원주민으로 떨어지고 세금도 원주민과 같은 수준으로 더 많이 내야만 했다. 스페인 피가 섞인 여성이 원주민 또는 중국인과의 결혼을 억제하기 위한 조치였다.
 반면에 백인 남자가 중국 혼혈인 또는 스페인 혼혈인, 그 밖에 어떤 인종의 여자와 결혼해도 백인신분에는 변화가 없었다. 그러나 중국 혼혈남자 또는 스페인 혼혈남자가 필리핀에서 태어난 순수한 스페인 혈통의 여자와 결혼하면 그 여자는 백인신분을 상실했다.
 다시 말하면 그 여자가 스페인 혈통이더라도 남편의 신분에 따라 중국 혼혈인 또는 스페인 혼혈인의 신분을 취득해야만 했다. 그 여자가 원주민 남자와 결혼하면 순수혈통인데도 불구하고 원주민 신분으로 떨어졌다. 스페인 혈통의 여자가 원주민 또는 중국인 혈통과의 결혼을 막으려는 차별조치였다.

그 신분제도는 인종차별을 더욱 강화하기 위해 조세정책에도 그대로 적용되었다. 원주민은 기본세를 납부했다. 중국 혼혈인은 그 2배, 중국인은 그 4배의 세금을 내야만 했다. 그런데 백인은 반도인, 도서인을 가리지 않고 세금을 내지 않았다. 원주민 집단 거주지에 사는 중국 혼혈인은 원주민과 같은 기본세만 냈다. 그것 또한 중국인의 현지동화를 유도하기 위한 조치였다.

스페인이 중국인을 신분제도를 통해 가혹하게 차별하고도 모자라 조세정책을 통해서도 철저하게 차별한 데에는 나름대로 배경이 있었다. 마닐라를 아시아 진출의 교두보로 삼은 스페인이 명나라와 교역을 확대하려면 필리핀 화교를 통해서라도 조공무역의 장벽을 넘어야만 했다.

그 까닭에 스페인은 중국인의 필리핀 이주에 대해서는 개방적이었다. 그에 따라 명나라가 해금령을 내렸음에도 불구하고 밀무역으로 생계를 유지하던 중국인의 필리핀 이주가 급증했다. 상당수는 마닐라에서 밀무역을 통해 중국물자를 수입해서 스페인인에게 파는 일종의 중계무역에 종사했다.

그 같은 상황에서 스페인의 필리핀 총독이 1593년 10월 향신료 주산지인 몰루카 제도(Moluccas) 점령계획을 추진하고 있었다. 그 즈음 향신료 공급시장은 포르투갈이 장악하고 있었고 영국과 네덜란드가 진출을 서두르고 있던 상황이었다. 출전준비를 위해 중국인 250명을 강제로 징집해 선상노역을 시켰다.

스페인군의 혹독한 학대를 견디지 못한 중국인들이 선상반란을 일으켜 총독을 비롯해 스페인 수병 80여명을 살해했다. 그 사건이 도화선이 되어 스페인 총독부와 중국 거류민 사이에 언제 터질지 모를 긴장이 조성되었었다. 거기에다 명나라의 필리핀 침공설이 끊임없이 나돌았다.

그럼에도 1600년경 중국 푸젠(福建-복건)성과 마닐라를 왕래하는 선박이 30척을 넘을 만큼 교역이 활발했었다. 그에 따라 마닐라 소재지인 루손 섬의 중국 거류민이 2만5,000명을 넘어섰다. 중국세력이 빠른 팽창세를 보이자 스페인 총독부가 경계의 고삐를 조이며 중국인 거주지를 침탈할 빌미를 찾고 있었다.

1603년 10월 3일 중국인 농장모임을 핑계로 스페인군이 중국인 거주지를 급습해 대학살을 자행했다. 거주민 2만5,000명 가운데 500여명이 산으로 도망가 살아남았고 500여명이 중국으로 도피하여 목숨을 건졌다. 나머지는 모두 몰살당하는 참극이 벌어졌다.

그럼에도 20년이 채 지나지 않아 중국화교가 다시 3만명 수준으로 늘어났다. 1639년 또 다시 스페인이 중국인 2만명을 학살하는 사건이 일어났다. 당시 나돌았던 명나라의 필리핀 침공설은 근거가 희박했다는 판단이 옳다. 루손(呂宋-여송)이 명나라의 조공국이었던 까닭에 근거가 없었다고 말하기 어려웠지만 말이다.

그 즈음 명나라 조정은 해외거류민에 대해 신경 쓸 겨를이 없었다. 1차 학살이 자행된 1603년은 만력 30년으로 임진왜란이 끝난 지 5년이 채 지나지 않은 시점이었다. 명조는 조선원군으로 재정이 악화된 상태여서 또 다시 해외출정에 나설 여력이 넉넉하지 않았다.

2차 중국인 학살이 자행되었던 1639년에는 명나라가 북방민족의 침탈에 시달리고 있었다. 특히 남동중국해안에서 해적과 동맹을 맺고 약탈과 살육을 일삼던 네덜란드를 퇴치하기에도 힘겨웠다. 무엇보다도 명조가 멸망을 5년 앞둔 시점이라 해외출정을 염두에 둘 상황이 아니었다.

대항해 시대 이후 냉전종식까지 외국군대 주둔

대항해 시대 이후 필리핀에는 스페인 말고도 유럽의 여러 나라 사람들이 살고 있었다. 그들은 주로 중국과의 교역을 통해 돈을 벌려고 멕시코를 거쳐 아시아에 진출한 상인들이었다. 그들 중에는 멕시코에서 원주민 여자 또는 흑인여자 사이에서 낳은 혼혈인 자녀들을 데리고 필리핀에 갔다.

태평양을 횡단하는 마닐라~아카풀코 항로에는 1565~1815년에 걸쳐 110척의 갤리온(galleon) 선박이 투입되어 멕시코와 필리핀을 왕래했다. 그에 따라 멕시코에서 많은 스페인인, 포르투갈인, 프랑스인들이 필리핀으로 건너가서 살았다. 또 종교탄압을 피해 일본, 인도, 캄보디아에서 많은 가톨릭 신자들이 가톨릭 종주국 스페인이 지배하던 필리핀으로 이주했다.

1593년부터는 해마다 3척 이상의 스페인 선박이 아프리카 남단을 돌아서 유럽으로 가는 동방항로를 운항했다. 청화백자 등 중국 물자, 동남아시아 향신료, 필리핀 특산물을 싣고 동방항로를 통해 스페인으로 가면서 유럽과 직접거래도 이뤄졌던 것이다. 또 그에 따른 인적교류도 적지 않았다.

1869년 11월17일 수에즈 운하가 개통되자 동방항로를 통한 유럽과 아시아의 교역이 더욱 활발해졌다. 그에 따라 스페인이 마닐라를 국제무역 항구로 개방했다. 영국, 네덜란드, 독일, 포르투갈, 러시아, 프랑스에서 투자자들이 몰려가면서 교역이 날로 번창했다. 19세기 들어 스페인인의 이주가 더욱 늘어나면서 혼혈결혼도 빠르게 증가했고 혼혈인의 상당수는 원주민과 동화되었다.

7년전쟁이 끝날 무렵인 1762~1764년 2년간 영국군이 필리핀의 수도 마닐라와 마닐라 만에 소재한 두 개의 해군항을 점령했었다. 1763년 파리강화조약에 의해 7년전쟁이 종식되었다. 그런데 조약을 체결할 당시 조약 서명국들은 영국군이 마닐라 일대를 점령하고 있다는 사실을 모르고 있었다.

따라서 파리조약에는 필리핀에 관한 구체적인 조항이 없었다. 그 결과 특별히 규정하지 않은 영토는 스페인 제국에 귀속한다는 일반조항에 따라 스페인의 필리핀 지배가 지속되었다. 그러자 영국 장교와 인도 용병들이 반란을 일으켰다가 각지로 흩어졌다. 그들도 원주민과 결혼하여 현지주민과 동화되었다.

스페인-미국 전쟁에서 스페인이 패배함에 따라 1898년 12월 10일 파리조약이 체결되었다. 그 조약에 의해 스페인은 필리핀과 다른 식민기지를 미국에 할양하고 2,000만달러를 받았다. 1901년 미국의 필리핀 총독부가 설치되고 총독 윌리엄 H.태프트(William H. Taft)가 취임했으며 그는 훗날 27대 미국 대통령이 되었다.

미국의 점령기간에도 미국인과 원주민 사이에 많은 혼혈인들이 태어났다. 2차 세계대전의 종전과 함께 필리핀이 1946년 미국한테서 독립했다. 하지만 미국은 그 후 냉전시대에도 군대를 계속 주둔시키고 있었다. 1964~1973년 베트남 전쟁 당시에는 미국이 필리핀을 전진기지로 삼으면서 수십만명의 미군이 필리핀에 주둔했었다.

베트남 전쟁이 끝난 다음에도 미국은 냉전체제가 붕괴되어 1992년 군사기지를 폐쇄할 때까지 21개 기지에 10만명의 병력을 배치했었다. 필리핀이 독립한 이후에도 미국군대가 오랫동안 주둔함으로써 미군과 원주민 여자 사이에 수천건의 혼혈결혼이 이뤄졌다.

소설가 펄 S. 벅의 국제재단은 5만2,000명의 혼혈인이 필리핀에 흩어져 사는 것으로 추산했다. 필리핀에는 대항해 시대 이후 스페인에 이어 미국의 지배를 거쳐 냉전시대의 종식까지 외국군대가 주둔하여 아시아의 어느 나라보다도 많은 혼혈인이 태어났다.

스페인의 인종차별 신분제도는 1898년 스페인이 미국과의 전쟁에서 패배하여 떠나고 필리핀이 미국의 지배를 받으면서 폐지되었다. 하지만 신분제도에 근거한 사회계급은 필리핀인의 의식 속에 잠재되어 오늘날까지도 이어지고 있다. 필리피노(Filipino)라는 용어는 이제 조상의 인종적 배경과 상관없이 필리핀 사람이라는 뜻으로 모든 국민에게 통용된다.

오늘날 스페인 혼혈인은 필리핀의 중-상류층을 형성하고 있으며 다른 인종과 거의 결혼하지 않는다. 많은 스페인계 혈통이 정치계와 경제계에 진출하여 고위직을 차지하고 있으며 연예계와 스포츠계에서도 두각을 나타내고 있다. 필리핀을 지배하는 가문은 거의 스페인계 혈통이다.

08

남북전쟁 종식 150년 여전한 인종차별

100년 걸린 노예무역 폐지

1939년 제작된 영화 '바람과 함께 사라지다'는 영화사상 최고의 걸작이다. 그 불후의 명작에 하인으로 출연한 흑인 여배우 해티 맥대니얼은 애틀랜타에서 열린 첫 시사회에 참석하지 못했다. 흑인이라는 이유였다. 그녀는 아카데미상 여우조연상 수상자였지만 로스앤젤리스의 한 호텔에서 열린 아카데미 수상식에서도 차별받았다.

그 호텔은 '백인전용'을 내세워 그녀의 출입을 거부했다가 나중에 다른 출연진과는 떨어진 뒷자리를 마련해줘 참석은 했었다. 그 후 흑인이 아카데미상을 수상하기까지는 51년이라는 긴 세월이 걸렸다. 그녀는 죽어서도 차별받았다. 그녀는 헐리웃 공동묘지에 묻히기를 원했으나 그녀의 마지막 희망마저 거절당했다. '백인전용'이 그 이유였다.

08 100년 걸린 노예무역 폐지

영국에서 태동한 노예폐지 운동

18세기 후반 영-미에서 일어난 노예폐지 운동

 18세기 후반 들어 인간이 인간을 상품처럼 사고파는 노예무역, 인간이 인간을 짐승처럼 부리는 노예제도. 인간의 존엄성을 파괴하고 가족을 해체하는 야만적인 노예무역과 노예제도에 대한 비판의 소리, 반대의 소리가 영국, 미국 등지에서 힘을 얻어가기 시작했다.

 종교계에서는 복음주의자들을 중심으로 노예무역 금지와 노예제도 폐지를 추진하는 운동이 서서히 태동했다. 그 운동을 가장 앞장서 이끈 인물로는 영국의 정치가이자 박애주의자인 윌리엄 윌버포스(William Wilberforce-1759~1833년)를 꼽을 수 있다.

노예무역 금지를 주창했던 정치인 윌리엄 윌버포스.

 그는 노예수입을 금지하면 점진적으로 노예제도 폐지를 이끌어 낼 수 있다면서 먼저 노예무역부터 금지하자고 주창했다. 그의 주장에 동조하는 이들이 점차 늘어났다. 하지만 국익을 앞세워 폐지를 반대하는 세력에다 노예주와 노예선주들의 드센 저항에 부닥쳐 논의만 무성할 뿐 좀처럼 진척이 이뤄지지 않고 있었다.

 그 시기에 노예제도 폐지를 위한 새로운 이정표를 세우는 의미를 가진 중요한 판결이 영국에서 나왔다. 탈주한 노예 제임스 서머세트와 노예주 찰스 스튜어트에 대한 1772년 판결(Somerset vs Stewart)이 그것이다. 영국 법원이 탈주한 노예를 자유인의 신분으로 돌려놓는 사상 최초의 판결을 내렸던 것이다.

 흑인 노예 제임스 서머세트가 1769년 미국 보스턴에서 영국 상인 찰스 스튜어트한테 팔려 런던으로 끌려가게 되었다. 그가 가혹한 처우에 불만을 품고 도주했으나 불행하게도 붙잡히고 말았다. 분노한 노예주 스튜어트가 그 노예를 자메이카로 보내기로 작심하면서 그 사건은 노예폐지에 관한 논쟁에 불을 붙였다.

노예제도 폐지를 주창해온 복음주의자들이 법률구조에 나섰다. 서머세트 변호인단은 영국 식민지에서는 몰라도 잉글랜드와 웨일즈에는 노예제도 자체가 존재하지 않는다, 사람을 노예로 만드는 어떤 실정법도 존재하지 않는다는 등의 법리를 내세워 서머세트는 자연법에 따라 자유인이라는 주장을 폈다.

또 스튜어트와 서머세트 사이의 계약은 자유의사에 따르지 않았다는 이유를 들어 계약 자체가 존재하지 않는다는 사실을 역설했다. 그에 대해 스튜어트 변호인은 재산권 차원의 논리를 내세웠고 노예해방은 나아가서 영국 국익을 중대하게 침해한다는 주장을 내세웠다.

치열한 법정공방 끝에 대법관 맨스필드(Mansfield)가 서머세트의 손을 들어주었다. 그 판결에 따라 어떤 노예도 잉글랜드에 들어가는 순간에 자유인의 신분을 갖게 되었다. 인간은 근본적으로 평등하다는 사상을 일깨운 그 판결은 노예제도 폐지운동에 불길을 당겼다. 그 까닭에 그 판결은 노예해방 역사에서 기념비적 사건으로 평가된다.

노예제도를 부정한 판결을 내린 대법관 맨스필드 경.

그 판결에 대해 즉각적인 반발이 일어났다. 당장 재산권을 침해당했다고 주장하는 노예상, 노예주, 노예선주의 조직적 저항이 인종주의자들의 동조를 얻으면서 확산되었다. 맨스필드의 저택이 습격당하는 사태까지 일어났다. 반발이 드세기도 했지만 영국이 국가적 차원에서 노예제도를 금지하기까지는 수십년이 더 걸려야만 했다.

미국에서는 토마스 제퍼슨의 주도로 1778년 버지니아 주가 처음으로 노예수입을 금지하는 법을 만들었다. 그 법에 따라 노예상이 판매를 목적으로 다른 주나 다른 나라에서 노예를 수입하면 처벌의 대상이 되었다. 또 불법적으로 끌려간 노예는 해방되었으며 법위반에 대해서는 벌금을 물렸다.

사탕무가 노예폐지론과 설탕대중화 이끌었다

대항해 시대를 맞아 서유럽 국가들이 경쟁적으로 대양으로 나갔으나 독일은 아주 늦게 동참했다. 동방무역은 물론이고 아메리카 식민지 개척에서도 빠져 있었기 때문에 설탕의 단 맛도 다른 나라의 손을 거쳐야만 볼 수 있었다. 그 까닭에 독일에서는 사탕수수가 아닌 다른 작물에서 설탕을 추출하는 연구가 진행되고 있었다.

1747년 독일 화학자 안드레아스 마르그라프(Andreas Marggraf)가 사탕무에서 설탕의 성분인 자당을 추출해 내는 데 성공했다. 사탕수수는 당분을 줄기에 저장하지만 사탕무는 뿌리에 저장한다. 그 때 사탕무는 채소로 먹거나 콧병, 인후염, 변비를 치료하는 약제로도 쓰였다.

마르그라프는 사탕무를 가지고 설탕을 만드는 방법을 신문에 발표했지만 큰 주목을 끌지 못했다. 그의 연구결과는 제조공정을 갖추려면 많은 투자비용이 들어가야 했기 때문에 한동안 실험실 안에 갇혀 있었다. 세월이 한참 지나서야 그의 연구성과가 그의 제자 프란츠 아하르트(Franz Achard)의 노력에 의해 결실을 맺어 사탕무를 가지고 설탕을 만들기 시작했다.

그가 프러시아 국왕 프리드리히 빌헬름 3세의 후원을 이끌어 내어 오늘날 폴란드의 코나리 지역에 1801년 사탕무 가공공장을 지었다. 보조금, 토지 등과 함께 10년간의 생산 독점권을 지원받음으로써 공장설립이 가능했던 것이다. 그 공장은 수익을 내지는 못했지만 나폴레옹 전쟁으로 인해 파괴될 때까지 가동되었다.

그런데 나폴레옹 전쟁(1803~1815년)이 사탕무 설탕 생산에 불씨를 살렸다. 나폴레옹이 1806년 영국을 재정적으로 고립시키고자 프랑스에 종속된 유럽 국가들과 북유럽 국가들에게 대륙봉쇄에 참여하라고 강압했다. 그에 따라 영국과 교역을 하던 유럽대륙의 모든 항구들이 영국선박의 입출항을 차단했다.

그에 맞서 영국도 해상봉쇄에 나서 프랑스로 가는 모든 선박의 항로를 차단했다. 카리브 제도에서 생산한 설탕을 유럽으로 실어 나르는 길이 막히자 유

노예해방에 기여한 사탕무.

럽이 사탕무 가공에 눈을 돌렸다. 나폴레옹이 1811년 사탕무 설탕제조법에 관심을 갖게 되면서 프랑스에만 40개의 사탕무 가공공장이 세워졌다.

그 후 사탕무 설탕이 프랑스와 독일을 중심으로 빠르게 확산되었다. 그러다 나폴레옹의 몰락과 함께 영국의 해상봉쇄가 풀리면서 사탕무 설탕산업도 쇠락하고 말았다. 그 후 1840년대 들어 사탕무 설탕산업이 다시 복구되어 유럽 전역에 사탕무 설탕생산량이 증가하기 시작했다.

산업혁명 이후 설탕가공 기술이 발달하면서 1880년대에 이르러서는 사탕무 설탕생산량이 크게 늘었다. 사탕수수는 옛날부터 설탕을 추출하기 위해 열대지역에서 재배되었다. 그와 달리 사탕무는 오랫동안 온대지역이나 한대지역에서도 채소나 가축사료로 농사지었다.

그런 연유로 화학자 마르그라프가 유럽에서도 설탕을 생산하는 길을 열 수 있었다. 그러나 사탕무에서 설탕을 추출하는 그의 연구성과는 비교적 근년에 들어서야 실용화 단계에 들어서 사탕무가 본격적으로 재배되기 시작했던 것이다.

그런데 유럽에서 개발된 사탕무 설탕이 노예폐지 주창자들에게 힘을 실어 주는 정치적 파장을 일으켰다. 카리브 제도에서 아프리카인들을 노예로 부리지 않아도 설탕생산이 가능해지자 노예제도에 대한 반대여론이 국제사회에서 더욱 힘을 얻었다. 사탕무를 유럽에서 재배해 설탕을 만들 수 있으니 구태여 카리브 제도에서 설탕을 수입할 필요가 없어졌던 것이다. 그에 따라 제해권을 장악한 영국이 노예제도 폐지에 더욱 앞장서 국제적 압력을 행사하기 시작했다.

설탕은 한 동안 부자의 신분을 상징하는 기호품처럼 여겨졌었다. 그런데 사탕무 설탕이 나와 값이 더욱 싸지면서 소비가 더욱 빠른 속도로 늘어났다. 유럽 사람들이 차와 커피에 설탕을 타서 마시면서 설탕이 날개 돋인 듯이 팔렸다. 가난한 사람들도 아침식사를 마른 빵에 잼을 발라 먹을 만큼 설탕이 대중화되었던 것이다.

사탕무가 보급됨에 따라 유럽사회는 설탕의 단 맛에 더욱 홀리고 나아가서 노예폐지론에도 힘을 보탰다.

영국 주도의 노예무역 금지 100년 걸려 결실

19세기 진입을 전후하여 유럽과 미국에서 노예제도 폐지운동이 전개되는 가운데 국제사회에서는 먼저 노예무역 금지가 선행되어야 한다는 여론이 점차 뜨거워졌다. 노예제도를 없애려면 선제적으로 노예무역부터 금지해야 한다는 주장이 설득력을 얻어갔던 것이다. 하지만 노예무역이 근절되기까지는 그로부터 100년도 더 넘게 걸렸다.

노예무역 금지를 주장하는 주체의 맨 앞자리에는 영국이 서있었다. 노예무역을 가장 적극적으로 영위했고 노예무역을 통해 제국의 반석을 다졌던 영국이 노예무역 금지를 주도적으로 추진하고 나섰던 것이다. 제해권을 장악한 영국은 우월적 해군력을 무기로 노예무역에 종사하는 국가들에게 외교적 압력을 행사하면서 노예무역 금지를 이끌어 냈다.

미국의회는 1794년 미국에서 노예무역에 사용될 선박의 건조-개조를 금지하는 노예무역법을 제정했다. 이어 1807년 노예수입을 금지했다. 덴마크도 노예무역에 종사했지만 미국에 앞서 1792년 노예무역 금지를 입법화하고 1803년부터 시행에 들어갔다.

영국은 하원이 1807년 283 : 16이라는 압도적 찬성으로 대서양 노예무역을 금지하는 동의안을 통과시켰다. 그에 따라 영국해군은 노예무역을 해적행위와 동일시하고 위반하면 사형에 처한다고 선언했다. 영국은 그 해 노예무역을 금지하고 노예를 운송하는 영국 선박에 대해 고액의 벌금을 물렸다.

영국의 그 같은 자세변화의 배경에는 노예제도 폐지론자 윌리엄 윌버포스의 헌신적인 노력이 있었다. 그가 국회의원으로 봉직하면서 노예제도 반대운동에 투신하여 20년 동안 노력한 결과가 일구어낸 성과였다. 미국도 같은 해 노예무역을 금지했으나 반세기가 지난 1860년대 들어서야 실질적인 효과가 나타났다.

영국은 1805년 식민지에서도 노예수입을 금지했다. 영국은 나아가서 다른 나라들도 노예무역을 금지하도록 외교적 압력을 행사했다. 1810년 포르투갈이 영국과 조약을 맺고 식민지에서 노예수입을 금지하는 데 동의했다. 1813년 스웨덴도 영국과 조약을 체결하고 노예무역을 금지했다.

이어 1814년 프랑스도 파리조약을 통해 노예무역 금지에 동참했다. 프랑스가 영국과 함께 노예무역은 자연법 원칙에 위배된다는 데 동의하고 5년 이내에 노예무역을 금지하기로 합의했던 것이다. 같은 해 네덜란드도 영국과 조약을 통해 노예무역 불법화를 합의했다.

영국은 이어서 1808년부터 아프리카 서해안에서 노예무역을 감시하기 위한 예방함대를 편성하고 50년 동안 운영했다. 1850년대에는 병력 2,000명, 선박 25척의 예방함대를 상주시켰으며 미국 해군도 지원에 가세했다. 또 미국의 해방노예들이 세운 신생공화국 라이베리아가 경험 많은 뱃사람 1,000명을 수병으로 모집해 지원했다.

예방함대는 근무환경이 열악하기도 했지만 위험부담도 컸다. 각종 풍토병이 상시적으로 생명을 위협했으며 노예상의 반격과 도발도 위협적이었다. 실제 근무자의 사망률이 1,000명당 50명으로 지중해 함대나 본국 함대의 1,000명당 10명에 비해 5배나 높았다.

영국 해군이 1807~1860년 50여년에 걸쳐 노예무역에 관여한 1,600척의 선박을 억류하고 노예로 잡혀있던 15만명의 아프리카인들을 풀어주었다. 또 해마다 그들 가운데 수백명을 영국 식민지 시에라 레온으로 데려가서 직업훈련을 시켜 재정착을 도왔다.

아프리카 국가 중에서 게조, 다호메이 왕국은 영국의 압력에 따라 노예무역을 포기했다. 하지만 노예무역을 불법화하는 조약에 동의하지 않는 아프리카 통치자에 대해서는 제재를 가했다. 예를 들면 1851년 노예무역 금지에 동조하지 않는다는 이유로 라고스 국왕을 폐위시켰다. 1851년 영국은 50개 아프리카 국가 통치자와 노예무역 반대조약을 체결했다.

미국에서는 1859년 클로틸드 호가 불법적으로 아프리카인을 태우고 앨라배마 모빌에 도착한 사실이 나중에 발각되었다. 그것은 그 선박에 타고 있던 아프리카 사람들은 이미 노예로 팔려 나간 뒤였다. 기록에는 그 배가 미국 땅에 닿은 마지막 노예선으로 남아 있다. 그 사건이 일어난 지 5년이 지나 남북전쟁이 끝나면서 미국은 노예제도를 폐지했다.

대서양 노예무역을 마지막으로 금지한 나라는 브라질이고 그 때가 1831년이었다. 하지만 1860년대까지도 브라질과 쿠바에서는 노예무역이 불법적으로 자행되고 있었다. 노예무역을 끝까지 고수하려던 포르투갈이 1870년 아프리카에서 노예를 브라질로 수출하던 무역통로를 마지못해 폐쇄했다. 그로써 영국이 강제적 집행과 외교적 노력을 통해 마침내 노예무역 금지를 이끌어냈다.

그럼에도 브라질은 노예를 계속 수입하다 1888년에야 국제적 압력에 눌려 마지못해 노예제도를 폐지했다. 대서양 노예무역의 문을 가장 먼저 열어 번영을 누린 포르투갈의 식민지였던 브라질이 노예제도의 꿀맛을 잊지 않으려고 끝까지 발버둥친 꼴이었다.

그것은 토마스 제퍼슨의 주도로 1778년 미국 버지니아 주가 처음으로 노예수입을 금지하는 법을 만든 데 이어 노예제도 폐지운동이 일어난 지 100년이 지나서야 얻어낸 결실이었다. 그 때 영국은 막강한 군사력과 강력한 경제력을 배경으로 오늘날의 미국처럼 국제 경찰로서 행동하고 있었다.

애밀리아 오피가 1826년 출간한 '흑인의 통곡'에 실린 삽화. 미국에서 노예제도 폐지론자들이 노예주에게 청원서에 서명을 요구하는 장면.

미국흑인의 '아프리카로 돌아가자'

남북전쟁 끝나도 변화 없던 노예제도, 인종차별

아메리카 합중국이 독립과 더불어 연방정부 차원에서 노예제도를 폐지하려고 노력했으나 실패했다. 미국이 독립을 선언한 이듬해인 1777년 북부의 버몬트 주가 가장 먼저 노예제도를 없앴다. 뒤이어 대부분의 북부 주들이 1800년 이전에 노예제도를 폐지했으나 남부 주들은 동참을 거부했다.

그에 따라 노예제도가 남부와 북부 사이에 갈등을 증폭시키는 요인으로 작용하고 있었다. 북부가 노예제도를 반대한 이유는 알려진 것처럼 인도적, 인권적 차원의 문제가 아니었다. 북부는 공업지대라 노예들에게 주거공간을 제공하는 문제와 그에 따른 관리비용 말고도 거기에서 발생하는 불편이 컸기 때문이었다.

북부의 많은 주에서도 흑인에 대한 차별이 심해 해방흑인도 숙련공으로 일하기 어려웠다. 흑인은 재판에서 백인에게 불리한 증언을 할 수도 없었고 참정권도 부여되지 않았다. 남부에도 자유흑인들이 더러 살았다. 하지만 그들은 끊임없는 감시와 폭력에 시달리며 언제 다시 노예로 끌려갈 줄 모르는 공포를 무릅쓰고 살아야만 했다.

남부에서는 어떤 흑인이 해방되었다는 사실만으로도 백인에게는 노예제도를 위협하는 존재로 비쳤기 때문에 그들을 제거하려는 시도가 멈추지 않았다. 그 까닭에 역설적으로 노예제도를 고수하기 위해서 자유흑인들을 북부로 가도록 도와주는 백인 인종주의자들이 있었다.

북부에서도 흑인에 대한 인종차별이 극심하자 '아프리카로 돌아가자'는 운동이 미국의 독립을 전후해 싹트고 있었다. 그 운동은 1817년 미국식민지건설협회가 결성되면서 구체화되었다. 그러나 많은 백인들의 속마음에는 미국을 흑인 없는 백인의 나라로 만들고 싶은 욕망이 자리 잡고 있어 그 운동이 꼭 순수하지만 않았다.

노예폐지론자들은 미국식민지건설협회를 맹렬히 비난했다. 그들은 흑인이주계획이야말로 미국에서 자유흑인을 제거하려는 음모로서 노예제도를 더욱 공고하게 만들뿐이라는 주장을 폈다. 거기에다 1793년 제정되었던 도망자노예법(Fugitive Slave Law)이 1850년 더욱 강화되었다. 그 개정법은 연방정부가 나서 농장에서 탈출하는 도망자를 검거하도록 하는 권한을 부여했던 것이다.

거기에 자극받은 흑인 지도자들이 흑인의 권리를 보호하고 땅을 주는 나라로 이민을 가거나 식민지를 건설하자는 주장을 들고 나섰다. 검은 대륙 아프리카로 가면 단지 피부색이 검다는 이유만으로는 차별과 탄압을 받는 일은 없지 않겠느냐는 단순한 생각이었지만 동조하는 자유흑인들이 늘어났다.

남북전쟁(1861~1865년)의 종식은 노예제도의 폐지와 함께 흑인에게 의미 있는 신분변화를 약속하는 듯했다. 그러나 그것은 무지개 같은 환상에 지나지 않았다. 남부흑인들이 북부생활을 동경하여 험난한 고비를 숱하게 넘겨 북부로 이주했지만 그곳도 그들을 환영하지 않았다. 일자리도 없었고 인종차별도 남부만큼이나 극심했다.

그들은 북부의 도시생활에 적응하려고 피나도록 노력했지만 그마저 좌절되었다. 그들은 북부에서 허드렛일, 막일을 도맡아 하면서 남부에서보다 형편이 다소 나아지기는 했지만 사회적, 경제적으로는 하층민으로서 밑바닥을 헤매야만 했다. 더러는 도시의 걸인으로 전락하여 꿈도 미래도 허상이란 것을 깨달았다.

백인의 눈에 비친 흑인은 인격적 존재가 아닌 그냥 '검둥이'(nigger)였다. 랄프 엘리슨(Ralph Ellison)의 소설 '보이지 않는 인간'(Invisible Man)이 흑인의 그 참담한 생활상을 묘사했다. 새로운 삶을 찾아 나선 흑인소년이 미국 남부에서 북부로 가는 긴 여정을 통해 자신이 보이지 않는 존재라는 현실을 깨닫고 정체성을 찾아가는 과정을 담았다.

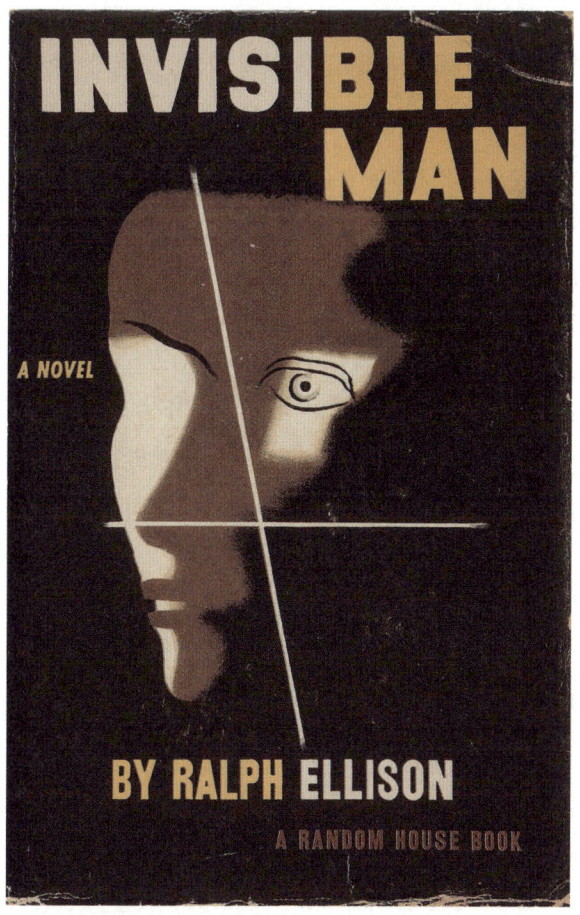

랄프 엘리슨의 소설 '투명인간' 표지. 1952년작.

미국은 남북전쟁이 끝난 다음에도 남북간의 감정대립이 극도로 악화되었고 자본가의 횡포도 더욱 극악해졌다. 북부에서는 노동자 탄압이 극성을 부려 노동조합이 생겨났고 파업도 빈발했다. 남부에서는 백인의 흑인탄압이 멈출 줄 몰랐고 흑인인권은 여전히 실종상태였다. 미국은 그야말로 분열사회였다.

노예해방 이후에도 흑인에 대한 차별과 탄압이 그치지 않자 흑인들 사이에 미국에서 진정한 의미의 평등은 이룰 수 없다는 확신이 더욱 굳어졌다. 그러자 세계에 흩어진 흑인들이 연대하여 조상의 나라 아프리카에 가서 새로운 나라를 만들자는 범아프리카 해방운동이 힘을 받게 되었다.

그런데 그 후에 그 운동과 관련한 사기행각과 부정행위가 드러나면서 아프리카 이주운동이 한 동안 주춤했었다. '아프리카로 돌아가자'(Back to Africa) 운동이 동력을 잃고 시들하다가 1877년 재건시대(Reconstruction Era-1863~1877년) 말기쯤에 되살아나는 기미를 보였다.

재건시대는 남북전쟁이 끝난 다음에 북군이 남부에 주둔한 가운데 전쟁에서 패배한 남부지역이 다시 미합중국에 통합되도록 노력하던 시기를 말한다. 그 시기에 자유노예에게 참정권을 부여하려는 논의가 활발했던 한편 남부 곳곳에서는 거의 날마다 흑인들을 살해하는 참상이 벌어져 흑백갈등이 더욱 첨예해졌다.

남부에서는 KKK(Ku Klux Klan)와 같은 백인우월단체의 조직적, 집단적 폭력이 갈수록 기승을 부려 많은 흑인들이 죽음의 공포에 떨어야만 했다. 그 탓에 아프리카 이주에 관한 남부 흑인의 관심이 1890년대에 절정에 달했었다. 인종주의자의 모임인 KKK는 그 활동범위가 상당히 광범위했었다.

KKK는 1865년 미국 테네시 주 펄래스키에서 남부군 장교 출신들이 중심이 되어 결성되었다. 극렬분자의 비밀 결사체인 KKK는 오늘날에도 잔존세력이 그 명맥을 유지하고 있다. 그 조직은 백인우월주의 말고도 반유대주의, 반로마가톨릭, 기독교근본주의, 네오파시즘, 동성애 반대 등을 표방하고 있다.

그 즈음 KKK 활동이 격렬해지면서 인종차별이 절정에 달했으며 미국 역사상 흑인에 대한 린치도 가장 극성을 부렸다. 그럼에도 '아프리카로 돌아가자' 운동은 큰 지지를 얻지 못하고 오히려 퇴조했다. 그 이유는 식민지 건설을 주창하는 많은 인사들이 정작 본인들은 떠나려고 하지 않았다는 점이다.

많은 자유흑인들은 여러 세대에 걸쳐 조상의 고향과 멀리 떨어진 미국 땅에서 살다보니 아프리카를 고향으로 생각하지 않았기에 가고 싶지 않았다. 아프리카는 조상의 머릿속에 갇혀 있었던 고향일 뿐이었다. 그들은 아프리카가 아니라 태어나서 자란 미국을 고향으로 여겼기에 낯선 땅으로 갈 마음이 없었다.

흑인해방을 위한 약속의 땅으로 알았던 라이베리아의 열악한 현지사정이 조금씩 알려지면서 많은 흑인들이 아프리카에서 새로운 삶을 일구어 보려던 꿈을 접었다. 차라리 미국에서 평등권을 추구하자는 쪽으로 돌아섰던 것이다. 일부 흑인들은 '아프리카로 돌아가자' 운동과 미국식민지건설협회를 노골적으로 비판했다.

식민지건설협회와 식민지건설 반대자 사이에 격론이 뜨거웠지만 미국의 인종차별에 절망한 나머지 적지 않은 흑인들이 여전히 희망을 찾아 라이베리아로 떠나기도 했다. '아프리카로 돌아가자' 운동이 퇴조의 기미를 보일 때까지 미국 식민지추진협회는 1만3,000명의 흑인들을 아프리카로 이주시켰다.

백인이 더 앞장섰던 '아프리카로 돌아가자' 운동

아프리카에서 납치되어 아메리카 대륙으로 끌려간 흑인들은 짐승보다 못한 취급을 받았다. 말이나 소는 시키는 대로 일하기 때문에 먹이만 주면 된다. 그러나 노예라는 허울을 씌었지만 그들은 인간이기에 혹시 반란을 일으키지 않을까, 보복하려고 덤벼들지 않을까 두려운 나머지 백인들이 늘 채찍질을 휘둘렀다.

노예가 도망가다 걸리거나 백인한테 덤벼들었다가는 나무에 거꾸로 매달리기도 하고 나무에 묶여서 죽지 않을 만큼 두들겨 맞았다. 심하면 발목이나 손목이 잘렸다. 아니면 목을 쇠사슬로 묶고 손발을 족쇄로 채워 골방이나 땅굴에 가두었다. 온갖 폭력으로 겁을 줘서 덤벼들지 못하게 하려는 짓거리였다.

양식 있는 백인들 사이에 노예해방이 논의되다 18세기부터 국제적 차원에서 노예해방운동이 태동되었다. 노예해방이 점차 구체적으로 논의되자 19세기 들어 미국에서 자유를 얻은 노예들 사이에 조상의 나라 검은 대륙 아프리카로 돌아가자는 운동이 일기 시작했다.

이른바 '흑인 시오니즘'(Black Zionism) 또는 '흑인식민지건설운동'이 그것이었다. 그 운동은 일부 흑인과 노예제도 폐지를 주장하는 백인들 사이에서도 동조를 얻어 차츰 힘을 더해갔다. 그런데 거기에 모든 흑인들을 미국에서 쫓아내야 한다는 인종차별 극렬분자들도 끼어있었다.

19세기 초엽 들어 미국의 흑인인구가 빠른 증가세를 보였다. 남부에서 자유를 얻은 흑인의 일부가 남부의 다른 지역으로 옮겼으나 상당수는 일자리를 찾아 공업지대인 북부로 이주했다. 그 같은 인구이동에 대해 북부의 백인들이 민감한 반응을 나타냈다. 특히 백인만 살던 주거지역에 흑인들이 늘어나자 노골적인 반감을 드러내기 시작했다.

조상의 고향 아프리카로 돌아가려는 흑인 300여명을 태우고 있는 '귀향선'. 그 배는 1896년 3월 21일 온갖 박해와 학대를 뒤로 하고 미국 조지아 주의 서배너를 떠나 라이베리아를 향해 출항의 고동을 울렸다. 그러나 먹을 것도 입을 것도 없는 그곳도 그들을 반기지 않았다.

노예에서 해방되었지만 그 같은 사회분위기를 타고 미국에는 흑인들이 살아갈 공간이 없다고 생각하는 흑인들이 점차 늘어났다. 남부에서는 자유흑인이 존재한다는 자체가 노예제도를 위협하고 노예반란을 부추긴다는 분위기가 확산되었다. 북부에서는 흑인이 백인의 일자리를 빼앗아간다는 우려도 커지는 가운데 흑인에 대한 반감과 차별이 갈수록 노골화했다.

버지니아 출신으로서 식민지건설운동 제안자의 한 사람이었던 솔로몬 파커라는 사람은 그의 주장을 이렇게 설명했다. "나는 미국에서 살려는 흑인은 해방하지 말아야 한다고 생각한다, 나는 노예제도를 반대하지만 흑인이 미국에서 살려고 하는 한 노예해방을 반대한다. 따라서 미국 땅에서 흑인들을 몰아내야 한다"고 말이다.

북부 도시지역에 남부출신 흑인의 유입이 늘어나자 그에 반발하는 소요가 그치지 않았다. 1819년 한 해에 소요사태가 25건이나 일어나서 많은 사상자가 발생했다. 그에 따라 흑백이 다같이 '아프리카로 돌아가자' 운동을 흑백차별의 해결책으로 보기 시작했다. 의외로 흑인보다 백인이 많은 지역에서 그 운동에 대한 동조가 컸었다.

일부 흑인들은 그 같은 운동에 대해 강한 의구심을 가지고 있었다. 특히 흑인 중류층이 식민지건설운동을 자유흑인들을 추방해서 노예제도를 반대하지 못하게 하려는 음모라고 의심했다. 예를 들어 미국식민지건설협회가 설립되자 필라델피아의 한 교회에서는 3,000명이 모여 식민지 건설을 반대한다며 자유흑인과 흑인노예를 분리하지 말라는 성명을 채택하기도 했다.

많은 기독교 신자들이 인간의 노예화에 찬성하기 어렵다는 사실을 차츰 깨닫게 되었다. 하느님을 믿으면서 흑인을 노예로 부리는데 따른 심적 갈등을 느끼게 되었던 것이다. 기독교를 믿는 부자신자들이 도덕적 의무감에서 노예에게 자유를 주고 아프리카로 돌아가는 여비를 대주는 경우가 더러 있었다.

그 즈음 자유노예가 아프리카로 가는 여비를 마련할 정도로 성공하기는 여간 어렵지 않은 일이었다. 1816년 설립된 미국식민지추진협회(American Colonization Society)는 미국태생 흑인들을 아프리카에 정주시키자는 운동의 초기 주창자들이 모인 단체였다. 그 운동의 주도자들은 두 분류로 나눠져 있었다.

하나는 주로 순수한 동기에서 출발한 자선사업가, 성직자, 노예폐지론자로서 흑인노예들과 그 자손들에게 아프리카로 돌아갈 기회를 제공하자는 부류였다. 다른 부류는 자유흑인들을 두려워하는 노예주로서 그들을 미국에서 축출하자는 세력이었다.

영국은 시에라리온, 미국은 라이베리아로 송환

라이베리아의 역사는 출발부터 아프리카의 다른 국가와는 달랐다. 라이베리아는 여러 부족들이 오랜 세월 모여 살다보니 자연스럽게 형성된 국가도 아니고, 또 유럽 국가의 식민지도 아니었다. 1821년 미국의 민간모임이 미국에서 자유를 얻은 흑인들을 위한 정착지를 서아프리카에 마련하면서 생긴 나라다.

미국에서 아프리카인들을 송환하기 위해 처음 출항한 선박들은 어디로 가야할지 목적지조차 확실하지 않았다. 그래서 과거에 영국 노예상들이 대서양 노예무역을 통해 닦았던 바닷길을 거꾸로 따라 가다가 무턱대고 도착한 곳에서 정착지를 물색한다는 계획이었다.

그래서 노예후손들을 태운 귀향선들은 영국 노예선들이 그들의 조상들을 끌고 가던 항로를 거슬러 찾아가다 닻을 내렸으니 그곳이 시에라리온이었다. 마땅한 땅을 찾지 못한 그들은 더 남쪽으로 해안을 따라 내려갔다. 그곳에서 그들이 원하던 땅을 찾았다. 영국인들이 곡물해안(Grain Coast)이라고 이름 붙인 곳으로서 나중에 라이베리아가 그곳을 중심으로 건설되었다. 처음 20년 동안은 추장이 나눠준 자투리땅에 둥지를 틀었지만 거의 절반은 죽었다. 그곳에는 먹을 것도 없지만 전염병이 창궐하여 살아남기가 참으로 힘들었다. 말라리아가 치명적이었다. 원주민들 또한 이주민들에게 적대적이어서 무턱대고 사람을 죽였다. 겨우 마련한 정착촌을 걸핏하면 부수는 통에 그들과도 힘겹게 싸워야만 했다. 더러는 견디지 못해 시에라리온으로 탈출하기도 했다.

　자유흑인의 라이베리아 정착과정은 아메리카에서 원주민과 싸우며 삶터를 닦았던 백인의 정착과정과 크게 다를 바 없었다. 라이베리아의 정착과정은 시오니즘의 이스라엘 정착과정과도 흡사했다. 유대인들은 조상의 땅으로 돌아가면 보상이 기다리고 있으리라 기대했으나 그 지역의 아랍민족은 그들을 외부의 침입자로 취급했다.

　미국흑인들은 조상이 알고 있던 언어와 문화를 잃어버렸다. 영어를 구사하는 크리스천이란 정체성을 가진 미국인이 되어 버렸던 것이다. 조상이 누구인지 모르고 언제 그 넓은 아프리카 땅의 어디에서 왔는지도 알 수 없었다. 그 까닭에 라이베리아 원주민도 미국계 흑인을 바다를 건너온 침입자로 여겼다.

　조상의 고향이 아프리카이고 피부색이 검다는 점만으로는 동질성을 공유하기에는 너무나 먼 사이였다. 그럼에도 라이베리아는 미국흑인에게 두 가지의 희망을 제시했다. 더 나은 삶을 찾아 미국을 떠나는 흑인들에게는 목적지가 있었다는 점이다. 또 속박과 차별의 질곡에서 벗어나 자유를 찾아서 조상의 고향 아프리카로 돌아간다는 의미를 주었다.

　아프리카 회귀운동은 1830년대 미국 남부출신 자유흑인을 아프리카가 받아주기를 바라는 노예주들에 의해 주로 추진되었다. 거기에 동조하는 자유흑인들이 인종차별이 없는 땅을 찾아, 잃어버린 희망을 찾아 미국을 떠났다. 같은 흑인이니 아프리카 출신인 줄은 아나 조상의 고향을 모르니 모두 라이베리아로 보냈다.

　냇 터너의 노예반란이 일어나자 흑인탄압이 더욱 극성을 부려 자유흑인의 라이베리아 이주가 눈에 띄게 늘어났다. 냇 터너의 노예반란은 1831년 8월 버지니아 주, 사우샘프턴에서 냇 터너라는 흑인노예가 앞장서 75명의 동료들과 함께 농기구를 들고 농장마다 찾아다니며 이틀 만에 백인 55명을 살해하는 사건을 말한다.

　백인의 속박과 질곡에서 벗어나려던 그 몸부림은 참여자가 모두 참살되는 비극으로 끝나고 말았다. 그럼에도 미국에서 생활기반을 다진 흑인 중산층은 그냥 그곳에서 눌러 살기를 원했다. 그러나 가난한 농촌흑인들은 미국생활을 포기하고 라이베리아에서 새로운 삶을 살기를 바랐다.

　라이베리아 정부는 미국에서 가는 이주자에게 땅을 가족 단위는 25에이커, 독신은 10에이커를 무상으로 제공했다. 노예출신인 그들은 그 땅을 일구어 삶을 이어갔다. 하지만 그들이 라이베리아에서 동화되어 구성원으로 인식되기까지는 세대를 건너 뛰어 한 세기나 걸렸다.

　'아프리카로 돌아가자' 운동은 미국 말고도 카리브 제도의 영국 식민지 흑인노예들 사이에도 있었다. 그들의 이주는 주로 18세기 말엽과 19세기 중엽 사이에 이뤄졌다. 영국정부는 1787년 서아프리카 시에라리온에 노예출신 흑인들을 정착시키기로 시도하여 그 해 처음으로 300명을 보냈다.

그런데 그들이 전염병에 걸리거나 원주민과 충돌이 벌어져 2년 후에는 대부분이 죽었다. 영국은 1792년 두 번째 시도를 추진했다. 1,100명을 보냈는데 그들은 주로 미국 독립전쟁 이후 자유를 찾아 캐나다로 이주했다가 재정착에 실패한 미국출신들이었다.

영국에서는 노예송환을 흑인빈곤구제위원회가 추진하다 나중에는 시에라리온회사를 설립하여 그 사업을 추진하도록 맡겼다. 흑인상인들이 수익사업으로 소규모의 송환사업을 벌이기도 했다. 라이베리아의 척박한 생활환경이 전해지자 미국에서도 시에라리온으로 가는 이주가 추진되었다.

미국의 폴 커피라는 한 부자흑인이 필라델피아의 퀘이커 교도들의 도움을 받아 1815년 시에라리온의 프리타운에 흑인 38명을 이주시켰다. 그로부터 5년이 지난 1820년 목사 다니엘 코커가 90명을 시에라리온으로 이주시키는 계획을 추진했었다.

그가 그들을 그곳으로 데려가 정착촌을 건설하고 그들을 크리스천으로 개종시킨다는 꿈을 안고 뉴욕에서 출항의 고동을 울렸다. 그러나 그가 도중에 열병에 걸려 죽는 바람에 그의 포부는 시에라리온 인근의 섬에서 끝나고 말았다. 생존자들도 프리타운으로 도주하여 정착촌의 꿈은 흩어지고 말았다.

미국에서 조상의 고향 땅을 찾아 아프리카로 돌아가자는 운동이 일어나는 사이에 라틴아메리카에서도 독립운동과 맞물려 노예해방 운동이 꿈틀거리고 있었다. 그 즈음 라틴아메리카에서는 식민주의자 스페인의 족쇄를 끊으려는 독립운동이 들불처럼 대륙을 휩쓸고 있는 가운데 노예폐지 운동이 벌어져 흑인노예들이 동요하고 있었다.

하지만 미국, 영국의 흑인노예들이 귀향선을 타고 조상의 고향으로 돌아가는 바로 그 시점에, 바로 그 아프리카 서해안 일대에서는 아메리카로 향하는 노예선들이 여전히 출항을 멈추지 않고 있었다.

라이베리아의 정복자로 등장한 미국노예 출신들

1822년 1월 7일 미국의 노예출신 흑인 88명을 태운 배 한 척이 북서아프리카의 대서양 연안에 닻을 내렸다. 그들이 원주민의 완강한 저항을 무릅쓰고 그곳에 터전을 잡음으로써 적은 숫자지만 정착민들이 점차 늘어났다. 바로 그곳에서 아프리카 최초의 독립공화국 라이베리아가 미국정부의 후원에 힘입어 1847년 7월 26일 탄생했다.

국명 라이베리아(Liberia)는 라틴어로 자유의 땅, 해방의 땅을 의미한다. 해방노예들이 자유

미국의 해방노예들이 아프리카로 이주해 세운 라이베리아 공화국이 1847년 탄생했다. 그들은 국기를 포함해 미국의 모든 제도를 그대로 이식했다.

를 찾아 세운 나라라는 뜻에서 지은 국명이다. 영어의 liberate(해방하다), liberty(자유)도 같은 어원에서 나온 단어다. 수도 몬로비아(Monrovia)는 먼로의 땅이라는 뜻으로서 미국 5대 대통령 제임스 몬로(James Monroe)에서 따왔다.

백인들의 온갖 설득과 회유에도 불구하고 막상 미국에서 아프리카로 돌아간 흑인들은 그리 많지 않았다. 1852년까지 미국에서 라이베리아로 건너간 흑인은 8,000여 명 수준이었다. 그나마 순수한 자유흑인은 2,800명에 불과했고 3,600명은 라이베리아로 가는 조건으로 해방된 노예들이었다. 또 1,000명은 노예선에서 풀려난 흑인들이었다.

라이베리아에 첫 귀환선이 도착한 1822년부터 남북전쟁(1861~1865년)이 벌어진 기간에 자유흑인 1만5,000명이 새로운 삶을 찾아 미국을 떠났다. 라이베리아는 아프리카계 미국인에게 땅을 무상으로 제공했다. 카리브 제도 출신 노예 3,198명도 그 대열에 합류했다.

19세기 들어 미국을 떠나는 흑인의 공통적인 목적지는 라이베리아였다. 라이베리아에 정착한 미국 출신자들은 소수였지만 미국의 지원을 배경으로 25년 만에 라이베리아의 정치권력과 경제권력을 장악했다. 토착어가 20개가 넘었으나 영어가 공용어로 채택되었다.

1848년 1월 3일 미국 버지니아 출신으로서 상당한 재력을 쌓았던 자유흑인 조셉 J. 로버츠(Joseph J. Roberts)가 라이베리아의 초대 대통령으로 선출되었다. 미국 출신 정착민들은 미국의 문화, 법률, 정치, 교육에다 국기까지 모방하는 등 미국의 제도를 그대로 이식했다.

미국계 라이베리아인(American-Liberian)은 건국초기부터 미국의 막강한 영향력을 등에 업고 그 나라의 지배계층으로 등장했다. 미국출신이라는 이유로 선진문물을 내세워 원주민을 열등한 야만종족으로 멸시하는 차별정책을 펼쳤다. 사실상 미국 식민지의 건설이었다.

그들은 그 과정에서 원주민들을 탄압하는 만행을 저질렀다. 이주민들은 어제의 노예 신분을 잊고 원주민들을 잔인하게 억압하고 오만하게 군림하는 정복자로 행세했다.

그들은 미국식 제도를 답습하고 미국의 원조에 의존해 권력을 유지했다. 그들은 자식들을 미국에 유학 보내기도 했다.

미국은 라이베리아에 군대를 주둔시켜 지원했으며 2차 세계대전 이후 냉전체제하에서는 소련에 대항하는 미국의 아프리카 전초기지로 활용했다. 라이베리아는 독립 이후 미국계 라이베리아인의 '진정한 휘그당'(True Whig Party)의 일당독재가 130년 이상 지속되었다.

라이베리아는 아프리카의 식민지 시대에도 독립을 유지했으며 2차 세계대전에도 참전하여 미국을 도왔다. 그 대가로 미국은 라이베리아 사회간접자본에 투자하고 현대화를 지원했다. 라이베리아는 미국의 지원을 받아 LN(국제연맹), UN(국제연합), OAU(아프리카통일기구)의 창립회원국으로 참여함으로써 국제적 위상이 높아졌다.

헌법도 무시한 미국의 흑백차별

흑인은 버스, 식당, 학교, 변소서도 분리, 차별

냉전체제하에서 동서진영의 두 종주국, 미국과 소련은 우주탐사에 나서 우주전쟁을 방불케 할 만큼 치열한 경쟁을 벌였다. 두 강대국은 우주개발에 모든 국가적 사활을 거는 형국이었다. 그런데 1961년 소련이 먼저 우주비행사 유리 가가린을 우주로 쏘아 올리는 데 성공했다. 그로써 미국은 우주경쟁에서 소련한테 기선을 제압당하는 수모를 겪고 말았다.

체제우위 경쟁에서 국가적 위상에 손상을 입은 미국은 다급했다. 그 즈음 천부적 수리능력을 타고난 흑인여성 캐서린 존슨(Katherine C. Johnson)이 NASA(미국항공우주국)에서 인간컴퓨터 같은 역할을 맡아서 근무하고 있었다. 그녀도 우주궤도비행 프로젝트에 선발되어 참여하고 있었는데 그녀의 발탁은 흑인으로서는 물론이고 여성으로서도 최초였다.

그 때는 미국에서 흑백차별이 극심했던 1960년대 초기였다. 그녀는 NASA에서 그녀에게 쏟

미국최초의 유인우주비행과 유인 달 탐사의 성공에 기여한 공로로 미국시민에게 주는 최고의 영예인 자유의 훈장을 받은 흑인여성 캐서린 존슨.

아지는 차가운 차별과 멸시를 견디며 하루하루 모멸의 시간을 살아갔다. 무엇보다도 그녀가 근무하던 건물에는 흑인전용 여자화장실이 없었다. 그녀는 용변을 한번 보려면 800m나 떨어져 있는 다른 건물로 뛰어서 오가야만 했다. 그 사실을 아무도 몰랐고 아무도 알려고 하지 않았다. 그 때는 공중화장실도 흑백으로 나눠졌었다.

우주궤도 비행 프로젝트는 난항을 거듭하는 가운데 아무도 백인남성 속에 파묻힌 여성, 그것도 흑인인 그녀의 존재를 거들떠 보지도 않았다. 그녀가 종종 보이지 않자 책임자가 그녀를 꾸짖다가 화장실 문제를 알게 되어 해결되었다. 마침내 그녀가 새로운 공식을 풀어내 우주비행사 존 글렌이 지구궤도를 세 바퀴 돌고 무사히 귀환하는 쾌거를 이루어냈다.

 미국은 국가적 자존심을 되찾아 그야말로 흥분의 도가니에 빠져 열광했다. 그 알려지지 않았던 이야기가 2016년 영화 '히든 피겨스'(Hidden Figures-숨은 인물)로 재연되었다. 캐서린 존슨 역은 타라지 P. 헨슨이 맡았다. 그 영화는 2017년 아카데미 작품상, 여우조연상, 각색상 후보로 선정되었으나 수상하지 못해 인종차별 논란이 불거지기도 했다.

 그 영화의 실존인물 캐서린 존슨은 2020년 2월 24일 향년 101세로 별세했다. NASA에서 33년간 근무했던 그는 미국최초의 유인우주비행과 유인 달 탐사의 성공에 기여한 공로로 2015년 대통령 버락 오바마로부터 미국시민에게 주는 최고의 영예인 자유의 훈장을 받았다. 또 미국 의회는 2019년 제정한 '숨은 인물법'에 따라 그에게 의회최고 훈장인 금메달을 수여했다.

 미국과 소련이 우주탐사 경쟁을 벌이던 1960년대까지만 해도 미국 남부에서는 노골적인 흑백분리 정책이 기승을 부리고 있었다. 공중화장실도 'White Only'(백인전용), 'For the Colored'(유색인용)이란 표지를 붙여 흑백용이 나눠져 있었다. 아시아인도 '유색인'으로 분류되어 차별을 받았다. 공공시설의 수도꼭지도 마찬가지로 차별했다.

 식당을 비롯한 다중이용시설도 'White Only'(백인전용)이란 표지판을 내걸고 흑인의 출입을 거부하는 곳이 많았다. 흑인의 출입을 허용하면 백인들이 출입을 거부하는 바람에 영업에 타격을 받으니 접객업소들이 흑백분리 정책을 따랐다. 공영버스에도 뒤편에 흑인좌석이 따로 지정되어 있었다.

1955년 12월 1일 앨라배마 주, 몽고메리 시에서 로자 파크스라는 흑인여자가 버스에 탔는데 흑인 지정석인 뒷좌석에 빈자리가 없어 중간좌석에 앉았다. 다음 정류장에서 백인들이 타자 버스 운전기사가 파크스에게 자리를 백인에게 비켜줄 것을 요구했다.

그녀가 불응하자 운전기사가 경찰을 불렀다. 출동한 경찰이 흑백분리에 관한 몽고메리 시조례 위반혐의로 그녀를 현장에서 체포했다. 경찰조사에서 그녀가 앉았던 좌석이 원래 유색인 전용석이라는 점이 감안되어 그 날 저녁 무렵에 석방되었다.

하지만 그녀는 버스승차 거부운동을 전개하기로 작심했다. 그녀는 행동으로 옮겼고 그 운동에 흑인교회들이 동참하여 12월 5일 승차거부를 결의했다. 이어 투쟁단체를 결성하고 회장에 덱스터 애비뉴 침례교회 목사를 뽑았다. 그가 바로 나중에 흑인민권 운동의 상징적 인물로 떠올랐던 마틴 루터 킹이다.

로사 파크스는 불법적 승차거부 운동을 벌였다는 혐의로 기소되어 벌금형을 받았다. 그녀와 그의 남편은 직장에서 해고되었고 다른 참여자들도 해고되거나 해고위협에 시달렸다. 주정부는 자가용 승용차로 동승운동에 참여한 흑인들에게 면허말소, 보험취소 등의 조치를 취했다. 킹 목사도 체포되었다.

일련의 법원판결과 행정조치가 흑인들을 더욱 분노하게 만들어 5만명이 버스 승차 거부운동에 동참했다. 전미유색인연합(NAACP)과 흑인민권 운동가들이 연방대법원에 흑백분리 버스에 대해 위헌심판을 청구했다. 1956년 연방대법원이 흑백좌석 지정버스는 위헌이라는 판결을 내렸다.

버스승객의 75%가 흑인인데 그들이 382일 동안이나 승차거부 운동을 벌인 바람에 버스회사들이 엄청난 재정적 타격을 받았다. 도산위기에 몰린 버스회사들의 압력이 커지자 앨라배마 주정부

공중버스에서 백인에게 자리를 양보하지 않았다는 이유로 체포된 로자 파크스. 그녀가 벌인 승차 거부운동이 1860년대 미국 흑인민권운동의 변곡점을 찍었다.

가 마침내 백기를 들고 말았다. 그 사건은 1960년대 흑인민권운동의 기폭제가 되었다.

1961년 흑백분리에 반대하는 민권운동가들과 대학생들이 함께 버스를 타고 남부 지역을 순회하는 '자유의 탑승자'(Freedom Riders) 운동을 벌였다. 순회운동에 나선 그들은 곳곳에서 폭행을 당하는 사태가 벌어졌다. KKK 단원들이 버스에 화염병을 던져 불에 타기도 했다.

경찰은 거의 방관하다시피 했지만 흑인의 민권운동 불길은 미국 전역을 휩쓸며 타올랐다. 1963년 8월 28일 워싱턴 D. C의 에이브러햄 링컨 기념관 앞에 25만명의 인파가 운집했다. 그 날의 '일자리와 자유를 위한 워싱턴 대행진'은 미국 흑인민권 운동사의 분수령을 이뤘다.

흑인목사 마틴 루터 킹이 그 날 행한 명연설 '나는 꿈이 있다'(I Have a Dream)는 흑인민권운동의 상징처럼 회자되고 있다. 킹은 그 날을 위해 원고를 따로 준비했지만 마음을 바꿔어 평소 그가 즐겨 하던 연설을 했다고 한다. 미국흑인의 민권운동은 1950~1960년대에 일어난 흑인의 인종차별 철폐와 투표권 획득을 위한 일련의 시민 불복종 운동을 말한다.

25만명의 인파가 운집하여 미국 흑인민권 운동사의 분수령을 이룬 1963년 8월 28일 '일자리와 자유를 위한 워싱턴 대행진'

연방군 투입해 흑인학생의 백인학교 등교 보호

1951년 미국 캔자스 주 토피카에 살던 린다 브라운이라는 흑인소녀는 집에서 1.6km나 떨어진 흑인초등학교에 다녀야만 했다. 그의 아버지 올리버 브라운이 딸을 집과 가까운 초등학교로 전학시키려 했으나 거부당했다. 그 이유는 그곳이 백인학교라서 흑인은 다닐 수 없다는 것이었다.

1950년대에만 해도 미국에서는 공립학교도 흑인학교와 백인학교가 따로 나눠져 있었다. 백인학교는 흑인학교보다 정부의 재정지원도 훨씬 많이 받았다. 그것은 그 시기에 흑인은 헌법과 법률이 규정한 평등권을 보장받지 못했다는 사실을 말하는 한 단면이기도 했다. 흑인은 그 때까지도 사실상 노예신분에서 크게 벗어나지 못한 신세였다.

올리버 브라운은 전미유색인연합(NAACP)의 도움을 받아 연방대법원에 토피카 교육위원회를 상대로 소송을 제기했다. 1954년 5월 17일 연방대법원은 공립학교의 인종차별은 위헌이며 모든 공립학교는 흑백분리 정책을 시정하고 통합하라는 판결을 내렸다. 당시 대법원장은 얼 워런(Earl Warren)이었다.

연방대법원의 '브라운 : 토피카 교육위원회' 판결은 미국사회에 큰 파장을 일으켰다. 일부 주에서는 흑인학생들을 버스에 태워 백인학교로 실어 날랐지만 남부의 일부 주에서는 그 판결의 집행을 거부했다. 대통령 드와이트 아이젠하워도 오랜 관행을 하루아침에 바꾸기는 힘들다면서 대법원 판결의 시행을 거부하는 주정부에 대해 미온적으로 대처했다.

그 까닭에 1950년대 후반까지도 흑인학생의 1%만이 흑백통합학교에 다닐 정도로 그 판결에 대한 백인사회의 반발과 저항이 드셌다. 또 그 판결이 공립학교만을 대상으로 했기 때문에 사립학교는 적용대상에서 빠졌다. 그러나 그 판결은 흑백분리 정책에 대해 근본적인 문제를 제기했다. 백인전용학교가 위헌이라면 다른 분야의 흑백분리정책에도 적용될 수 있다는 논리였다.

그 사건은 흑백분리학교는 위헌이라는 대법원의 판결을 이끌어낸 데 그치지 않고 흑인민권운동의 새로운 기폭제가 되는 성과를 올렸다. 하지만 현실은 결코 여의치 않았다. 결국 전미유색인연합(NAACP)이 담대한 계획을 실행에 옮기기로 작정했다. 그것은 백인전용학교에 흑인학생들을 입학시켜 흑백차별의 공고한 장벽을 무너뜨리자는 행동이었다.

NAACP가 아칸소 주 리틀록에 있는 센트럴고등학교를 선정하고 9명의 흑인학생을 선발해 입학의 문을 열기로 결정했다. 그에 맞서 아칸소 주지사 오벌 포버스가 주방위군을 동원하여 흑인학생 9명의 등교를 봉쇄했다. 사태가 험악하게 돌아가자 NAACP는 연방항소법원에 아칸소 주를 상대로 소송을 제기했고 연방항소법원은 '흑백통합교육은 막을 수 없다'는 판결을 내렸다.

 그에 맞서 주지사 오벌 포버스는 인종혼합은 공산주의라고 주장하며 판결의 시행을 거부했다. 그는 대통령 아이젠하워에게 면담을 요청해 사태해결을 위한 회담을 가졌으나 합의를 도출하지 못했다. 한편 백인 과격파들은 9월 23일 학교인근의 경찰저지선을 뚫고 흑인학생 9명에게 위해를 가하려고 시도했다.
 사태가 위급하게 돌아가자 대통령 아이젠하워가 결단을 내렸다. 포고문을 발표하는 한편 연방군을 투입해 학교를 봉쇄하고 있던 아칸소 주방위군을 연방군의 지휘를 받도록 조치했다. 101공수사단이 리틀록으로 출동해 주방위군을 통제한 다음에 흑인학생 9명의 등교를 보호했다.

백인학교로 등교하는 흑인학생들을
보호하려고 출동한 연방군.

 아이젠하워의 결단은 흑백통합교육에 중대한 계기를 가져왔다. 연방군은 6개월간 학교운동장에 주둔하면서 그들의 학교생활을 지켰다. 9명의 흑인학생들은 학교 안팎에서 온갖 협박에 시달렸으며 그로부터 1년 후에는 그 중의 1명이 그 학교에서 최초의 흑인 졸업생으로 태어났다.

그 후 그 학교는 문을 닫았다가 1960년에 다시 문을 열어 2명이 더 졸업했다. 결국 나머지 5명은 다른 학교로 전학하고서야 고등학교 학업을 마칠 수 있었다. 그것은 미국사회의 흑백차별 장벽이 얼마나 견고했는지 말해준다. 흑백차별과 인종분리에 대한 저항운동의 불길이 버스, 학교에 이어 식당에도 옮겨 붙었다.

그 대표적인 예가 1960년 오클라호마 주, 그린스보로에 소재한 백인식당 울워스에서 벌어진 연좌농성(sit-in)이었다. 흑인들이 백인식당에 들어가 앉아서 음식을 주문하면 식당주인과 종업원들이 주문을 받지 않고 나가라고 응수했다. 나가지 않으면 말을 듣지 않는다고 종업원들과 백인 손님들이 집기를 던지고 흑인들을 밖으로 끌어내는 소동이 벌어졌다.

식당 말고도 미국 곳곳에서 약국, 매장 등 다중이용시설에서 흑백차별에 항의하는 산발적인 연좌농성이 벌어졌다.

흑인의 참정권 봉쇄하려 살해, 방화, 린치 자행

2차 세계대전 이후 냉전체제하의 국제사회에서 미국은 '자유'와 '민주'의 수호자처럼 행세했지만 자국 내의 인종문제에 관한 한 실상은 전혀 달랐다. 흑인에게는 자유도 민주도 거부했다. 남부지방의 백인사회는 대법원의 공립학교 흑백분리는 위헌이라는 판결조차 받아들이지 않았다.

그 판결에 대한 남부백인의 반발은 폭력적 방법으로 표출되었다. 민권운동가와 그 단체에 대한 구타, 살해, 방화, 사형(私刑-lynch)이 횡행했다. 백인학교에 흑인입학을 막으려고 주지사가 군대를 동원하고 휴교령까지 불사했던 것이 남부의 지방정서였다.

남부출신 상원의원들의 반대에도 불구하고 1964년 미국 의회는 민권법을 통과시켰다. 그 법은 학교, 주택, 식당, 직장 등에서 흑백차별을 금지하는 내용을 담고 있었다. 그 문제를 해결하기 위한 연방기구까지 만들었지만 투표권은 흑백차별의 장벽에 갇혀 꼼짝도 하지 못했다. 흑백차별을 주장하는 백인들의 마지막 보루는 흑인의 참정권 행사를 봉쇄하는 것이었다.

미국은 노예제도 폐지를 둘러싸고 남북전쟁까지 벌였다. 노예제도 폐지를 주장하는 북부의 승리로 남북전쟁이 끝났지만 남부는 흑인에게 투표권을 보장하기는커녕 인간의 기본권도 인정하지 않았다. 전쟁이 끝나고 남부에 주둔하고 있던 연방군이 1877년 철수하자 흑인들을 사지로 몰고 가던 악령이 되살아났다.

 그로 말미암아 노예제도 폐지는 헌법이란 활자에 갇혀 그 후 100년 가까이 사문화된 상태였다. 남부는 먼저 흑인의 투표권부터 박탈했다. 미시시피 주가 1890년 문맹검사제를 실시했다. 흑인에게는 헌법을 읽고 해석하라고 하거나 라틴어로 문제를 출제해서 못 풀면 투표권을 뺏었다.
 설령 흑인이 문맹검사라는 관문을 통과하더라도 인두세 납부증명서를 제시해야 투표소 출입이 허용되었다. 인두세는 2달러로서 당시 저소득층에게는 큰 부담이었다. 루이지애나 주는 1896년 95.6%였던 흑인 투표권자 등록률을 1904년 1.1%로 낮추었다.
 미시시피 주는 20세기 이전에 흑인 투표권자 등록률을 0%로 만드는데 성공했다. 그로써 미시시피 주는 모든 흑인의 투표권을 완전히 박탈했다. 흑백차별을 주장하는 백인의 입장에서는 소기의 목표를 달성한 셈이었다. 그로부터 반세기가 넘게 지나서 그 견고한 장벽을 무너뜨리려는 민권운동이 일어났다.

 투표권을 획득해야 흑백차별 철폐의 고지를 넘을 수 있다고 판단아래 흑인들이 투표권자로 등록하여 참정권을 행사하도록 돕는 민권운동이 벌어졌던 것이다. 1964년 6월 주로 북부출신 백인 대학생들로 이뤄진 자원봉사자 1,000여명이 미시시피의 시골 마을들을 찾아다니며 민권운동을 벌였다.
 '자유 여름'(Freedom Summer)이란 이름의 운동이었다. 그들은 여름 한 달 반 동안 흑인 어린이들을 가르치고 흑인의 투표권자 등록을 도왔다. 백인들의 폭력과 위협이 일상적이었지만 그들은 신념을 굽힐 줄 몰랐다. 그러자 백인우월주의자들이 살인도 서슴지 않았다. 그해 미시시피의 여름은 잔인했다.
 활동가 3명이 6월 22일 미시시피 내셔널 카운티에서 실종되는 사건이 일어났다. 그 후 44일이 지나서 그들은 신원을 알아보기 어려울 만큼 훼손된 시신으로 돌아왔다. 미시시피 시골마을에서 민권운동가 4명이 살해되고 흑인 동조자 3명이 피살되는 사건도 뒤따랐다.
 또 30여개 흑인 사업체와 37개 흑인교회가 폭파되거나 방화로 불탔다. 민권운동가 80여명이 폭행을 당했으며 활동가 1,062명이 경찰에 의해 체포되었다. 그 때 공권력은 인종주의자와 같은 편이어서 공범자나 다름없었다. 그해 여름 숱한 유혈사태에도 불구하고 흑백차별 철폐투쟁은 멈추지 않았다.
 그 이듬해인 1965년 3월 7일 앨라배마 주, 셀마 시에서 600여명의 흑인들이 에드먼드 페터

스 다리를 걷고 있었다. 흑인에게도 투표권을 달라고 요구하며 몽고메리 시까지 행진에 나섰던 참이었다. 평화적인 행진에 돌아온 답변은 기마경찰의 무자비한 몽둥이와 최루탄의 세례여서 부상자들이 속출했다.

셀마 시는 남북전쟁 당시 남군이 노예해방에 반대하며 마지막까지 북군에 대항해싸워 악명을 날리던 곳이었다. 그 날까지도 남군기가 휘날리던 그곳에서는 인종차별이 극성을 부리고 있었다. 흑인이 인구의 절반을 차지했으나 헌법이 보장하는 투표권을 가진 인구는 2%에 불과했다.

이틀 뒤인 3월 9일 목사 마틴 루터 킹도 참가한 가운데 투표권 보장을 요구하는 2차 행진이 벌어졌다. 그날 행진은 미국 전역에서 양심적인 백인들이 상당수 참가하여 전국적인 반향을 일으켰지만 경찰의 저지선을 넘지 않았다. 그런데 그 날 밤에 보스턴에서 온 백인 목사가 인종주의자들의 습격을 받아 목숨을 잃는 사건이 일어났다.

그 사건의 여파로 같은 달 21일로 예정되었던 3차 행진에서도 폭력사태가 우려되었다. 그에 따라 대통령 린든 존슨이 연방군 2,000명을 파견해 행진 참가자들을 보호했다. 마침내 킹 목사가 앞장선 2만5,000여명의 행렬이 나흘 만에 몽고메리 시에 진입할 수 있었다.

마틴 루터 킹이 주도한 셀마 행진은 2014년 '셀마'라는 이름으로 영화화되었다. 그 영화는 아카데미 주제가상을 받았지만 출연배우들은 수상자가 없어 오스카상이 너무 백인 중심적이라는 비판을 낳기도 했다. 어쨌든 헐리웃 영화가 인종차별의 실상을 고발할 만큼 미국사회는 늦지만 사회통합을 향해 한 걸음씩 나가고 있다.

투표권 쟁취를 위한 흑인의 열망이 갈수록 뜨거워지고 그것이 의회에 압력으로 작용하여 1965년 드디어 연방투표권법이 통과되었다. 주요골자는 흑인에게 투표권을 부여한 수정헌법 제15조를 반영하여 주정부가 투표자격을 제한하거나, 투표에 필요한 요건, 표준, 관행, 절차를 요구하는 행위를 금지한다는 것이다.

또 인종이나 피부색을 이유로 미국시민으로서 투표할 수 있는 권리를 부정하는 행위를 금지했다. 특히 주(state)나 군(county)이 선거법이나 정책을 변경할 경우 연방법무부나 연방법원의 사전승인을 얻도록 규정했다. 그로써 길고도 긴 투쟁 끝에 흑인들이 다시 투표장에 나가서 주권자로서 투표권을 행사하는 길이 열렸다.

미국사회는 흑인탄압이 야기한 갈등과 반목으로 인해 300년 이상 심한 홍역을 앓고 있다. 그 고질적인 흑백차별이 1960년대 들어 민권운동으로 표출되면서 미국사회는 또 한 차례 격렬한 진통을 겪었다. 그 갈등과 진통을 거치면서 인종차별이 표면적으로는 잠재화되었지만 언제 또 폭발할지 모를 휴화산의 모습을 하고 있다.

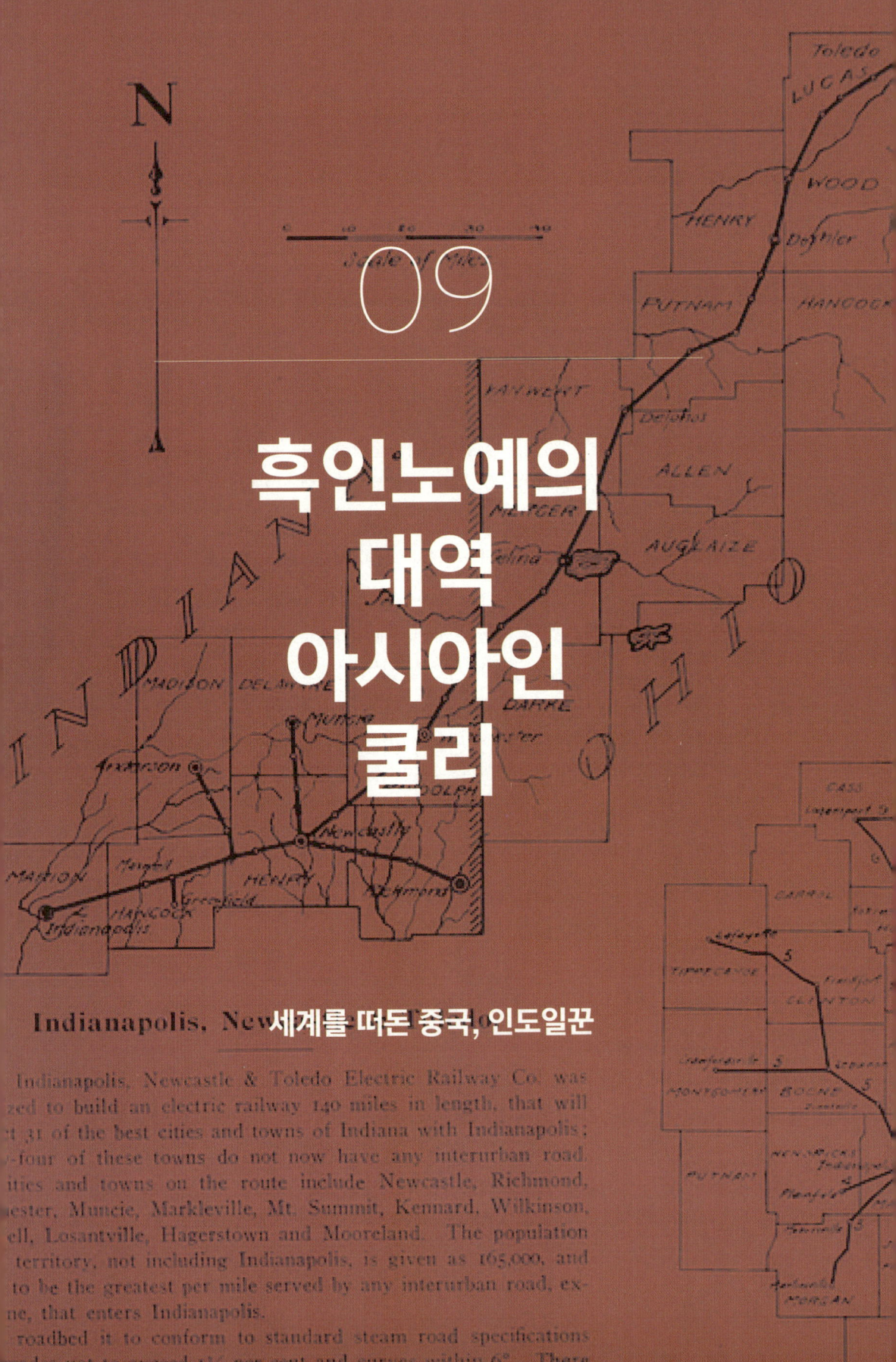

중국인 쿨리들이 선로 보수용 수동차(手動車)를 타고 이동하고 있다. 1880년대 북서태평양철도 공사현장. 캘리포니아 버클리 대학교 아시아-아메리카 연구소 도서관 소장.

09 세계를 떠돈 중국, 인도 일꾼

흑인노예의 대역 '쿨리'

노예제도 폐지되자 중국-인도일꾼 사기고용 판쳐

영국이 1차 아편전쟁을 이겨서 중국한테서 얻어낸 최대의 경제적 이득은 아편판매 자유화였다. 그와 함께 영국은 오늘날 말로 인력수출 자유화도 챙겼다. 청나라가 영국의 압력에 굴복하여 중국인 노동자의 해외이주를 허용함으로서 인력수출의 길이 열렸던 것이다.

그에 따라 영국은 쿨리(coolie-苦力)라는 이름으로 많은 중국인들을 해외에 싸구려로 내다 팔아 돈을 벌었다. 쿨리라는 단어의 어원은 불확실하다. 인도의 구자라티 족이 낮에 일하는 일꾼을 콜리(koli)라고 일컬었는데 거기서 유래되었다고 한다. 또는 타밀어로서 품삯을 받는 막일 일꾼을 쿨리(kuli)라고 하는데 거기서 비롯되었다는 설도 있다.

터키어로 노예라는 뜻을 가진 우르두 쿨리라는 말에서 나왔다는 주장도 있다. 일설은 일본 나가사키 항에서 네덜란드 무역선의 짐을 부린 하역노동자를 쿨리(coolie)라고 불렀는데 거기서 따왔다고도 한다. 중국어로는 쿠리(苦力-고력)로 음역되어 고된 일을 하는 일꾼을 의미한다.

대서양 노예무역이 폐지된 이후 19~20세기에 걸쳐 유럽 제국주의 국가들에 의해 특정지방에서 조달된 비숙련 노동자들을 일컬어 쿨리라고 말한다. 그들은 말이 계약노동자이지 노동조건, 노동환경이 너무 열악해 그들이 받는 품삯으로는 최소한의 생계도 유지하기 어려웠고 신분도 노예보다 별로 낫지 않았다.

스페인이 아메리카 대륙에 웅대한 제국을 건설했으며 포르투갈은 남아메리카에서 가장 넓은 영토를 차지한 브라질을 식민지로 만들었다. 영국, 네덜란드, 프랑스가 뒤이어 아메리카 대륙에 상륙해 원주민들을 닥치는 대로 죽이고 땅을 뺏었다. 유럽 백인들이 그 땅에 대농장을 앞 다퉈 개간함으로써 유럽에서 아메리카로 가는 거대한 인구이동이 일어났다.

그들이 아메리카 대륙에서 목화, 설탕, 커피, 연초를 재배하는 대농장(plantation)을 개간하고 광산을 개발하면서 물자수송이 급증했으며 그에 따라 철도건설이 활발해졌다. 일손이 턱없이 부족하자 아프리카 사람들을 마구잡이로 잡아다 채웠다. 아프리카인의 무자비한 납치,

혹사가 국제사회에서 문제가 되어 비인간적인 노예무역, 노예제도에 대한 비판여론이 고조되었다.

 그에 따라 유럽과 미국에서 노예제도를 폐지하라는 정치적, 사회적 압력이 높아졌다. 1807년 영국이 노예무역 폐지를 선언했지만 실행력을 담보하지는 못한 실정이었다. 다른 유럽 국가들도 노예무역 금지에 소극적이었지만 동참했다. 노예무역이 선언적으로는 금지되었지만 실제로 없어지기까지는 긴 세월에 걸쳐 많은 진통이 뒤따랐다.

 미국에서는 노예제도 폐지를 둘러싸고 1861~1865년 남북전쟁까지 일어나서 노예제도 폐지를 주장한 북부가 이겼다. 제해권을 장악한 영국이 일부 국가의 반발과 저항을 무릅쓰고 외교적 압력을 통해 노예무역 금지에 앞장섰다. 그럼에도 노예무역이 없어지기까지는 국제적으로 금지에 관한 논의가 있은 지 한 세기나 지나서야 결실을 맺었다.

 노예무역이 금지되자 임금개념도 없이 노동력을 착취해서 목화, 설탕, 커피, 연초, 옥수수, 밀, 고무를 생산하던 서유럽 국가들의 식민지 대농장들이 막대한 타격을 입었다. 식민지에 노예공급이 중단되자 1820년대부터 노동력 공백이 생겨 서유럽 국가들의 경제적 피해가 심대했다.

 19세기 중반 들어 노동력 부족을 메우려고 영국이 앞장서 유럽에서 계약노동자를 데려가서 부리기 시작했지만 임금이 비싸 수지가 맞지 않았다. 영국이 눈을 아시아로 돌렸다. 주로 인도, 중국에서 일꾼들을 계약이란 형식을 빌려서 데려갔는데 그들의 계약기간은 보통 10년 이상이었다. 그들을 쿨리라고 불렀다.

 초기에는 영국이 주로 인도 남부지방과 중국 광둥(廣東-광동)성에서 인력을 조달했다. 계약노동자라고 말하지만 계약내용은 대부분 거짓이라 일종의 사기계약이었다. 많은 노동자들이 납치되거나 유괴되었다. 또 부족끼리 서로 납치해서 유럽 중개인에게 팔아넘겼다. 아니면 집안의 빚이나 노름빚을 갚으려고 스스로 자신을 팔기도 했고 자식을 팔아넘기기도 했다.

 쿨리무역은 기본적으로 노예무역과 크게 다르지 않았다. 수송도중에 폭행, 질병, 기아로 사망자가 속출했고 노동현장에서도 혹사, 기아, 폭행으로 인해 계약기간을 넘겨서 살아남는 쿨리가 별로 없었다. 무자비한 쿨리무역은 새로운 형태의 노예무역이라는 언론의 집중보도에 힘입어 국제사회의 문제로 대두되기 시작했다.

 중국, 인도에서는 자국민이 사실상 노예로 팔려 가는데 대한 비판여론이 끓어오르기 시작했다. 인도에서는 영국 식민정청이 그 대응책으로 일종의 안전지침을 내놓기도 했다. 모집과정

생지옥(生地獄)

1875년 중국 광둥(廣東-광동)출판사가 출간한 책자의 삽화 '생지옥'(生地獄). 이 책자는 노예해방 시대를 맞아 쿨리라는 새로운 형태로 등장한 신종 노예제도를 맹렬히 비난했다. 일련의 납치, 착취에 의해 끝내 비참한 죽음에 이르는 쿨리의 비극적인 운명을 자세히 고발했다. 청나라에서 이 같은 책자가 출판되기는 처음이었다.

에 자발성을 원칙적으로 존중해야 하며 수송과정의 안전-위생지침을 철저하게 준수하라는 내용이었지만 거의 지켜지지 않았다.

폭행, 혹사로 죽어 계약기간 넘긴 쿨리 거의 없어

19세기 들어 노예제도가 점진적으로 폐지됨에 따라 노예의 노동력을 대체하는 수단으로 쿨리가 등장했다. 쿨리무역은 19세기 아시아, 특히 중국과 인도에서 계약노동자라는 이름으로 강압 또는 기만에 의해 이뤄진 인력수출을 말한다. 계약서를 썼다지만 그들은 대다수가 문맹자라 그 내용이 무엇인지 알지도 못했다. 결국 그들은 노예나 다름없는 착취의 대상이 되고 말았다.

1807년 노예무역 폐지를 앞두고 영국이 1806년 트리니다드에 중국인 200명을 처음 수출했다. 그것은 1차 아편전쟁(1839~1842년)이 일어나기 훨씬 이전의 일이었다. 그 때가 가경(嘉慶) 10년이니 영국이 그 즈음 이미 청나라의 눈을 속여 중국 사람들을 밀반출했다는 소리다. 영국동인도회사가 중국에서 거간꾼을 풀어 일꾼들을 몰래 모아 해외에 내다팔았다고 보면 틀림없다.

그것은 1차 아편전쟁이 일어나기 30여년 전부터 영국이 암암리에 악명 높은 쿨리수출을 자행하고 있었다는 뜻이다. 그것은 또 그 때 이미 청나라의 국가기강이 허물어질 대로 허물어져 영국이 제 나라에 들어와서 무슨 짓을 하고 있었는지 모르고 있었다는 의미이기도 하다.

한 마디로 영국이 청나라의 눈을 속여 중국인들을 해외에 내다팔았다는 소리다. 명대말기에는 남중국 해안지역 주민들이 필리핀을 비롯한 동남아시아로 많이 이주했었다. 하지만 청나라는 초기부터 명대말기와는 달리 해금령을 발동하여 선박의 입출항을 엄격하게 규제했었다.

청조가 남중국해안의 잔명세력을 소탕한 다음에는 해금령을 해제했지만 해외이주는 여전히 금지했었다. 그러나 청나라가 1차 아편전쟁에서 영국한테 패배한 이후에는 사정이 크게 달라졌다. 영국의 강압에 의해 중국인의 인력수출이 자유화되었던 것이다.

그에 따라 1847년 두 척의 선박이 중국 광동성 샤먼(廈門-하문)항에서 쿠바 사탕수수 밭에서 일할 쿨리들을 싣고 아바나 항을 향해 출항했다. 그것은 중국의 첫 공식적 쿨리수출이었다. 샤먼 항은 영국의 압력에 눌려 1842년 체결된 난징(南京-남경)조약에 따라 개항된 5개 항구 중의 하나였다. 그 후 쿨리무역이 다른 항구로도 확대되었다.

호주는 1848년 처음 중국인 쿨리를 수입했다. 미국은 1865년 대륙횡단 철도공사에 중국인 쿨리를 투입하기 시작했다. 중국인의 고용조건은 아메리카 인디언의 그것과 비교해도 훨씬 더 열악했지만 중국인 쿨리의 수입은 날로 늘어났다. 남북아메리카에 걸쳐 중국인 쿨리무역이 급속하게 팽창한 시기는 1847~1854년이었다.

 얼마 전까지만 해도 흑인노예들을 실어 나르던 노예선을 타고 쿨리들이 도착하면 노예들을 혹사하던 바로 그 대농장이나 광산으로 팔려나갔다. 일도 그들이 하던 일을 그대로 물려 받았다. 중국 쿨리를 수입한 쿠바와 페루에서는 처음부터 그들을 무자비하게 혹사하여 많은 말썽을 일으켰다. 그에 따라 국제사회에서 또 다른 형태의 노예제도라는 비판의 소리가 쏟아졌다.

 계약기간은 보통 5~8년이었지만 혹사와 폭행으로 인해 그 기간을 넘겨 생존하는 쿨리는 별로 없었다. 설혹 계약기간이 지나도록 살아남아도 계약을 무시하고 그냥 노예상태에서 강제로 노역을 시켰다. 쿠바에서 일한 중국인 쿨리는 75% 가량이 계약기간 이내에 죽었다.

1849~1874년 페루에 도착한 중국인 쿨리의 2/3 이상도 계약기간 이내에 사망했다. 쿨리무역이 개시된 이후 친차 군도에 중국인 4,000여명이 팔려갔는데 1860년 단 한명의 생존자가 없었던 것으로 확인되었다. 그 같은 연유로 쿠바의 사탕수수 농장과 페루 친차 군도의 구아노 채취장은 작업환경이 열악하고 혹독하기로 악명이 났었다.

무수한 중국인 쿨리들의 목숨을 앗아간
페루 친차 군도의 구아노 채취장.

페루의 은광과 구아노 채취장은 그야말로 중국인 쿨리의 무덤이었다. 구아노는 페루의 태평양 연안에 위치한 친차 군도의 절벽에 퇴적된 물새 똥을 말하는데 그것이 비료로 쓰였다. 비가 거의 오지 않는 그곳은 인간이 살지 않는지라 지옥의 섬으로 알려졌었다. 하지만 물새들에게는 천국이나 다름없는 곳이어서 온갖 물새 떼가 몰려든다. 그 섬들에 수천년, 수만년에 걸쳐 새똥이 쌓이고 또 쌓여 산을 이뤘다. 그 새똥이 값비싼 비료로 쓰이는 바람에 새똥더미가 그야말로 돈더미가 되었다. 그 구아노를 채취하는 작업은 쿨리의 몫이었다. 가파른 절벽을 타고 올라가다 발을 헛디뎌 수많은 쿨리들이 낭떠러지 아래로 떨어져 목숨을 잃었다.

쿨리무역은 처음부터 일꾼을 모집, 수송하는 과정에 많은 말썽을 드러냈다. 숱한 중국인들이 납치되거나 유괴되었고 승선한 다음에도 감금상태에 갇혀 노예선이나 다를 게 없었다. 그러자 영국정부가 정치적, 법률적 문제가 제기된 샤먼 항을 포함해서 말썽을 일으킨 항구의 쿨리무역을 폐쇄했다. 이어 쿨리 수출항구를 수용시설이 비교적 양호한 마카오로 옮겼다.

1875년 영국 정부기관이 조사한 바로는 쿨리의 80% 가량이 납치되거나 유괴된 것으로 밝혀졌다. 대부분의 쿨리들이 실려 갔던 '태평양 통로'(Pacific Passage)는 대서양 노예무역 시절에 죽음의 항로로 이름났던 '중간통로'(Middle Passage)보다 훨씬 더 위험하고 잔혹했던 것으로 알려졌다.

항해 중에 발생한 쿨리 사망률도 대단히 높았다. 예를 들면 1847~1857년 쿠바행 선박의 평균 사망률이 15.2%였다. 페루행 선박 사망률은 훨씬 더 높아 1850년대 40%, 1860~1863년 30%였다. 10명이 배에 타면 3~4명이 작업장에 도착하기 이전에 바다 위에서 죽었다는 소리다.

중국인 쿨리들은 출발 이전부터 부당한 처우에 대해 중국 모집책과 외국인 중개인에게 항의도 하고 현지에서 저항도 했지만 아무런 소용이 없었다. 쿨리의 노동조건과 생활환경은 노예의 그것에 비해 결코 낫지 않았다. 식량은 모자랐고 약속한 의료혜택도 없었다. 장시간의 노동착취와 그에 따른 신체적 고통을 견디기가 너무나 어려웠다.

무자비한 쿨리무역은 새로운 형태의 노예무역이라는 언론의 집중보도가 이어지면서 국제사회의 문제로 대두되었다. 국제적 압력에 눌려 영국이 1855년 쿠바로 쿨리들을 실어 나르던 선박을 철수했다. 페루가 뒤이어 1856년 쿨리무역을 불법화했다. 미국 대통령 링컨도 쿨리무역을 금지했다.

노예무역의 선도자 포르투갈은 마카오를 통한 쿨리무역에서도 악명을 날렸다. 포르투갈은 영국보다 20년이나 늦은 1874년에야 국제압력에 눌려 마카오 쿨리무역을 중단했다. 1879년 캘리포니아 주헌법은 아시아인 쿨리무역은 노예무역의 변형이라고 지적하고 캘리포니아 주에서는 영원히 금지하며 모든 쿨리계약은 무효라고 선언했다.

쿨리무역이 성행하자 국제사회는 중국인을 '기민'(棄民-abandoned people)으로 간주했다. 하지만 중국은 자국민을 납치, 유괴하여 쿨리로 부리는 서방열강에 무기력하기만 했다. 그 청나라가 19세기 중반이 지나서 자국민 보호를 위해 나서는 모습을 보이기도 했다.

1877년 체결한 중국-스페인 조약은 쿠바에 거주하는 중국 계약노동자의 계약을 종료하도록 규정했다. 그와 함께 중국인 보호를 위해 중국 영사의 쿠바 상주를 허용했다. 그 즈음 스페인은 쿠바에서 흑인노예의 반란이 일어날까 두려워하던 터라 그 방비책으로 중국인 일꾼을 더 많이 수입하려는 속셈으로 청나라에 우호적으로 접근했던 것이다.

철도공사 끝나자 중국인 쿨리 강제축출 나선 미국

미국의 서부영화를 보면 더러 철도공사를 하는 장면이 나오고 중국 일꾼들이 혹사당하는 모습을 보게 된다. 어떤 경로로 중국인들이 미국의 대륙횡단 철도공사에 끌려가서 저렇게 혹독하게 고생하는지 궁금증을 자아낸다. 그것은 1차 아편전쟁에서 패배한 청나라가 영국의 압력에 눌려 중국인의 해외이주를 허용했기 때문이었다. 오늘날 말로 표현하면 인력수출 자유화였지만 그것은 노예무역 폐지에 따라 생긴 노동력 부족을 채우려는 술책이었다.

1848년까지만 해도 멕시코 땅이었던 미국 캘리포니아에서 금광이 발견되자 동부와 남부에서 너도나도 일확천금을 노려 서부로 달려갔다. 그 즈음 미국에서 서부개척 시대가 열렸는데 때마침 1848~1855년 골드러시가 터졌던 것이었다. 그에 따라 막일 수요가 급증했다. 하지만 금을 캐는 일이 워낙 고역이어서 막상 백인들은 채굴작업을 기피하여 인력난을 더욱 부추겼다.

거기에 겹쳐 대륙횡단철도가 건설되면서 막노동 수요가 폭발적으로 증가했다. 그런 상황에서 노예무역마저 금지되는 바람에 늘어나는 막일을 감당할 인력이 턱없이 모자랐다. 하지만 백인들은 감독을 맡아 흑인들을 부리려고나 들었지 힘든 일은 하지 않으려고 했다. 그에 따라 많은 중국인들이 계약노동자라는 이름으로 이역만리 미국 땅까지 무더기로 팔려나갔.

1870년대 새크라멘토와 산 호아킨 강 삼각주를 잇는 거대한 제방도 무수한 중국인 쿨리들의 손으로 쌓았다. 그 제방은 수천 에이커의 늪지대를 비옥한 농지로 일구어냈다. 거기에 더하여 캐나다 서해안의 태평양철도 공사도 개시되어 중국인 쿨리들이 대거 투입됐다.

중국인력의 해외수출 길은 1차 아편전쟁의 승전국 영국과 패전국 청나라가 체결한 난징(南京-남경)조약에 따라 열렸다. 그 조약은 영국의 강압과 위협에 의해 맺어진 전형적인 불평등

(좌) '케이프 혼의 유람열차'. 사진작가 알프레드 A. 하트의 1869년작. 캘리포니아 주립도서관 소장. (우) 유람열차가 달리는 동일한 장소의 2016년 전경.

미국 대륙횡단 철도공사 중에서 새크라멘토~시에라네바다 산맥을 관통하는 구간은 인간의 도전을 거부했다. 협곡을 건너는 교각공사와 절벽을 뚫는 터널공사가 줄 잇는 난공사의 연속이었다. 1865년 한 해 동안만 중국쿨리 300명의 목숨을 앗아갔다. 그럼에도 1868년 중국쿨리가 1만2,000명으로 늘어났다. 중국인은 보수가 싸기도 했지만 백인들은 죽음을 부르는 철도공사를 기피했기 때문이었다.

로마목재회사의 협궤철도 공사현장에서 작업하고 있는 중국인 쿨리들. 1885년경. 그들은 하루에 10시간씩, 일주일에 6일씩 일했으며 1일 일당은 1달러였다. 중국철도노동자후손협회의 자료사진.

조약이었다. 미국의 본격적인 중국인 쿨리수입은 2차 아편전쟁이 끝나고 나서 8년이 지난 1868년 미국과 청나라 사이에 체결된 벌링게임 조약(Burlingame Treaty)에 의해 이뤄졌다.

벌링게임 조약은 영국이 맺은 난징조약과 달리 비교적 우호적인 분위기에서 체결되었다. 그 조약에 따라 미국이 중국인의 이민을 무제한으로 허용했다. 또 중국에서 미국으로 가는 쿨리를 선발하는 과정도 비교적 자발성이 보장되었었다. 그러나 막상 미국에 도착하면 중국인의 작업조건과 노동환경은 혹독하기 그지없었다.

무엇보다도 중국인의 품삯이 인디언, 흑인의 그것보다 훨씬 쌌다. 노동력 부족사태가 심각한데도 불구하고 중국인의 작업환경이 너무나 열악하여 무수한 생명이 쓰러져 나갔다. 대형토목공사는 그야말로 중국인 쿨리의 공동묘지나 다름없었다. 인종차별도 극심했다.
　중국인은 미국인들이 말하는 소위 유색인종이다. 중국인 쿨리가 늘어나자 미국에서 반중감정이 격앙되는가 싶더니 마침내 중국인 배척운동이 일어났다. 선동가들은 중국 놈들과 같이 사느니 차라리 죽은 게 낫다며 반중감정을 부추겼다. 인종차별을 뛰어넘는 살벌한 축출운동이 벌어져 곳곳에서 중국인에 대한 폭행사건이 잇달았다.

　각종 토목공사가 마무리 단계에 접어들자 일자리가 줄어들어 구직경쟁이 치열해졌다. 거기에다 남북전쟁이 끝나면서 불황이 겹치자 노동조합의 백인간부들이 앞장서 백인의 일자리를 뺏는 중국인들을 쫓아내야 한다며 인종차별을 부르짖으며 더욱 격렬하게 배척운동을 벌였다.
　캘리포니아 주지사 존 칼리반은 반중감정을 정치적으로 악용했다. 그가 주도해 캘리포니아주가 1862년 반쿨리법(Anti-Coolie Act)을 제정했다. 그 법에 따라 미국인과 미국선박에 의한 쿨리무역을 금지했다. 중국쿨리의 수입을 봉쇄했던 것이다. 그럼에도 반중국 감정이 더욱 악화되더니 노동조합이 가세해 저임의 원인을 중국인 쿨리의 탓으로 돌리며 중국인 축출을 외쳤다.
　미국의 중국인 이주자가 1851~1860년 4만1,397명, 1861~1870년 6만4,301명으로 증가하다 1871~1880년 12만3,201명으로 정점을 이루었다. 그 후 1881~1890년에는 6만1,711명으로 증가세가 둔화되었다. 그 원인은 금 매장량이 점차 고갈되어 채굴량이 줄어들고 철도공사가 끝나가면서 노동수요가 감소한 데 있었다. 또 법제화를 통해 중국인을 강제로 축출했기 때문이었다.
　취업난에 따른 불만여론을 등에 업고 연방정부가 겉으로는 내색하지 않았지만 유색인이라는 이유로 중국인의 정착을 방해했다. 그러더니 연방정부가 마침내 1882년 5월 중국인의 이민을 금지하는 중국인 배제법(Chinese Exclusion Act)을 제정하고 중국인들을 본격적으로 추방하기 시작했다.
　중국인 배제법은 한마디로 계약기간이 만료된 중국인 노무자는 더 이상 미국에 머물지 말고 나가라는 소리였다. 원래는 중국인 배제법이 10년 한시법으로 제정되었으나 1902년 영구법으로 개정되었다. 반중감정이 격화되는 가운데 다른 한편에서는 중국인 쿨리에 대한 비인간적 처우를 비판하는 소리도 끊임없이 제기되었다.

미국은 중국인 배제법을 제정한지 61년이 지난 1943년 12월 17일에야 폐지했다. 그것은 국제정세가 변화한 데 따른 것이었다. 일본이 중국침략을 감행하자 중국이 일본에 대항해 선전포고를 했다. 그 연유로 중국이 2차 세계대전에 참전함으로써 미국 연합군의 일원이 되었기 때문이었다.

인종차별과 축출운동에도 불구하고 많은 중국인 쿨리들이 대도시 변두리에 그냥 주저앉아 숨어 살았다. 대부분이 돌아갈 레야 돌아갈 뱃삯도 벌지 못했으니 돌아갈 처지가 아니었다. 그들이 결국 오늘날 미국과 캐나다의 서해안 일대 대도시에 차이나 타운을 일군 시조격이 되었다. 그들이 중국식당을 운영하며 중국요리를 미국과 캐나다에 선보인 셈이다.

그들이 광둥요리를 북아메리카에 소개했다고 말하지만 엄밀히 말하면 그것은 광둥요리라고 보기 어렵다. 중국인 쿨리는 그 넓은 광둥성에서도 주로 주지앙(珠江) 하구일대의 출신들이라 광둥요리의 진수를 소개했다고 보기 어렵다.

1980년대 들어 영국의 홍콩반환을 앞두고 홍콩주민들이 중국 공산당의 지배를 우려해 미국의 샌 프란시스코, 캐나다의 밴쿠버, 오스트레일리아의 시드니, 멜버른으로 대거 이민을 떠났다. 그들이 그곳에 정착하면서 광둥요리의 제 맛이 소개되기 시작했다.

싸구려로 팔려나가 귀국길마저 막힌 중국인 쿨리들

노예제도가 임금노동제로 전환되는 과정에서 많은 중국인, 인도인들이 서방열강의 식민지로 팔려나가 노예와 다를 바 없이 착취당하고 혹사당했다. 말하자면 쿨리는 임금노동자도 노예도 아니었다. 그런데 미국에서는 중국인 쿨리를 유색인으로 분류해 법제화를 통해 이민자로서 정착하지 못하도록 색출해서 추방했다.

1850대부터 1870년대 중반까지 10만명의 중국인 쿨리들이 남아메리카로 팔려갔다. 그들은 주로 페루의 은광, 해안 절벽의 구아노 채집장, 사탕수수 농장, 목화 농장에서 혹사당했다. 1879~1884년 페루-볼리비아 동맹과 칠레가 싸운 태평양 전쟁이 터지자 페루의 중국인 쿨리들이 반란을 일으켰다.

혹독한 작업환경에 불만을 품고 있던 중국인 쿨리들이 대농장에 불을 지르고 재물을 약탈했다. 칠레군이 리마를 점령하자 중국인 2,000여명이 칠레군에 입대하여 페루와 볼리비아에 대항하여 싸웠다. 나머지는 작업장을 질산염 생산지로 옮겼다. 그 같은 사실은 페루에서 중국인 쿨리들이 얼마나 무자비하게 혹사당했는지 말한다.

그 보다 훨씬 앞선 1815년 스페인 왕실은 칙령을 통해 쿠바와 푸에르토 리코에 외국인 정착을 장려했다. 그것이 겉으로는 중국인 쿨리를 돕기 위한 조치로 보였지만 속뜻은 따로 있었다. 스페인이 식민지 쿠바에서 아이티의 흑인노예 반란과 같은 사태가 발생할까 두려워 흑인노예의 대안으로 중국인 쿨리의 수입을 촉진하려고 내놓은 고육책이었다.

그 연유로 1959년 쿠바혁명이 일어나기 전까지는 아바나의 차이나타운이 라틴 아메리카에서 가장 컸었다. 쿠바, 푸에르토 리코 뿐만 아니라 함께 스페인 지배를 받던 도미니카 공화국에서도 중국인 쿨리의 계약기간이 끝나면 현지주민과 쉽게 동화할 수 있었다. 그럼에도 쿠바에서 중국인 쿨리들은 사탕수수 밭에서 노예와 다름없이 밤낮없이 피땀을 흘려야만 했다. 쿠바는 1884년에야 뒤늦게 노예제도를 폐지했다.

19세기 말엽에 말레이시아에서 주석광산이 발견되어 값비싸게 팔리자 영국이 값싼 중국인 쿨리를 끌고 가서 채굴작업에 투입했다. 주석은 은색의 금속으로서 쉽게 산화되지 않아 부식에 대한 저항력이 강하다. 그 특성을 살려 주석이 다른 금속의 부식을 막기 위한 합금 또는 도금의 재료로 쓰인다.

예를 들면 구리와 주석의 합금인 청동은 녹이 잘 슬지 않는다. 얇은 철판에 주석으로 도금한 양철은 녹이 쓸지 않아 통조림 깡통의 재료로 쓰였다. 그 까닭에 주석수요가 급증하자 영국이 주석채굴 작업에 박차를 가해 1938년 말레이 반도는 세계 주석생산량의 58%를 차지했었다.

1902~1910년 남아프리카 탄광들도 중국인 쿨리들을 많이 데려다 부렸다. 중국인 쿨리의 품삯이 백인은 물론이고 아프리카인의 노임보다도 쌌기 때문이었다. 작업환경은 영국의회에서도 문제를 삼을 정도로 최악의 상태였다. 중국광산공업공사가 중국 노무자를 모집했는데 당시 그 회사의 이사였던 허버트 후버는 나중에 31대 미국 대통령이 되었다.

중국인 쿨리들이 겪은 작업환경은

인도인 쿨리보다 훨씬 열악했었다. 1866년 영국, 프랑스, 청나라가 나서 중국인 쿨리의 혹독한 작업조건을 개선하기 위한 방안을 마련했다. 그 방안에는 중개인이 계약기간이 만료된 쿨리의 귀국비용을 부담하도록 한다는 내용이 들어 있었다.

하지만 중개인들이 3국의 합의를 거부하는 바람에 작업조건이 개선되기는커녕 오히려 악화되었다. 그러나 쿨리무역을 종식시키는 데는 어느 정도 기여한 것이 사실이다. 1870년대 들어 언론이 쿨리무역의 문제점을 집중적으로 고발함으로써 국제사회에서 쿨리의 열악한 작업환경에 대한 여론을 환기시켰다.

국제사회의 그 같은 노력에도 불구하고 20세기 들어서도 독일 식민지 사모아의 카카오 대농장에서는 중국인 쿨리에 대한 착취와 혹사가 여전히 자행되고 있었다. 1900년부터 시작된 사모아의 쿨리노역은 1914년 뉴질랜드 군대가 상륙할 때까지 계속되었다.

당시 농장에는 2,000여명의 중국인 쿨리들이 혹사당하고 있었는데 뉴질랜드 정부가 그들을 귀국시켰다. 그 때까지 마카오를 통해 쿠바에만 15만명의 중국인이 쿨리로 팔려나갔다. 얼마나 많은 중국인들이 해외로 팔려나갔는지는 관련한 자료가 없어 정확한 숫자를 파악할 길이 없다.

일부에서는 150만~200만명이란 추산도 있지만 그보다 훨씬 많을 것이란 주장이 설득력을 갖는다. 그들은 거의 돈을 번다는 소리에 속거나 납치 또는 유괴되어 끌려갔다. 그들 가운데 많은 이들이 항해 길에 죽거나 일자리에서 혹사당하다 죽어 다시 고향 땅을 보지 못했다. 물론 산 사람도 거의 고향 땅을 다시 밟지 못한 것은 마찬가지였지만 말이다.

남아프리카의 중국인 광부들. 1905년 촬영. 남아프리카 요하네스부르크 부근의 위트워터랜드 금광에는 중국인 쿨리들이 1904년 6월 19일 처음 발을 디뎠다. 1904~1910년 그곳에서 일하던 중국인 광부들이 무려 6만4,000명으로 늘어났다.

고향 잃은 쿨리의 후손들

영국이 식민지마다 데려가서 부린 인도인 쿨리들

영국은 중국에서보다 인도에서 먼저 인력장사를 시작해 돈을 벌었다. 영국의 인도인 고용계약은 계약이라는 법적양식을 빌려 일꾼을 빚으로 옭아매는 제도였다. 영국은 고용계약이란 허울을 내세워 350만명의 인도인을 자국의 식민지와 다른 유럽국가의 식민지에 싸구려로 팔아넘겼다.

그들은 주로 사탕수수, 커피, 목화, 옥수수 등을 재배하는 대농장과 광산, 공사장 등에 팔려나가 흑인노예를 부릴 수 없어서 비었던 자리를 채웠다. 계약노동이라는 이름을 붙여 막노동꾼들을 해외로 팔아넘기는 인력장사는 노예제도 폐지가 논의되던 1833~1920년에 걸쳐 거의 한 세기 가까이 계속되었다.

영국은 노예장사로 돈을 많이 번 나라다. 그 영국이 국제사회에서 가장 앞장서 노예무역 폐지를 주장하면서 다른 한편으로는 노예제도의 변형인 계약노동제를 들고 나왔다. 두 제도의 상이점은 노예는 사람을 총칼로 사냥해서 끌어다 팔았다면 쿨리라는 계약노동자는 돈과 거짓말로 사람을 꾀어 팔아넘겼다는 점이다.

굶주림에 지친 인도인들이 1820년대부터 떼를 지어 밥거리를 찾아 헤맸다. 그 즈음 인도에서는 만성적인 식량난으로 말미암아 한번 흉년이 들면 수백만명의 아사자가 발생했다. 그런데 아프리카 노예무역이 국제적으로 금지되는 추세를 보이자 유럽 노예상들이 인도의 값싼 노동력에 눈독을 들였다.

그 때부터 영국이 세계 곳곳에 흩어져 있는 영국 식민지로 인도인들을 쿨리로 데리고 가서 부리기 시작했다. 19세기 후반 들어 영국이 인도인 45만명을 설탕 주산지인 자메이카 등 카리브 제도로 데려갔다. 영국은 또 모리셔스를 비롯한 동아프리카 섬들과 피지, 마우리티우스, 나탈, 네팔, 말레이시아 등등 세계 각지의 영국 식민지로 인도인들을 쿨리로 송출했다.

네덜란드도 인도인 인력장사에 끼어들어 식민지인 남아메리카 수리남, 인도네시아 등지로 쿨리들을 보냈다. 영국과 네덜란드의 중개인들은 해외로 나가면 큰 돈벌이가 기다리고 있는 듯이 인도인들을 속였다. 인도인 쿨리는 인도 간지스 평원과 타밀 나두 출신들이 많았으며 그들은 해외식민지 말고도 인도 아대륙의 남부지역으로도 팔려나갔다.

 영국은 1829년부터 인도양의 모리셔스 섬에 인도 쿨리들을 마구잡이로 보내 사탕수수 밭을 일구어 냈다. 쿨리들을 죽도록 혹사하여 많은 말썽을 빚자 1842년 영국은 규제장치와 처벌조항을 강화했다. 하지만 그 해에만도 3만5,000명의 인도인 쿨리들이 모리셔스로 팔려나갔다.

 1834~1921년에 걸쳐 그 섬에는 50만명의 인도인들이 사탕수수 농장 이외에도 공장, 수송, 건설현장에 투입되었다. 그곳에는 오늘날 인도계 인구가 90만명에 달해 전체인구의 68%를 차지한다. 중국계도 3만명이나 되어 영국이 그곳에도 중국 쿨리를 팔아넘긴 것을 알 수 있다.

 프랑스는 영국 몰래 인도인들을 프랑스 식민지의 사탕수수 대농장에 데려가서 부렸다. 1826~1830년 프랑스가 영국의 눈을 속여 인도양의 레위니옹 섬으로 데려간 인도인 쿨리가 3,000명에 달했다. 레위니옹은 동아프리카 해안에 있는 섬으로서 모리셔스 섬 동쪽에 위치해 있다.

 인도인 밀반출이 발각나자 프랑스는 1860년 영국과 협상을 벌여 매년 6,000명 이상의 인도인을 송출하기로 합의했다. 그 대신에 혹사, 폭행 등 부당한 처우가 발각되면 쿨리무역을 중단한다는 조건을 달았지만 그 약속은 여전히 지켜지지 않았다.

 레위니옹, 구아델루프, 마르티니크 등 프랑스 식민지의 작업환경은 영국 식민지보다 훨씬 열악했던 것으로 알려졌었다. 그곳에서는 밤낮없이 쿨리를 혹사한 탓에 탄광의 사망률이 다른 지역보다 비교도 되지 않을 만큼 높았다고 전해진다.

 1879년부터는 많은 인도인 쿨리들이 피지의 사탕수수 밭으로 팔려나갔다. 불행하게도 그들은 계약기간이 만료되어도 거의 귀국하지 못했다. 바로 그 이유로 오늘날 피지 인구의 40%를 인도인이 차지한다. 태평양 섬나라에서 일하던 인도인 쿨리들이 적지 않게 호주 퀸즈랜드로 옮겨 갔다.

 영국과 네덜란드가 1870년 맺은 조약에 따라 네덜란드 식민지 수리남에도 많은 인도인들이 쿨리로 수출되었다. 네덜란드는 자바에서 부리던 인도인 쿨리들을 수리남으로 이주시키기도 했다. 수리남은 브라질의 북쪽에 위치해 있으며 대서양과 인접하고 있는 소국이다.

 20세기 초엽 들어 고무가 백금이라고 불릴 만큼 값이 비싸지자 영국이 남인도에서 일꾼들을 말레이시아로 데려다 고무농장에 투입했다. 그에 따라 1938년 말레이의 고무 생산량이 세계 생산량의 38%를 차지했었다. 고무는 원래 말레이의 특산물이 아니었다.

 고무는 19세기 초부터 브라질에서 생산되기 시작했는데 19세기 중엽 들어 수요량이 크게 늘어났다. 그러자 헨리 위컴이라는 영국인이 1876년 브라질에서 고무나무 종자를 숨겨 나가 말레이에서 재배에 성공함으로써 동남아시아에도 널리 퍼졌다.

 쿨리무역 반대운동도 노예무역 폐지운동처럼 영국에서 먼저 일어나 쿨리의 참혹한 노동착취 실태가 알려지기 시작했다. 그에 따라 영국정부가 1839년 쿨리수출을 잠정적으로 중단했었다. 그러나 그것은 그야말로 일시적이었고 인력수출은 재개됐다. 그 이유는 식민지 대농장들이 인력부족으로 인해 경제적 타격이 크다는 것이었다.

 아프리카 노예를 실어 나르던 낡은 노예선에 너무 많은 사람들을 태운 데다 전염병이 번지고 굶주린 탓에 바다 위에서 수많은 쿨리들이 병들어 죽었다. 품삯은 보잘 것 없었으며 노동환경은 가혹했다. 작업조건을 교묘히 조작해 계약기간이 끝나도 농장을 떠나지 못하도록 묶어 놓았다.

 쿨리는 계약노동자라고 명칭만 달라졌지 노예와 다를 바 없었다. 노예들을 실어 나르던 노예선을 타고 가서 노예들이 하던 일을 그대로 물러 받아야만 했다. 그럼에도 인도에서 쿨리수출이 이뤄졌던 배경에는 고질적이고 만성적인 식량난이 도사리고 있었다. 아사사태에 내몰린 인도인들이 죽음을 각오하고 밥거리를 찾아 나섰던 것이다.

영국은 1834~1920년 아프리카 남동부에 위치한 섬나라 모리셔스에 가족을 포함해서 50만명을 주로 인도 캘커타에서 데려가 사탕수수 농장에서 일꾼으로 부렸다. 오늘날 그 후손들이 128만명이 사는 작은 아프리카 섬나라 인구의 68%를 차지한다. 사탕수수 농장의 인도 쿨리들. 1870년 촬영. 모리셔스 문서보관소 소장.

영국은 쿨리의 자유를 최대한 억제하는 장치들을 고안해 냈다. 모리셔스에서는 쿨리의 탈주를 막으려고 통행증 소지를 강제적으로 시행해 이동을 원천적으로 봉쇄했다. 그 까닭에 인도인 쿨리는 거의 고국으로 돌아가지 못하고 노역장에서 외로이 죽음을 맞이했다.

그들은 계약이 끝나서 고향에 가고 싶어도 뱃삯을 벌지 못했으니 거의 고향으로 돌아갈 수 없었다. 아니면 고향에 돌아가도 의지할 집도 땅도 없으니 돌아갈 수 없었다. 고향을 잃어 버렸던 인도 유랑민의 후손들이 오늘날 인도양과 태평양에 걸쳐, 그리고 아프리카 동해안에서 카리브 해안까지 광범위하게 퍼져 살고 있다.

뿌리를 빼앗긴 인도인들이 현지에서 정착하는 과정에 다른 종족, 다른 인종과 결혼하여 무수한 인도-카리브 혼혈인, 인도-아프리카 혼혈인들이 태어났다. 그들의 후손들이 인도양의 조그만 섬나라들에 널리 퍼져 인구의 다수를 차지하여 주류사회를 형성할 정도다.

인도계 주민에게 추방명령을 내리는 독재자 이디아민.

지역에 따라서는 원주민과의 마찰과 갈등이 오늘날까지도 그치지 않고 있다. 아프리카의 우간다도 대표적인 곳의 하나였다. 1972년 8월 우간다의 독재자 이디 아민이 철권통치에 대한 국민의 불만과 반발을 돌파하는 수단으로 '우간다인의 우간다'를 내세워 인도계 주민 8만명에게 추방령을 내렸다.

인도인들은 국가에 대한 충성심이 없고 통합에 비협조적일 뿐만 아니라 악덕상행위를 일삼는다는 것이 그의 주장이었다. 인도인들이 경제력을 장악함으로써 우간다인이 가난해졌다는 주민의 반감을 이디 아민이 정치적으로 악용했던 것이다. 하지만 인도계 주민들은 당장 갈 곳이 없었다.

인도는 할아버지의 고향이지 그들의 고향이 아니었다. 그들은 그곳에서 낳고 자랐으니 오갈 데 없는 이방인의 신세가 되었다. 결국 그들은 집도 농장도 공장도 뺏긴 채 쫓겨나고 말았다. 영국 2만7,000명, 캐나다 6,000명, 인도 4,500명를 비롯해 케냐, 파키스탄 등지로 뿔뿔이 헤어졌다.

모든 재산을 뺏기고 쫓겨나는 인도계 주민들

그들의 선조인 인도인 3만2,000명이 1890년대 영국에 의해 아프리카 동남부 지역의 철도공사장에 막노동꾼으로 팔려갔었다. 그들 중에서 6,724명이 공사가 끝난 다음에도 그곳에 잔류했었다. 그들의 후손들이 우간다 인구의 1%를 차지했으나 국민소득은 1/5를 차지할 만큼 경제적으로 성공했는데 그것이 축출의 빌미가 되었다.

미국, 호주 아시아계의 상당수는 중국쿨리 후손들

1959년 8월 미국의 50번째 주로 편입된 하와이에는 아시아계 인구가 많다. 그들의 1/3은 조상이 중국계로서 극소수의 하카(客家-객가)족을 제외하면 거의 광둥성 출신 쿨리의 후손들이다. 하카 족은 남중국 산악지대에 사는 민족이다. 워낙 많은 원주민들이 유럽 전염병에 걸려 병사하거나 백인에 의해 학살당한 바람에 중국계의 인구비율이 크게 높아졌다.

중국계 후손의 특이점은 혼혈인의 비율이 아주 높다는 점이다. 그 이유는 중국인 쿨리는 거의 여자를 동반하지 않았기 때문이다. 그 까닭에 그들은 주로 하와이 원주민 여자 또는 하와이-유럽 혼혈인 여자와 결혼했다. 소수는 유럽여자와 결혼했는데 그들은 거의 포르투갈 여자였다.

한 조사에 따르면 1930년 아시아계 하와이인이 1만2,592명이었는데 그들 중의 상당수는 중국남자였다. 아니면 그들이 하와이 원주민, 하와이-유럽 혼혈인과 결혼해서 낳은 혼혈자손들이었다. 그들의 후손들도 또한 하와이 원주민 여자, 원주민-유럽인 혼혈인, 유럽여자와 결혼했다.

그 같은 연유로 하와이 아시아계 혼혈인의 상당수는 그 조상의 부계가 중국인이었고 그들은 거의 쿨리

호주 빅토리아 주 벤디고에 살던 중국인과 그녀의 혼혈가족. 1890년 촬영. 골든 드라곤(金龍-금룡) 박물관 소장. 채소재배로 상당한 부를 일군 그는 아일랜드계 백인여자와 결혼하여 두 아들을 낳았다. 부인의 여동생과 모친도 나중에 중국인과 결혼했다.

였다. 다시 말해 하와이의 아시아계는 그 중의 상당수가 중국계, 그중에서도 18세기와 19세기 초엽에 중국에서 미국으로 팔려간 광둥성 출신 쿨리의 혼혈후손들이다.

 미국에 인디언의 얼굴과 많이 닮은 중국인이 갑자기 늘어나 백인사회가 바짝 긴장하고 있는데 그들이 더러 백인여자와 결혼했다. 그러자 많은 주들이 이인종결혼 반대법(Anti-Miscegenation Law)을 제정하여 중국남자와 백인여자의 결혼을 금지했다. 그럼에도 1850년대 중반에 뉴욕에서 거주하던 70~150명의 중국인 남자 가운데 11명이 아일랜드 여자와 결혼했다.

 미국에서 백인과 다른 인종의 결혼에 대한 공격은 남북전쟁 이전부터 노예제도 옹호자들이 노예제도 폐지론자를 비난하는 수단으로 많이 사용되었다. 또 백인우월주의들이 백인과 흑인의 권리가 동등하다고 주장하는 인종차별 반대론자를 공격하기 위해 이인종결혼을 힐난했다.

 인종주의자들은 인종차별 반대주의들이 백인과 이인종의 결혼을 통해 백인이란 인종 자체를 없애려는 음모를 꾸미고 있다고 억지를 부렸다. 그들은 그 같은 주장을 1950년대 들어서도 굽히지 않았다. 인종차별 반대론자들이 소련의 지원을 받아 백인을 파괴하려고 꾸미는 공산주의의 음모라는 것이었다.

 그럼에도 1900년 미국에서 자리 잡은 20개 중국인 공동체의 남자 12만명을 대상으로 조사한 자료에 따르면 중국인 남자 20명의 1명꼴로 백인여자와 결혼했다. 그런데 2차 세계대전이 끝나고 이인종결혼에 대한 규제와 편견이 줄어들면서 중국남자와 백인여자의 결혼이 늘어났다.

 호주의 아시아계 혼혈인도 대부분이 중국 쿨리의 후손들이다. 쿨리무역 초기의 중국인 이주자는 주로 광둥(廣東-광동)성의 광저우(廣州-광주)와 타이산(泰山-태산) 출신이었고 소수가 퓨전(福建-복건)성의 하카(客家-객가)족이었다. 그들은 1850년대 호주에서 일어났던 골드러시 당시 영국이 금광에서 광부로 부리려고 중국에서 데려갔던 쿨리들이었다.

 중국인 쿨리들이 독신으로 이주했고 빈민촌에서 살다보니 밑바닥 백인여자와 접촉이 잦아 그들과 결혼한 경우가 더러 있었다. 한 조사에 따르면 73명의 아편중독 백인여자가 중국남자와 결혼했다. 시드니에서는 백인 남편한테 쫓겨난 백인여자 노숙자나 백인창부가 중국인의 아편소굴이나 노름판에서 중국남자와 어울리다 같이 살게 된 사례가 있었다.

 골드러시가 끝났지만 많은 중국광부들이 뱃삯도 벌지 못해 호주에 그대로 눌러 앉았다. 그런데 중국인 남편이 백인아내를 학대한다는 소문이 나돌아 백인사회에서 중국인 대한 반감이 커졌다. 중국인-백인의 혼혈결혼이 백인인종을 위협한다는 악감정이 퍼지면서 중국남자-백인여자의 결혼이 줄기 시작했다.

그 같은 반중감정이 확산되면서 자식과 함께 고향을 방문하고 되돌아간 멜버른 거주 중국인 가족의 입국이 거절되기도 했다. 그럼에도 1878년 181건의 유럽여자와 중국남자의 이인종결혼이 있었으며 171쌍이 동거생활을 했다. 그에 따라 586명의 혼혈자녀가 태어났다. 그 같은 혼혈결혼은 1930년대까지 이어졌다.

라틴 아메리카 속의 중국-일본인 쿨리의 후손들

라틴아메리카에는 아시아계가 줄잡아 수백만명이 산다. 라틴아메리카의 첫 아시아계 정착민은 필리핀인이었다. 멕시코에서 태평양을 건너서 필리핀을 점령한 스페인이 아시아~아메리카 교역을 개시하면서 필리핀인들이 라틴아메리카에 진출했다. 그러나 오늘날 라틴아메리카에 사는 아시아계의 주류는 일본계와 중국계다.

그들은 대부분이 쿨리의 후손이며 주로 브라질과 페루에 산다. 20세기 진입을 전후해 싼값에 팔려나간 중국인, 일본인 쿨리들이 대농장에서 아프리카 노예들이 하던 고되고 힘든 일을 그대로 물려 받았다. 신분은 일종의 계약노동자였지만 노예나 거의 다름없었다. 많은 중국인 쿨리들이 돈을 벌려고 쿠바로 팔려갔다. 1920년대 3만명을 비롯해 80년 동안 12만명의 중국인들이 노예선보다 나을 리 없는 배를 타고 카리브 해의 쿠바로 건너갔다. 그들은 거의 광둥성 출신으로서 모두 남자였고 여자는 한 명도 없었다.

여자가 없었으니 그들은 자연이 원주민, 흑백 혼혈인, 흑인, 백인과 결혼했는데 결혼을 하지 못한 사람들도 많았다. 숫자는 훨씬 적지만 일본인 쿨리들도 쿠바에 갔는데 그들도 독신남자가

브라질 상파울루의 재팬타운. 상파울루는 브라질에서 아시아계가 가장 많이 몰려 사는 곳이다.

많아서 중국인과 마찬가지로 백인, 흑인, 흑백 혼혈인 등 다른 인종과 결혼했다.

대농장의 노동력을 아프리카 노예에 의존했던 브라질은 끝까지 대서양 노예무역을 고수했다. 그런데 노예제도가 폐지되어 아프리카 노예수입이 끊기자 대농장의 노동력 부족이 심각했다. 브라질이 그 타개책으로 아시아 인력을 수입하는 이민 장려책을 들고 나왔다.

일본인의 첫 브라질 이주는 1908년 이뤄졌다. 165개 가족이 식구 786명을 데리고 커피농장에서 농군으로 브라질 생활을 시작했다. 그 때만 해도 일본은 나라가 가난해 젊은이들이 해외로 품팔이 나가던 시절이었다. 브라질 대농장의 생활환경, 노동조건은 일본보다 훨씬 열악했다.

일본계 이민 1, 2세가 그곳에서 겪은 문화적 충격은 너무나 컸었다. 아시아인은 외모가 원주민과 큰 차이가 나지 않는 탓에 인종차별 또한 극심했다. 그러나 한 세대가 지나면서 브라질에서 일본인에 대한 인종차별이 빠른 시일 내에 줄어들었다. 일본이 군사대국으로 부상하여 미국을 상대로 태평양 전쟁을 벌이자 일본을 보는 브라질의 시각이 달라졌던 것이다.

일본이 2차 세계대전 이후 경제강국으로 부상하여 국제사회에서 발언권이 커지자 브라질이 일본을 선망의 눈으로 바라보기 시작했다. 브라질 백인사회가 천시했던 일본문화를 성장, 발전, 선진의 상징처럼 받아들이면서 일본인의 위상이 올라가기 마련이었다.

브라질 인구조사에 따르면 자신이 황인종, 다시 말해 아시아계라고 밝힌 사람은 210만명으로서 전체인구의 1%를 차지한다. 1950년대까지 25만명의 일본인이 브라질로 이주했으며 오늘날에는 그 후손이 160만명으로 불어나서 아시아계로서는 가장 많다.

20세기 초입에 중국인 쿨리 3,000명이 브라질에 처음 진출했는데 오늘날에는 중국계가 16만명에 달한다. 한국계는 5만명이고 베트남계가 그보다 적지만 그 뒤를 잇는다. 동아시아계의 70%는 상파울로에 밀집해 살고 있다. 상파울로는 브라질에서 인구가 가장 많은 도시다.

2010년 인구조사에 따르면 아시아계의 1인당 국민소득이 다른 인종을 따돌리고 가장 높다. 브라질에 거주하는 일본계 인구의 25~35%는 혼혈인이다. 이민 4세는 혼혈비율이 50~60%로 부모세대에 비해 월등히 높아졌다. 브라질은 일본의 해외교포 공동체 중에서 가장 크다.

2008년 일본인의 브라질 이주 100년을 맞았다. 100년전에 인력을 수출했던 일본이 눈부신 경제성장을 이룩하여 이제는 심각한 인력난을 겪고 있다. 오늘날에는 거꾸로 일본계 브라질인 30만명이 일본에 체류하면서 일본인이 기피하는 허드렛일을 도맡아하고 있다.

그들은 상당수가 혼혈인이고 일본어를 몰라 취업에 애로를 겪고 있다. 그 점을 착안해 원주민 피가 많이 섞인 브라질 젊은이들이 일자리를 찾아 일본계라고 속여서 일본

으로 들어간다. 혼혈에 혼혈이 이뤄지다보니 얼굴만 봐서는 일본계인지 알아보기 어렵다.

 그래서 그들은 일본인 후손처럼 보이려고 더러 쌍꺼풀을 푸는 성형수술을 받는다고 한다. 브라질은 세계에서 성형수술이 가장 성행하는 나라다. 일본계 4세도 일본어를 구사하지 못하니 그들의 언어장벽이 일본에 진출하는 데 큰 장애가 되지 않는다고 한다.

 아프리카 노예를 많이 수입했던 브라질에서는 이인종결혼을 축복으로 여긴다. 또 브라질은 19~20세기에 걸쳐 인종통합을 위해 혼혈결혼을 장려했다. 그 까닭에 아시아계도 혼혈비율이 아주 높다. 그 같은 인구정책은 비백인 인구를 흡수하고 동화시킴으로써 백인사회를 위협하는 비백인의 세력화를 차단하려는 전략이었다.

 페루에는 전체인구의 3%인 147만명의 아시아계 후손이 거주하는데 그 중에서 100만명은 중국계다. 1849~1874년에 걸쳐 10만명의 중국 쿨리가 페루로 팔려갔었다. 중국인은 여자를 동반하지 않았기 때문에 중국여자와 결혼한 중국남자는 없었다. 그들은 원주민 말고도 다양한 인종의 여자와 결혼했다.

 중국남자가 결혼했던 인종은 백인, 원주민, 흑인, 백인-원주민 혼혈인, 흑인-원주민 혼혈인, 백인-흑인 혼혈인, 흑인-백인-원주민 혼혈인 등등이다. 오늘날 페루에서 중국계라고 밝히는 사람은 여러 세대를 거쳐 혼혈에 혼혈이 이뤄져 거의 다인종의 혈통이라고 보면 틀림없다.

 일본인 쿨리는 그 숫자가 훨씬 적었지만 여자를 동행해 중국인에 비해 혼혈비율이 훨씬 낮다. 일본계 알베르토 후지모리가 페루 대통령으로 당선되어 1990~2000년 재임했었다. 그의 정치적 입신에는 그의 역량도 컸겠지만 아버지 나라 일본의 경제력이 후광으로 작용했었다. 그는 영구집권을 획책한 데다 비리사건에도 연루되어 권좌에서 축출되었다.

 흑인노예를 수입하지 않았던 코스타 리카에 최초로 도착한 중국인도 쿨리였는데 모두 광동성 출신이었다. 순수한 혈통의 중국인이 오늘날 그곳 인구의 1%를 차지한다. 그러나 10%에 가까운 인구가 중국인 혈통이거나 중국인과 결혼한 사람들이다.

 20세기 마지막 10년 동안 타이완에서 많은 남자들이 취업을 위해 이주했다가 현지여자와 결혼한 바람에 중국계가 크게 늘어났다. 1세 이주자의 후손들은 중국어를 하지 못하고 스스로 코스타 리카 사람으로 생각한다. 그들은 주로 현지여자 티카와 결혼했다.

 1989년 코스타 리카 인구조사에 따르면 인구의 98%가 백인이 아니면 백인의 피가 많이 섞인 카스티소, 그리고 원주민과 백인의 혼혈인인 메스티소다. 인구의 대부분이 백인의 피가 흐른다는 소리다. 그처럼 코스타 리카는 라틴아메리카 속의 백인나라 다름없는데 중국계가 의외로 많은 편이다.

아르헨티나의 아시아계 이민은 일본계가 최초였다. 20세기 들어 백인이민정책을 적극적으로 추진한 아르헨티나에는 오늘날 18만명의 아시아계가 산다. 그 중에서 중국계가 12만명으로 가장 많고 이어 일본계 3만2,000명, 한국계 2만5,000명이 있다.

한국계는 1971년 정부의 이민장려정책에 따라 이주했다. 그 까닭에 아르헨티나는 남아메리카에서 한국계가 가장 많이 사는 나라다. 멕시코에도 한국계가 수만명이 거주하는데 그들은 상당수가 조선인 쿨리의 후손으로서 세계 어느 곳에서도 찾아보기 힘들 정도로 심한 인종차별에 시달렸다.

카리브 해의 마르티니크는 아프리카인, 유럽인, 원주민의 혼혈인과 인도 쿨리의 후손들이 많이 거주한다. 카리브 해 끝자락에 위치한 과들루프 섬은 인구의 14%가 동인도인의 후손이다. 파나마에는 오늘날 중국이민이 빠른 증가세를 보인다.

중국인 추방한 미국, 멕시코

"감히 백인여자와 결혼했다"가 중국인 추방빌미

임금이 슬기롭지 못하면 백성이 고달프기 마련이다. 천자의 나라라는 중국이 망조가 들더니 숱한 백성이 남의 나라에 싸구려로 팔려나가서도 온갖 박대를 받으며 갖은 고생을 했다. 19세기 막노동꾼으로 외국에 팔려 나간 중국인들은 돈을 벌기는커녕 노예나 진배없는 신세였다. 품삯이 미국에서는 흑인이나 인디언보다 쌌고 아프리카에서도 현지인보다 적었다. 거개가 뱃삯도 벌지 못해 고향 땅을 다시 밟지 못했다.

이민자의 나라 미국이 중국인에게는 이민을 허용하지 않았다. 막일꾼이 모자라 중국인들을 데려다 부려놓고는 막상 대형 토목공사가 끝나자 중국인 쿨리들이 백인의 일자리를 뺏어간다는 핑계를 내세워 중국인 추방운동을 벌였다. 마침내 연방정부가 중

국인의 이민을 금지하는 중국인 배제법(Chinese Exclusion Act)을 제정했으니 그 때가 1882년 5월이었다.

중국인 배척운동이 표면적으로는 경제적 이유를 내세웠지만 그 기저에는 백인우월주의의 배타성이 자리 잡고 있었다. 백인의 증오심을 폭발하게 만든 직접적인 동기는 이른바 유색인이 감히 백인여자와 결혼했다는 분노였다. 그 즈음 제정된 이인종결혼반대법(Anti-Miscegenation Law)이 사실상 중국남자와 백인여자의 결혼금지를 겨냥했다는 사실이 그것을 말하고도 남는다.

멕시코에서는 중국남자가 백인의 피가 흐르는 메스티소 여자와 결혼했다는 이유가 중국인 추방운동의 빌미가 되었다. 멕시코는 메스티소 여자와 결혼한 중국인들을 그들의 혼혈가족과 함께 중국으로 축출했다. 호주에서는 중국인이 백인창부, 백인 노숙여자와 결혼했다는 이유로 중국인 추방운동이 벌어졌다.

쿨리무역에서 중국인과 인도인의 큰 상이점이 있었다. 그것은 중국인은 거의 100%가 남자였고 인도인은 부인과 가족을 동반하는 사례가 많았다는 점이다. 일본인도 마찬가지였다. 그러나 중국인 쿨리들은 여자를 데리고 가지 않았기 때문에 현지에서 거의 다른 피부색의 여자와 결혼했다.

중국인 쿨리가 아내와 가족을 동반한 경우는 세계 어디에서도 찾아보기 어려울 만큼 희소했다. 당시 중국여성은 전족(纏足)이란 것을 했기 때문에 뛰거나 힘든 일을 하기 어려웠다. 그 까닭에 낯설고 물선 이국땅의 막노동판에 아내나 여동생, 딸을 데리고 나가면 오히려 짐이 될 수 밖에 없었다.

중국에서는 오랜 세월 여자는 어릴 적부터 헝겊으로 엄지발가락 이외의 발가락을 발바닥 쪽으로 접어서 동여매는 악습이 있었다. 그리고 조그만 신을 신기고 발끝으로 걸려 발이 자라지 못하게 했으니 그것이 전족이다. 그 때문에 중국여자는 성인이 되면 발과 척추가 기형적으로 변형되어 똑바로 서기도 어려웠다.

그러니 중국여자는 막노동판에서 힘든 일은 엄두도 낼 수 없었다. 그 까닭에 해외에 팔려간 중국인 여자쿨리는 없었고 남자들이 아내와 가족을 해외로 데리고 나가지 못했다. 전족이 여자로 하여금 돈을 벌려고 해외로 나가는 남편, 오빠, 아버지를 따라가는 동행 길을 가로막는 족쇄가 되었던 것이다.

여자의 신체를 반불구로 만드는 중국의 전족이란 야만적인 폐습은 10세기 초반, 그러니까 송나라 때부터 전래되었다. 1644년 한족의 명나라를 굴복시키고 중원을 차지한 만주족의 청나라가 그 악습을 근절하려고 시도했으나 만주족이 오히려 그 풍속에 물들어 없애지 못했다.

청-일전쟁에서 청나라를 이겨 타이완을 점령한 일본도 아편, 변발, 전족을 추방하는 운동을 벌였다. 그것을 보면 그 때까지도 그 악습이 뽑히지 않을 만큼 뿌리가 깊었던 모양이다. 청조가 패망한 이후 1912년 수립된 중화민국도 전족을 금지했으니 그 폐습이 20세기 들어서도 근절되지 않았던 것을 말해준다.

전족이 성행했던 이유는 여러 가지 설이 있으나 어느 것도 상식적인 설득력이 충분하지 않다. 일설은 신분이 고귀하다고 과시하려고 전족을 했다고 한다. 전족은 논밭에 나가 힘든 일을 하지 않을 만큼 부유하다는 사실을 무언으로 말하는 것이나 마찬가지였다는 것이다.

다른 일설은 중국에서는 옛날부터 축첩풍속이 성행하여 가난한 남자는 아내를 맞이하기가 어려웠다. 부자는 아내를 여럿 거느리고 사는 일부다처제인지라 여자가 모자라 일생을 총각으로 사는 사내가 많았다. 그래서 아내가 외간남자와 눈이 맞아 도망치지 못하게 하려고 전족을 했다고 전해진다.

전족을 한 여자는 발끝으로 걸으니 엉덩이, 허벅지, 생식기의 괄약근이 발달하여 성적쾌감을 더해주어 남자들이 좋아했다는 속설도 있다. 중국에서는 천년세월에 걸쳐 발 큰 여자는 가문의 수치로 여겼다. 그 즈음 모든 중국여자는 전족을 했다고 보아도 무방하다.

중국인 쿨리들은 일터에서 마땅히 살 곳이 없으니 그 사회에서 가장 천대받던 원주민, 흑인들이 모여 사는 곳에 터전을 잡기 마련이었다. 중국인 여자가 없으니 그들은 자연이 그곳의 여자들과 어울리다 결혼했다. 쿠바 사탕수수 농장의 중국인 쿨리들도 거의 남성이었고 페루도 비슷한 실정이어서 비중국인 여성들과 살림을 차렸.

코스타 리카에서도 1940년대까지 중국인 거류촌의 인구분포는 남성이 절대적으로 우세했다. 멕시코도 마찬가지여서 중국남자는 어쩔 수 없이 멕시코 여자와 함께 살았다. 20세기 중반에 접어들어서도 필리핀, 싱가포르, 모리셔스, 뉴질랜드, 미국, 호주 빅토리아 주, 캐나다 빅토리아 주 등지의 중국인 공동체는 남성만의 사회였다.

중국인 쿨리들은 고향으로 돌아갈 희망도 없었고 아내와 자식들을 불러올 수 있는 형편도 아니었다. 총각은 중국인 아내를 맞을 수도 없었다. 그러니 중국인 쿨리들은 아프리카인, 인도인, 원주민과 결혼했고 아주 드물게 백인과도 결혼했다. 중국남성의 이인종결혼이 라틴 아메리카의 인구구조를 더욱 복잡하게 만들었다.

축출운동 벌이다 법제화 통해 중국인 강제추방

1848~1855년 미국사회를 흥분시킨 골드 러시가 터졌다. 서부에서 금이 발견되었다고 알려지자 동부에서 빈털터리 이민자들이 저마다 벼락부자의 꿈을 안고 서부로 달려갔다. 중국인 쿨리의 북아메리카 이주도 그 때 주로 이뤄졌다. 초기에는 금이 노천에서 많이 나오는 데다 대형 토목공사가 많이 쏟아져 일감이 넘쳐났다.

그 통에 백인들이 중국인 광부에 대해 별로 관심을 두지 않았다. 채금량이 차츰 줄어들자 중국인들이 일자리를 뺏어간다며 적개심과 증오심을 드러내기 시작했다. 캘리포니아 주정부가 외국인 광부세법과 같은 규제법을 만들어 중국인 쿨리들을 금광에서 쫓아냈다.

일거리를 잃은 중국인들이 샌 프란시스코와 같은 서부의 대도시에 몰려들면서 그 변두리에는 중국인 끼리 몰려 사는 빈민촌이 형성되었다. 그들은 호텔, 식당, 세탁소 등등 접객업소에서 허드렛일을 싸구려 품삯에도 마다하지 않고 닥치는 대로 챙겼다.

남북전쟁이 끝나고 1870년대 들어 경기침체가 장기화하면서 중국인에 대한 반감과 반발이 더욱 노골화되었다. 노조간부들과 캘리포니아 주지사 존 비글러(John Bigler)가 중국인에 대한 적대적 여론을 등에 업고 중국인을 악마에 빗대 공격했다. 그것도 모자라 1800년대 종반부터 중국인의 행동과 생활까지 규제하는 각종 법규를 쏟아냈다.

중국인 쿨리들은 젊고 건강하고, 또 영어를 모르기 때문에 세금을 내고도 학교, 병원과 같은 사회공공시설을 거의 이용하지 않았다. 그들은 그저 세금만 냈지 복지혜택이라고는 받은 게 없었다. 그럼에도 로스앤젤리스에서는 중국인들을 쫓아내라는 소요가 멈출 줄 몰랐다.

중국인 이주가 늘어나서 저임노동자의 1/4 가량을 차지하자 캘리포니아 주의회가 중국인 이민을 금지하는 입법을 추진했다. 대통령 러더포드 헤이즈가 거부권을 행사했다. 그에 맞서 주정부가 주헌법 개정을 통해 중국인의 주거지를 지정하는 한편 중국인은 기업, 주정부, 지방자치체에 취업하지 못하도록 금지했다.

그러자 연방정부가 미국사회에 팽배한 반중정서를 등에 업고 모든 중국인의 이민을 금지하는 중국인 배제법(Chinese Exclusion Act)을 제정했다. 그 때가 1882년이었다. 무엇 무엇을 위반하면 투옥 또는 추방한다는 강력한 이민 규제법이 제정되자 모든 중국인들이 곤경에 처했다.

그 법은 이미 미국에 거주하던 모든 중국인에게 적용되었다. 그 까닭에 중국인이라면 누구나 미국에 그대로 잔류해야 하느냐, 아니면 중국으로 귀환해야 하느냐 하는 심각한 고민에 빠졌다. 미국에 거주하던 중국인이 출국했다가 재입국하려면 별도의 허가서가 필요했다. 그 법은 중국 이민자를 미국 시민권자에서 배제함으로써 중국인을 영원한 외국인으로 만들었다.

그 법에 따라 미국에 거주하던 모든 중국인은 불법체류자가 되어 중국에 있는 가족과 상봉하려던 기회를 잃어버렸다. 또 중국에 있는 가족을 미국으로 초청해서 새로운 가정을 꾸리려던 꿈도 여지없이 산산조각 나고 말았다. 1884년 개정법에 따라 중국 이외의 국적을 가진 중국인에게도 그 법이 적용되었다.

1902년 개정법은 모든 중국인은 거주지를 등록하도록 규정했다. 그것은 모든 중국인은 거주증명서를 소지해야 하며 없으면 추방한다는 뜻이었다. 사실상 모든 중국인한테서 거주이전의 자유를 박탈한 셈이었다. 한마디로 중국인에 대한 인종차별의 합법화였다.

중국인은 마음 놓고 거리를 오갈 수도 없을 만큼 사회 분위기가 험악해졌다. 그럼에도 중국인의 불법입국이 줄지 않았다. 그 사실은 중국인 배제법이 오히려 중국인을 불법적으로 입국시키는 갖가지 교묘한 '인간밀수' 수법을 고안해 내도록 만들었다는 소리다. 불법입국 수법은 중국인 이외에 다른 소수민족으로도 확산되었다.

그 법은 결국 캐나다의 이민정책에도 큰 영향을 미쳤다. 캐나다가 자국에 입국하는 중국인에게 인두세를 부과하는 1885년 중국인 이민법을 제정했다. 캐나다는 또 미국정부의 압력을 받아들여 1923년 모든 형태의 중국인 이민을 금지하는 중국인 이민규제법을 만들었다. 캐나다를 통해 우회적으로 미국에 밀입국하는 중국인을 차단하려는 조치였다.

미국은 멕시코를 통한 중국인의 입국을 막기 위해 미국-멕시코 국경선에 장벽을 쌓고 경비도 강화했다. 그런데 100여년이 지난 오늘날에도 미국은 외국인의 불법입국을 막는다며 국경지대에 그 때보다 더 많은 무장병력을 배치하고 더 높은 장벽을 쌓았었다. 트럼프 행정부가 장벽을 건설하다가 바이든 행정부가 일단 중단한 상태다.

그 옛날이나 오늘날이나 외국인들이 캐나다와 멕시코를 통해 우회적으로 미국에 밀입국하려는 행렬이 줄지 않고 수법도 변함이 없다. 또한 미국-멕시코 국경선을 뚫고 미국으로 입국하는 불법이민의 행렬이 멈추지 않고 있다. 멕시코를 너머서 저 멀리 라틴아메리카 끝자락에서도 밀입국자의 행렬에 끼려고 몰려든다.

미국은 중국인 입국을 금지함으로써 발생한 노동력 공백을 일본인 쿨리들로 빠르게 채웠다. 일본인들은 중국인들이 하던 온갖 허드렛일을 마다하지 않고 그대로 도맡아서 하는 한편 사업에도 손을 대기 시작했다. 일본인 이민자가 늘어나자 미국이 일본인 이민에 대해서도 차츰 경계심을 드러냈다.

그러더니 미국이 급기야 1924년 이민법을 대폭 강화했다. 중국인을 포함해 모든 동아시아 국가의 이민자를 규제대상으로 삼았던 것이다. 사실상 모든 동아시아 국가의 이민자를 봉쇄한 셈이었다. 미국은 일자리 감소를 그 이유로 내세웠지만 그것은 핑계에 불과했고 백인우월주의의 인종차별의식을 정책에 반영했을 뿐이었다.

북아메리카 서해안 대도시의 차이나타운은 그 옛날 막노동꾼으로 미국에 팔려간 중국인 쿨리들이 미국정부의 단속과 박해를 피해 몰려 살던 빈민촌이었다. 주류사회에서 배척받던 중국인끼리 모여 살던 게토(ghetto)였다. 미국에서 중국인 축출운동이 벌어져 생명조차 위협받자 그들이 몰래 숨어살던 은신처이기도 했다.

그 대표적인 곳이 샌 프란시스코 차이나타운이다. 그곳이 오늘날 울긋불긋 요란한 한자간판으로 치장하여 번영을 구가하는 차이나타운으로 변모했다. 세계 어디에서나 차이나타운은 중국의 경제적 굴기에 힘입어 관광코스로 자리 잡았으며 중화문화의 전령사를 자처하고 있다.

샌 프란시스코의 차이나타운.

중국인 학살까지 벌인 미국의 중국인 축출운동

미국에서 1882년 중국인 배제법이 제정되자 중국인 축출운동이 더욱 살벌해졌다. 선동가들이 폭력을 휘두르며 변두리에 중국인들이 몰려 사는 공동체를 지역사회에서 쫓아내려고 난동을 부렸다. 소요사태는 주로 서부지역에서 일어났는데 급기야 집단학살로 이어졌다. 1885년 록 스프링스 중국인 학살과 1887년 스네이크 강 중국인 학살이 대표적인 사례다.

록 스프링스 중국인 학살. 1885년 9월 26일자 주간지 하퍼스 삽화.
더르 드 덜스트럽 작. 록 스프링스 역사박물관 소장.

   1885년 와이오밍 주 스위트워터 카운티에 사는 백인광부들 사이에서 중국광부들이 일자리를 뺏어간다는 불만이 터져 나오고 있었다. 그들이 끝내 피의 잔치를 벌이는 만행을 저지르고 말았다. 온갖 살상무기를 들고 중국인들이 모여 사는 곳을 습격해 닥치는 대로 부수고 중국인들을 죽였다.

   집에 불을 질러 태워 죽이고 총을 쏴서 죽이고 칼로 찔러 죽였다. 폭도들이 갑자기 밀어닥치자 더러는 산으로 도망쳐 숨어 지내다 굶어 죽고 야밤에 짐승한테 물려 죽고 뜯겨 죽었다. 지나가는 열차에 올라타서 요행히 살인행각을 모면한 이도 더러 있었다. 뒤늦게 연방군까지 투입되고 나서야 사태가 수습되었다. 그런데 시신 29구를 수습했다고 하니 그것 밖에 죽지 않았다고 믿는 이는 아무도 없었다.

   아무도 누가 죽였는지 얼마나 많이 죽었는지 알 수도 없었고 알려고 하지도 않았다. 파손된 재물은 보상되었다고 하나 누가 누구한테 얼마나 보상했는지도 모를 일이었다. 인간도살에는 누구도 책임지지 않았다. 아무 일도 없었던 것처럼 아무도 체포되지 않았고 아무도 처벌받지 않았다. 그것이 이른바 1885년 록 스프링스 중국인 학살사건이었다.

   1887년 스네이크 강 학살사건이 자행됐던 곳은 지명만 들어도 소름이 돋는다. 깊은 계곡(Deep Creek) 입구와 가까운 지옥 협곡(Hells Canyon)에 있는 뱀 강(Snake River)에서 인간도살이 벌어졌다. 그곳에는 날카로운 바위절벽이 무수히 솟아 있고 그 아래는 흰빛 물보라를 터트리며 거칠게 몰아치는 물기둥이 인간의 접근을 허용하지 않는다.

바로 그곳에서 광부 34명이 떼죽음을 당했다. 그들은 그곳에 이주한지 얼마 되지 않아 희생되었다. 그들이 1886년 10월 그곳에서 일을 시작했고 학살은 그 이듬해에 일어났으니 말이다. 수사는 제대로 이뤄지지 않았고 재판도 믿을 수 없었으며 언론보도도 편견으로 가득 찼었다. 그 까닭에 정확한 사건진상은 아직까지도 밝혀지지 않았다.

다만 여기저기 널리 흩어진 시신만이 그날의 참상을 말했다. 분명한 사실은 중국인 광부들이 자연적 원인으로 사망하지 않았다는 점뿐이었다. 피살자들은 7명의 말 탄 무뢰한들이 난사한 총탄에 맞아 죽었다는 사실만이 상정이 가능했다. 그들은 가졌던 금 4,000~5,000달러

반중국인 폭동, 시애틀의 충돌. 1886년 2월. 웨스트 쇼 매거진 삽화.
1882년 중국인배제법이 제정되자 시애틀을 비롯해 미국 지역사회 곳곳에서 중국인들을 축출하려는 난동이 벌어졌다.

어치를 강탈당했다. 피살자가 정확히 몇 명인지도, 또 금은 누가 챙겼는지도 알려지지도 않았다.

1900~1904년 샌 프란시스코에서 선(腺)페스트가 발병했는데 첫 환자가 차이나타운에서 나왔다. 그 병에 걸리면 겨드랑이나 사타구니의 혈관이 막혀서 환부가 썩고 상처가 아물지 않으며 더러 죽음에까지 이른다. 선페스트가 발병하자 그 병의 발병지를 중국인 빈민촌으로 몰아 반중감정을 더욱 부채질했다.

모든 중국인을 추방의 공포에 휩싸여 떨게 만든 중국인 배제법은 61년이 지난 1943년 매그

너슨 법(Magnuson Act)이 제정되면서 폐지되었다. 일본이 만주침략을 감행하자 중국이 일본에 대항하여 선전포고를 했던 덕분이었다. 결과적으로 중국이 2차 세계대전에 참전함으로써 미국의 동맹국이 되었던 것이다. 그 법에 따라 대도시의 어두운 뒷골목에서 숨을 죽이고 숨어살던 중국인들이 햇빛을 보게 되었다.

중국인 배제법이 폐지되었음에도 불구하고 비백인과 백인의 결혼을 금지하는 캘리포니아 주법은 그 대로 존속했었다. 그 법은 2차 세계대전이 끝나고 나서 1948년 캘리포니아 주대법원이 이인종간의 결혼금지는 주헌법에 위배된다는 판결을 내린 다음에야 폐지되었다. 다른 주들은 비슷한 법률을 그대로 존치했었다.

그러다 1967년 연방대법원이 이인종(異人種) 결혼금지법(Anti-Miscegenation Law)은 헌법에 위배된다고 만장일치로 판결을 내린 다음에야 없어졌다. 2012년 6월 18일 미국하원은 중국인 배제법에 대해 사과하는 결의안을 채택했다. 그 법이 인종적인 이유로 중국인의 이민과 귀화를 전면적으로 제한하고 중국계 미국인의 기본적 인권을 거부한 데 대해 사과한다는 내용이었다.

미국상원은 2011년 10월 비슷한 내용의 결의안을 채택한 바 있었다.

멕시코서 쫓겨나 마카오로 간 중국인 혼혈가족

1930년대 멕시코의 북부지역이 메스티소 여자와 결혼한 모든 중국 남자들을 그의 가족과 함께 중국으로 추방했다. 쿨리 출신 중국인들이 혼혈가족을 데리고 고향으로 돌아갔으나 거의 정착하지 못했고 더러는 마카오로 가서 그곳에서 게토(ghetto)를 이루고 살았다. 게토는 소수의 인종, 민족, 또는 종교집단이 도시의 변두리에 몰려 살면서 형성된 빈민가를 뜻한다.

그들이 포르투갈의 중국무역 거점인 마카오로 간 이유는 포르투갈이 멕시코를 지배했던 스페인과 같은 가톨릭 국가인 까닭이었다. 또 포르투갈이 같은 이베리아 반도 국가여서 두 나라가 문화적 유사성도 많이 가졌기 때문이었다. 한마디로 멕시코 여자들은 거의 가톨릭 신자여서 종교적 이유로 마카오로 갔던 것이다. 그러나 상당수는 환경변화에 적응하지 못해 이혼했다.

중국인 쿨리들이 고향에 가지 못한 이유는 친인척과 이웃들이 혼혈가족을 배척하고 박대했기 때문이었다. 마카오도 사정이 크게 다르지 않았다. 그들이 경제적으로 궁핍하기도 했지만 혼혈인을 죄악시하는 중국인의 편견을 극복하기가 어려웠다. 그 고통을 견디어 내지 못해 많은 중국인 남편들이 멕시코 부인과 혼혈자식을 마카오에 버리고 도주해 버렸다.

생활연고도 없는 곳에서 갖은 고초를 겪으며 홀로 자식을 키우던 멕시코 여자들이 고향으로 돌아가기를 갈망했다. 그들은 거리에서 썩은 감자를 주워 먹는 한이 있더라고 멕시코로 돌아가고 싶다고 멕시코 대통령 라사로 카르데나스에게 청원을 냈다. 그 뜻이 받아들여져 1937~1938년 400명의 멕시코 여자들이 그들의 혼혈자식들을 데리고 귀향했다.

2차 세계대전이 끝나고 나서 마카오에서 자란 중국-멕시코 혼혈가족들이 또 다시 멕시코로 돌아가고 싶다는 청원운동을 벌였다. 그 청원도 마침내 받아드려져 고향에서 쫓겨난 지 한 세대가 흐른 1960년 상당수의 혼혈가족들이 멕시코로 돌아갔다.

멕시코 인구조사청은 중국인 남자와 멕시코 여자 사이에 태어난 혼혈인을 인종적 기준에 따라 중국인으로 간주했다. 일반 여론도 마찬가지의 시각을 가지고 있었다. 멕시코의 인종적 이념은 원주민과 스페인 백인의 혼혈인인 메스티소를 멕시코의 정체성으로 보는 까닭에 중국인과의 혼혈인을 중국인으로 분류했다.

멕시코의 남부지역은 원주민이 밀집해 살았고 중부지역은 백인-원주민 혼혈인이 많이 거주했다. 그리고 북부지역은 멕시코에서 태어난 스페인인의 후손인 크리오요(Criollo)들이 몰려 살았다. 그 같은 인구분포는 오늘날도 비슷하다. 중국인 혼혈가족을 추방한 소노라(Sonora) 주가 바로 스페인 혈통을 자랑하는 크리오요가 밀집해 거주하는 지역이다.

그 소노라 주는 중국인 남자와 메스티소 여자의 결혼은 소노라 백인의 정체성을 위협한다는 백인우월주의적 인종관을 가지고 있었다. 또 스페인인과 원주민의 혼혈인인 메스티소의 개념에도 위해하다고 판단하고 있었다. 중국인과 메스티소의 혼혈은 소노라의 정체성에 배치된다는 논리에 따라 중국계 혼혈인들을 추방했던 것이다.

쉽게 말해 중국 놈이 감히 스페인 백인의 피가 흐르는 메스티소 여자와 결혼했다는 분노가 추방의 빌미였다. 그 같은 감정에 따라 북부지역의 소노라 주, 시날로아 주, 코아훌리아 주, 치와와 주, 멕시칼리 주에서는 반중운동이 벌어져 중국인들을 국경 밖으로 쫓아냈다.

중국인 축출을 주도한 세력은 중국인들의 모든 재산을 몰수하고 그들을 그들의 혼혈가족과 함께 국경지대로 끌고 가서 미국 땅으로 쫓아냈다. 그 때 미국에서는 중국인 배제법에 따라 중국인들을 추방하고 있었다. 중국인 축출로 인해 멕시코는 국제적 이미지에 상당한 손상을 입었음은 물론이다.

그런 상황인데 중국이 일본의 만주침략에 대항해 일본에 선전포고를 함으로써 중국이 미국의 동맹국이 되었다. 그 이유로 미국이 중국인 배제법을 폐지했다. 멕시코 연방정부도 그 사실을 들어서 반중국 조치에 제동을 걸려고 시도했으나 여론에 밀려 허사가 되었다.

시노라 주와 시날로아 주에서는 오히려 중국인 축출운동이 더욱 격렬하게 벌어졌다. 중국 남자와 결혼한 멕시코 여자를 인종적 배신자라고 낙인을 찍고 온갖 욕설과 조롱을 퍼부으며 박대했으며 폭력사태로 이어지기도 했다. 그 같은 분위기에 편승하여 주정부들은 중국인의 시민권을 박탈했다. 그 즈음 미국이 중국인 배제법을 폐지한 것과 대조적이었다.

그와 동시에 멕시코에서는 중동, 동유럽, 러시아, 그리스 출신들과 유대인을 대상으로 하는 외국인 배척운동이 일어났다. 큰 틀에서 보면 중국인 축출운동도 외국인 배척운동의 일환으로 볼 수 있으나 중국인 추방이 그 시발점이었다. 시위자들은 모든 외국인은 유해하고 불쾌하니 그들과 어떤 상업적 거래도 거부하라고 독려했다.

1920년대 중국 남자들이 시날로아 주로 들어가 사업을 하다 메스티소 여자와 결혼했다. 그것이 멕시코인의 외국인 혐오감정을 자극하여 1933년 시날로아 주가 먼저 중국인 추방법을 제정하고 다른 주들도 그 뒤를 따랐다. 그에 따라 중국인 검거선풍이 일어나서 그들을 멕시코인 아내와 혼혈자녀와 함께 국외로 축출했다.

수백명의 중국 남자와 그들의 멕시코인 피가 섞인 가족들이 미국으로 쫓겨났다. 미국 이민귀화청은 중국인 남편의 증언만 듣고 난민으로 분류했다. 멕시코 여자와 혼혈자식은 멕시코로 돌려보내는 것이 비용이 훨씬 적게 드는데도 남편을 따라서 그들을 중국으로 내보냈다. 그 즈음 외국인 부인은 남편의 국적을 취득하는 것이 국제적 관례였다.

그 이유로 미국은 멕시코 여자와 자녀를 심문도 하지 않고 증언도 듣지 않은 채 중국으로 추방했다. 중국 남자와 약혼한 멕시코 여자도 국적을 묻지 않고 한꺼번에 중국으로 쫓아냈다. 그 때 소노라, 시날로아에서 벌어진 악의적인 중국인 배척운동이 그들의 생명을 위협할 정도로 격화되자 주정부가 중국인 학살사태가 일어날까 염려하여 추방한 측면도 있었다.

멕시코에 쿨리로 팔려간 중국인들은 19세기 말엽부터 상공업에 종사하며 멕시코 여자를 맞아 가정을 꾸렸다. 그러자 중국인에 대한 탄압과 박해가 극성을 부리기 시작했다. 중국인이 늘어나자 마침내 소노라 주가 1923년 입법을 통해 중국인-멕시코인의 결혼을 금지했었다. 그 후 2년이 지나서 다시 법을 만들어 중국인들을 대대적으로 검거하여 강제로 게토에 수용했다.

소노라 주에 이어 시날로아 주, 치와와 주가 거기에 가세하여 중국인 검거에 나섰다. 1920년대 후반 들어 나타난 대공황의 조짐을 타고 반중감정이 더욱 격화되었다. 1930년대 초엽까지 멕시코가 추방한 중국인은 1만1,000명에 달했다. 그들의 가족을 포함한다면 그 숫자는 크게 늘어났을 것이다.

일본인 강제로
수감한
미국, 호주

진주만 폭격이후 일본인 체포해 수용소에 수감

1941년 12월 7일 일요일 이른 아침. 일본이 하와이 진주만의 미국 해군기지를 기습적으로 폭격한 순간부터 미국에 살던 일본인들은 수난의 시대를 살았다. 일본인 가게에 돌을 던지고 일본인을 보면 "왜놈"(Jap), "눈 찢어진 개새끼"(slant-eyed bastard)라고 부르며 침을 뱉거나 욕설을 퍼부었다. 그런 모욕적인 행동은 일반사회에서 뿐만 아니라 학교에서도 다반사로 일어났다.

그 즈음 미국에서 일본인들은 폭행을 당하거나 봉변을 당하기 일쑤였으나 어디에도 호소할 곳이 없었다. 어린 학생들이 학교에서 동료학생들한테 집단구타를 당해도 마찬가지였다. 피습자가 미국에서 태어난 시민권자인지를 가리지 않았다. 일본인들은 2차 세계대전 중에는 일본어를 되도록 쓰지 않았으며 미국인으로 행세하려고 애썼다.

진주만 공중폭격은 선전포고 없는 기습이었다. 그 연유로 미국인들은 미국에 살던 일본인을 배반자로 보고 일본인은 언제든지 미국을 배신할 것으로 여겼다. 미국의 애국주의는 '적국 외래인'(enemy alien)이란 표현을 쓰면서 일본인은 언제든지 미국에 적대적 행위를 할 수 있는 잠재적 배반자로 몰아세웠다.

1942년 2월 19일 대통령 프랭클린 루즈벨트가 '재배치소'를 건설하는 행정명령에 서명했다. 그 명령에 따라 일본계 미국인의 일본, 일본인과의 접선, 접촉을 차단한다는 목적으로 서부해안에서 멀리 떨어진 내륙 오지에 10개의 수용소를 세웠다. 이어 미국에 거주하던 모든 일본계 미국인들을 대상으로 '재배치'라는 명목으로 강제수감을 실시했다.

그 후 수개월에 걸쳐 미국정부가 공권력을 동원하여 미국 전역에서 11만명의 일본인과 그 후손들을 잡아서 수용소에 감금했다. 일본계 미국인들은 집도 일자리도 버리고 가족단위로 서부지역에 산재해 있던 10개 수용소에 끌려가서 갇혔다. 그들의 2/3는 미국에서 출생한 시민권자였다.

그들은 대부분이 미국에 막일꾼으로 팔려간 쿨리이거나 그들의 후손들이었다. 미국정부는 일본인의 수감을 재배치(relocation)란 말로 완곡하게 표현했지만 그들은 어떤 실정법도 위반하지 않았고 전과사실도 없었다. 그들은 거주이전의 자유를 박탈당하고 자유의사에 반하여 억류되었으니 포로수용소에 수감된 것으로 생각했다.

문제는 수감으로 끝나지 않았다. 성분조사를 통해 재분류 작업도 벌였다. 미국연방정부가 수감자들에게 충성질문서에 응답하도록 요구했다. 전투에 부름을 받으면 미국을 위해 의심의 여지가 없는, 무조건적인 충성을 맹세하는지 묻는 질문서였다. "예"를 대답하면 '충성'으로 분류했고 "아니요"를 대답하면 별도의 격리 수용소로 이송했다.

일본인들이 배신자, 배반자로 낙인이 찍혔지만 그들도 미국을 위해 열심히 싸우기도 했다. 미국육군 422 보병연대는 전원이 일본계 미국인으로 구성된 부대였다. 그 부대는 주로 유럽전선에 배치되었는데 복무연수와 부대규모에 비해 미국육군 사상 가장 많은 훈장을 받았다. 부대원들이 미국에 대한 충성심을 보이려고 더욱 치열하게 싸웠다는 평가도 있다.

전쟁이 끝나고 나서도 미국정부가 일본인 수감소를 전쟁재배치소, 재배치수용소라는 표현을 그대로 쓰는데 대해 일본계의 일각에서는 그것은 의도적인 본질왜곡이라는 주장을 편다. 그들은 일본인들을 정치적 목적으로 감금하고 무장군인이 감시했으니 포로수용소, 억류소, 구치소 따위의 말이 옳다는 것이다.

혹자는 유폐라는 표현을 쓰며 불만을 토로한다. 특히 대표적인 수용소인 만자나르 수용소를 오늘날까지도 그냥 '만자나르'라고 표현하는데 그것은 노골적인 완곡어법이라고 반발한다. 누가 들어도 '만자나르'가 무슨 의미인지 알 수 없다는 주장이다.

전쟁이 끝난 지 40년도 넘게 지난 1988년 시민자유법이 제정되어 미국정부는 수감자들에게 2만 달러씩 배상금을 지급했다. 이어 4년 후 생존자들에게 추가 배상금을 지급했다. 그러나 그것은 그곳에서 자유를 박탈당한 채 고통의 나날을 보낸 1세대가 거의 세상을 하직한 다음의 일이었다.

미국사회가 2차 세계대전의 주범인 독일의 이민자에 대해서도 적개심을 드러냈었다. 그러나 독일계 이민자들은 일본계 이민자와 달리 수용소에 집단적으로 수용되지 않았다. 물론 독일인은 백인이고 독일계 이민역사가 일본계보다 훨씬 더 길기도 하고 이민자수도 훨씬 더 많았기 때문이기도 하지만 말이다.

그 점을 고려하더라도 일본계의 격리수용은 미국 백인사회에 뿌리 깊이 깔려있던 아시아인에 대한 인종적 편견이 크게 작용했다고 보아야 한다.

2차 세계대전 당시 1만명의 일본인을 강제로 수감했던 만자나르 수용소.

일본과 접선 막으려 오지에 수용소 10곳 설치

 2차 세계대전 중에 미국에 거주하던 일본인들을 강제로 수감했던 10개의 수용소 중에서 대표적인 곳이 만자나르(Manzanar)였다. 그곳은 로스엔젤리스에서 북쪽으로 370km 떨어져 있다. 오늘날에는 만자나르와 다른 한 곳이 국립역사현장으로 지정되어 있다. 만자나르는 스페인어로 사과과수원이란 뜻이며 원래 인디언이 살던 곳이었다.
 만자나르는 1942년 7월 일본인 수감자가 1만명을 넘어섰고 한 때는 1만1,070명을 수용했었다. 수감자 중에는 요행히 집을 헐값에라도 처분한 사람들이 더러 있었다. 하지만 대부분이 살던 집에서 강제로 쫓겨나 수용소에 끌려가 수감되었다. 그 중에서 90% 이상이 로스엔젤리스 출신이었으며 많은 이들이 농부나 어부였다.
 워싱턴 주에 정착했던 일본인들은 주로 제재소나 농장에서 일했다. 일본인들은 아티초크,

황량한 벌판을 덩그러니 지키고 있는 한자로 慰靈塔(위령탑)이라고 쓴 석탑이 미국 속의 이질감을 말하고 있다.

멜론, 딸기, 아스파라거스와 같은 생산성이 낮고 모험성이 높은 작물을 재배하여 생계를 꾸렸다. 밑천이 부족했던 쿨리 출신 일본인들이 대농장과 맞설 수 없으니 틈새시장을 노렸던 것이다.

만자나르는 그 때나 지금이나 사람이 살기에는 너무 척박한 땅이다. 해발 1,200m의 오윈스 계곡은 사막이다. 여름에는 보통 38°C를 넘을 만큼 무덥다. 겨울에는 낮 기온이 17~22°C이나 밤 기온은 4°C로 떨어져 일교차가 아주 심하다. 1년 평균 강우량이 고작 12.7cm 밖에 되지 않아 자고나면 막사에 쌓인 흙먼지를 쓸어내려야 했다.

수용소 둘레를 다섯 가닥의 철조망으로 둘러치고 기관총과 탐조등으로 무장한 8개의 감시망루가 설치되어 있었다. 망루에는 무장헌병이 보초를 서고 출입정문에는 경비병이 지키고 있었다. 일본인들은 철조망 뒤에 갇혀 1942년 4월부터 1945년 8월까지, 더러는 그보다 더 늦게까지 3년반 내지 4년간의 수감생활을 했다.

수감되는 순간부터 그들의 인생은 뒤틀어졌다. 삶터를 송두리째 뽑힌 채 원시적인 생활환경을 견뎌내야만 했다. 숙소는 날림으로 지은 막사였으며 한 가족당 가로 6.1m, 세로 7.6m의 면적을 배정 받았다. 헝겊으로 칸막이를 쳤지만 천정은 뚫려있어 사생활이라고는 없었다.

하루의 일과는 줄서기로 시작되었다. 끼니때마다 집단급식소에서 줄을 서서 기다려야만 했다. 달랑 변기만 한 줄로 늘어서 있는 공중변소에서도, 그리고 세탁소에서도 차례를 기다려야만 했다. 변소는 남녀공용이었는데 변기와 변기 사이에 가림막조차 없어 용변을 보는 모습이 그대로 노출되었다.

자급체제라고 해서 학교를 비롯한 편의시설을 운영했지만 그 수준은 열악하기 짝이 없었다. 수용소가 자체적으로 닭이나 돼지를 사육하여 급식재료로 쓰고 노동의 대가로 임금을 주기도 했다. 가족에 따라서는 따로 닭이나 돼지를 기르기도 하고 채소를 가꾸기도 했다. 더러는 간장이나 두부를 만들어 먹기도 했다.

대부분의 수감자들은 2차 대전 내내 그들의 운명을 조용히 받아들이는 편이었으나 수용소에 따라서는 크고 작은 소요가 일어났다. 그러다 만자나르에서 1942년 12월 5, 6일 큰 소요가 일어났다. 급식소에서는 고기와 설탕이 늘 부족해 수감자들의 불만이 컸었다.

알고 보니 관리소 직원들이 보급품을 빼내서 암시장에 내다팔기 때문이었다. 자치단체 간부들이 항의하자 복면한 괴한들이 폭행하는 사건이 일어나 사태를 더욱 악화시켰다. 고발자마저 체포되자 금세 3,000~4,000명의 수용자들이 모여 항의하러 관리사무소로 달려갔다.

항의자들이 모여들자 헌병들이 해산시키려고 최루탄을 마구 쏘아댔다. 항의자들은 트럭의 시동을 걸어 운전수 없이 감옥으로 돌진시켰다. 헌병의 발포로 17세 소년과 21세 청년이 죽었고 9명이 총상을 입었다. 분위기는 포로수

2차 세계대전 당시 호주는 자국내에 일본인, 일본인 2세, 일본인-백인 혼혈인, 그리고 일제에 의해 남태평양 섬에 강제로 징용되어 끌려갔던 타이완인과 조선인들도 수감했었다. 혐의는 적국 외래인이었다. 사진은 남부지역에 위치했던 러블리데이 수용소의 일본인 수감자들. 사진출처 웨이크 프레스 출판사.

용소보다 비교적 자유로웠으나 탈출, 소요에 대해서는 엄중하게 대처했음을 알 수 있다.

 2차 세계대전이 끝나고 나서 만자나르는 1945년 11월 21일 6번째로 폐쇄되었으며 그 해 연말까지 9곳이 문을 닫았다. 미국연방정부가 일본인들을 수감할 때는 강제로 끌고 갔는데 석방할 때는 자발적으로 알아서 떠나라고 독려했다. 차비로 기차나 버스 승차권을 줬는데 물론 그것은 편도였다.

 석방비로 1인당 25달러를 줬는데 그 돈은 오늘날 가치로 치면 340달러에 해당한다. 재산이 오늘날 가치로 8,000달러와 맞먹는 600달러 이하를 가진 사람에게는 식량을 배급했다. 많은 이들이 자발적으로 떠났지만 또 많은 이들이 갈 곳이 없어 버티기도 했다.

 잡혀 갈 때 집을 비롯해 모든 것을 잃어 버려 오갈 데가 없다는 하소연도 무위로 끝났다. 수용소로 잡혀갈 때도 끌려 나갔지만 쫓겨날 때도 수용소 막사에서 강제로 끌려 나갔다. 끌려 갈 때는 가는 곳이 있었지만 나갈 때는 갈 곳이 없었지만 말이다. 만자나르 수용소에 갇혀 있는 동안 146명이 목숨을 잃었다.

 오늘날 그곳에는 돌로 만든 위령탑만이 덩그러니 서서 모래바람이 몰아치는 황량한 벌판을 지키고 있다. 慰靈塔(위령탑)이란 한자가 미국 속의 이질감을 말해준다.

일본계, 일본 식민지의 징용자도 수감했던 호주

 2차 세계대전이 벌어진 시기에 오스트렐리아 남부지역에 위치했던 러블리데이 수용소에는 '적국 외래인'(enemy alien)이라는 명목으로 4,300명이 갇혀 있었다. 그들 중에는 호주에 살던 일본인, 호주에서 태어난 일본인 2세, 일본인-백인 혼혈인, 그리고 일본의 식민통치를 받던 타이완과 조선의 출신들도 있었다.
 그들은 민간인 신분이었지만 적국 외래인이라는 혐의로 잡혀가 수용소에 수감되었었다. 그 중에서 1/4은 전쟁이 일어날 당시 호주에 거주하던 일본인이었다. 그 가운데 100명은 호주에서 출생했으니 법적으로는 엄연한 영국 신민이었다. 그 때는 호주가 영국 식민지였다. 수감 이유는 그들이 일본의 첩자 노릇을 할 개연성이 있다는 것이었다.
 나머지는 연합국이 지배하던 네델란드령 동인도, 프랑스령 뉴 칼레도니아에서 쿨리로 팔려가서 일하던 일본인들이었다. 그 중에는 타이완인 600명과 숫자는 적었지만 조선인도 있었다. 그 당시 타이완과 조선은 일본의 식민지였던 탓에 그들도 일본인으로 취급되었다. 그들은 거의 일제에 의해 강제로 징용되어 그곳에 노무자로 끌려갔던 이들이라고 보면 틀림없다.
 2014년 보겔 문학상 수상자 크리스틴 파이퍼(Christine Piper)가 그의 소설 '어둠 이 지난 다음'(After Darkness)을 통해 호주와 일본 사이에서 끼여 어느 쪽도 국민으로 받아들이지 않는 일본인 수용소의 수감자 생활을 묘사했다. 그녀가 그 소설을 쓰기 위해 수감되었던 이들을 인터뷰했는데 그 내용이 수용소 생활의 갈등과 고통을 생생하게 전한다.
 일본인 100여명을 태우고 가던 기차가 덜커덩거리더니 어느 역에 멈췄다. 벤치에는 한 젊은 여인이 3살 쯤 되는 여자아이를 데리고 앉아 기차를 쳐다보고 있었다. 그 아기가 엄마의 팔을 잡아당기며 일본인들을 가리켰다. 기차가 경적을 울리고 막 떠나려는 참에 그녀가 아기의 손을 잡고 일어나 기차 쪽으로 바짝 다가갔다.
 입술에 검은 점이 있는 그녀가 유리 창문 너머로 밖을 바라보는 일본인 얼굴을 향해 침을 뱉으며 "더러운 왜놈들!"(Bloody Japs)이라고 외마디를 질렀다. 그녀의 불끈 쥔 주먹이 부르르 떨고 있었다. 기차가 속도를 내면서 그녀는 아득히 멀어졌지만 그녀의 얼굴이 그의 눈앞에 여전히 어른거린다. 경련을 일으키며 굳게 다문 그 입술과 증오로 가득 찼던 그 얼굴이….
 수용소로 끌려갈 당시 15세였던 소녀는 일본이 진주만을 폭격할 때 다윈에 거주하고 있었다. 그녀는 일본인 아버지와 유럽인 어머니 사이에 태어나 여동생과 함께 살았다. 그런데 어느 날 느닷없이 체포된 그녀의 가족은 선박에 실려 시드니 항으로 끌려갔다. 그곳에서 그녀가 배에서 내려 군중과 마주치는 순간 깜짝 놀랐다.
 그들이 살기 띤 얼굴로 "죽여라!, 개새끼들을 쏴 죽여라!" 고함을 지르고 있었다. 그 순간 그녀가 그곳에서 받은 충격을 잊을 수 없었다. 그 때 그녀는 국가가 그녀를 배신했다는 생각에 빠졌었다. 그런가 하면 수금생활을 하는 동안 호주국기에 경배하지 않는 수감자 자치모임의 간부들을 보고 참담한 느낌을 가졌었다.

수감생활은 모든 이에게 깊은 마음의 상처를 안겨주었다. 그녀의 아버지는 신경쇠약에 걸려 세상을 떠나는 날까지 고통의 나날을 보냈다. 그녀의 동생은 석방 이후에도 정신적 혼란을 겪으며 수십년 동안 단 한 번도 수감생활의 고통을 토로하려 들지 않았다.

그곳에는 군복무를 하다 일본계 혼혈인이라는 사실이 드러나 군대에서 쫓겨난 18세 소년도 있었다. 일부 수감자들은 포로교환에 따라 1942년 일찍이 풀려났다. 그러나 대부분은 1946, 1947년까지 수감되어 있었다. 마지막에는 거의 모두 강제로 일본으로 송환되었다. 호주에서 태어났거나 호주인과 결혼한 사람만이 체류가 허용되었다.

종전과 더불어 날아온 석방은 기쁜 소식만이 아니었다. 많은 수감자들이 가슴 찢어지는 눈물을 흘려야만 했다. 남태평양에 있는 뉴 칼레도니아에서 수십년 동안 정착해 살았고 거기에 가족이 있는데도 출신이 일본이라는 이유로 한꺼번에 모두 일본으로 쫓겨났다. 그들은 거의 대부분이 다시는 가족을 보지 못했다.

수감생활을 하는 동안 석방만이 유일한 희망으로 알고 손꼽아 기다렸건만 막상 풀려나는 날에는 기쁨보다는 슬픔이 앞섰다. 가진 것도 없고 갈 곳도 없었다. 기다리는 사람도 없었다. 일본도 호주도 그들을 반기지 않으니 이국처럼 느껴지기는 마찬가지였다. 수감생활을 함께하며 고통을 나누었던 이들과 헤어지자니 그 또한 눈물이 앞을 가렸다.

호주와 남태평양 흩어져 있는 도서지역에 살던 일본인들은 주로 헐값에 팔려나간 쿨리들과 그 가족들이었다. 일부는 남태평양 일대 섬나라에서 결혼하여 처자식과 함께 그곳에서 수십년 동안 거주하던 이들이었다. 상당수는 이민국가 호주를 고국으로 알고 정착했었다.

그런데 일본이 전쟁을 도발하자 그들은 적국 외래인으로 간주되어 포로수용소에 갇혀 수난과 고통의 세월을 살아야만 했다.

쿨리

苦力

쿨리무역은 기본적으로 노예무역과 크게 다르지 않았다. 수송도중에 폭행, 질병, 기아로 사망자가 속출했고 노동현장에서도 혹사, 기아, 폭행으로 인해 계약기간을 넘겨서 살아남는 쿨리가 별로 없었다. 무자비한 쿨리무역은 새로운 형태의 노예무역이라는 언론의 집중보도에 힘입어 국제사회의 문제로 대두되기 시작했다.

10

우물 안 개구리가 본 하늘

세계와 동떨어진 외딴나라 조선

1905년 7월 29일자 황성신문 사설은 농노라는 표현을 써가며 조선인의 처참한 생활상을 이렇게 전했다. "멕시코 원주민인 마야족의 노예 등급은 5~6등급이고 조선인 노예는 7등급으로 가장 낮은 값이다. 조각난 떨어진 옷을 걸치고 다 떨어진 짚신을 신었다…"

"아이를 팔에 안고 등에 업고 길가를 배회하는 조선 여인들의 처량한 모습이 짐승 같아 보이는데 눈물 없이는 볼 수 없는 실정이다. 농장에서 일을 제대로 하지 못하면 무릎을 꿇리고 구타해서 살가죽이 벗겨지고 피가 낭자한 농노들의 그 비참한 모습을 차마 눈뜨고 볼 수 없도다. 통탄, 통탄이라."

그들은 고향으로 돌아 귀향의 날만 고대하며 1909년을 기다렸으나 막상 고향으로 돌아 갈레도 돌아갈 처지가 아니었다. 기쁨은커녕 슬픔이 앞섰다. 많은 이들이 돌아갈 뱃삯조차 벌지 못했으니 말이다….

10 세계와 동떨어진 외딴나라 조선

조선 땅 밟은 첫 서양인들

침략자 일본군의 스페인 종군신부 기리는 창원

 2015년 11월 24일 인터넷신문 오마이뉴스가 경상남도 창원시청이 진해구 남문동에 '세스페데스 공원'을 조성해 논란을 빚고 있다고 보도했다. 그 기사는 가톨릭 예수회 소속 스페인 신부 그레고리오 드 세스페데스(Gregorio de Cespedes)가 임진왜란 당시 조선에 체류했었는데 그 사실을 기념해 공원을 만든다는 내용이었다.
 선교사였던 그가 1577년부터 일본에서 체재하다가 1593년 12월 왜군의 주둔지였던 경상남도 진해 웅천(雄川-오늘날의 창원시 진해구)에 와서 1년가량 머물다가 일본으로 돌아갔다. 세스페데스가 창원에 체류했던 기간은 일본군이 남해안으로 퇴각해 왜성을 축성하면서 전열을 재정비하던 시기였다.
 초전승세를 올렸던 일본군은 명나라가 조선에 원군을 보내고 조선의 이순신이 해전에서 선전하자, 일본에서 가져오던 군수물자의 공급이 차질을 빚어 곤경에 처했었다. 거기에다 역병마저 창궐하여 전황이 불리하게 돌아가자 1593년 음력 4월 왜군은 전군을 남도지역으로 퇴각해 진지를 구축하고 있었다.
 일본군은 장기전에 대비하는 한편 유사시에 남도지역을 영구히 점령할 목적으로 조선백성을 강제로 동원해 서생포(西生浦)에서 웅천에 이르는 지역에 왜성을 쌓고 있었다. 다른 한편으로는 일본군이 그해 음력 8월 명군이 제안한 화의를 수락하고 휴전회담을 진행하고 있었다.
 일본군은 조선반도를 분할해 남부지역을 강점할 목적으로 조선의 남부 4개도를 내놓으라고 억지를 부렸다. 그 요구가 묵살되자 일본군이 다시 반격에 나서 1597년 전쟁을 재개했으니 그것이 이른바 정유재란이다. 그러니까 선교사 세스페데스는 정유재란이 일어나기 3년 전에 조선에 체류했던 셈이다.
 그는 가톨릭 신자로서 조선 침략의 선봉장을 맡았던 고니시 유키나가(小西行長-소서행장)의 초청으로 조선에 와서 일본군의 종군신부로 활동했다. 고니시는 그들이 말하는 이교도의 나라 조선을 징벌하기 위해 십자군기를 들고 가톨릭 신자로 구성된 기리시단 부대를 이끌고 조선을 침략한 인물이었다. 기리시탄은 영어의 크리스천(Christian)에 해당하는 포르투갈어 크리스탕(Cristão)을 일본어로 음역한 말이다.

세스페데스는 무고한 백성을 살육하고 납치하는 한편 재물을 약탈한 일본군 신자의 고해성사를 듣고 왜군의 승전을 빌며 미사를 집전했을 것이 틀림없다. 그런데 창원시청이 그를 기리는 공원을 조성한다는 것이었다. 당시 일본군이 축성한 웅천왜성은 경상남도 기념물 79호로 지정되어 있다.

공원부지에는 세스페데스 기념비가 세워져 있었다. 그의 고향인 스페인 알까르대떼 주민들이 그의 웅천방문 400주년을 기려 1993년 기념비를 만들어서 진해시청에 전달했었다. 그 기념비는 두어 차례 옮겨져 창원시 진해구 남문동 918번지에 자리 잡고 있었다. 그것만으로도 그가 조선 땅을 밟은 첫 서양인 신부라는 사실을 기념하고 남음이 있었다.

그런데 창원시청이 세스페데스의 기념비를 공원부지 한가운데로 옮기고 주변에는 스페인식 정원을 조성한다는 계획이었다. 또 공원 둘레에는 세스페데스가 조선에 첫발을 내딛는 장면을 황동으로 형상화한 조형물을 세워서 관광명소로 만든다는 것이었다.

오마이뉴스의 그 기사말미에는 이런 내용이 있었다. 2006년 천주교 마산교구가 세스페데스와 관련한 심포지엄을 열었다. 그 자리에서 주제 발표자는 "지금까지 자료만으로는 세스페데스 신부가 조선인들에게 복음사업을 벌였는지에 관한 직접적인 기술을 충분히 찾을 수 없었다"고 말했다.

그는 확인된 자료와 편지에 의하면 신부 세스페데스가 일본군을 상대로 일본군 진지의 주위에서만 복음을 전파했다고 생각할 수밖에 없다고 덧붙였다. 그런데 창원시청이 그의 학술적 견해를 아무렇지 않게 무시하고 공원조성을 서둘렀다. 세스페데스 공원은 조선의 강산을 유린하고 무고한 백성을 도륙한 왜군의 종군신부 활동을 기념하는 꼴이다.

도대체 그 조형물을 무슨 자료를 근거로 어떻게 만들겠다는 짓인지 모를 일이다. 조선에는 그와 그의 행각에 관한 자료가 전혀 없으니 하는 말이다. 그런데 어이없게도 일본침략의 치욕을 망각하고 그의 행적을 미화하는 부끄러운 작태를 서슴지 않고 있다. 그것도 그 숱한 억울한 넋이 구천을 떠도는 바로 그곳에서 말이다.

창원시는 임진왜란 당시 왜군을 위해 매일 미사를 집전하고 기도를 올렸던 스페인 종군신부 그레고리오 드 세스페데스의 행적을 기념하는 공원을 조성했다. 그 이유는 그가 조선을 방문한 첫 서양인이라는 것이다. 그러나 그보다 11년이나 앞선 1582년 1월 1일 포르투갈인이 조선에 표착한 사실이 있어 그가 조선 땅을 밟은 첫 서양인이 아니다. 사진은 그의 고향 주민들이 그의 웅천방문 400주년을 기려 1993년 기념비를 만들어서 진해시청에 전달한 조형물이다.

조선에 상륙한 첫 유럽인, 첫 흑인은 누구일까

대항해 시대를 맞아 큰 돛을 단 서유럽 범선들이 중국과 일본에 들락거리며 두 나라의 물자와 유럽물자를 실어 날랐다. 그 새로운 격동의 폭풍이 동아시아에 불었지만 조선에는 미풍도 미치지 않았다. 조선은 마치 세계와 유리된 고도의 모습을 하고 있었던 것이다. 그러나 중국과 일본을 오가던 유럽 무역선이나 일본 주인선이 조난을 당해 표류해 오는 바람에 조선 땅을 밟았던 낯선 이방인들이 더러 있었다.

선조수정실록에는 마리이(馬里伊)라는 국적을 알 수 없는 서양 사람이 1582년 1월 1일 요동 사람들과 함께 조선에 표착했다는 대목이 나온다. 조선은 마리이를 비롯한 탑승자 일행을 사신편을 통해 중국으로 돌려보냈다. 그 이외에는 그에 관한 자료를 찾을 수 없다.

그 때가 1582년이니 임진왜란이 일어나기 10년 전의 일이었다. 그 시기에 네덜란드와 영국은 중국 근해에도 근접하지 못하고 있었다. 그러나 포르투갈은 이미 1557년 마카오에 무역거점을 확보하고 중국물자를 일본과 유럽에 팔아 큰돈을 벌고 있었다.

그에 앞서 1543년 조총을 휴대한 포르투갈인 3명이 타고 있던 중국 난파선이 일본 해안에 표착했다. 그 사건이 계기가 되어 일본은 포르투갈과 교역의 문을 열었다. 그에 따라 포르투갈 상인들이 중국 상인들과 같은 배에 타고 함께 밀무역에 종사하며 중국물자를 일본으로 가져가서 팔았다.

따라서 1582년 마리이라는 국적을 알 수 없는 서양인이 정크 선을 타고 중국인 3명과 함께 조선으로 표류해 왔다는 기록에 나오는 인물은 포르투갈인이라고 보면 틀림없다. 그 시기에 중국 밀수꾼과 같은 배에 동승하고 중국과 일본을 오간 유럽인은 포르투갈인 뿐이었다.

포르투갈은 조공무역의 장벽에 막혀 중국물자를 공식적으로는 살 수 없었다. 그 까닭에 포르투갈인들은 중국 밀수꾼과 손을 잡고 같은 배에 타고 두 나라를 오가며 밀무역에 종사하며 돈을 벌었다. 그들은 주로 중국물자를 사서 조공무역이 단절되어 중국물자를 살 수 없었던 일본에 가져가 팔았다.

마리이(馬里伊)라고 한자로 쓴 그의 이름은 포르투갈어 marinheiro를 음역했다고 보아야 한다. 그 단어의 뜻은 선원 또는 수병이다. marin은 바다, heiro는 사람을 뜻한다. 이름을 물었는데 직업을 묻는 줄 알고 선원이라고 밝힌 바람에 생긴 오해에서 비롯된 것으로 짐작된다.

조선의 기록에는 없지만 그 후 11년이 지나서 일본에 체류하고 있던 스페인 신부가 조선에 왔었다. 임진왜란 당시 가톨릭 신자였던 왜군 선봉장 고니시 유키나가(小西行長-소서행장)의 초청에 따라 예수회 소속 스페인 신부 세스페데스(Gregorio de Cespedes)가 일본인 수사를 대동하고 조선에 왔다. 그는 경상도 웅천에서 1593~1594년 1년간 체류하며 종군신부로 활동하고 일본으로 돌아갔다.

 그 외에도 임진왜란 당시에 포르투갈 노예상들이 왜군한테 납치된 조선인들을 사려고 부산에 들락거린 정황이 있다. 포르투갈 신부 루이스 세르케이라(Luis Cerqueira)가 남긴 1598년 9월 4일 기록에는 포르투갈 노예상들이 조선까지 가서 일본군한테 붙잡은 조선인들을 사서 팔았다는 대목이 나온다.

 그런데 2006년 9월 14일 경상남도 통영시 산양읍 삼덕항에서는 '우리나라 최초의 서양인' 도래지 기념비 제막식이 있었다. 그 자리에는 칼로스 프로타 주한 포르투갈 대사 일행도 참석했었다. 그 날 행사는 선조 37년인 1604년 6월 15일 당시 34세였던 포르투갈인 주앙 멘데스가 유럽인으로서는 처음 조선 땅을 밟은 사실을 기리는 자리였다.

 그의 조선 상륙은 임진왜란이 끝난 지 6년이 지난 시점에 있었다. 그 사실은 규장각이 소장하고 있는 조선 국경수비일지 '등록유초(謄錄類抄)'에서 어느 교수에 의해 발굴되었다. '지완면제수(之緩面第愁)'라는 이름으로 기록된 주앙 멘데스가 탔던 배는 일본국적의 무장 무역선이었다.

 그 배는 캄보디아에서 일본 나가사키로 가다 풍랑을 만나 오늘날의 통영시 산양읍 당포해안에 표류해 왔는데 조선수군과 교전을 벌인 끝에 나포됐다. 그의 일행은 주앙 멘데스 말고도 중국인 16명, 일본인 32명, 흑인 1명이 있었다. 그 시점에 일본 무역선에는 포르투갈인이 동승하기도 했으니 주앙 멘데스는 포르투갈인이 틀림없다.

 그들은 한양으로 압송되어 취조를 받고 4개월간 억류되었다가 중국으로 추방됐다고 전해졌다. 일본선박인데 중국으로 송환한 이유는 중국인이 16명이나 승선하고 있었기 때문으로 보인다. 또 임진왜란이 끝난 지 얼마 되지 않아 조선이 일본과 교류가 단절된 상태였다는 점도 그 이유일 것 같다.

 거기에 나오는 흑인은 주앙 멘데스의 노예로 보면 틀림없다. 당시 포르투갈 상인들은 아프리카 흑인을 노예로 팔기도 했지만 짐을 들고 따라다니는 몸종으로 데리고 다녔다. 그 즈음 일본정부가 발급한 운항허가증을 가진 주인선(朱印船)이 태국, 캄보디아, 베트남 등지로 운항하며 교역에 종사했었다.

 그 즈음 무역선을 노리는 해적선이 많다보니 어느 나라 무역선이나 대포로 무장했으며 일본 주인선도 마찬가지였다. 또 주인선에는 더러 유럽 상인과 중국 밀무역업자들이 함께 승선했었다. 1600년 일본에 표류하여 사무라이의 반열에 올랐던 영국인 윌리엄 애덤스도 비슷한 시기에 주인선의 선장을 맡아 무역에 종사했었다.

 국경수비일지는 국경수비와 관련한 사안을 기록했다는 점에서 멘데스가 최초의 서양 도래인으로 나오는 것은 당연하다. 하지만 그보다 22년이나 앞선 1582년 1월 조선에 표착했던 마리이가 조선 땅을 밟은 첫 서양인이자 포르투갈이라고 보는 것이 옳다.

또 조선의 기록을 떠나서 보면 임진왜란 당시의 예수회의 종군신부 세스페데스가 멘데스보다 11년 앞서 경상남도 웅천에서 1년간 체류하였다. 조선의 기록에는 없지만 임진왜란 당시에 포르투갈 노예상들이 부산에 오가면서 왜군이 납치한 조선인들을 노예로 사서 팔아먹었다.

그런 점들을 고려하면 멘데스를 최초의 서양 도래인으로 보는 데는 문제가 있다. 주앙 멘데스와 동행했던 흑인도 조선에 처음 발을 디딘 흑인이 아니다. 임진왜란에 참전했던 명군 10만명 중에는 흑인병사 4명이 있었다. 그들이 조선에 발을 디딘 첫 아프리카인일 것이다. 많은 자료들이 그들을 그냥 아프리카인이라고만 기록하고 있는데 그들은 아프리카 동남지역의 모잠비크 출신이 틀림없다.

포르투갈은 아프리카 서해안에서 사람을 사냥해 아메리카 대륙으로 데려가서 유럽인들이 개간한 대농장에 노예로 팔아넘겼다. 아프리카 동해안에서 납치한 사람들은 동남아시아 향신료 제도에 끌고 가서 노예로 부렸다. 또 동방무역에 종사하던 포르투갈 무역선에도 모잠비크 사람들을 선원이나 용병으로 부렸고 마카오 경비도 맡겼다.

따라서 임진왜란에 참전했던 흑인병사 4명은 모잠비크 출신이 확실하다.

임진왜란에 참전했던 4명의 아프리카 흑인용병

한국국학진흥원이 소장한 '세전서화첩'(世傳書畫帖)이라는 그림책에는 '천조장사전별도'(天朝將士餞別圖)라는 그림이 있다. 그 그림은 임진왜란에 원군으로 참전했던 명나라 장수 팽신고(彭信古)의 철군을 기념해 선조가 1599년 2월 베푼 송별회의 모습을 묘사한 그림이다.

그림의 제목에서 명나라 조정을 천자의 조정이라는 뜻으로 천조라고 지칭한 것을 보면 조선이 조공국이라는 사실을 말해준다. 그 그림을 자세히 드려다 보면 해귀(海鬼)라는 얼굴은 물론이고 온몸이 검은 병사 4명이 수레에 타고 앉은 모습이 눈에 띈다.

팽신고가 선조에게 그 병사들을 "호광(湖廣)의 남쪽 끝에 있는 파랑국(波浪國) 사람입니다. 바다를 세 번 건너야 호광에 이르는데 조선과는 거리가 15만리나 됩니다. 그들은 조총을 잘 쏘고, 여러 가지 무예를 지녔습니다"라고 소개했다.

여기서 파랑국은 포르투갈을 한자로 음역하여 나라 국(國)자를 붙인 포르투갈의 한자국명이었다. 그 즈음 이슬람권에서 모든 유럽인을 프랑크(Frank)라고 불렀는데 중국이 그것을 불랑기(佛狼機)라고 음역했다. 그리고 거기에 나라 국(國)자를 붙여 포르투갈을 불랑국이라고 부르기도 했다.

'선조실록'은 그들의 모습을 자세하게 묘사했다. "노란 눈동자에 얼굴빛은 검고 온몸이 검다. 턱수염과 머리카락은 곱슬머리이고 검은 양털처럼 짧게 꼬부라졌다", 그리고 '난중잡록'은 "해귀(海鬼) 4명이 있는데 살찌고 검고 눈이 붉고 머리카락이 솜털 같았다"고 표현했다. 그 내용대로라면 영락없는 아프리카 흑인이다.

임진왜란에 참전한 명나라 원군 중에는 흑인병사 4명이 있었다. 한국자료는 그들을 그냥 아프리카 흑인이라고 말하지만 그들은 아프리카 동남해안의 모잠비크 출신이 틀림없다. 그 즈음 포르투갈은 인구가 적어 중국 무역거점 마카오의 경비를 모잠비크 흑인들에게 맡겼었다.

'서애집'에는 "해귀(海鬼)라는 자가 있었다. 남번(南蕃) 출신으로 낯빛이 칠처럼 까맣고, 바다 밑에 숨어 다니기도 하며 그 모양이 귀신같다 하여 해귀라고 부른다. 키가 큰 사람이 있었는데, 몸이 아주 커서 거의 두 길이나 되었다. 말을 타지 못하고 수레를 타고 다녔다"라는 내용이 나온다. 여기서 남번은 바다 건너 중국의 남쪽에 있는 오랑캐라는 뜻이다.

팽신고가 "이 해귀는 바다 밑에 들어가서 적의 배를 공격할 수 있습니다. 며칠 동안 물속에 머물면서 수족(水族)을 잡아먹을 줄 압니다."라고 말했다. 여기서 수족은 바다생물을 말한다. 그들이 해안지대에서 잡혀 헤엄을 잘 쳤는지는 모르지만 터무니없는 과장이다. 아니면 아프리카 사람을 잘 몰랐던 탓인지도 모를 일이다.

그에 대해 선조는 "우리 같은 작은 나라에서 어찌 이런 신병을 보았겠소이까. 대인의 덕택에 보게 되었으니 황은(皇恩)이 아닐 수 없소이다. 이제 흉적을 섬멸하는 날이 시간문제가 아니겠소이까"라고 화답했다고 한다.

동방항로를 가장 먼저 개척한 포르투갈이 중국까지 갔지만 돈이 없어 노예무역으로 돈을 벌어 동방물자를 샀다. 포르투갈은 인도와 중국에서 노예사냥을 하다가 현지주민과 많은 충돌을 빚었다. 그 포르투갈이 일본에서도 일본인을 노예로 사다 팔았으니 임진왜란 당시에는 많은 조선인들을 노예로 해외에 팔아넘겼을 것이 틀림없다.

포르투갈은 아프리카 서해안에서 노예를 사냥해 주로 카리브 제도와 남아메리카의 브라질에 팔아넘겼다. 포르투갈은 또 아프리카 동해안에서는 사람들을 납치해 동남아시아 향신료 제도로 끌고 가서 노예로 부렸다. 당시 동방무역에 종사했던 포르투갈 무역선은 해적선이나 다름없었고 흑인노예를 용병이나 선원으로 많이 썼다.

그 즈음 포르투갈은 인구가 적어 중국 무역거점 마카오의 경비를 아프리카 동남해안의 모잠비크 출신 흑인에게 맡겼었다. 그 같은 사실 등을 미루어 보아 임진왜란에 참전했던 흑인전사들은 모잠비크 출신이라고 보면 틀림없을 것이다. 한국의 많은 자료들은 그냥 아프리카인이라고만 말하고 있다.

흑인을 처음 보는 중국인들이 많은 호기심을 보이자 포르투갈의 마카오 정청이 중국관리의 환심을 사려고 모잠비크 흑인용병을 상납했을 것으로 보인다. 또한 포르투갈인들이 흑인용병의 전투력을 과장했을 수도 있어 명군이 데리고 참전했을 것으로 짐작된다.

조선체류 13년만에 일본으로 탈출한 하멜 일행

"부서진 배 한 척이 고을 남쪽 해안에 닿았기에 대정현감 권극중과 판관 노정을 시켜 군사를 거느리고 가서 보게 하였더니, 어느 나라 사람인지 모르겠으나 배가 바다 한가운데에 뒤집혀 있고 살아남은 자는 36인이며 말이 통하지 않으며 문자도 다릅니다"

조선왕조실록에는 효종 4년인 1653년 8월 6일 제주목사 이원진이 조정에 그 같이 보고했다는 내용이 나온다. 그 보고를 받은 조선 조정은 귀화한 네덜란드인 박연(朴延 또는 朴燕)을 제주도로 보내 그들을 조사하도록 지시했다. 박연은 조선에 표착했다가 오늘날 외국인부대장에 해당하는 자리에 발탁되어 유럽식 대포를 개발한 인물이다.

그 후 두 달 반이 지난 1653년 10월 29일 제주목사 옆에는 붉은 수염이 난 사람이 앉아 있었다. 이목사가 이 사람이 누구라고 생각하느냐고 그들에게 묻자 홀란드 사람인 것 같다고 대답했다. 그러자 그가 이 사람은 조선 사람이라고 말하고 너희가 사람을 잘못 봤다며 너털웃음을 웃었다고 하멜 표류기가 전한다.

그 자리에 나온 붉은 수염이 난 사람은 박연을 말한다. 네덜란드 동인도회사 선원 헨드릭 하멜(Hendrik Hamel-1630~1692)이 탔던 배가 풍랑을 만나 크게 부서진 채 제주도로 표류해 왔다. 그는 다른 선원과 함께 잡혀서 조선에서 살다가 13년만에 탈출했다. 표류기를 쓴 그는 난파선의 서기였다.

하멜 일행을 조사하라는 조정의 지시를 받고 제주도에 간 박연이 그들을 만나보니 네덜란드 사람, 그것도 자신이 근무했던 동인도회사의 선원들이었다. 26년만에 고향 사람들을 해후한 그는 향수에 젖어 눈물을 하염없이 흘렸던 모양이다. 윤행임의 '석재고'는 박연은 하멜 일행이 네덜란드 사람인 것을 알고 옷깃이 다 젖을 때까지 울었다고 전했다.

하멜 표류기는 벨테프레(박연)가 조선에 표착한지 26년이 지나버리니 모국어를 많이 잊어 처음에는 의사소통에 어려움이 커서 매우 놀랐다는 느낌을 전했다. 낯설고 물선 이국땅에서 고향 사람을 본 적도 없이 혼자서 긴 세월을 지냈으니 박연이 실어증마저 느꼈던 모양이다.

1653년 8월 타이완을 떠나 일본 나가사키로 항해하던 네덜란드 동인도회사 소속선박 데 스페르베르(De Sperwer) 호가 폭풍우를 만났다. 닷새 동안이나 격랑을 헤쳐 나가다보니 배 바닥에 구멍이 났다. 그 난파선이 제주도 해안까지 떠내려 왔는데 거기에는 선원 64명 가운데 36명만이 살아남아 있었다. 생존자 중에는 크게 다친 사람들도 있었다.

그 즈음 타이완 남서부 지역을 강점한 네덜란드는 그곳에 무역기지를 설치하고 사탕수수 대농장을 운영하고 있었다. 그 상선은 일본에 가서 팔 유럽물자와 동남아 향신료를 싣고 있었을 것이다. 그 때 중국해안에는 해금령이 내려진 상태라 중국물자는 별로 구하지 못했을 것이 분명하다.

제주목사 이원진은 그들을 온정적으로 대해줬다. 그가 그 해 12월 임기를 마치고 한성으로 돌아가고 새 목사가 부임한 다음부터 박대가 심했던 것 같다. 일행 중에서 6명이 탈출을 시도했다가 주민들한테 들켜 곤장을 25대씩 맞았다. 하멜 일행은 모두 죄수의 신세가 되어 한양으로 압송되다 1명이 도중에 죽었다.

효종을 만난 그들은 일본으로 보내 달라고 간청했지만 거절당하고 훈련도감의 포수로 배속되었다. 그들은 한양에 거주하는 2년 동안 국왕의 경호를 맡기도 했다. 그 외에 집안일이나 허드렛일을 했지만 비교적 자유롭게 생활할 수 있었다고 하멜의 표류기가 전한다.

그 때 중국에서는 한족의 명나라가 만주족의 청나라한테 패망한지 9년이 지났지만 화남지역에는 잔명세력이 완강하게 저항하고 있었다. 친명을 천명했다가 정묘호란, 병자호란을 불러 곤혹을 치른 조선조정은 중원을 차지한 청조의 눈치를 살피느라 경황이 없었다.

그런데 1655년 3월 그들 중의 2명이 조선을 방문한 청나라 사신이 지나가는 길목을 가로막고 고향으로 보내달라고 애원했다. 그 사건이 빌미가 되어 1656년 봄 하멜 일행 33명이 전라도 강진 병영으로 유배되었다. 2년 남짓 사이에 3명이 더 죽었던 것이다. 그들은 1656년 3월부터 1663년 3월까지 7년 동안 그곳에서 살았다.

그들이 유배지에서 사는 동안 조선에는 3년에 걸쳐 심한 가뭄이 들었다. 기근으로 인해 많은 사람들이 굶주리는데 역병까지 돌아 숱한 사람들이 죽어나갔다. 하멜 일행도 식량난으로 많은 고초를 겪었다. 초근목피로 허기를 때워야 하니 강진 병영은 그들을 분산해서 수용했다.

순천 5명, 남원 5명 그리고 하멜을 비롯한 12명은 전라좌수영이 있던 여수에 배치되었다. 그 사이에 생존자가 22명으로 줄었으니 11명이 더 죽은 셈이다. 현종 7년인 1666년 9월 4일 밤 여수에 있던 하멜을 포함한 5명과 순천에 있던 3명이 모여 탈출을 감행했다.

조선에 표착한지 13년만의 일이었다. 36명의 표류자 중에서 생존자는 16명으로 줄었는데 그 중에서 8명이 탈출에 가담했던 것이다. 그들은 탈출을 위해 갖가지 장사도 하고 구걸도 해서 모은 돈으로 배도 사고 식량도 사서 챙겼다. 그들은 여수를 떠난 지 나흘 만에 일본 고토(五島-오도)열도에 도달했다.

그 후 8일이 지나 그곳에서 나가사키로 압송되었다. 그들은 일본관헌에 의해 조선에서의 일상생활은 물론이고 조선의 정세에 관해 아주 상세하게 심문을 받았다. 일본에서 체류하는 1년 동안 하멜은 조선에서 보고 듣고 느끼고 체험한 내용을 소상하게 글로 남겼다.

하멜 일행은 1668년 네덜란드의 동인도 수도였던 바타비아(오늘날의 자카르타)를 거쳐 조선에 표류한지 15년만에 귀국했다. 네덜란드의 일본 데지마 상관이 나머지 8명의 송환을 일본정부에 부탁했으며 그 후 2년이 지나 1명이 죽어 7명이 조선을 떠나 일본으로 갔다.

조선은 임진왜란을 겪었지만 마지막 날까지 변화를 거부했다. 중국을 우러러보며 작은 중국을 흉내 내는 데만 열중하고 있었다. 그 까닭에 바다 건너 바깥세상이 어떻게 돌아가는지 알려고도 하지 않았다. 하멜이 타고 있던 배는 난파선이지만 대서양, 인도양, 태평양을 거쳐서 온 무역선이자 전함이었다.

그런데 북벌계획을 추진했다는 조선은 그 범선과 거기에 장착된 대포에도 그다지 관심을 보이지 않았다. 선진문물을 배우려는 자세가 없었던 것이다. 조선의 눈에는 그들은 다만 서양 오랑캐로 비쳤을 뿐이다. 일본이 그보다 반세기 이전에 표류해온 네덜란드 난파선을 복제해 멕시코를 다녀온 것과는 너무나 대조적이었다.

외래인의 지식과 경험을 배울 자세가 없다면 그들이 말하는 행선지인 일본으로 보냈으면 그만이었다. 그 때 네덜란드 동인도회사는 일본 데지마에 무역거점을 두고 일본의 대외거래를 거의 독점하고 있었다. 그들은 바다를 아는 뱃사람이었기에 작은 배를 만들어 일본으로 갈 수 있었다.

조선은 그런 도량도 없이 침입자도 침략자도 아닌 단순한 표착자를 억류하고 구박하는 폐쇄적 배타성마저 보였다. 조선의 그 같은 자세는 망국의 날까지 변할 줄 몰랐다.

뒤늦게 인력수출 나선 조선

미국이 중국인 축출하는데 자국민 수출했던 조선

아편전쟁에서 패배한 중국이 영국의 강압에 굴복하여 인력수출을 자유화했다. 일본도 미국의 압력에 눌려 인력수출의 문호를 열었다. 그 기회를 이용해 미국이 아프리카 노예 대신에 중국과 일본에서 많은 막노동꾼들을 미국 본토와 하와이로 데려다 싸게 부렸다.

미국이 독립을 선언한 시기와 비슷한 1778년께 하와이 인구는 80만명에 달했던 것으로 추정된다. 그런데 하와이가 미국에 병합되던 1893년 원주민 인구가 그 때에 비해 1/20의 수준으로 줄어 4만명 밖에 남지 않았다. 그 첫째 원인은 원주민들이 유럽에서 백인들한테 묻어온 독감, 폐병, 성병 등 각종 전염병에 걸려 떼죽음을 당했기 때문이다.

거기에 더해 백인들이 땅을 뺏으려고 원주민을 학살하고 농장에서 혹사한 바람에 원주민이 몰사위기에 내몰렸다. 그런 상황에서 노예거래가 국제적으로 금지되자 사탕수수와 파인애플을 재배해서 큰돈을 벌고 있던 하와이 농장들이 심각한 노동력 부족사태에 직면했다.

백인 농장주들이 모자라는 노동력을 유럽에서 조달하려고 했으나 인건비가 너무 비싸 아시아 쪽으로 방향을 돌렸다. 그 무렵에 국제적으로 인신매매가 어려워지자 노예 사냥꾼들이 인력송출회사로 둔갑해 동아시아에 나타났다. 계약노동자라는 명목으로 갖은 속임수를 써서 초기에는 주로 중국인들을, 1880년대 들어서는 일본인들을 막일꾼으로 하와이로 데리고 갔다.

그에 따라 1900년 하와이로 팔려간 인력규모가 중국인 5만명, 일본인 6만5,000명으로 늘어났다. 그런데 중국대륙에서는 노동자로 팔려간 동족이 미국에서 온갖 차별과 탄압에 시달리다 쫓겨난다는 사실이 알려져 비분에 찬 목소리가 들끓고 있었다. 미국이 중국인을 축출하자 중국에서는 이주노동에 대해 거부적 분위기가 팽배했었다.

미국의 그 같은 험악한 분위기가 알려지면서 하와이 농장주들이 중국과 일본에서 인력을 조달하는데 장벽에 부닥쳤다. 두 나라는 자국 노동자들이 하와이에서 비인간적인 처우를 받는다는 사실을 알고 나서 인력송출에 제동을 걸고 나섰다. 그러자 인력난에 허덕이던 농장주들이 물정 모르고 있던 조선을 공략대상으로 삼았다.

무능하고 부패한 고종이 20대의 미국인 선교사 호레이스 앨런(Horace N. Allen)의 감언에 현혹되어 인력수출을 윤허했다. 국제정세에 깜깜했던 조선이 뒤늦게 인력수출에 나섰던 것이다. 인신매매의 마수가 조선에는 중국과 일본보다는 훨씬 늦은 20세기 초입에 들어와서야 뻗혔던 셈이다.

그 때 미국에서는 중국인 노동자의 유입이 늘어나자 반중감정과 인종탄압이 절정에 달했었다. 백인들 사이에서 중국인 배척운동이 일어나더니 급기야 연방정부가 나서 1882년 '중국인 배제법'을 제정했다. 그에 따라 미국은 대도시의 빈민촌에 숨어살던 중국인들을 색출해서 중국으로 축출하고 있던 시기였다.

막상 조선에서 노동자를 모집했으나 미지의 세계에 대한 불안감 탓에 응모가 저조했었다. 제물포를 비롯하여 항구, 기차역, 시장 등 사람들이 많이 모이는 곳곳에 일꾼을 구한다는 구인광고를 붙였다. 하와이는 기후가 좋아 덥지도 춥지도 않다, 학교에서 영문을 가르치며 학비를 받지 않는다, 월급은 미국 금전으로 매월 십오원씩 준다는 따위의 내용이었다.

1902년 12월 22일, 인천 내리교회 신자, 부두 노동자 등 121명을 태우고 하와이를 향해 출항한 미국 선박 갤릭 호. 그들은 돈을 벌려고 그곳으로 갔으나 막상 돌아올 뱃삯도 벌지 못해 결국 한국의 첫 이민자가 되었다. 사진출처 : 국가기록원.

거기에다 매일 열 시간 일하고 일요일은 쉰다, 집, 땔감, 물을 주고 병이 나면 농장주가 치료비를 대준다와 같은 내용이 한자, 영문, 한글로 적혀있었다. 그 광고는 황성신문에도 여러 차례 실렸다. 그래도 호응이 없자 인천 내리교회 미국인 목사가 설교를 통해 독려하여 첫 출항선에는 개신교 신자들이 많이 탔다.

1902년 12월 22일 월요일, 인천 내리교회 신자 50명과 인천부두 노동자 20명 등 121명이 미국 선박 갤릭(Gaelic) 호에 승선했다. 그들은 이틀 후 일본 나가사키(長崎-장기) 항에 도착해 검역소에서 신체검사를 받았다. 그곳의 신체검사에서 19명이 불합격했다.

나머지 102명이 이듬해인 1903년 1월 13일 하와이 호놀룰루에 도착했다. 그곳에서도 신체검사를 받았는데 16명이 질병이 있는 것으로 판정되어 결국 86명만이 하와이 땅을 밟았다. 그들은 배를 타기 전에 선금으로 20원씩 받아 가족에게 주었다. 그 돈은 그 즈음 막일꾼의 일 고여덟 달 품삯과 거의 맞먹었다.

거기에다 하와이까지 가는 데 들어간 뱃삯을 치면 처음부터 한 사람이 보통 100달러 꼴로 빚을 지고 살아간 셈이었다. 노임이 한 달에 15달러였으니 먹고 살기에도 빠듯하여 돈을 모으기는커녕 빚 갚기에는 너무나 벅찼다. 15달러가 조선에서는 큰돈이었지만 구매력을 따지면 하와이에서는 입에 풀칠하기도 어려웠다.

조선인 노무자를 실은 첫 배가 하와이에 도착한지 3년이 지난 1905년 조선인 7,400여명이 65곳의 농장에 흩어져 다른 나라 사람들과 섞여서 살았다. 그들은 거의 인천 출신이었다. 새벽 4시 기상을 알리는 사이렌 소리에 맞춰 일어나서 아침 5시부터 밤 9시까지 감독의 가죽 채찍에 시달리며 혹사당했다.

열대지방이라 낮에는 작열한 태양 아래 온몸이 땀범벅인데 허리를 펼 짬도 없었다. 휴식 시간이라곤 점심시간 30분뿐이었다. 가장 힘든 일은 사탕수수를 등에 지고 마차로 실어 나르는 일이었다. 그들의 생활은 노예나 별로 다르지 않아 뱃삯조차 손에 쥐지 못했으니 돈을 벌어서 집으로 돌아간다는 꿈은 허망한 환상이 되고 말았다.

조선인들은 남자가 여자보다 열배나 많았고 대부분이 노총각이었다. 결혼적령을 넘겼으나 신부감이 없었다. 결혼하려고 조선에 오갈 형편도 되지 않으

돈을 벌려고 하와이로 떠난 조선인들은 장가를 들려고 해도 조선에 오갈 형편이 아니었다. 그 대안으로 등장한 것이 사진결혼이었다. 중매쟁이를 통해 사진을 주고받아 혼사가 성사되면 처녀가 총각을 만나러 하와이로 가는 방식이었다. 1910~1924년 처녀 950여명이 사진 속의 신랑감을 찾아 하와이로 건너갔다. 사진은 하와이에서 만난 사진 속의 신부들.

니 대안으로 생긴 것이 사진결혼이었다. 중매쟁이를 통해 남녀가 사진을 주고받아 혼사가 성사되면 처녀가 총각을 만나러 하와이로 건너가는 방식이었다. 1910~1924년 처녀 950여명이 사진 속의 신랑감을 찾아 하와이로 건너갔다.

 한국은 하와이와 멕시코로 나간 계약노동자를 정부의 공식자료에서도 이민으로 분류하는데 그것은 틀린 표현이다. 그들은 거주를 목적으로 해외에 나간 것이 아니다. 취업이 목적이었고 고용계약기간이 끝나면 귀국한다는 조건으로 해외에 나간 이주노동자였다. 결과적으로 이민이 되었지만 그들은 이민자가 아닌 계약노동자였다. 그런데 '하와이 이민선', '이민 1세대'라는 식으로 표현하고 있다.

 1905년 고종이 멕시코 대마공장에서 일하는 조선인들이 심한 학대를 받는다는 소식을 뒤늦게 듣고 나서야 인력수출을 중단했다. 하와이에 정착한 이들은 동지회를 결성해 사탕수수 밭에서 피땀 흘려 어렵게 번 돈을 일제치하에서 고초를 겪는 조국의 독립을 위해 지원하기도 했다. 1948년 대한민국 정부가 수립된 이후에도 고국을 위한 지원을 아끼지 않았.

 하와이 동지회는 1953년 한인기독학원을 폐교하고 그 건물을 매각해 남은 돈 18만달러를 고국에 기증했다. 그 돈이 하와이 노동자의 출항지인 仁川(인천)과 노역장 하와이의 한자표기인 荷蛙伊(하와이)의 첫 자를 따서 만든 인하대학교(仁荷大學校)의 초석이 되었다.

중국은 인력수출 금지하는데 조선은 거꾸로 허용

20세기 진입을 전후해 중국은 멕시코 에네켄 농장에서 자국민들이 짐승만도 못한 취급을 당한다는 사실을 알고 인력수출을 금지했다. 그러자 하와이에서 일하는 조선인 노무자들의 모습을 눈여겨보았던 영국인 브로커 존 마이어스라는 사람이 나섰다.

그가 일본의 인력송출회사인 대륙식민합자회사를 통해 조선의 신문에 멕시코로 데려갈 일꾼을 모으는 광고를 냈다. 계약기간 4년, 임대주택 무료제공, 높은 임금 등 파격적인 고용조건을 내세웠다. 거기에다 '묵서가(墨西哥-멕시코)는 극락 같은 곳이다', '병들면 고쳐준다'는 등의 소문까지 나돌아 세인의 관심을 끌었다.

그 같은 거짓 선전에 속아 해외에 나가서 돈을 벌어보려는 사람들이 제물포로 모여들었다. 그 즈음 조선은 패망을 앞둔 시점이라 정치적 혼란과 경제적 불안이 겹쳐 나라의 앞날이 암울했다. 1905년 4월 4일 신체 건강한 40세 미만의 조선인 남녀 1,033명이 돈을 벌어서 금의환향하려는 꿈을 안고 제물포에서 영국 상선 일포드 호에 몸을 실었다.

배는 일본 요코하마(横濱-횡빈)를 거쳐 5월 12일 멕시코 살리나 크루스 항에 닻을 내렸다. 6주간의 고된 항해 끝에 어린이 2명과 어른 1명이 숨지고, 애기 1명이 태어나 모두 1,031명이 멕시코 땅을 밟았다. 그들은 다시 기차를 타고 북상해 5월 15일 중부지역 베라크루스에 도착했다.

그곳에서 10~25명씩의 무리로 나뉘져 농장에 배치되었다. 그 날부터 노예와 다름없는 고난의 세월이 이어졌다. 그곳은 신문광고나 소문과는 딴판의 세상이었다. 새벽부터 밤까지 하루 종일, 그것도 낮에는 열대의 뙤약볕 아래서 고된 일에 쫓기고 쫓기는 혹사의 나날이었.

조선인 노동자들이 한 일은 억센 가시로 뒤덮인 에네켄 잎을 자르는 작업이라 손은 말할 것도 없고 온몸이 가시에 찔려 피가 멈출 날이 없었다. 에네켄(henequen)은 용설란과에 속하는 열대식물로서 두꺼운 잎 양 옆에 날카롭고 단단한 가시가 무수히 솟아있다.

한국에서는 에네켄이 '애니깽'으로 알려져 멕시코에서 에네켄을 자르던 조선인 일꾼을 일컫는 말이 되었다. 에네켄에서 섬유질을 추출해서 선박용 밧줄을 만들었는데 국제교역이 활발해지면서 그 수요도 크게 늘어났다. 마야문명 발상지였던 유카탄 반도에서는 에네켄을 대규모로 경작하고 있었다.

하지만 일손이 모자라 수요를 따라 갈 수 없었다. 제조업체인 미국 콜로니알 회사가 에네켄 농장에서 일할 일꾼들을 조선에서 모집해 데리고 갔다. 그런데 노임을 제대로 주지 않아 조선인들은 빚을 내서 잠자리도 먹거리도 마련하며 살아야만 했다. 일을 아무리 열심히 해도 빚의 늪에 빠져 헤어나질 못하는 비참한 신세였다.

1905년 7월 29일자 황성신문 사설은 농노라는 표현을 써가며 조선인의 처참한 생활상을 이렇게 전했다. "멕시코 원주민인 마야족의 노예등급은 5~6등급이고 조선인 노예는 7등급으로 가장 낮은 값이다. 조각난 떨어진 옷을 걸치고 다 떨어진 짚신을 신었다…"
"아이를 팔에 안고 등에 업고 길가를 배회하는 조선 여인들의 처량한 모습이 짐승 같아 보이는데 눈물 없이는 볼 수 없는 실정이다. 농장에서 일을 제대로 하지 못하면 무릎을 꿇리고 구타해서 살가죽이 벗겨지고 피가 낭자한 농노들의 그 비참한 모습을 차마 눈뜨고 볼 수 없도다. 통탄, 통탄이라."
 귀향의 날만 고대하며 1909년을 기다렸으나 막상 고향으로 돌아갈 처지가 아니었다. 그 처참하고 악몽 같았던 길고도 긴 4년간이란 계약기간이 끝나 겨우 자유의 몸이 되었지만 기쁨은커녕 슬픔이 앞섰다. 많은 이들이 돌아갈 뱃삯조차 벌지 못했으니 귀국을 체념하고 그냥 주저앉아야만 했다.
 거기에다 고국이 일본의 식민통치를 눈앞에 두고 있어 더러 귀국을 포기한 사람도 있었겠지만 말이다. 그 통에 결과적으로 이민자가 되고 말았다. 오늘날 외국인 이주노동자(migrant worker)들이 한국에 와서 계약기간이 끝났는데도 돈을 더 벌려고 불법적으로 체류하는 실정과는 다르지만 어느 정도 대비된다.
 1920년대 들어서는 인조섬유가 등장하면서 에네켄 농장들이 문을 닫아 그나마 일자리도 잃어버렸다. 그 즈음 혁명의 물결에 휩싸인 멕시코는 아시아계 이민자들에게 증오심을 불태우고 있어 인종차별이 극심했다. 고국마저 잃어버려 오갈 데 없는 조선인들은 온갖 박해와 학대에 시달리면서 멕시코 전역으로 흩어졌다.
 나머지는 1921년 3월 쿠바로 가는 배에 올라 또 다른 낯선 곳으로 떠났다. 쿠바는 그 때 설탕호황에 힘입어 잘 사는 곳으로 알려졌었다. 조선인 일행은 3월 25일 쿠바 남부지역 마나티(Manati) 항구에 도착했다. 245명 중에서 94명만이 1905년 제물포를 떠난 1세대였고 나머지는 멕시코에서 태어난 2세대였다. 그 중에는 혼혈아들도 있었다.
 그들이 쿠바에 도착한 즈음 설탕가격이 폭락해 경제상황이 날로 악화하고 있었다. 두 달 만에 조선인들은 또 아픔을 안고 헤어져야만 했다.

에네켄(henequen):용설란과에 속하는 열대식물

하와이 사탕수수밭에서 일하는 조선인 일꾼들. 사탕수수는 잎이 날카로워 자르려면 온몸이 상처를 입기 일쑤여서 피가 마르는 날이 없었다. 사진출처 : 인천시 역사자료관.

멕시코 에네켄 농장에서 잎을 자르는 조선인 일꾼들. 잎 양 옆에 날카로운 가시가 돋아 있어 손에 찔린 상처가 아물 날이 없었다. 사진출처 : 재외동포재단.

11

못난 나라님 만나면 나라는 망하고 백성은 죽는다

나라 뺏긴 조선의 유랑민

11 나라 뺏긴 조선의 유랑민

후대로 이어진 유랑생활

중앙아시아, 연해주, 만주, 사할린의 조선 유랑민들

조선말기의 무능하고 부패한 고종이 넋 나간 짓이나 벌이는 사이에 조선은 총 한 방 쏘지 못한 채 나라를 일본한테 통째로 빼앗겼다. 왜군이 총칼을 차고 논밭을 뺏어가자 삶터를 잃은 조선백성들이 살 길을 찾아 남의 나라, 만주와 연해주로 걷고 걸어서 눈물의 행로를 이어갔다. 그런데 그 비극의 상흔이 한 세기가 지나서도 지워지지 않아 그 후손들도 여전히 고난의 세월을 살고 있다.

일본은 조선 각지에 일본인 촌락을 세우고 그곳에 일본 소작인들을 이주시켜 조선인한테서 뺏은 땅을 나눠줬다. 농지를 배분하자 조선에는 일본인 농업이민이 금세 10배로 늘어났고 그들은 대지주가 되었다. 조선 소작인에게는 5할의 소작료를 강탈하고 춘궁기에 빌려준 양곡에는 2할 이상의 이자를 붙여 착취했다.

땅을 빼앗긴 조선 농가는 거의 몰락했다. 농사를 지을 땅이 없으니 소작농이나 품삯을 받는 농사꾼으로 전락했다. 아니면 먹고 살길이 없으니 산으로 들어가 불을 지르고 거기에 텃밭을 일구어 연명하는 화전민(火田民)의 신세가 되었다. 조선에는 원래 소작이란 개념이 없었는데 빼앗긴 농지가 일본인에게 집중되면서 소작제도가 생겼다.

일제의 수탈과 착취를 견디지 못해 수많은 조선인들이 먹고 살 길을 찾아 일가친척과 고향산천을 등지고 이역만리로 떠났다. 1933년까지 조선인 해외이주자는 일본 114만명, 만주-연해주 150만명에 달했다. 그 즈음 조선인구가 2,400만명이었으니 얼마나 많은 조선인들이 집과 땅을 뺏기고 유랑민의 신세가 되었는지 말해준다.

태평양 전쟁에 광분한 일제는 조선인에게 국가동원령을 내렸다. 일제는 조선인들을 사할린, 일본 등지의 탄광, 동남아의 철도공사와 군사기지에 강제로 끌고 가서 노역을 시켰다. 조선총독이 수장이었던 총동원연맹에 소속되었던 인원이 458만명에 달했다. 1944~1945년 총알받이로 전장에 끌려간 조선청년이 21만명이었다.

심지어 나이어린 여자들을 마구 끌고 가서 일본군을 상대로 성노예로 부렸다. 2차 세계대전이 끝나자 일본은 조선에서 강제로 끌고 간 조선인들을 제도적으로 차별하고 학대하다 축출했다. 1945년 패전 이전에 일본에 살던 조선인이 200만명에 달했는데 그 중의 상당수는 박해와 차별을 피해 자진해 귀국했다.

일본은 1959~1984년 조선인 북송사업을 벌였다. 그에 따라 9만3,340명이 북한으로 송환되었으며 그 중에는 적지 않은 일본인 처와 그 자녀들이 포함되어 있었다. 일본의 차별정책을 견디기 어려워 끝내 많은 이들이 일본에 귀화했다. 일본으로 국적을 바꾼 한국계 일본인이 32만여명에 달한다.

그들은 대부분이 일본 강점기에 징용되어 강제로 일본에 끌려간 조선인 노무자와 그들의 후손이다. 일본에는 한국 또는 '조선'의 국적을 가진 46만명의 재일교포가 거주한다. 일본인들이 한국인을 조롱하는 뜻으로 즐겨 쓰는 '조센징'이라는 멸칭에서 일본 속에서 살아가는 한국인의 수모와 고통이 묻어난다.

19세기 중엽부터 조선인들이 새로운 삶터를 찾아 두만강을 건너 이주하면서 연해주에는 조선인의 거류민촌이 생겼다. 19세기 후반에는 조선인이 연해주 거주민의 절반 이상을 차지할 정도였다. 1884년 무렵에는 조선인이 1,164가구 5,447명으로 불어났다. 그 때만 해도 그곳에는 러시아 이주민이 별로 없었다..

그런데 20세기 들어 나라를 강탈한 일본이 조선인의 농지를 뺏자 굶주림에 지친 이들이 살길을 찾아 괴나리봇짐을 지고 압록강이나 두만강을 건너 만주나 연해주로 떠났다. 그에 따라 일제 강점기인 1917~1926년 연해주에는 조선인 17만명으로 늘어났다. 그 즈음 블라디보스토크 농촌인구의 1/4을 조선인이 차지했었다.

한편 만주에는 조선인이 1900년 22만명으로 늘어나더니 일제 강점기에는 170만명 수준으로 크게 증가했다. 그 상황에서 일본이 1932년 만주를 점령하고 괴뢰국가 만주국을 세우자 소련이 민감한 반응을 보였다. 조선인들이 일본의 첩자 노릇을 할 수 있다며 소련이 그들을 중앙아시아 등지로 유배를 보냈다.

그 까닭에 그들은 조선인이라는 사실이 드러날까 두려워 스스로 고려인이라고 부르기 시작했다. 1937년 소련의 스탈린의 강제이주 정책에 따라 고려인들은 중앙아시아로 끌려갔다. 하지만 적지 않은 이들이 그곳에서 정착하지 못하고 또 쫓겨나 떠돌이 신세가 되었다.

그들은 거의 19세기 말부터 일제 강점기에 연해주로 이주하였던 조선인의 후손들이다. 그나마도 1991년 소련이 해체됨에 따라 여러 공화국으로 뿔뿔이 흩어져 삶터를 찾아야만 했다. 그 때문에 고려인은 재미동포, 재일교포처럼 하나의 집단으로 분류하여 표현하기 어렵다.

고려인들은 중앙아시아, 러시아는 물론이고 남부 러시아의 볼고그라드 부근, 러시아 서부의 에스토니아, 라트비아, 리투아니아 등의 발트3국, 그리고 캅카스, 우크라이나 등지로 흩어졌으며 그 후손들이 그 맥을 이어가고 있다. 오늘날 고려인은 50만명으로서 170만명에 이르는 중국거주 조선족의 1/3을 조금 넘는 수준이다.

일본 홋카이도 이북의 사할린 섬에도 조선인 거류민촌이 있다. 그들은 거의 일제 강점기에 강제로 징용되어 사할린 탄광에 끌려갔던 조선인의 후손들이다. 그들도 고려인이라고 불린다. 거기에는 복잡한 사연이 있다. 사할린은 원래 일본 땅도 러시아 땅도 아니었다. 일본이 1799년부터 사할린의 남단에 영향력을 슬슬 행사하다가 영유권을 주장하기 시작했다.

그러자 러시아가 일본에 맞서 전체 사할린의 영유권을 주장하고 나섰다. 결국 두 나라가 1875년 체결한 상트페테르부르크 조약에 따라 사할린 섬 전체가 제정 러시아의 영토가 되었다. 그런데 1905년 터진 노-일전쟁에서 러시아가 일본한테 참패함으로써 북위 50도선 이남의 사할린이 도로 일본의 차지가 되었다.

그 후 러시아가 내전과 혁명의 소용돌이에 빠져 헤어나지 못하자 일본이 그 틈을 타서 섬 전체를 기습적으로 점령하고 영토로 편입했다. 그런데 2차 세계대전 종전을 눈앞에 둔 시점인 1945년 8월 러시아가 돌연 일본에 선전포고를 한 데 이어 사할린 남부에 대해서도 영유권을 주장하고 나섰다.

일본이 2차 세계대전에서 패배하고 1951년 체결된 샌프란시스코 강화조약에 따라 일본은 사할린 남부에 대한 영유권을 포기함으로서 섬 전체가 다시 소련의 영토가 되었다. 그에 따라 사할린에 살던 조선인의 지위도 변동되었다. 그곳의 조선인은 일제강점기에 징용되어 갔

연해주 블라디보스토크의 고려인 일꾼들. 우스리스크 도로건설현장에서.

던 피해자인데 종전 이후에 일본인은 철수했지만 조선인은 그냥 그곳에 방치된 상태였다.

지배자가 일본에서 소련, 러시아로 바뀌었고 또 세대가 바뀌면서 그들의 운명도 바뀌었다. 그들은 원래 재일교포였는데 결과적으로 고려인이 된 셈이다. 따라서 사할린 조선인은 중앙아시아이나 연해주의 고려인과는 정체성이 다르다. 연해주 고려인은 한반도 북부 출신이 많고 사할린 고려인은 한반도 남부 출신이 많다는 사실도 차이점이다.

오늘날 연해주에는 고려인 말고도 한민족의 또 다른 핏줄이 이주민 집단을 이루고 산다. 그들은 거의 북한 이주노동자 출신으로서 연해주에 벌목공으로 갔다가 그냥 그곳에 눌러 앉은 이들이다. 또 북한에서 탈출한 탈북자도 상당수 있다. 연해주 고려인은 러시아 주민이지만 북한 출신 이주노동자와 탈북자는 스스로 조선인이라고 생각한다고 보아야 한다.

일본과 소련에 끼여 유랑민 신세로 떠돈 고려인들

영국이 청나라를 상대로 2차 아편전쟁을 벌이면서 러시아한테 연합군에 가담하라고 권유했었다. 그러나 들은 척도 하지 않던 러시아가 청나라의 패색이 짙어지자 느닷없이 만주의 북방지역을 협공하기 시작했다. 러시아가 거의 무저항 상태에서 무혈진격을 이어가더니 연해주를 점령했다.

아편전쟁이 끝난 지 보름이 지나서 러시아가 청나라한테 영국, 프랑스, 러시아와 와 맺은 1860년 베이징 협정의 부속조약에 서명하라고 압박하고 나섰다. 그것은 2년 전에 맺은 아이군 조약을 비준하라는 강압이었다. 2차 아편전쟁에서 패배한 청나라가 그 압력에 굴복하여 1858년 5월 28일 러시아와 체결했던 아이군 조약(Aigun Treaty)을 비준했다.

그 조약에 따라 러시아는 가만히 앉아서 아무르 강의 좌측 제방을 획득해 국경을 스타노보이 산맥 이남으로 넓히는 개가를 올렸다. 영–불 연합군이 2차 아편전쟁 승리의 대가로 뺏어낸 1860년 베이징 협약에 러시아가 공짜로 편승해 태평양 연안의 연해주를 영토로 편입한 셈이었다.

연해주는 두만강 위쪽의 북동부 지대인데 북쪽으로는 아무르 강, 서쪽으로는 우수리 강, 동쪽으로는 동해를 마주하고 있다. 그 연해주는 1689년 청나라가 러시아와 맺은 네르친스크 조약에 따라 강희제 이래로 중국이 차지하고 있던 땅이었다. 그런데 청나라의 국력이 쇠퇴해져 러시아한테 뺏기고 말았다.

그에 따라 조선이 두만강을 경계로 러시아와 마주보게 되었다. 러시아가 연해주를 차지한 초기에는 러시아인들이 그곳으로 이주를 기피하여 러시아가 조선인의 이주를 권장한 측면이 있었다. 조선 말기의 폭정, 궁핍, 민란에 시달리던 조선인들이 고향을 등지고 연해주로 살 길을 찾아 나섰다.

그 때는 두만강 주변은 국경선이 명확하지 않아 주로 함경도에 사는 조선인들이 들락거렸다. 1860년대초부터 새 삶터를 찾아 나선 조선인들이 연해주에 몰려 살기 시작하면서 고려인의 기원을 이루게 되었다. 그런데 1904~1905년 벌어진 노-일전쟁에서 러시아가 일본한테 참패했다. 그 연유로 러시아는 일본과 첨예한 적대관계에 놓였다.

그 같은 상황에서 1910년 일본이 조선을 병탄함으로써 연해주가 두만강을 사이에 두고 일본 식민지 조선과 마주보게 되었다. 그 연해주에도 우랄산맥 서쪽에서 일어난 격랑이 세차게 몰아쳤다. 1917년 볼셰비키 혁명, 1917~1922년 러시아 내전에 이어진 공산주의 국가 소련의 탄생이 그것이다.

그 같은 정치적 격변의 와중에 1918년 러시아 땅을 침공한 적이 있는 일본이 만주를 침략해 1932년 괴뢰국가 만주국을 세웠다. 그로써 러시아의 후신인 소련의 연해주가 일본의 만주국과 국경을 마주하게 되었으니 소련이 바짝 긴장하지 않을 수 없었다. 이어서 일본이 1937년 중국 본토를 침공하기 시작했다. 소련이 일본과 또 한 차례의 전쟁을 각오해야할 상황이 벌어졌던 것이다.

그에 따라 소련은 일본 식민지 조선의 이주민들이 일본과 내통할 가능성이 높다고 판단하기에 이르렀다. 문제는 조선인의 외모가 일본인과 흡사하게 생겨 첩자를 색출하기 어렵다는 점이었다. 그 같은 분위기가 소련에 팽배해지자 조선인들은 조선인으로 처신하기가 어려워졌다. 일본첩자로 몰려 죽을까봐 '조선인'이 아닌 '고려인'이라고 국적까지 탈색했으나 그것도 모자라 정치조직인 공산당에 가입하게 되었던 것이다.

그 같은 사실을 뒷받침하는 근거가 있다. 1917년 연해주 조선인들이 정치조직 '고려족회'(高麗族會)를 결성했다. 1918년 만들어진 '한인사회당' 산하 군사조직명이 '고려적위군'이라는 표현을 썼다. 1919년 '고려인동맹'이라는 노동자 해방조직이 결성되었고, 1921년 이르쿠츠크에서 '고려공산당'이란 이름으로 혁명당이 창당되었다.

1923년 연해주에 거주하던 고려인은 10만6,817명으로 조사되었다. 그 중에서 소련 국적자는 32.4%인 3만4,559명이었다. 나머지 67%는 조선국적자였다. 문제는 조선이라는 나라가 없어졌으니 그들이 무국적자가 되었고, 그 연유로 일본인으로 의심받기 쉬웠다는 점이다. 실제로 소련은 무국적자인 고려인을 적대시했으며, 일본으로 추방하거나 오지(奧地)로 이주시킬 계획을 세우고 있었다.

고려인의 강제이주계획은 1937년 이전에도 여러 차례의 시도되었다. 1931년 일본이 만주 침략을 개시하자 극동지역의 정세는 소련에 불리하게 돌아가고 있었다. 정세불안을 느낀 소련이 1930년부터 충성심이 입증되지 않았다는 이유로 고려인들을 북쪽 지역으로 강제로 이주시키기 시작했다.

고려인의 강제이주를 실행하기에 앞서 소련은 극동지역의 고려인에 대한 대대적인 검거선풍을 벌였다. 그에 따라 1935~1937년 2,500명의 고려인이 일본첩자라는 혐의로 체포되었다. 그들은 거의 지식인이거나 지도층으로 활동하던 인사들이었다. 대부분이 날조된 증거에 의해 약식재판에 넘겨져 총살형에 받았다.

그 같은 상황에서 1937년 7월 7일 일본이 중국대륙을 침략함으로서 중-일전쟁이 터졌다. 소련은 일본과의 전쟁이 목전에 다가왔다고 보고 이른바 국경지대 위험요소 제거작업에 나섰다. 그 의심의 눈길이 고려인으로 향했다. 1937년 8월 21일 소련 공산당 중앙위원회 명의의 명령서가 하달되었다. 그에 따라 1937년 8~10월 연해주 고려인들을 중앙아시아로 강제로 이주시키는 작전이 전개되었다.

그 이전에도 스탈린의 대숙청에 따라 소수민족들은 수난을 겪었었다. 소련은 폴란드인 3만 5,000명, 독일인 1만명, 이란인 6,000명, 쿠르드인 2,000명 등을 타지에 강제로 이주시켰다. 그밖에 핀란드인, 칼미크인, 카라차이인, 체첸인, 잉구시인, 발카르인, 타타르인, 그리스인, 터키인 등도 같은 시련을 겪어야만 했다.

소련영토에 거주하던 60개 소수민족 가운데 300만명이 불순분자의 혐의를 받고 고향에서 쫓겨났다. 그 연장선상이기는 하지만 한 민족을 통째로 이주시키는 작업은 고려인이 처음이었다. 강제이주 다음에도 소련의 감시와 탄압은 그치지 않았다. 고려인은 행동이 의심스러우면 직장에서 예사로 해고되었고 타지역으로 축출되었다.

화물열차로 한 달 넘게 달려 황무지에 내팽개쳤다

연해주에서 고려인들을 실은 화물열차가 중앙아시아까지 6,400km를 밤낮없이 달렸다. 그것은 30~40일이 걸리는 죽음의 행로였다. 통풍구도 없는 화물열차는 한 칸에 보통 5~6가구, 30명여명을 실었다. 짐짝처럼 실려 *끌려가다보니 수송도중에만도 노약자와 어린이가 554명이나 사망했다.

1937년 8, 9, 10월 석 달 동안, 그리고 11, 12월, 이듬해 1월 석 달 동안 연해주의 고려인들을 뿌리 채 뽑아 카자흐스탄, 우즈베키스탄 등 중앙아시아로 축출하는 인간이식 작업이 추진되

소련이 일본, 일본인과 접촉을 차단하려고 고려인들을 열차에 실어 연해주에서 중앙아시아로 강제로 이주시키는 상황을 묘사한 삽화. 출처 : 우수리스크 고려인문화회관.

었다. 그들은 행선지도 모른 채 하루 24시간을 꼬박 달리는 열차에 갇혀 용변조차 마음대로 할 수 없었다. 하루에 한두 번 정차하면 변소를 찾아 뛰느라 난리였다.

용변도 참는데 한계가 있어 차내에서 배변을 하다 보니 악취가 진동했다. 그것은 짐승보다 나을 리 없는 지옥 같은 생활이었다. 숨쉬기도 어려운 열차 속의 고행은 수많은 죽음을 불렀다. 여정이 길어지면서 병사자와 아사자가 늘어나 열차가 멎을 때마다 시신을 묻는 일이 일상사가 되었다.

가을에 출발한 열차는 겨울이 다 되어서야 중앙아시아에 도착했다. 1937년 10월 25일 극동지역 고려인의 중앙아시아 강제이주계획이 종료되었다고 모스코바에 보고되었다. 그 보고서에 따르면 이주자는 모두 3만6,442가구, 17만1,781명이었다. 이어서 그해 11월 1일 캄차카와 오호츠크 지역에 남아 있던 700명의 고려인 어부들도 화물열차에 실려 끌려갔다.

강제이주가 완료된 시점인 1937년 12월 5일자 문서에 따르면 카자흐스탄 2만141가구, 9만 5,427명, 우즈베크스탄 1만6,079가구, 7만3,990명, 타지크스탄 13가구 89명, 키르기스스탄 215가구 421명 등 모두 3만6,448가구, 16만9,927명의 고려인이 강제로 이주되었다. 두 문서의 도착자수 차이는 그 사이에 사망자가 많이 발생했기 때문으로 이해된다.

죽음의 열차에서 살아남은 이들도 굶주림에 지치고 병에 걸려 초주검 상태였다. 소련은 살고 싶으면 살고 죽고 싶으면 죽으라는 듯이 그들을 허허벌판에 그냥 던져 놓듯이 팽개쳤다. 집단이주 계획에 따라 더러 현지주민들이 비워준 집에 들어가 살거나, 그들의 집에서 더부살이를 했다.

나머지 많은 이들은 연장도 없이 언 땅을 파서 토굴을 짓고 그 혹독한 중앙아시아의 겨울을 견뎌내야만 했다. 중앙아시아의 황무지를 농경지로 개간하려는 목적을 가졌던 소련은 고려인의 도시거주를 금지했다. 낯설고 물선 땅에 끌려간 고려인들은 맨손으로 삶터를 일구어야만 했다.

집단농장을 새로 만들거나 기존의 집단농장에 들어가서 농사를 지었다. 이주민들이 가축은 데리고 가도록 허용되었으나 남기고 간 재산에 대해서는 6,000루블의 보상금이 있었을 뿐이었다. 그 후에는 중앙정부의 지원이 없었다. 척박한 땅에서 추위와 굶주림에 떨고, 풍토병에 시달리다 숱한 이들이 목숨을 잃었다.

정착기에만 적게는 1만6,000명에서 많게는 5만명이 사망했을 것이란 어림짐작이 있다. 물설고 낯선 땅에 겨우 정착하여 정들만하면 또 쫓겨나는 수난을 겪었다. 겨우 착근할만하면 뿌리를 송두리째 뽑아 또 다른 황무지에 이식했으니 살아남기가 어려웠음은 말할 나위가 없다.

소련은 카자흐스탄에 배치되었던 고려인 중에서 500여 가구를 1938년초에 러시아의 스탈린 주, 아스트라한 군으로 재이주시켰다. 그런데 독일이 1941년 소련을 침공하자 그들을 도로 카자흐스탄으로 추방했다. 그 이유는 고려인이 적국과 내통할 가능성이 있다는 것이었다. 독일의 침공이 임박하자 1940년 소련은 서북부 국경지대인 무르만스크 지역에 거주하던 비러시아계 민족들을 서시베리아의 알타이 지방으로 강제로 이주시켰다. 한 문서에 따르면 고려인을 포함해 독일인, 중국인, 폴란드인, 그리스인 등 모두 675가구 1,743명이 축출된 것으로 드러났다.

2차 세계대전이 끝난 1945년 가을 모스크바에 거주하던 고려인들에게 강제이주 명령이 떨어졌다. 중앙아시아에서 차출되었던 고려인들은 다시 해당지역으로 돌아가라는 복귀명령이었다. 그에 따라 전쟁 중에 모스크바 주 툴라 탄광으로 끌려갔던 고려인들이 1945년 2/4분기 1,027명이 있었는데 같은 해 8월 770명으로 줄었다.

고려인 강제이주의 비극은 1953년 소련 실권자 스탈린이 사망함으로써 그 막을 내렸다. 후임자 흐루시초프가 1955년 고려인의 정치적, 법률적 명예회복을 선언함으로써 고려인도 형식적이지만 러시아인과 동일한 대우를 받게 되었다. 그 대표적 사례가 거주이전의 자유보장이었다.

1980년대 중반 들어 소련에 거대한 변혁의 바람이 몰아쳤다. 페레스트로이카(Perestroika-개혁), 글라스노스트(Glasnost-개방)가 그것이다. 그에 따라 한국에서는 북방경제의 바람이 불어 러시아, 중앙아시아, 연해주에 한국기업의 진출이 늘어났다. 그 같은 변화의 물결을 타고 1988 서울 올림픽 직전인 1988년 6월 전소련고려인협회가 결성되면서 고려인이라는 명칭이 자리를 굳혀갔다.

소련시절에는 강제이주의 참혹했던 삶은 언급 자체가 금기시되었다. 소련은 강제이주의 부

빨갱이 사냥의 희생자

먹고 살려고 연해주로 삶터를 옮겼던 조선인들은 그곳에서도 마음 놓고 살 수 없었다. 나라를 일본한테 뺏기자 많은 이들이 일본첩자로 몰려 총살당했다. 죽지 않으려고 '조선인'을 버리고 '고려인'으로 국적까지 탈색했다. 그래도 소련은 의심의 눈초리를 놓지 않아 공산당에도 가입했다. 그 때 그들은 이념이 무엇인지 모르고 죽지 않으려고 살고 있었다.

그즈음 그들 중에서 나라를 뺏긴 분을 삭이지 못해 항일 무장투쟁을 벌였다. 그 때 일본은 조선의 적국이기도 하지만 소련의 적국이었다. 그래도 소련은 그들을 믿지 못해 모두 중앙아시아로 쫓아내고도 뭉치지 못하게 뿔뿔이 흩어놓았다. 그것으로 항일투쟁도 끝났다. 홍범도 장군. 그도 그들 중의 한 사람이었다.

그런데 21세기 그들 조상의 나라 대한민국에서는 나라를 잃은 한을 풀지 못한 채 구천에 떠돌고 있는 이들의 이력을 놓고 빨갱이 사냥이 한창이었다. 이미 죽은 공산주의의 이념을 놓고 권부가 벌인 난장판 같은 소동은 수치스럽기도 하지만 슬픈 참극이었다. 냉전시대의 망령을 불러 굿판을 벌리며 환호하는 그 유치하고 졸렬한 추태를 바라보는 세계인은 무엇이라고 말할까?

당성조차 인정하려 들지 않았다. 그 까닭에 고려인의 비참한 유랑생활은 바깥 세상에 알려지지 않고 있었다. 학대와 박해로 얼룩진 고려인의 한 많은 유랑민의 삶은 1991년 소련해체에 따라 '철의 장막'이 걷히면서 그 모습이 드러나기 시작했다.

1989년 스탈린의 조선인 강제이주는 불법적이고 범죄적이라는 소련최고평의회의 선언이 있었다. 1991년 소련 명예회복법에 따라 스탈린의 모든 강제이주 정책은 민족말살 정책이라는 평가가 뒤따랐다. 1993년 러시아 연방 최고회의의 결정에 의해 비로소 강제이주 고려인의 명예가 회복되었다.

1993년 5월 모스크바에서 열린 소련 조선인 대표자 회의에서 재소련조선인의 명칭을 '고려인'이라고 부른다는 정식결정이 뒤따랐다. 따지고 보면 고려인이라는 호칭은 조선의 패망, 일본의 조선강점, 그리고 소련의 고려인 강제이주, 한반도의 분단과 전쟁이 낳은 비극적 역사의 산물이다.

 소련은 15개 공화국으로 구성되었던 연방공화국이었다. 그 까닭에 소수민족에 대한 박해와 차별이 덜 심한 편이었다. 그런데 소련이 해체된 이후에는 개별국가에서 민족주의가 대두되면서 소수민족에 대해 배타성이 강해졌다. 그에 따라 고려인에 대한 차별이 더욱 가혹해졌.

 그 사실은 과거 소련의 통치권에 흩어져 사는 고려인 50만명 가운데 10%선인 5만명이 여전히 무국적자라는 현실이 말해준다. 그들은 고려인이라는 사실을 입증할 방법이 없어 한국행 비자를 받지 못하는 사례가 적지 않다. 고려인의 피눈물 맺힌 유랑생활이 한국에도 알려지면서 나라 잃은 동족의 가슴 아픈 사연에 공감을 불러 일으키기도 했었다.

 소련해체 이후 고려인들이 더러 헤어진 가족을 만나려고 한국을 방문하기도 했다. 2000년대에 들어서는 소수이지만 고려인들이 한국에 이주하기도 했다. 남의 나라에서 험난한 유랑생활을 견디어 내다보니 후대로 갈수록 한민족으로서의 정체성이 점차 흐려지는 모습이다.

 고려인은 중국의 조선족과 비교해 한국어 구사능력이 크게 떨어진다. 중국의 조선족은 냉전시대에도 지리적으로 인접한 북한과 교류가 있었다. 또 조선이 중국의 조공국이었던 점이 고려되어 조선족 집단거주지가 자치구역으로 지정되었다. 조선족은 한 군데 모여 살다보니 고려인에 비해 고유언어의 보존이 훨씬 용이했다.

 반면에 중앙아시아, 동유럽 고려인은 지리적으로도 한반도와 멀리 떨어져 있는데다 냉전시대에는 교류가 완전히 단절되었었다. 또한 강제이주에 따라 거주민들이 뿔뿔이 분산됨으로써 언어, 전통, 혈통을 보존하기 어려웠다. 무엇보다 더 큰 이유는 고려인들은 조선인이라는 사실을 숨기고 살아야 했다는 비극적 현실이었다.

 한 자료에 따르면 1970년 한국어를 제1언어로 구사하던 고려인의 비율이 1970년에만 해도 64~74%였는데 2000년대 들어 그 비율이 10%로 뚝 떨어졌다. 한국에서도 21세기 들어 고려인에 대한 관심도가 시들해졌으며 고려인을 다만 러시아어를 말하는 해외동포로 인식되는 분위기가 퍼졌다.

 냉전체제가 붕괴된 이후 할아버지, 할머니의 고국을 찾아 귀환한 고려인들이 더러 있다. 연해주 출신 고려인 영주귀국자들은 거의 파주시 문산읍에 자리를 잡은 상태다. 파주에서는 매년 가을 사할린 어르신 축제가 열린다. 광주광역시 광산구 월곡동에는 고려인 5,700여명이 모여 사는 공동체가 있다. 그들은 2000년대 들어 러시아 등 소련통치권의 12개 나라에서 귀환한 이들이다.

 2022년 2월 24일 러시아가 돌연 우크라이나를 침공했다. 한반도와 아무런 상관이 없는 먼 나라의 일로 보이던 그 침략전쟁이 한 세기 전에 나라를 빼앗겼던 조선의 비극을 다시 떠올린다. 그 동안 고려인들이 중앙아시아의 여러 나라에 흩어져 살고 있다는 사실은 어렴풋이 알려졌었다. 그러나 동유럽권에도 고려인이 삶터를 잡고 있는 사실은 러시아의 우크라이나 침공으로 인해 알려지게 되었다.

우크라이나에 1만2,000명, 벨로루스에 1,200명의 고려인이 살고 있으며 몰도바에도 소수이지만 않게 거주한다는 것이다. 그 우크라이나 고려인 가운데 2,000명이 이웃나라로 피란길에 올랐는데 그 중에 1,000명은 폴란드 난민촌에 머물고 있다고 전해졌다. 광주 고려인마을이 모금운동을 벌여 그들 가운데 1,200여명을 항공편으로 광주로 데리고 왔다.

고려인마을은 더 많은 고려인들을 데려오려고 하나 항공편과 자금이 여의치 않다고 한다. 그들은 일제강점기에 연해주로 이주했다가 민족의 정체성을 송두리째 앗긴 채 중앙아시아 등지로 유랑생활을 하며 비극적 삶을 이어온 고려인의 후예다. 남의 나라를 전전하면서도 조선인이라고 떳떳하게 밝히지 못하고 고려인이라고 말해야 했던 슬픔 사연과 한을 품고 생을 마감한 이들의 후손이다.

그 파란만장했던 고려인의 기구한 삶이 거기서 끝나지 않고 그들의 피붙이들이 왜 일어났는지도 모를 전쟁의 회오리에 휩싸여 또 힘겨운 유랑길, 피란길에 올랐다.

쇠락하는 중국 조선족

살길 찾아 만주에 몰려 촌락 이룬 망국의 조선인들

만주에 조선인의 거류민촌이 들어선 기원을 더러 멀리 17세기로 거슬러 올라가기도 한다. 정묘호란(1627년), 병자호란(1636~1637년) 때 만주족의 청나라가 조선의 강산을 유린하고 무수한 조선인들을 도륙하고도 모자라 많은 조선인들을 만주로 끌려가 노예로 부렸다.

피랍자가 정묘호란 10만명, 병자호란 50만~60만명이라는 주장이 있으나 기록이 없으니 근사치라도 입증할 길이 없다. 그 피눈물 나는 사연은 이루 말할 수 없을 테지만 얼마나 많은 조선인들이 끌려가 고초를 겪는지 아무도 모른다. 조선의 역사는 종주국의 악행을 쉬쉬했으니 어림짐작도 어렵다.

 그 즈음 사람은 일손이니 재물이나 다름없어 손쉽게 거래되었다. 노예로 부리거나 팔려고 조선인들을 닥치는 대로 잡아갔을 것이 틀림없다. 그들이 노예생활을 하며 끼리끼리 모여서 살며 촌락을 이루고 살았을 것 같다. 그들의 후손들이 중국 조선족의 시조격이라는 주장이 있으나 그것은 설득력이 많이 모자란다.

 그들은 노예로 잡혀간 데다 그곳에서도 민족차별이 극심했을 테니 조선인이라는 사실을 되도록 감추려고 애를 썼을 것이 틀림없다. 조선인과 만주족은 외모가 흡사해 구분하기 어려우니 마음만 먹으면 조선인이라는 신분을 감추기는 수월했을 듯싶다.

 노예생활을 하면서 300년이 넘는 오랜 세월 조선인이란 정체성을 유지하기란 불가능에 가깝다고 보아야 한다. 10대가 넘는 선대의 행적을 알려면 기록이 있어야 하는데 그런 족보나 기록물이 있는지 모르겠다. 설혹 그런 후손이 있었는지 몰라도 거의 모두 만주족으로 동화되었다고 보는 판단이 옳다.

 따라서 만주 조선족의 기원은 1850년대로 보는 것이 합당하다. 그 때는 청나라 말기로서 북방은 러시아가 넘나보고 남방은 서방열강의 침탈이 빈발했다. 1869년 조선에 큰 흉년이 들어 굶주림에 시달리던 많은 조선인들이 허기진 몸을 끌고 죽기 아니면 살기로 압록강을 건너 만주 땅을 밟았다. 1885~1910년 먹고살려고 만주로 이주한 조선인이 26만명이란 추정이 있다.

 1910년 조선을 강탈한 일본이 농민들의 땅을 뺏자 삶터를 앗긴 많은 조선인들이 살길을 찾

일본은 괴뢰정권을 앞세워 만주국을 만들었다. 그 일본이 일본인, 조선인, 한족, 만주족, 몽골족이 함께 살아가자는 오족협화(五族協和)라는 만주국의 건국이념을 선전하기 위해 발행한 그림엽서. 오른쪽에서 두 번 째 조선여인의 모습이 보인다.

아 무작정 압록강과 두만강을 건넜다. 조선을 뺏은 일본이 그 승세를 몰아 만주를 침략해 1932년 괴뢰국가 만주국을 세우고 중국대륙 침공의 전진기지로 삼았다. 일본은 만주와 조선 북부에 사는 조선인들을 끌고 가서 강제노역을 시켰다.

중국 상하이의 홍커우 공원에서 일본군 수뇌부를 향해 폭탄을 던진
윤봉길 의사의 의거 동영상 갈무리.

 그 때 일본에 의해 강제로 위안부, 노무자로 끌려간 조선인들이 고향에 돌아갈 길이 막히자 그곳에 둥지를 틀었다. 그들의 후손이 조선족의 큰 줄기를 이룬다고 보아야 한다. 일본이 1932년 만주국을 수립한 이후 조선인들은 본의 아니게 일본의 괴뢰국가 만주국의 신민으로 살아야 하는 신세가 되었다.
 나라를 빼앗긴 조선인들이 괴나리봇짐을 지고 만주 땅으로 옮겨 피땀 흘려 겨우 삶터를 일구었는데 일본군이 만주까지 따라가 괴롭힌 꼴이다. 일본은 만주의 식민통치 기반을 공고히 다지는 방편의 하나로 오족협화(五族協和)를 외쳤다. 일본인, 조선인, 한족, 만주족, 몽골족이 함께 살아가자는 주장이었다.
 이어 일본은 만주의 통치기반을 강화하기 위해 일본인을 조선으로, 조선인을 만주로 이주시키는 작업을 추진했다. 그에 따라 만주에 조선인 이주자가 늘어났다. 그런데 일본이 만주를 침략하여 만주국을 세운 다음에는 조선인들은 일본의 앞잡이라는 오명을 쓰고 중국인의 눈치를 보면서 살아야만했다.
 그 상황에서 1932년 4월 29일 상하이의 홍커우(虹口-홍구) 공원에서 일본왕의 생일잔치를 겸한 상하이 점령기념 행사가 열렸다. 윤봉길이 그 자리에 참석한 일본군 수뇌부를 향해 폭탄을 던졌다. 나라가 일본군에 의해 유린당하는 치욕을 지켜보며 울분을 토로하던 중국인들이 윤 의사의 의거를 보고 조선인에 대하는 자세가 달라졌다.

1945년 8월 일본이 미국의 원자폭탄 앞에 무릎을 꿇고 항복했다. 일본이 패망하고 조국이

해방을 맞자 중국에 살던 조선인은 잔류파와 귀환파로 나눠졌다. 일제의 탄압을 피해 또는 독립운동을 펼치려고 만주로 갔던 많은 이들이 남쪽이든, 북쪽이든 한반도로 귀환했다.

하지만 살길을 찾아 만주에 이주했거나 조국에 돌아가도 연고가 없는 많은 이들은 그냥 만주에 주저앉았다. 그들이 조선족의 주류를 이루었다. 그 때 나라를 뺏기고 중국 땅에 흩어져 유랑하던 조선인은 216만명에 달했었다. 그 즈음 만주 일대에 살던 조선인이 300만명에 달했다는 추정도 있다.

해방을 맞아 그 중에서 절반가량은 귀국했다. 돌아갈 길이 막힌 나머지 116만명은 그냥 중국에 잔류했다. 조국이 해방을 맞았건만 굶주림에서 벗어나려고 고향을 등졌던 이들은 돌아가고 싶어도 살길이 막막한 이들이었다. 중국은 그들을 소수민족으로 규정하고, '조선족'(朝鮮族)이라고 지칭했다. 거기에는 조선이 중국의 조공국이었다는 역사적 사실이 고려되었다고 보아야 한다.

중국 공산당과 손잡고 항일운동을 벌였던 많은 이들이 북한으로 갔다. 그들이 이른바 연안파가 되어 권부에 올랐으나 훗날 김일성에 의해 숙청되었다. 또 다른 부류는 중국 국공내전(國共內戰)에서 공산당과 손을 잡았던 이들이다. 일본이 2차 세계대전에서 패망하여 중국을 떠나자 중국대륙에서는 피비린내 나는 권력투쟁이 벌어졌다.

국민당과 공산당이 벌인 이른바 국공내전이 그것이다. 거기에 소수의 조선인들이 토지개혁

중국 속의 조선족 어린이들. 중국식 옷을 입고 있다. 한족 이외에도 55개 소수민족으로 구성된 중국은 조선인의 정체성을 인정해줘 언어, 풍속, 혈통을 비교적 유지하는 편이었다.

을 지지하는 중국인민해방군에 가담했다. 그들이 조선의용대 출신으로서 상당수는 북한으로 돌아가 조선인민군의 주축이 되었다. 연변에 정착한 조선족은 그 공로를 인정받아 중국인민으로서 대우를 받았다.

많은 조선인들이 북한으로 돌아간 이유는 고국을 찾는 귀소본능이 컸지만 민족차별을 의식했기 때문이기도 했다. 또 경제적 이유도 크게 작용했다. 그 즈음 중국은 대약진 운동의 여파로 경제생활이 극도로 피폐해졌다. 그와 달리 북한은 소련과 동유럽 공산권의 지원에 힘입어 전후복구가 빠르게 진행되고 있었다.

1980년대 후반 들어 중국의 개혁-개방과 한국의 북방경제가 맞물려 돌아가면서 조선족의 교류대상이 북한에서 한국으로 바뀌었다. 문화혁명 이전에는 많은 조선족이 평양으로 갔는데 1992년 한-중수교를 계기로 그 발길을 서울로 돌렸다. 그 때는 그들이 서울의 경제성장에 놀라운 눈길을 보냈으나 세월이 흐르면서 한국을 보는 그들의 시각이 차츰 달라지기 시작했다.

중국이 G-2로 굴기하자 일부 조선족은 스스로 중국인이라고 생각하는 경향이 짙어져 한국에 영구적인 정착을 기피하는 추세다. 일부는 중국의 대국주의, 패권주의에 매몰되어 한족처럼 행세하며 우쭐거려 빈축을 사기도 한다. 한국에서 큰돈을 빨리 벌어 돌아가려는 조급증에 사로잡힌 나머지 범죄에 연루되는 경우가 적지 않다. 많은 조선족이 한국에서 번 돈으로 중국에서 중류층으로 자리를 잡아가고 있다.

조선족은 오랫동안 집단촌락을 이루고 생활하여 한민족의 전통과 민족성을 비교적 잘 유지한 편이었다. 혼인도 동족끼리 하여 혈통을 유지했다. 그러나 인구의 외부유출이 늘어나면서 그 같은 전통도 흔들리고 있다. 특히 젊은이들이 일자리를 찾아 대도시 또는 한국으로 나가면서 한족, 한국인과의 혼인도 늘어나고 있다. 또한 한국에 귀화하여 사업적으로도 성공한 사례도 적지 않다. 그들은 거의 중국과 관련한 사업에 종사한다.

남한, 북한과 중국에 사는 한민족은 문화와 혈통을 공유한다. 그러나 해방 이후 남한의 미국화, 북한의 쇄국화, 조선족의 중국화로 인해 동질성은 흐려지고 이질성이 커지고 있다. 이에 따라 같은 핏줄이지만 서로 세계관과 가치관이 점점 더 벌어지고 있다. 그 차이점이 때로는 상화불신을 일으키기도 한다.

한족과 동화되고 한국귀화 늘어 줄어든 중국조선족

못난 나라님을 만나면 나라는 망하고 백성은 죽는다는 말은 만고의 진리다. 조선이 일본한테 나라를 뺏긴지 한 세기 넘게 지났건만 그 상흔이 아직도 아물지 않고 있다. 목줄을 지탱하고 있던 땅을 뺏겨 헐벗고 굶주리다 지친 나머지 많은 조선인들이 살길을 찾아 남의 나라로 갔지만 그곳도 그들을 반기지 않았다. 온갖 학대와 박대에 시달렸는데 그들의 후손들도 거의 그 멍에서 벗어나지 못하는 신세다.

만주에서 삶터를 잡고 있는 조선족 공동체는 1860년대부터 형성되기 시작했다. 1870년 만주에 거주하던 조선족은 8만명이었는데 1900년 22만명으로 늘어났으며 일제 강점기에는 170만명 수준으로 크게 증가했다. 그것은 일제의 탄압과 박해를 견디지 못해 많은 조선인들이 살길을 찾아 압록강을 건너 만주로 이주했기 때문이다.

거기에다 일제가 괴뢰국가 만주국을 세운 다음에는 통치기반을 강화하기 위해 많은 조선인들을 만주로 끌고 갔다. 그런데 1953년 인구조사에서는 조선족이 112만명으로 크게 줄었다. 해방을 맞아 79만명의 조선인이 귀환했기 때문이었다. 그 후 증가세가 지속되어 1964년 134만명, 1982년 177만명, 1990년 192만명으로 늘었다.

조선족은 주로 한반도와 가까운 랴오닝(遼寧-요녕)성, 지린(吉林-길림)성, 헤이룽장(黑龍江-흑룡강)성 등 동북 3성에 분포되어 있다. 그 중에서도 지린 성 동부의 연변 조선족 자치주에 밀집해 있다. 또 헤이룽장 성의 하얼빈(哈爾濱-합이빈), 랴오닝 성의 선양(瀋陽-심양)에도 많이 거주한다. 내몽골 자치구에도 소수가 살고 있다.

일자리를 찾아 젊은이들이 한국 말고도 중국의 해안지대 등지로 진출하면서 조선족 인구가 2010년 183만명으로 감소했다. 그에 따라 조선족의 중심지 옌볜(延邊-연변) 인구도 59만

7,000명으로 줄었다. 조선족이 옌볜인구에서 차지하는 비율을 보면 조선족의 뚜렷한 감소세를 알 수 있다. 1953년 70.5%에서 2010년 30.8%로 줄어든 것이다. 그것은 옌볜에서 조선족의 영향력도 그만큼 쇠퇴했다는 의미다.

 중국 인구조사를 보면 조선족 인구가 21세기 들어서도 감소세를 멈추지 않고 있다. 2020년 조선족 인구는 170만으로서 20년전에 비해 22만명이 감소했다. 그 중에서 남자가 83만이고 여자는 87만이었다. 반면에 한국에 거주하는 조선족은 2020년 70만8,000명으로 크게 증가했다. 그것은 21세기 들어 한국에 사는 체류자와 귀화자가 크게 늘어났다는 뜻이다.

 1980년대 후반 들어 중국의 개혁-개방의 물결을 타고 조선족의 해외이주가 빠르게 이뤄졌다. 목적지는 거의 한국, 일본, 미국 등지다. 1982년 중국이 조선족의 한국친척 방문을 허용하자 1988년 서울올림픽대회를 계기로 조선족의 고향방문이 늘어났다. 또 취업, 유학 등의 한국체류가 크게 늘어났다. 그와 함께 한국남자와 혼인을 통한 조선족 여자의 귀화도 증가했다.

 중국에서는 급속한 경제성장에 따라 농촌에서 도시로 거대한 인력이동이 일어나고 있다. 1990년대 들어 조선족도 동북3성을 벗어나 중국경제의 성장을 견인하는 해안지역과 내륙지역으로 대거 이주하고 있다. 특히 젊은이들이 일자리를 찾아 베이징(北京-북경), 톈진(天津-천진), 상하이(上海-상해), 칭다오(靑島-청도), 광저우(廣州-광주), 선전(深圳-심천) 등의 대도시에 몰리고 있다.

 그에 따라 1880년대 후반부터 조선족 젊은이들이 한조(漢族)과 동화되는 현상이 두드러지게 나타나고 있다. 무엇보다도 조선족과 한족의 결혼이 증가하고 있다. 그 이전에는 조선족 사이에 한족과의 혼인을 금기시하는 무언의 관습이 있었다. 중국이 부계와 모계의 한쪽이 한족이여도 호적에 조선족의 등재를 허용하고 있다. 그것도 조선족-한족의 결혼이 늘어나는 이유 중의 하나다.

 중국은 조선족을 한민족의 혈통을 가진 중국인으로 간주한다. 또 중국이 조선족을 한족이 이외에 중국에 거주하는 55개 소수민족의 하나로 보고 있다. 한국이 중국과 수교한 이래로 한국에서는 그들을 중국동포, 연변출신이라고 불렀다. 그런데 중국이 G-2로 굴기하여 세계적 위상이 높아지자 조선족의 일각에서는 한민족이라기보다는 중국국적자라는 사실에 자부심을 갖는 경향을 띤다.

 한국은 중국국적의 조선족도 중국교포로 규정하고 있어 다른 외국인에 비해 우대하는 편이다. 또 조선족은 한국어를 구사하여 취업에서도 유리하다. 무엇보다도 한국의 임금이 중국에 비해 크게 높다. 남자는 주로 건설현장의 일용직에 종사하고 여자는 주로 식당 종업원, 간병인, 가정부, 보모 등의 일을 한다.

 조선족이 이제 한국사회 곳곳에 널리 퍼져 있는 까닭에 일상생활에서 그들과 늘 마주친다.

수도권 위성도시에는 그들만의 커다란 공동체가 형성되어 있다. 조선족의 체류자와 귀화자가 증가하면서 보이스 피싱과 같은 각종 범죄가 늘어나고 있다. 그 연유로 오늘날 조선족을 보는 한국인의 시각도 달라져 중국동포, 연변출신이라는 표현보다는 조선족이라 호칭이 자리를 굳혀가는 추세다.

중국정부는 소수민족정책에 따라 조선족에게 민족자치권을 인정했다. 그에 따라 하여 지린성 동부의 옌볜이 조선족자치구의 지위가 부여되었었다. 그런데 인구가 감소하여 1955년 자치주로 격하되었으며 자치주 주장(州長)은 조선족이 맡고 있다. 조선족 자치지역에서는 한글을 가르치는 학교와 한국어로 발행하는 언론사도 운영한다.

하지만 만주지역의 조선족 인구가 빠르게 줄어들면서 1990년대까지만 해도 1,000개도 넘던 조선족학교가 오늘날에는 300개로 줄었다. 그나마 조선족학교의 결손가정 학생비율이 50%를 넘으며 심한 경우 70~90%에 달한다. 부모들이 돈벌이를 찾아 한국이나 외지로 나가 장기간 체류하면서 일어난 현상이다.

중국에서 조선족 인구가 줄어들면서 조선족 거류민촌이 쇠락하고 있다. 조선족이라는 꼬리표를 달고 산다는 사실은 그들이 여전히 중국에서도 한국에서도 주류사회에 끼지 못하고 있다는 소리다. 나라를 뺏겨 남의 나라에서 누대를 살았지만 뿌리를 깊숙이 내리지 못하고 있다는 뜻이다. 다른 말로 표현하면 선대가 지고 살던 슬픈 멍에를 후대가 여전히 지고 산다는 의미다.

한국에 거주하는 중국동포가 70만명을 넘어서면서 서울 변두리에는 집단거주지가 형성되었다. 사진은 서울 영등포구 대림동 차이나타운.

12

인간도살 공장까지 차린 집단학살

나치의 유대인 홀로코스트

전쟁이 막바지를 치달을 무렵에 미국군을 비롯한 연합군이 뮌헨을 향해 진격하고 있었다. 그러자 나치독일이 다하우 수용소에 수감되어 있던 유대인들을 총알받이로 내몰았다. 미군이 수용소에 진입하자 온통 시체가 너부러져 있었고 생존자들도 반죽음 상태였다. 로저 바이얼리트 촬영.

12 나치의 유대인 홀로코스트

유대인 포함 1,100만명 집단학살

유태인 멸족을 목표로 600만명 학살한 나치독일

나치독일의 지도자 아돌프 히틀러는 '하등인간'(Untermensch)인 유대인이 '상등인간'(Übermensch)인 독일인의 우수성과 순수성을 위협한다고 생각하고 있었다. 그가 집권과 동시에 대대적인 유대인 박해와 탄압에 나섰다. 이어 폴란드 침공을 시발로 2차 세계대전을 일으킨 그는 이른바 '유대인 문제의 최종해결'로 홀로코스트로 알려진 유대인 대량학살을 계획적으로 추진했다.

나치(Nazi)는 국가사회주의 독일노동자당의 준말이지만 주로 멸칭으로 쓰인다. 그 나치가 1933~1945년에 걸쳐 국가 차원에서 조직적, 이념적으로 자행한 유태인 대량학살을 2차 세계대전 이후에는 언론을 중심으로 '홀로코스트'(Holocaust)라는 단어로 표현하기 시작했다.

그것은 나치의 유대인 집단학살이 세계역사상 다른 어떤 학살과는 비교할 수 없을 만큼 규모가 방대하기도 하지만 잔혹성이 극치에 달했다는 사실을 강조하려는 의도에서 비롯되었다. 영어의 'holocaust'는 그리스어의 'holos'(통)과 'kaustos'(구운)에서 유래했으며 그 옛날 제단에 바쳤던 짐승의 통구이를 의미한다.

홀로코스트라는 표현은 1895년 미국의 뉴욕타임스가 오스만 제국이 아르메니아에서 저지른 기독교인 대량학살 사건을 보도하면서 처음 쓰였다. 그 후 홀로코스트는 1941~1945년 2차 세계대전 기간 중에 나치독일과 그 협력국들이 유럽에서 자행한 유대인 집단학살에 한정하여 사용되기 시작했다.

그러다 점차 나치가 유대인뿐만 아니라 집시, 장애인 등에게 저지른 조직적 학살을 포함해 사용하는 경향을 나타내고 있다. 나치독일은 협력국들의 부역에 힘입어 독일과 독일의 유럽 점령지, 그리고 동맹국의 북아프리카 식민지에서 멸족을 목적으로 유대인 600만명을 학살했다.

그것은 당시 유럽 유대인 인구의 2/3에 해당하는 규모였다. 학살은 주로 아우슈비츠를 비롯한 6개의 폴란드 유대인 수용소에서 이뤄졌다. 나치는 폴란드에 지은 포로수용소에 인간도

살 공장을 차리고 대규모의 살육작전을 전개했다. 인종적, 이념적, 정치적, 행태적 잣대로 학살대상을 선정, 색출, 체포해서 감금, 고문, 노역, 독살, 총살을 자행했던 것이다.

 그 희생자는 유대인 600만명에다 슬라브 족, 룸 족, 루마니아인, 지적지체인, 신체장애인, 정치적 반대자, 동성애자 등 500만명을 포함해 모두 1,100만명에 달했던 것으로 추정된다. 거기에는 어린이 100만명도 포함되어 있었다.

반유대주의는 그 뿌리가 로마제국까지 거슬러 올라간다. 기독교는 유대인들이 예수가 하느님의 아들을 자처했다며 신성모독을 이유로 예루살렘의 로마정청에 고발해 십자가에 못 박혀 죽게 만들었다고 믿고 있다. 또 유대교는 기독교가 구세주로 섬기는 예수를 그저 여러 예언자 중의 한 사람일 뿐이라고 여긴다는 것이다.

 로마제국은 원래 다신사회였다. 그런데 그 로마제국이 392년 기독교를 국교로 채택하고 이교도를 탄압하기 시작했다. 로마제국은 예루살렘의 유대교 사원을 파괴하고 유대인을 팔레스타인에서 축출했다. 그 후 유대인은 중세 유럽에서 기독교적 신학에 기반한 반유대주의의 시련을 겪어야만 했다. 예수의 죽음에 책임을 묻는다는 논리였다.

기독교는 유대인들이 예수가 하느님의 아들을 자처했다며 예루살렘의 로마정청에 고발해 십자가에 못 박혀 죽게 만들었다고 믿는다. 그 까닭에 기독교를 국교로 채택한 로마제국이 예루살렘의 유대교 사원을 파괴하고 유대인들을 팔레스타인에서 축출했다. 그 때부터 유대인에 대한 박해가 시작되었다. 그림은 1차 유대-로마 전쟁의 비극을 묘사한 이탈리아 화가 프란체스코 하예즈의 '예루살렘 사원의 파괴' 유화. 1867년작.

종교혁명을 거친 다음에도 가톨릭과 개신교는 유대인 박해를 멈추지 않아 학살과 추방이 이어졌다. 그 이유는 유대인이 기독교 어린이를 살해해 그 피를 종교의식에 쓴다는 이른바 '피의 비방'이라는 유언비어의 탓이 컸다. 19세기 후반 들어 게르만 제국과 오스트리아-헝가리 제국에서는 일종의 반유대인 민족운동이 일어났다.

그 운동은 유대인이 세계지배를 노려 아리안 족을 상대로 결사적 투쟁을 벌이는 인종이라는 이른바 사이비 과학적 인종주의를 표방하고 있었다. 그 같은 이념이 독일 전역에서는 보편화되었으며, 그에 따라 독일에서 반유대주의 운동에 근거한 나치가 태동했다.

1차 세계대전 종전 이후 7개월이 지나서 1919년 6월 28일 파리 근교에 있는 베르사유 궁전 거울의 방에서 프랑스, 영국, 이탈리아, 미국 등 연합국 4개국의 수뇌부가 참석한 가운데 440개 항목의 평화조약에 서명했다. 그것이 이른바 베르사유 조약(Treaty of Versailles)이다.

그 조약에 따라 오스트리아-헝가리 제국, 오스만 제국은 해체되었다. 그에 따라 많은 신생 국가들이 독립하거나 승전국에게 할양되었다. 독일, 불가리아는 영토의 일부를 빼앗겼다. 독일은 알자스-로렌을 프랑스에게 반환했고 폴란드가 분리되어 나가 독립했다. 그에 따라 독일의 유럽영토에서 13%, 독일인구의 10%가 독일지도에서 떨어져 나갔다.

보유병력도 10만명으로 제한되었고 모든 대형대포, 항공기, 전차, 군함은 연합국에게 양여되었다. 또 전차와 항공기의 개발, 보유가 금지되었다. 그와 함께 독일은 전쟁배상금으로 1,320억 마르크(330억 달러)를 지급해야만 했다. 1차 세계대전의 패전과 그에 따른 과중한 전쟁배상금은 독일인에게 크나큰 절망감과 좌절감을 안겨주었다.

일부 독일인들은 독일의 군사적 패배를 인정하려 들지 않았고 심지어 내부의 불순분자들이 배반한 결과라고 믿었다. 세계적 경제공황과 맞물려 물가가 500%나 폭등하여 독일인의 생활고가 극도로 핍박해지고 있었다. 그 와중에서도 대부업으로 축재하고 상권을 장악한 유대인들은 여전히 풍족한 생활을 누린다고 많은 독일인들이 생각하며 증오하고 있었다.

그 분노의 화실이 독일의 패배를 당연시 여긴다고 의심을 사고 있던 유대인들에게 향해 반유대주의의 불길에 기름을 부었다. 거기에다 유대인들이 비밀리에 세계지배를 노리는 음모를 꾸민다는 소문까지 나돌았다. 유대인들이 공산주의의 뒤에 숨어 세계지배를 노리는 구심력으로 작용한다는 음모론이 그것이었다.

그 음모론은 히틀러의 유대인에 관한 편견을 더욱 부추겼다. 일부 반유대주의자들은 유대인이 독일을 파괴하기 위한 음모의 일환으로 공산주의를 창안했다고 주장했다. 그 근거로 1917년 러시아 볼셰비키 혁명을 이끈 레닌, 트로츠키 등 주도세력 50명 중에서 44명이 유대인이라는 사실을 꼽았다. 또 혁명정부 핵심관료 545명의 82%인 447명이 유대인이라는 주장을 내세웠다.

1933년 독일에 살던 유대인은 52만5,000명으로서 전체인구의 0.8%를 차지했다. 대부분의 유대인은 독일 촌부나 마찬가지로 평범했으며 다만 상업적으로 성공한 기업인과 과학, 예술 분야에서 두각을 나타낸 인사들이 더러 있었을 뿐이었다. 그런데 나치는 그 소수의 유대인들이 세계통제를 노린 거대한 음모를 획책한다고 과장했다.

　한마디로 유대인들이 다른 소수민족, 공산주의자와 짜고 독일을 배반함으로써 독일이 1차 세계대전에서 패배하도록 만들었다는 주장이었다. 그 헛소문을 근거로 나치가 전위부대를 내세워 유대인의 권리와 재산을 박탈해야 한다며 선동에 나섰다. 그 와중에 혜성 같이 나타난 아돌프 히틀러가 1933년 정권을 장악했다.

　그의 돌연한 집권이 유대인 대량학살의 문을 열고 말았다. 그의 저서 나의 투쟁(Mein Kampf)에서 그는 반유대주의자로 전환한 계기를 그의 위대한 변환이라고 묘사했다. 그런데 그 변환은 곧 유럽의 사상최대의 비극으로 전환되고 말았다. 아돌프 히틀러의 집권 이후 나치독일은 6년 동안 아리안 족의 독일화 작업을 추진했다.

　그에 따라 나치는 1930년대를 거치면서 유대인의 법률적, 경제적, 사회적 권리를 단계적으로 제약해 나갔다. 나치는 또 법제정을 통해 유대인의 재산을 강탈해서 독일인에게 나눠줬다. 이어 유대인들을 일반사회에서 분리하여 지정한 장소에 강제로 격리한 다음에 집단학살을 자행했다.

　나치는 그처럼 유대인에 대한 박해와 탄압을 단계적으로 강도를 높여 추진했다. 다시 말해 1단계는 상품불매 운동, 상점과 사업체의 약탈-방화, 유대인 폭행이었다. 2단계는 1935년 누렘버그법을 비롯하여 유태인을 사회에서 분리, 격리하는 각종 법령의 제정이었다.

　3단계는 유대인의 검거, 체포, 추방이었다. 4단계는 유대인 집단수감이었다. 5단계는 1941년 소련 침공과 동시에 벌어진 수감자 집단학살이었다. 나치 독일은 첫 단계로 1933년 4월 1일 "독일인이여! 너 자신을 지키기 위해 유대인 상품을 사지 말라!"라는 히틀러의 구호를 내걸고 유대인 사업, 상품에 대한 불매운동을 전개했다.

　이어 나치는 4월 7일 전문직 공무원 회복법에 따라 유대인을 포함해 아리안 족 이외의 민족을 공직에서 축출했다. 유대인의 신문사 소유권, 편집권을 박탈하고 언론인협회 가입을 불허했다. 또 유대인의 농지소유도 금지했다. 유대인 사업체도 폐쇄하거나 독일인에게 강제로 매각시켰다.

　대학을 비롯한 각급 학교는 유대인 교직원을 해고하는 한편 할당제를 통해 유대인 학생수를 제한하다가 나중에 퇴학시켰다. 유대인 음악가, 저술가, 예술가의 출판, 공연, 전시를 통제했다. 또 유대인 변호사의 자격을 박탈하고 유대인 의사의 의료행위를 금지하는 한편 고객의 접근도 막았다.

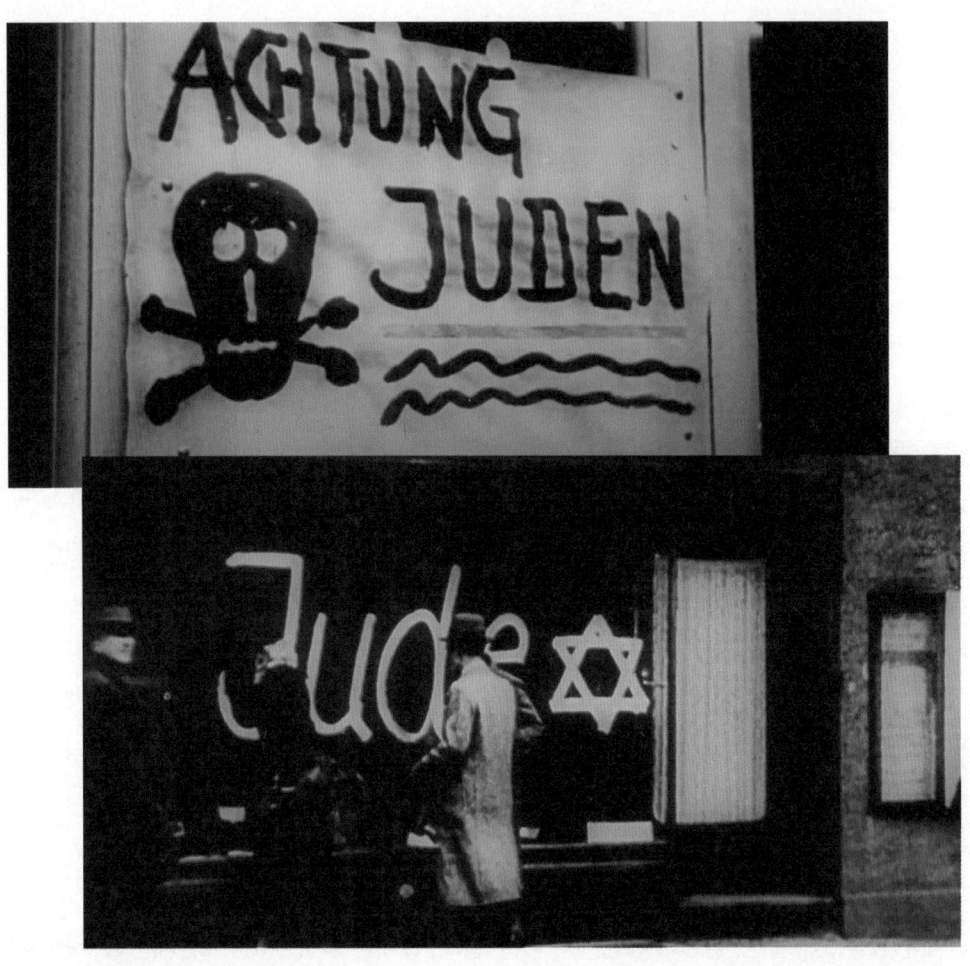

나치는 유대인에 대한 탄압을 단계적으로 높여 갔다. 그 1단계는 상품불매 운동, 상점과 사업체의 약탈-방화, 유대인 폭행이었다. 사진은 유대인을 주의하라는 경고문이 붙은 유대인 상점의 유리 진열장.

그에 따라 1938년 유대인 가게를 마구 부순 '크리스털의 밤'과 같은 폭력사태가 일어났고 독일에서 유대인을 쫓아내라는 축출운동이 벌어졌다. 또 원래 정치범을 수용할 목적으로 지었던 뮌헨 부근의 다하우 수용소가 첫 유대인 포로수용소로 바뀌었다.

 1939년 9월 독일이 폴란드를 침공함으로써 2차 세계대전이 발발했다. 나치는 먼저 폴란드 빈민촌에 철조망을 치고 대규모의 수용소를 건설한 다음에 유럽 전역에서 추방된 유대인들을 모아 수감했다. 나치는 이어 폴란드 수용소들을 점차 유대인들을 독일영토에서 완전히 제거하는 이른바 '최후해결'의 도구로 이용하기 시작했다.

 히틀러가 말한 '최후해결'은 유대인 대량학살을 의미하며 나치의 유대인 학살배경에는 완전한 인종청소의 개념이 숨어 있었다. 그가 내세운 명분은 아리안 족 혈통의 순수성과 우수성의 보존이었다.

아우슈비츠 도살공장만 비유대인 포함 200만 학살

나치 치하의 독일에서는 1935년 누렘버그법에 따라 누구나 유대인으로 낙인이 찍히면 지속적인 박해를 받는데 그 강도가 날로 높아졌다. 3~4대조가 유대인이면 기본적으로 멸족의 대상이었다. 혼혈인(Mischlinge)은 재산을 몰수하고 화물열차에 태워 추방한 다음에 강제노역을 시키다 총살했다.

유대인 박해와 탄압이 갈수록 극성을 부리자 1933~1939년 수십만명이 스스로 독일을 떠났다. 이웃 나라로 이주했던 유대인들은 나치가 그곳을 침공하자 또 다시 시련을 겪어야만 했다. 잔류했던 유대인들도 감시의 대상이 되어 늘 불안과 공포에 떨며 살다 끝내 많은 이들이 도살공장에서 연기로 사라지고 말았다.

1938년 3월 12일 독일이 오스트리아를 합병했다. 나치군이 입성하자 같은 게르만 족인 오스트리아는 히틀러를 민족의 지도자라며 열렬하게 환영했다. 그와 동시에 오스트리아에서도 독일에서처럼 유대인 탄압사태가 벌어졌다. 그 즈음 오스트리아에는 유대인 17만6,000명이 거주했는데 그 중의 90%는 비엔나에 살았다.

1938년 11월 9, 10일 이틀 동안 독일과 오스트리아 전역에서 유대인 상점과 건물을 파괴, 방화하고 재산을 약탈하는 광란이 벌어졌다. 밤새도록 유대인 가게 유리창을 마구 깨트렸다고 해서 그 날 밤의 만행을 '크리스털의 밤'(Kristallnacht)이라고 일컫는다. 유대인 상점을 부수고 유대인 재산을 훔치고 뺏은데 이어 유대인 사업체를 아리안 족의 소유로 넘겼다.

그로 인해 유대인 가게 9,000곳 가운데 7,500곳이 약탈, 파괴, 방화로 큰 피해를 입었다. 시너고그(synagogue-유대교회당) 1,000곳이 부서지거나 불에 탔다. 독일인들이 떼를 지어 다니며 유대인들을 집에서 끌어내어 무릎을 꿇린 다음에는 미친 듯이 날뛰는 약탈광경을 지켜보도록 강요했다. 그 광란의 도가니로 말미암아 유대인 100명이 죽고 수천명이 체포되었다.

1939년 9월 독일군대가 폴란드로 진격해 서부지역을 점령하자마자 나치는 빈민가에 높은 담장을 세우고 철망을 둘러쳐서 유대인 수용소를 만들었다. 수만명의 유대인들을 집에서 쫓아내 그곳으로 끌고 가서 가두었다. 뺏은 재산은 폴란드에 거주하던 독일인들에게 나눠줬다.

1940년 봄, 여름에 걸쳐 독일군대가 덴마크, 네덜란드, 벨기에, 룩셈부르크, 프랑스를 점령했다. 나치는 거기서 멈추지 않고 유럽 전역으로 진군의 나팔소리를 울리며 진격을 이어갔다. 1941년 6월 소련 침공에 나선 독일군이 극악한 살육행각을 벌이기 시작했다. 특공대라는 이동총살부대가 50만명 이상의 유대인을 도륙했다.

독일은 소련 침공과 동시에 아우슈비츠 수용소에서는 갖가지 대량살육 방법을 실험했다. 그 해 8월 소련 포로 500명을 살충제 가스로 죽였다. 이어 나치 친위대 SS(Schutzstaffel)가 살

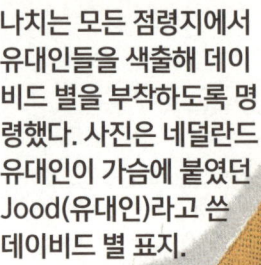

나치는 모든 점령지에서 유대인들을 색출해 데이비드 별을 부착하도록 명령했다. 사진은 네덜란드 유대인이 가슴에 붙였던 Jood(유대인)라고 쓴 데이비드 별 표지.

충제 가스를 대량으로 구매했다. 그것은 홀로코스트를 알리는 전조였다.

그 해 9월부터 나치독일은 유럽 점령지의 모든 유대인들에게 가슴에 노란 다윗의 별을 달도록 강압했다. 또 나치는 폴란드 집단 수용소에 수감했던 유대인 중에서 먼저 노약자부터 포로수용소로 이송하기 시작했다. 이어 1942년 초엽부터 유럽 점령지 전역에서 유대인 아이 수십만명을 그곳에 강제로 이송해 수감했다. 과 함께 루마니아

나치는 1942년 3월 17일 루블린 근처의 벨제크 수용소에서 첫 가스독살을 실시했다. 그 후 폴란드에서만 가스독살시설 5곳을 더 건설했다. 그 중에서 아우슈비츠-비르케나우 포로수용소의 규모가 가장 컸다. 1942~1945년 독일의 유럽 점령지는 물론이고 독일 동맹국에서도 유대인들을 폴란드 가스독살시설로 이송했다.

유대인들을 죽음의 수용소로 끌고 가는 수송작전은 1942년 여름과 가을에 집중적으로 이뤄졌다. 폴란드 바르샤바 빈민촌 수용소에서만 30만명을 송출했다. 수송열차와 수용소의 시설은 극히 열악하고 불결하여 각종 질병이 창궐했다. 거기에다 기아까지 겹쳐 그곳의 생활은 지옥이나 다를 바 없었다.

유대인을 수송하는 화물열차는 통풍구도 없었고 먹을 것도 물도 없었다. 사람을 짐짝처럼 빈틈없이 실어 그야말로 '밀봉열차'였다. 운행지연마저 잦아 수송도중에도 병사자와 아사자가 속출하여 '이동병동'이나 다름없었다. 목적지에 도착한 열차의 문을 열면 더러 모두 사체

로 변해 있었다. 그에 따라 1942년 중반에는 열차가 들어오는 대로 피랍자들을 4주간 검역소에 감금했었다.

하루하루 죽음과 싸우는 비참한 생활은 바르샤바 빈민촌 수용소에서 봉기를 불렀다. 1942년 4월~1943년 5월 1년 남짓 사이에 일어난 봉기로 인해 7,000명이 사망하고 생존자 5만명은 가스독살실로 끌려갔다. 유대인들은 저항군을 조직해 나치병사들을 한 달 가까이 감금하기도 했으며 그 같은 저항운동은 독일점령지 수용소 곳곳으로 번져 나갔다.

나치는 유대인과 비유대인들을 죽을 때까지 강제노역을 시켰고 가스실에서는 유대인만 독살했다. 또한 수천명이 기아와 질병으로 사망했다. 우생학자라는 요세프 멘겔레가 그곳에서 1943년 그 악명 높은 생체실험을 실시했다. 그는 의학적 치료를 위장하여 인체에 석유, 클로로폼 따위의 각종 이물질, 화학물질을 주입했다.

1944년 가을 들어 패색이 짙어진 독일군은 죽음의 수용소를 비우기 시작했다. 수용자들을 전선으로 끌고 가서 적진을 향해 강제로 내몰았다. 그 죽음의 행군은 독일이 항복하는 날까지 계속되었다. 총알받이로 끌려가서 죽은 사람만도 25만~37만5,000명에 달했다.

소련군이 진격해오자 친위대(SS-Schutzstaffel)가 서부 폴란드의 수용소들을 폐쇄하고 학살흔적을 은폐하기 시작했다. 가스실을 해체하고 화장장을 폭파했으며 매장지를 파내 사체들을 화장했다. 폴란드의 테레브린카 수용소에서는 70만명의 사체를 구덩이에 넣어 태운 다음에 뼈는 가루를 냈다.

아우슈비츠를 비롯한 7개 수용소가 학살만행을 감추려고 묻었던 사체들을 다시 파내서 불태웠던 것이다. 악취가 심하고 수질오염이 우려되기도 했지만 증거를 없애려는 짓이었다. 처음에는 시체를 깊은 구덩이에 던져 넣고 그 위에 석회를 뿌리고 그냥 묻었다.

1945년 봄 패전이 눈앞에 다가오자 나치 지도부가 내부갈등으로 파열음을 내기 시작했다. 4월 29일 히틀러가 독일 지도자와 국민에게 당부의 말을 남기고 그 이튿 날 자살했다. 인종법을 엄중하게 준수하고 인류의 포로인 유대인에게 무자비하게 대항하라는 것이었다. 그 후 일주일이 지난 1945년 5월 8일 독일이 공식적으로 항복했다.

나치가 가스독살시설의 운영을 비밀에 붙였으나 그것은 허사였다. 폴란드에서 행해진 나치의 잔혹행위를 지켜본 증인들의 제보가 연합군에 잇따랐다. 전쟁이 끝나자 연합군이 대량학살을 공론화하지 않은 데 대해 신랄한 비판이 쏟아졌다. 연합군이 승리에만 몰두한 나머지 대량학살에 대한 강경책을 강구하지 않았다는 것이다.

거기에는 연합군이 홀로코스트에 관한 정보를 정확하게 파악하지 못한 측면도 있었다. 아우슈비츠만 해도 거대한 공장규모의 독살시설을 갖추고 200만명 이상을 학살했다. 하지만 연합군은 차마 그처럼 가공할 규모의 참혹한 학살행위가 자행되리라고는 상상하지 못했다는

나치의 총살부대

 나치가 인간도살공장에 유대인들을 발가벗겨 몰아넣고 가스로 집단독살을 자행했다. 그 사실은 잘 알려졌지만 나치가 특공대(Einsatzgruppen)라는 이동총살부대를 따로 운영했다는 사실은 그 그림자에 가려져 아는 이가 드물다. 4,250명으로 구성된 그 특공대는 친위대(SS-Schutzstaffel) 대장이 직접 관장했다. 총살부대는 나치의 점령지를 따라 다니면서 유대인, 민족주의자, 가톨릭 성직자, 지식인, 공산주의자, 저항세력을 조직적으로 체포해서 처형했다.
 친위대의 하부조직인 총살부대는 나치이념이 투철하고 히틀러를 광적으로 신봉하는 자들을 우선적으로 발탁했다. 나치가 1939년 폴란드에 이어 1941년 소련을 침공하면서 총살부대의 만행이 절정에 달했다. 총살부대는 동유럽에서 나치가 외치던 열등인종 말살의 최선봉에 섰다. 총살부대가 도륙한 유대인만도 무려 200만명에 달한 것으로 파악되었다. 미국의 역사학자 크리스토퍼 브라우닝은 그의 저서 '보통사람들'(Ordinary Men)을 통

해 총살부대의 만행을 낱낱이 고발했다. 그 부대원들이 꼭 광적인 나치신봉자는 아니라고 한다. 그냥 보통사람들도 살육행각에 끼어 광분했었다고 증언한다. 총살부대가 가는 곳마다 총성이 요란하게 울렸고, 피범벅이 된 그들은 유대인들의 면전에 대고 방아쇠를 당기면서도 죄책감을 느끼지 않았다고 전한다.

제 자식은 끔찍이 사랑하는 그들이 남의 자식들은 눈 하나 깜짝하지 않고 쏴 죽였다. 한 여인의 남편이 남의 아내는 자궁을 찢어서 죽이고 애기와 엄마를 한 발에 쏴서 죽이려고 엄마가 안은 애기를 쏴서 엄마도 죽였다. 여자들은 나체로 일렬로 세워 총살했다. 알몸으로 짐승처럼 기어오게 하고는 사살했다. 아니면 웅덩이에 알몸들을 몰아넣고 총살부대가 위에서 아래를 내려다보면 총을 난사했다.

인간이 인간이기를 거부했던 그들은 학살을 유희처럼 즐겼던 모양이다. 인간의 야수성 말고는 달리 설명할 길이 없다.

것이다.

홀로코스트의 재앙적 상처는 오랜 세월을 거쳐도 좀처럼 치유되지 않았다. 전쟁이 끝난 다음에도 대부분의 생존자들은 다시 옛집으로 돌아갈 수 없었다. 많은 이들이 가족과 사별하거나 잃어 버려 생사도 행방도 알 수 없었다. 그곳에 돌아간들 집은 딴사람 차지가 되었을 테고 침을 뱉고 돌팔매질을 하던 비유대인 이웃들이 반길 리도 없었다.

그 연유로 1940년대 후반 유럽에서는 역사상 그 유례를 찾을 수 없는 난민, 포로, 유민의 대이동이 일어났다. 이탈리아계 유대인 문필가 프리모 레비는 그의 저서 '아우슈비츠에서의 생존'을 통해 소련군이 아우슈비츠에 진입하는 날, 그와 그의 수감동료들의 심정을 이렇게 묘사했다.

"우리는 죽음과 유령의 세계에 누워 있었다. 우리의 내면과 주위에서는 문명의 마지막 흔적조차 사라져 버렸다. 그 짐승 같은 타락은 득의에 찬 독일인에 의해 저질러졌으며 결국 그 작태는 독일의 패배로 종막을 내렸다. 그 문명의 폐허위에서 죽음과 대화를 나눈 그의 절망감이 폐부를 찌른다.

나치의 잔혹한 살육행각을 규명하고 처벌하기 위해 1945~1946년 연합국이 뉘른베르크 전범재판을 열었다. 그 이후 수십년간에 걸쳐 생존자와 희생자의 가족들이 전시에 강탈당했던 재산의 반환과 배상을 요구하고 나섰다. 독일정부는 전시에 독일인이 행한 전범행위에 책임지는 차원에서 1953년부터 유대인 개개인과 유대민족에게 배상하기 시작했다.

그와 함께 유대인 생존자들이 돌아갈 고국의 창설이 필요하다는 높은 여론에 따라 1948년 팔레스타인에 이스라엘이 건국되었다. 2차 세계대전 이전에도 나치독일이 유대인을 독일인의 유럽에서, 전쟁이 발발한 이후에는 유럽인의 유럽에서 추방하여 별도의 유대인 나라를 세우는 방안이 논의되었었다.

후보지로 영국의 팔레스타인, 프랑스의 마다가스카르, 소련의 시베리아, 그리고 폴란드의 2곳이 꼽혔었다. 그 중에서 팔레스타인이 독일의 유대인 재정착지로 결실을 맺게 되었다. 독일과 독일의 시오니스트(Zionist)연합이 1933년 8월 25일 체결한 하파라 협정(Haavara Agreement)에 따른 것이었다.

그 협정에 의해 1933~1939년 유대인 5만3,000명이 팔레스타인으로 이주했다. 재산은 유대인 이주민들이 1억 마르크에 상당하는 독일상품을 구매하는 방식으로 반출이 허용되었다. 시오니스트는 유대인이 조상의 땅 팔레스타인에 민족국가를 건설하려던 유대인 민족주의 운동을 말한다.

유럽전역에서 현지부역자 도움업고 집단학살 광풍

나치의 유대인 대량학살은 현지협력자와 독일동맹국의 부역이 없었다면 불가능했다. 독일동맹국들도 그 기회를 활용하여 그들 나름대로의 방식으로 유대인 문제를 해결하려고 시도했던 것이 사실이다. 나치는 점령지에서 현지 부역자들을 데리고 다니면서 유대인들을 색출해 학살했다.

독일은 유대인을 돕는 사람들을 용서하지 않았다. 그럼에도 유대인을 도운 현지인도 적지 않았다. 유대인을 숨겨주거나 도운 혐의로 1,000명이 넘는 폴란드인들이 처형되었다는 사실이 그것을 말한다. 전차군단(Panzerwaffe)을 앞세운 나치군이 진격하는 곳마다 살육의 광풍이 불어 유럽 전역에는 선혈이 낭자했다.

1938년 11월 '크리스털의 밤' 이후에 나치는 유대인들을 수용소로 강제이송을 개시했다. 독일이 1939년 9월 1일 폴란드를 침공함으로써 2차 세계전쟁이 발발했다. 독일은 유대인을 사회에서 분리, 격리하기 위해 폴란드 빈민가에 유대인 집단수용소들을 건설하기 시작했다. 나치는 1933~1945년 유럽 점령지 전역에 4만4,000개에 달하는 집단수용소, 강제노역소, 포로수용소를 지었다.

나치가 처음에는 수용소를 정치적 반대자를 감금하는 유폐의 장소로 사용했는데 점차 유대인 수용소로 바꾸었다. 이어 유럽 전역에 산재한 유대인 수용소에서 희생자들을 화물열차에 태워 유대인 멸족을 목적으로 지은 포로수용소로 끌고 갔다. 수송도중에도 기아와 질병으로 무수한 사망자들이 속출했다.

살아남은 이들은 가스독살실과 강제노역장으로 끌고 가서 가스로 독살하거나 노역을 시키다 몰살했다. 아니면 전염병에 걸려 병사하거나 생체실험으로 희생되었다. 또 아니면 죽음의 행군이라는 총알받이로 끌려가 죽였다. 그런 방식으로 유대인 도륙의 광란이 1933년부터 1945년 5월 전쟁이 끝나는 날까지 12년 동안이나 이어져 유럽 대륙을 유대인의 피로 붉게 물들였다.

유대인 수용소 건설은 유대인 멸족으로 이어졌다. 나치는 그것을 '유대인 문제의 최종해결'(die Endlösung der Judenfrage)이라고 말했다. 독일이 동유럽으로 진격해 나가면서 반유대인 정책은 광기를 더해갔다. 돌격대라고 부른 죽음의 민병대가 독일군과 현지부역자와 합세해 1941년 여름에만 집단총살 등의 방법으로 유대인 130만명을 학살했다.

나치독일의 돌격대(SA-Sturmabteilung)는 점령지에서 부역자들을 앞세워 처음에는 15~60세의 유대인 남성 가운데 주로 국가공무원, 전문직에 종사하는 지식인을 학살대상으로 삼았다. 1941년 8월부터는 그 대상을 여성과 아동으로 확대했다. 그 같은 방식으로

1941~1942 겨울까지 50만명을 학살했으며 전쟁이 끝날 무렵에는 희생자가 200만명에 달했다.

돌격대는 건달, 폭력배 등으로 구성된 준군사조직으로서 나치의 호위부대였다. 돌격대는 나치가 주최하는 정치집회의 경비, 당간부의 신변경호를 목적으로 활동하는 한편 정치테러를 일삼았다. 갈색 셔츠를 입었다고 해서 갈색 셔츠단이라고도 불렸다. 나치의 또 다른 호위세력 친위대(SS-Schutzstaffel)는 흑색제복을 착용했다.

독일이 침공할 당시 폴란드에는 세계에서 가장 많은 330만~350만명의 유대인이 살고 있었다. 나치가 그 중에서 270만~300만명을 학살했다. 나치는 이어 소련을 침략해 그곳에 거주하던 유대인 300만명 가운데 70만~250만명을 학살했으며 다른 유럽 지역에서도 수백만명을 살육했다. 수치가 부정확하다는 사실은 닥치는 대로 마구잡이로 죽여 정확한 수치를 파악할 수 없었다는 소리다.

규모가 가장 컸던 바르샤바 유대인 집단수용소는 1941년 44만5,000명을 수용했었다. 수용자가 바르샤바 인구의 30%에 해당했으나 면적은 전체의 2.4%에 불과하여 인구 밀집도가 시설의 열악성을 말하고도 남는다. 두 번째로 큰 로쯔 수용소에는 1940년 16만명이 갇혀 있었다. 수용자들은 소지품과 생산품을 팔아 음식물을 사서 먹으며 연명했다.

나치는 유대인의 모든 재산을 뺏고 가방 하나씩만 들려서 수용소로 끌려갔다. 폴란드 빈민촌에 지었던 수용소에서 유대인의 반란이 일어나자 무력으로 진압한 나치는 미친 듯이 숨어서 지내던 유대인들을 색출해내 끌고 갔다. 1943년 5월.

수용소와 강제노역장에서 질병, 기아로 죽은 인명만도 50만명에 달했다. 바르샤바 수용소에서는 1941년에만 4만3,000명이 죽었다. 1942년 이후에는 수용소가 형벌과 공포의 기능보다는 경제적 기능을 강조하기 시작했다. 노동의 강도를 높이기 위해 수용자들을 더욱 가혹하게 혹사했으며 그에 따라 사망자가 급증했다. 경비병들은 구타만 일삼았던 것이 아니고 수용자들을 굶기고 예사로 죽였다.

멸족정책에 따라 강제노역은 사람이 죽어야만 그 고통이 끝났다. 수감자의 생명이 다한 것처럼 보이면 가스실로 끌고 가서 독살하거나 총살했다. 각종 질병이 창궐하는데다 상시적인 기아가 겹쳐 사망자가 속출했다. 거기에다 위험물 취급도 많아 수감자의 생명은 평균 3개월에 불과했다.

1940년 6월 독일이 노르웨이를 점령했다. 나치는 유대인 1,800명에 대해 특정직업의 취업을 금지하고 재산을 등록시켰다. 1942년 11월 26일 새벽 4시 유대인 532명을 오슬로 항으로 끌고 가더니 화물선에 실어 독일로 데려갔다. 그곳에서 기차로 바꿔 태워 아우슈비츠로 끌고 갔다. 그들 중에서 9명만이 살아남아 나치의 패망을 지켜봤다.

1940년 5월 독일은 네덜란드, 룩셈부르크, 벨기에, 프랑스를 침공했다. 벨기에는 9만명의 유대인이 거주했는데 그들은 거의 독일과 동유럽에서 나치의 박해를 피해 이주했던 피란민들이었다. 네덜란드에는 14만의 유대인이 살았는데 1942년 10만7,000명이 추방되었으며 그 중에서 5,000명이 살아남았다.

독일군이 프랑스를 침공하여 북부를 점령함으로써 프랑스는 북부와 남부로 나뉘었었다. 그 때 프랑스에는 유대인 30만명이 살고 있었다. 비시 프랑스로 남았던 남부가 나치에 부역했지만 1942년 독일군이 진주했다. 그러자 남부는 북부보다 먼저 반유대인 정책을 서둘러 실시했다. 비시 프랑스(Vichy France)는 1940~1944년 휴양도시 비시를 수도로 삼고 남부를 통치하던 나치의 괴뢰정권을 말한다.

1차 세계대전 이후 1919년 프랑스로 편입되었던 알자스-로렌 지역이 1940년 독일에 합병되자 나치는 유대인들을 비시 프랑스로 추방했다. 비시 프랑스는 북아프리카의 식민지 알제리, 튀니지, 모로코에서도 주민의 반유대인 정서를 이용해 탄압정책을 단행했다. 튀니지에는 8만5,000명의 유대인이 살았는데 그 중의 5,000명을 1942년 강제노역에 투입했다.

유고슬라비아와 그리스는 1941년 4월 나치독일에게 항복했다. 전쟁 이전에 그리스에는 유대인 7만2,000~7만7,000명이 거주했는데 전쟁이 끝날 즈음에는 1만명만이 살아남아 발칸반도에서 가장 낮은 생존율을 보였다. 그것은 나치가 그만큼 많은 유대인들을 학살했다는 의미다.

나라가 조각나 버린 유고슬라비아에는 유대인 8만명이 살고 있었다. 그 중에서 북부는 독일에 편입되었다. 세르비아가 1942년 8월 유대인 청정국이라고 선언했으니 그것은 모든 유대인을 학살했다는 뜻이다. 크로아티아에서는 대부분의 유대인과 세르비아인을 도끼로 난도질해서 죽이거나 창고에 가둬 불태워 죽였다. 나머지는 추방하거나 강제로 가톨릭으로 개종시켰다.

리투아니아, 라트비아, 그리고 우크라이나 서부지역에서는 부역자들이 집단총살에 깊숙이 개입했다. 또 리투아니아인과 라트비아인은 벨라루스 유대인 살육에 참여했다. 우크라이나는 남부지역의 유대인 2만4,000명을 죽였다. 적지 않은 우크라이나인들이 폴란드 수용소에서 경비병으로 복무했다.

루마니아의 유대인 학살은 기본적으로 독자성이 강했다. 1941년 7월 민족적 순수성을 확보할 시점이라는 부수상의 발언이 그 같은 사실을 뒷받침한다. 루마니아는 독일과의 동맹관계를 강조하기 위한 수단으로 반유대인 정책을 악용했다. 루마니아는 1941년 1월, 6월 부쿠레슈티, 이아시에서 유대인 1만4,850명을 도륙했다.

루마니아 군대가 1941년 10월~1942년 3월 우크라이나 오데사에서도 2만5,000명의 유대인을 학살했다. 루마니아는 트란스니스트리아에 포로수용소를 짓고 1941~1943년 유대인 15만4,000~17만명을 강제로 끌고 가서 감금했다. 수용소에서도 온갖 만행을 저질렀다.

1943년 2월 마케도니아와 트라키를 합병한 불가리아는 독일의 요구에 부응해 유대인 2만명을 멸족수용소로 보냈다. 또 불가리아는 합병지역의 유대인 1만1,000명을 죽음의 수용소로 압송했다. 나치가 요구하는 할당량을 채우기 위해 불가리아는 추가로 유대인 6,000~8,000명을 보내려다가 동방정교의 반대에 부닥쳐 무산되었다.

슬로바키아는 1938년 자발적으로 유대인 7,500명을 축출했다. 1942년 또 6만명을 폴란드로 쫓아냈다. 그 해 가을 유대인 봉기가 일어나자 2,257명을 죽이고 2,396명을 추방했다. 이어 1944년 10월~1945년 3월 슬로바키아는 추가로 유대인 1만

'죽음의 문'. 유럽 각지에서 유대인들을 실은 기차들이 이 문을 통과해 들어오면 그들을 가스실로 몰아넣고 독살했다. 폴란드 아우슈비츠-비르케나우 수용소 정문.

3,500명을 축출했다. 그것은 괴뢰정권이 전쟁 막바지에 보인 진면목이었다.

헝가리는 1944년 3월 독일이 침략하기 이전까지는 유대인을 추방하라는 독일의 요구에 소극적으로 대응했었다. 그러나 1944년 3월 독일이 침공하자 헝가리는 그 해 5~7월 유대인 43만 7,000명을 주로 아우슈비츠로 추방했다. 그들은 거의 가스실에서 독살되었다. 그 즈음 유대인 3,000명을 실은 죽음의 열차가 하루 네 차례씩 폴란드를 향해 출발했다.

독일의 나치와 유사한 헝가리 극우민족주의 조직인 '화살 십자가'가 나서 유대인 5만명을 도보로 오스트리아 국경지대로 끌고 갔다. 그것은 나치 독일에 노동력을 공급하기 위한 헝가리의 부역정책이었다. 그러나 그 행군은 사람들이 너무 많이 죽어 취소되었다.

이탈리아도 반유대인 정책을 실행했지만 독일과 비교한다면 그 강도가 훨씬 약했다. 그 행태는 두 나라의 점령지에서도 마찬가지였다. 그 결과 이탈리아 유대인 4만명 이상이 홀로코스트에서 살아남을 수 있었다. 독일이 1943년 이탈리아 북부와 중부를 점령하고 괴뢰정권을 수립했었다.

그 때부터 이탈리아가 유대인을 아우슈비츠로 추방하기 시작하여 모두 8만 5,000명의 유대인을 쫓아냈다. 북아프리카의 이탈리아 점령지 리비아에서도 2,600명의 유대인을 추방했으나 그 중에서 2,000명이 살아남았다.

아우슈비츠 수용소는 하루 2만구 화장한 살인공장

유대인들이 포로로 끌려가 죽음의 수용소에 들어서는 순간에 나치는 안경을 벗기고 모든 개인 소지품은 압수했다. 총살할 경우에는 옷을 벗기고 유대인들을 도랑 옆에 일렬로 세운 다음에 사살조가 총을 발사했다. 숫자가 많으면 도랑에 밀어

넣어 시체 위에 누워서 총살 차례를 기다리게 했다. 사체에서는 금이빨을 빼내고 여자는 머리까락을 잘라냈다.

 아우슈비츠 수용소는 포로가 도착하면 팔목에 인식번호부터 문신했다. 문신은 유대인이라는 증명서 기능을 갖기도 했지만 인력관리와 탈출방지를 위한 수단이었다. 폴란드를 침공하여 2차 세계대전을 일으킨 나치는 전선을 유럽 전역으로 확장하는 한편 대부분의 포로수용소를 고성능 인간도살 공장으로 전환했다.

미국 상원의원 앨번 바클레이가 1945년 4월 24일 독일 바이마르 근처의 부헨발트 수용소에서 나치가 학살한 시체더미를 조사하고 있다. 그는 집권당인 민주당 원내대표이자 나치만행조사위원회 위원이었으며 나중에 트루만 행정부에서 부통령을 지냈다. 사진출처 : 미국국립문서기록원

폴란드의 아우슈비츠 수용소 화장시설은 하루 최대 2만구의 처리능력을 보유했었다. 그 아우슈비츠와 함께 독일 최초의 다하우 수용소, 독일의 베르겐 벨젠 수용소가 대량학살의 주축시설이었다. 폴란드의 가스실 3곳에서는 1942년 3월~1943년 11월 일산화탄소를 이용해 152만6,500명을 학살했다.

나치는 1944년 5월 15일부터 7월 9일가지 채 두 달도 되지 않은 기간에 헝가리 유대인 44만명을 폴란드 포로수용소로 압송했다. 그들은 도착하자마자 즉시 가스실로 끌려가 독살되었다. 그에 따라 그해에만 폴란드 아우슈비츠 가스실은 유대인 50만명을 독살함으로써 대량살육이 절정에 달했었다.

가스실에서 죽는 속도는 희생자들이 가스배출구와 얼마나 가까이 서있느냐에 달렸지만 1/3은 즉시 죽었고 20분이 지나면 모두 사체로 변해 버렸다. 1945년 1월 독일에 소재한 포로수용소에는 71만4,000명이 수감되어 있었는데 종전 무렵인 5월 35%인 25만명이 사망한 상태였다.

전쟁 막바지인 1945년 1~4월 친위대는 유럽 각지의 수감자들을 독일과 오스트리아에 있는 수용소를 향해 식량도 없이 죽음의 행군으로 내몰았다. 그들은 기아와 질병으로 쇠약해질 대로 쇠약해져 몸을 제대로 가누지도 못하는 상태였다. 대열에서 처지거나 넘어져 일어나지 못하면 그냥 총을 쏴서 죽였다. 더러는 기차나 트럭으로 수송하기도 했다.

1942년 말쯤에는 전세가 불리하게 돌아가는데도 나치는 유대인 압송을 군수품 수송 다음으로 중요시했다. 1943년 들어 나치 군지도부는 전쟁에서 지고 있다는 사실을 깨닫고 있었다. 그럼에도 남부-동부유럽에서 유대인들을 실은 열차들이 정기적으로 멸족수용소로 들어가고 있었다.

그에 따라 군지도부와 경제전문가들은 유대인 기술자를 죽이고 전투자원을 비전투 분야로 전용하는 데 대해 불만이 컸었다. 그들의 불만은 인적-물적 자원을 전투현장에 집중적으로 배치한다면 전세를 호전시킬 있다는 판단에서 나왔다. 하지만 나치 지도부는 군사적, 경제적 고려보다는 이념적 목표를 우선시했다.

나치의 점령지에서는 산발적인 저항운동이 있었지만 늘 죽음의 위험이 뒤따랐다. 독일 나치군과 그 동조세력은 고성능 살상무기로 중무장했지만 유대인들은 맨손이었다. 그럼에도 유럽 전역에서 많은 유대인들이 빨치산과 함께 나치에 저항해 싸웠다. 참여인력은 대략 2만~10만명으로 추정되나 현지 빨치산이 유대인의 참여를 꼭 반기지는 않았다.

소련 지역에서는 참여율이 비교적 높아 2만~3만명이 활동했던 것으로 알려졌다. 1942년 말까지 폴란드에서는 유대인의 저항운동이 없었다. 그 후에 저항단체가 생기고 폴란드를 비롯한 동유럽 전역의 19개 유대인 수용소에서 100여 차례의 항쟁이 있었다. 그 중에서 1943년 4월 일어났던 바르샤바 봉기가 가장 큰 규모였다. 1,000여명이 살상도구를 들고 항쟁에 나섰었다.

폴란드와 유대인 자료는 수백 또는 수천명의 독일인을 죽였다고 나온다. 반면에 독일측 자료에는 독일인은 16명이 사망했고 유대인은 7,000명이 전투 중에, 또 7,000명이 수용소로 끌려가 죽었으며 5만3,000~5만6,000명은 추방되었다고 나온다. 1944년 8월 일어난 바르샤바 봉기에는 훨씬 더 많은 인원이 참여했다.

나치가 학살한 유대인 희생자 600만명은 세계 유대인의 1/3, 유럽 유대인의 2/3에 해당하는 규모였다. 전쟁 이전에 유럽에 살던 유대인은 970만명이었다. 그들은 주로 동유럽에 거주했었다. 폴란드 350만명, 소련 300만명, 헝거리 70만명, 독일 50만명이었다.

유대인 희생자 600만명의 절반인 300명은 폴란드 수용소에서 집중적으로 도륙되었다. 그 중에서 아우슈비츠 희생자가 96만명으로 가장 많았고 이어 트레블린카 87만명, 벨체크 60만명, 헤움노 32만명. 소비보르 25만명, 마야다네크 7만9,000명 등의 순으로 많았다.

유대인 희생자의 규모는 자료가 불충분하고 그마저도 부실하여 정확하지 않다. 실제 유대인들을 닥치는 대로 마구잡이로 끌고 가서 죽였으니 정확하게 파악하기란 불가능에 가깝다. 연구자에 따라 400만~700만명으로 편차가 크다. 그 중에서 100만명이 어린이이라는 점에는 대체로 일치한다.

유대인 학살 실무책임자였던 친위대 중령 아돌프 아이히만이 친위대원에게 언급했다는 600만명이 가장 많이 인용되면서 신빙성이 더해졌다. 그는 나치가 패전하자 아르헨티나로 도망쳐 이름을 바꾸고 피신생활을 했던 인물이다. 그런데 그곳에 잠입해 밀약하던 이스라엘 정보기관 모사드 요원들에 의해 납치되어 1962년 이스라엘 법정에 세워졌다.

그는 심문과정에서도 학살피해자가 600만명이라고 실토했다. 그 때 수사를 맡았던 검사가 600만 유대인의 넋을 대표한다며 기소사유를 밝혀 600만명이 정설처럼 굳어진 상태다. 재판과정이 전파를 타고 세계로 퍼져나가면서 유대인 홀로코스트의 참상이 부분적이나마 세상에 알려졌다.

집시, 슬라브족, 장애인, 동성애자도 500만명 학살

나치독일은 유대인을 '적대인종'(Gegenrasse)이라고 해서 인간 이하로 취급했다. 그와 함께 폴란드의 소수민족, 슬라브 족, 집시라고 부르는 롬 족(Roms) 등은 태생적으로 열등한 '하등인간'(Untermensch)으로 간주했다. 그에 따라 나치독일은 '적대인종'은 물론이고 '하등인간'도 학살대상에 포함했다.

히틀러 세계관의 중심에는 동유럽에 아리안 족을 위한 '생활공간'(Lebensraum)을 확보한다는 팽창주의가 자리 잡고 있었다. 이른바 '일반계획 동방'(Generalplan Ost)이 그것이다. 그 계획은 동유럽에 '상등인간'(Übermensch)의 생활공간을 확충한다는 목표 아래 그곳에 사는 하등인간을 멸족의 대상으로 삼았다. 다시 말해 '하등인간'의 대량학살을 통해 동유럽에 인종적 재배열-재구성을 위한 기반을 구축한다는 계획이었다.

1933년 1월 30일 총독에 취임한 아돌프 히틀러는 유대인은 물론이고 정치적 반대자와 이른바 '유해자'를 가둘 수용소를 점령지 곳곳에 건설했다. 이른바 '하등인간'과 함께 공산주의자, 정신적-신체적 장애인, 정치적-종교적 반대자, 여호와의 증인, 동성애자 등도 학살대상으로 삼았던 것이다.

1941년 6월 22일 독일이 소련을 침공했다. 그것은 피의 재앙을 알리는 신호탄이었다. 나치는 독일과 소련의 대결을 독일 국가사회주의와 유대 볼셰비즘 사이의 이념전쟁이자, 아리안 족과 유대인, 롬 족, 슬라브 족 등 '하등인간'과의 인종전쟁이라고 선언했다. 그에 따라 나치는 슬라브 족이라는 이유로 소련의 민간인과 전쟁포로를 가리지 않고 처형했다.

나치독일은 소련에서 마을을 닥치는 대로 불 지르고 부수고 식량을 약탈했다. 또한 유대인과 함께 민간인을 잡아서 독일로 강제로 끌고 갔다. 소련 포로 570만명 가운데 330만명이 감금상태에서 처형되거나 폭행, 기아, 질병으로 사망했다. 50만명은 강제노역에 투입되었다. 1944년까지 소련 사망자는 전사자를 포함해 모두 2,000만명 이상이었다.

나치가 벨라루스에서는 5,295개 마을을 파괴한 데 이어 160만명을 도륙하고 38만명을 끌고 가서 강제노역을 시켰다. 러시아, 벨라루스, 우크라이나, 라트비아, 리투아니아, 에스토니아 등지에서는 독일군이 반독일분자의 처형을 특공대에게 맡겼다. 그 첫째 목표는 지역 공산당의 파괴였다. 따라서 공산당원, 국가공무원은 유대인과 함께 처형대상이 되었다.

나치독일은 공산주의자, 사회주의자 이외에 노동조합원도 포로수용소로 보냈다. 1941년 12월 7일 히틀러의 지시에 따라 독일의 유럽 점령지 전역에서 정치적 반대자 검거선풍이 벌어졌다. 많은 이들이 실종되거나 고문으로 사망했다. 1,793명이 사형선고를 받았는데 그 이유는 그들이 나치에 충성을 거부하거나 군복무를 거절했다는 것이다.

나치독일은 전쟁 기간에 유대인 말고도 이른바 '하등인간'에 해당하는 민족 180만~190만명을 학살했다. 14만6,000명을 아우슈비츠에서 죽였고 적어도 20만명을 여러 포로수용소에서 처형했다. 12만~20만명은 민중봉기에 나섰다가 죽음을 당했다. 독일과 그 동맹국도 롬 족 22만명을 학살했다.

1942년 5월 롬 족은 유대인과 비슷한 법적 지위를 적용받게 되었다. 그에 따라 그 해 12월 군대에 복무하지 않으면 아우슈비츠로 보내라는 명령이 떨어졌다. 벨기에, 프랑스, 네덜란드에서는 롬 족의 이동을 제한하고 집합소에 수용했다. 1943년 11월 소련지역에서는 정주생활을 하던 집시와 혼혈집시는 시민으로 간주했다.

나치는 1939년 9월부터 비자발적 안락사도 실시했다. 나치는 관리 7만명을 동원해 안락사 계획에 따라 정신적-신체적 장애인들을 가스로 질식사시켰다. 종교지도자들이 항의하자 히틀러가 1941년 8월 안락사 계획을 공식적으로는 중단했었다. 하지만 비밀리에 장애인 제거 작업은 계속 추진했다.

나치는 1939~1941년 독일 요양시설에 있던 정신질환을 가진 성인 8만~10만명, 어린이 5,000명, 유대인 1,000명을 죽였다. 안락사는 독일 이외의 유럽 점령지 전역으로 확산되어 장애인 27만5,000명이 살해되었다. 그것은 유대인을 포함한 집단학살을 알리는 신호탄이었다.

정신적-육체적 유전질환을 가진 사람은 평생 그가 소속한 공동체에 부담을 준다는 이유로 강제로 불임수술을 했다. 생존가치가 없는 인간이라는 것이 그 이유였다. 히틀러의 제3제국 치하에서 행해진 비자발적 불임수술건수가 30만~40만명으로 추산되었다.

1933~1945년 독일에서 동성애자 10만명이 체포되었으며 그 가운데 절반은 투옥되었다. 또 그 중의 5,000~1만5,000명은 포로수용소로 끌려갔다. 형사처벌을 면제해 준다는 미끼로 자발적이라는 조건을 달아 수백명을 거세했다. 경찰이 동성연애자 술집을 폐쇄하고 간행물 발간을 금지했다.

여호와의 증인도 검거해 포로수용소에 감금했다. 그곳에서는 신앙을 포기하도록 강요했다. 수감자 2,700~3,300명 중에서 1,400명은 그곳에서 죽었다. 나치가 흑인은 유폐, 거세, 살해의 대상으로 삼았으나 집단학살은 하지 않았다. 그 당시 독일에는 5,000~2만5,000명의 아프리카계가 거주하고 있었다.

세계역사상 어떤 국가도 한명의 지도자가 전권을 갖고 특정한 인간집단의 남녀노소를 가리지 않고 모두 죽인 학살참극은 그 유례가 없다. 그것도 국가의 모든 수단을 동원하여 특정한 지역을 뛰어 넘어 세계적 규모로 최단시일 이내에 멸족을 시도한 역사는 없다.

나치가 말한 이른바 '유대인 문제의 최종해결'은 학살을 통한 멸족을 의미한다. 나치의 대량학살은 역사상의 다른 많은 사례와는 달리 공간과 시간에 제약을 받지 않았다는 점이 특징이다. 공간도 특정한 지역에 국한하지 않고 소위 '세계의 적'을 겨냥하여 유럽 이외의 지역에서도 추진되었다. 또한 유대인 이외의 이른바 '하등인간'도 그 대상에 포함되었다.

  그에 따라 홀로코스트의 개념을 확장해야 한다는 주장이 점차 설득력을 얻고 있다. 1940~1945년 2차 세계대전 기간 중에 독일나치에 의해 학살된 비유대인 500만명도 홀로코스트에 포함해야 한다는 주장이다. 영국은 1월 27일을 홀로코스트 추념일로 정해 해마다 유럽 역사상 가장 어두웠던 시기에 학살당한 희생자 1,100명의 넋을 위로한다.
  세계를 유랑하던 유대인들이 2차 세계대전 이후 고토에 이스라엘이란 보금자리를 마련했다. 그 이스라엘이 나서 잠적한 나치 전범자들을 집요하게 추적하여 역사의 법정에 세웠다. 그 뒤에는 세계의 금융계, 언론계에 막대한 영향력을 행사하는 미국, 영국의 유대인 큰손이 있어 재정적, 정치적 후원이 아끼지 않았기에 가능했다.
  그러나 비유대인 500만명은 그 같은 응집력을 발휘할 구심력이 없어 역사의 뒤안길에 갇혀있다. 그들이 학살되었다는 사실조차 거의 알려지지 않고 있는 실정이다. 그 탓에 많은 세계인들이 홀로코스트의 희생자로 유대인 600만명만 기억한다. 그 무수한 억울한 넋들이 원한에 사무쳐 구천에 떠돌고 있지만 말이다.

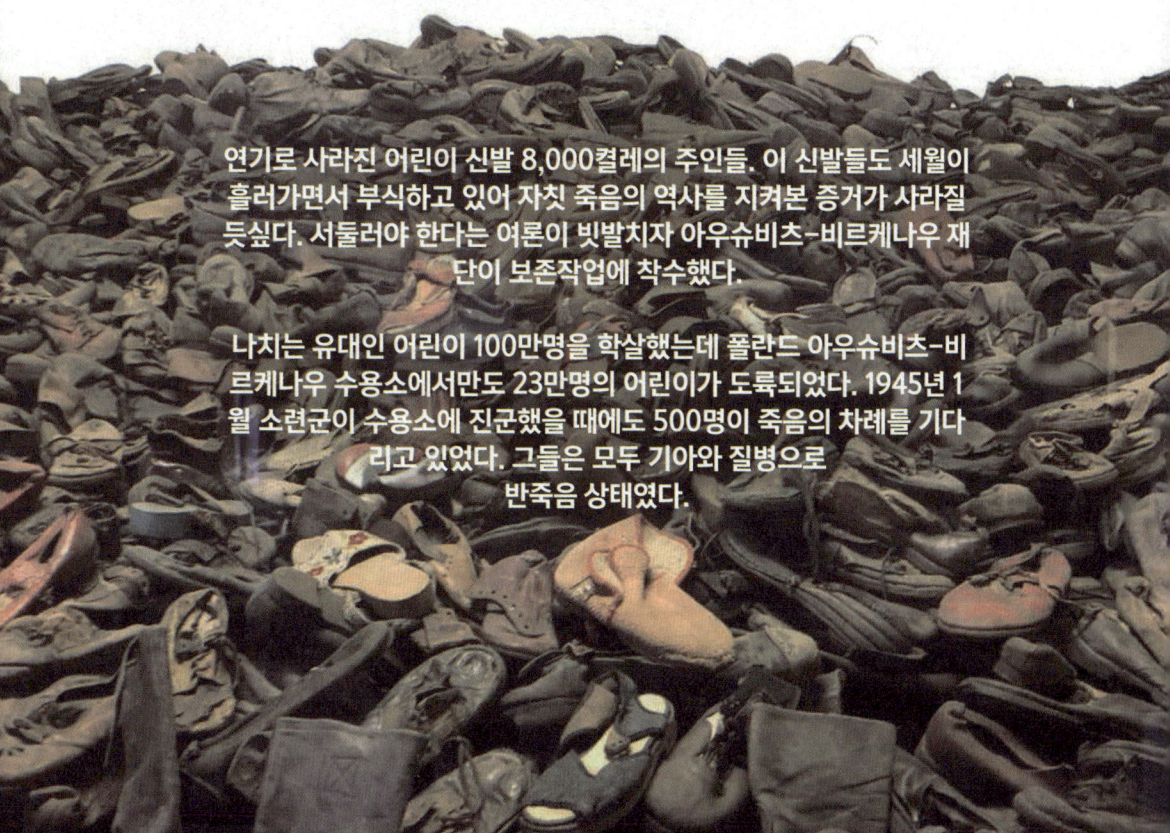

연기로 사라진 어린이 신발 8,000켤레의 주인들. 이 신발들도 세월이 흘러가면서 부식하고 있어 자칫 죽음의 역사를 지켜본 증거가 사라질 듯싶다. 서둘러야 한다는 여론이 빗발치자 아우슈비츠-비르케나우 재단이 보존작업에 착수했다.

나치는 유대인 어린이 100만명을 학살했는데 폴란드 아우슈비츠-비르케나우 수용소에서만도 23만명의 어린이가 도륙되었다. 1945년 1월 소련군이 수용소에 진군했을 때에도 500명이 죽음의 차례를 기다리고 있었다. 그들은 모두 기아와 질병으로 반죽음 상태였다.

13

꿈의 나라로 가는 죽음의 길

세계화의 저주와 역습

꿈의 나라로 달리는 위험 실은 열차

미국을 향해 미국과 국경을 맞대고 있는 멕시코의 국경도시 시우다드 후아레즈로 달리는 화물열차. 그 위에 미국에 입국하려고 몸을 맡긴 중남미 난민 들. 죽음을 각오하고 수천명이 달리는 기차에 올라타려는 바람에 더러 사상자가 발생하기도 한다. 그로 인해 미국행 화물수송이 제 때 이뤄지지 않아 경제적 타격이 크다고 2023년 10월 3일 로이터 통신이 전했다.

13 세계화의 저주와 역습

세계 인구의 대이동

미국의 세계화와 공산권 붕괴로 세계인구 대이동

1960년대 미국사회는 흑백차별을 둘러싸고 심한 내홍을 겪었다. 흑백분리 철폐를 요구하는 흑인의 민권운동이 분출하여 백인과 흑인 사이에 반목과 갈등이 극한상황으로 치닫고 있었던 것이다. 그러나 막상 아메리카 대륙을 정복하고 식민통치를 자행하여 인종주의 씨앗을 뿌린 서유럽 국가들은 그 소요사태와는 동떨어진 무풍지대였다.

60여년이 흘러 미국에서 백인경찰이 흑인을 목 졸라 죽인 사건이 일어나자 휴화산의 모습을 하고 있던 흑백차별이 다시 증오와 대립의 용암을 분출했다. 그 인종차별 철폐운동의 불길이 2020년에는 유럽에도 옮겨 붙어 연쇄파급을 일으켰다. 그것은 유럽도 이제 인종문제가 강 건너 남의 일이 아니라는 커다란 반향을 일으켰다.

미국은 앵글로 색슨 족의 피를 가진 백인들이 주축이 되어 원주민들을 학살하여 땅을 뺏고 아프리카인들을 노예로 부려 그 땅을 개간해서 세운 이민국가다. 그 까닭에 국가구성원 중에는 그들이 말하는 유색인인 인디언, 흑인에다 아시아인도 상당한 비율을 차지해 태생적으로 인종문제를 안고 있었다.

막상 식민지를 착취하고 노예무역으로 축재한 유럽 국가들은 민족국가로서 인종문제와는 거리가 멀었다. 그런데 그 유럽이 2020년 미국의 인종차별 철폐운동의 불길에 휩싸여 심한 홍역을 앓았다. 식민주의 역사의 재평가부터 이슬람의 세력화까지 유럽사회에 내재되어 있는 인종적 갈등과 종교적 반목이 표면으로 표출하기 시작했던 것이다.

2차 세계대전의 종식과 더불어 식민주의 시대도 종막을 내렸다. 그에 따라 유럽 백인들이 아시아, 아프리카에서 철수했다. 또 그들이 뿌린 씨앗인 혼혈인들이 부계의 나라로 대거 이주했다. 그럼에도 식민지에서 식량과 자원을 수탈해 흥청거리던 습성에 젖었던 서유럽 국가들은 일손부족을 느꼈다.

서유럽이 막일을 싼값에 부리려고 옛 식민지에서 일손을 마구 데려다 썼다. 그 즈음에만 해도 이주민이 소수여서 유럽에서는 인종문제가 숨을 죽이고 있었다. 그 같은 상황인데 1980

년대 후반 이후 미국의 세계화 통상전략과 공산주의 붕괴가 거의 동시에 맞물려 일어났다.

그에 따라 세계인구의 이동을 가로막던 세계의 국경선이 허물어지기 시작했다. 그런데 미국의 세계화 통상전략이 의도하지 않았던 반동적 변화를 가져왔다. 그것은 미국이 유색인이라고 지칭하는 라틴아메리카의 라티노와 아시아계 인구의 급속한 유입이다.

그에 따라 미국사회는 인종적 갈등과 반목 말고도 빈부격차 심화가 겹쳐 계층간의 대립이 증폭하고 있다. 유럽도 1990년대 이후 외국이주민이 급속하게 증가하고 있다. 유럽이 직면한 심각한 문제는 미국과 달리 아프리카, 중동, 인도 아대륙, 동남아시아 등 옛 식민지에서 유입되는 이주민의 대다수가 무슬림이라는 사실이다.

그에 따라 백인 중심의 유럽 크리스천 사회가 다인종-다종교 사회로 빠르게 전환하면서 인종적 마찰과 함께 종교적 갈등이 고조되고 있다. 이민국가인 미국과 달리 민족국가인 유럽이 인종적 반목에 겹쳐 크리스천-이슬람의 충돌이란 종교적 대립으로 진통하는 상황이 벌어지고 있는 것이다.

미국은 1990년대 이후 해외시장 개방을 겨냥해 세계화 전략을 구사하기 시작했다. 미국은 1980년대 중반에 들어서도 만성적인 쌍둥이 적자의 깊은 심연에 빠져 헤어나지 못하고 있었다. 그러자 미국이 재정-경상수지 방어책으로 통상정책의 방향을 수비체제에서 공격체제로 전환했다.

수입규제 위주로 자국산업을 보호하던 통상정책을 해외시장 개방을 통해 수출증대를 꾀하는 쪽으로 방향을 선회한 것이었다. 다시 말해 세계유일의 초강대국 미국이 군사력을 배경으로 교역상대국의 시장을 강압적으로 개방하여 국제수지를 방어한다는 전략을 세웠다.

부연하면 미국의 상품, 용역, 자본, 인력의 이동을 가로막는 세계의 모든 관세-비관세 무역장벽을 제거하여 미국의 국익을 극대화한다는 세계화 전략을 수립했던 것이다. 그에 따라 미국은 1980년대 후반부터 개별국가를 상대로 시장개방을 강압했다. 미국은 이어 1990년대 들어서는 세계를 하나의 경제권으로 묶는 세계화 작업에 착수했다.

그것이 바로 '국경 없는 세계경제'(Borderless World)전략이다. 그에 따라 미국이 1993년 12월 교착상태에 빠졌던 다자간 협상인 UR(Uruguay Round)를 일방적으로 타결하고 1995년 1월 WTO(세계무역기구)를 출범시켰다. 미국이 의도대로 1단계의 세계시장 개방을 이끌어낸 셈이었다.

하지만 EC(유럽공동체)는 세계화보다는 역내경제 통합을 목표로 하는 지역화에 박차를 가하고 있었다. 1994년 1월 EC에서 탈바꿈하여 태어난 EU(유럽연합)가 유럽

경제 통합에 매진하고 있었던 것이다. 1999년 1월 단일통화인 EURO(유로)를 출범시키는 한편 역내교역의 관세-비관세 장벽을 허문 데 이어 동유럽의 구공산권으로 외연확장을 도모했다.

미국은 세계화에 소극적인 EU에 맞서 지역화도 병행해 추진했다. 그것이 미국, 캐나다, 멕시코를 하나의 시장으로 묶어 1994년 1월 출범시킨 NAFTA(북미자유무역협정)다. 이어 미국은 한국을 포함해 개별국가들을 상대로 FTA(자유무역협정) 체결을 압박해 시장개방을 확장해 나갔다.

미국이 추진한 다자간 협정인 WTO와 양자간 협정인 FTA의 본질은 미국의 인적-물적자원이 가는 길을 가로막는 모든 국가의 국경과 규제를 허무는 무차별적인 시장개방이다. 미국자본-인력이 세계의 모든 시장, 모든 영역에서 제약 없이 상업적 활동을 영위하도록 보장하라는 강압이었다. 그것은 19세기 포함외교(warship diplomacy)를 방불케 하는 통상압력이었다.

한마디로 미국자본-인력이 돈을 버는데 장애가 되는 모든 관세-비관세 장벽을 허물라는 개방압력이었다. 그에 따라 한국도 외국자본에게 금융-자본시장을 활짝 열었고 외국인의 부동산 매입도 허용했다. 또 노동시장의 유연성이란 명목을 내세워 정리해고, 비정규직도 도입했다. 미국은 이어 교육도 의료도 시장으로 보고 개방압력을 높였다.

그 시점과 거의 맞물려 세계의 반쪽에서 세기적인 대변혁이 일어났다. 1989년 11월 독일 베를린 장벽의 철거를 시발로 연쇄파동을 일으킨 동유럽 공산권의 붕괴, 소비에트 연방공화국의 해체, 중국 공산당의 시장경제 도입이 그것이다. 인적-물적이동을 철저하게 통제하던 소련의 철의 장막, 중공의 죽의 장막이 허물어지면서 미국이 주도한 세계화에 더욱 세찬 가속도가 붙었다.

인간은 이기적 동물이다. 그런데 공산주의의 집단농장은 그 성과를 개인의 노력과 능력에 비례하여 배분하지 않는다. 아무리 열성적인 노력과 출중한 능력으로 생산증대에 기여해도 돌아가는 결실의 몫은 평균치이기 때문에 그에 따른 불만이 근로의욕을 저하시키기 마련이다.

그 까닭에 집단농장의 낮은 생산성으로 인해 공산권이 공통적으로 만성적이고 고질적인 식량난에 허덕이고 있었다. 또 무기를 생산하는 중공업을 중시하고 생필품을 생산하는 경공업을 경시한 탓에 전체 공산권이 공통적으로 심각한 생필품 공급난에 시달렸다.

식량난에다 비누, 치약, 화장지, 옷가지 따위의 기초적인 생활필수품 부족사태가 심각하여 돈이 있어도 살 수 없었다. 거기에 주택난까지 겹쳐 아파트 한 채에 2~3 가구가 함께 사는 판국이었다. 바로 그 만성적인 식량난과 고질적인 생필품난이 공산주의 붕괴의 직접적인 원인이 되었다.

공산주의 붕괴에 따라 붉은 세계의 국경이 열리고 그와 동시에 미국이 추진한 국경 없는 세계경제가 세계의 모든 국경은 허물거나 낮추었다. 또 세계화와 더불어 통신-교통 기술의 급속한 발달이 세계를 점점 좁게 만들었다. 세계인이 인터넷을 통해 교신하고

휴대전화를 통해 세계 어느 곳과도 화상통화가 가능해지면서 세계는 더욱 가까워졌다.

위성TV가 시간차를 넘어 동시성을 강화하면서 나라 안팎의 모든 뉴스가 같은 시간대에 세계 곳곳으로 전파되어 세계인이 그 내용을 공유한다. 서방여객기의 비행금지 구역이었던 중공과 소련의 상공이 열려 세계의 여객기가 유라시아 대륙의 심장부를 통과하면서 비행시간이 크게 단축되었다.

거기에 대형 점보기가 등장하여 훨씬 저렴한 가격에 대량수송이 가능해져 세계인구의 신속한 이동을 촉진하고 있다. 물이 높은 곳에서 낮은 곳으로 흐르는 것과 같은 이치로 인간은 먹을 것을 찾아 움직이기 마련이다. 공산권에서 풍요를 구가하는 서방세계로 찾아가려는 인민의 행렬이 거대한 파고를 이루었다.

소련권에서 동구권으로, 이어 동유럽에서 서유럽으로 인민의 대이동이 일어났던 것이다. 그 인파는 유럽의 끝자락 영국에만 폴란드인이 100만명이나 몰릴 만큼 거대한 인간이동의 격랑을 일으켰다. 그 여파는 미국에도 몰아쳤다. 그 뿐만이 아니었다.

중국과 베트남 등 아시아 공산권, 동남아시아에서도 일본, 한국은 물론이고 멀리 유럽, 미국으로도 밀입국의 장사진이 이어졌다. 미국의 세계화 전략과 공산주의의 붕괴가 거의 동시에 일어나는 바람에 인류역사상 최대의 인력이동을 촉발했던 것이다. 거기에 더하여 저개발국가의 전쟁과 가난이 선진국으로 인력이동을 압박하고 있다.

아시아, 그 중에서도 특히 중국과 중동, 인도 아대륙에서, 그리고 아프리카에서 빈곤과 전쟁에서 탈출하여 유럽으로 가려는 인간의 물결이 거대한 파고를 이루고 있다. 크리스천의 본령인 유럽이 떠안은 문제의 심각성은 중국인과 인도의 힌두교도 말고는 그들의 대다수가 무슬림이라는 사실이다. 무슬림의 이동은 인종적 갈등에 더하여 종교적 충돌을 야기하는 중대성을 잉태한다는 점이 심각하다.

뉴욕의 세계무역센터 쌍둥이 빌딩 공중폭파사건인 2001년 9/11은 미국으로 하여금 이슬람권을 상대로 하는 테러와의 전쟁에 나서게 만들고 말았다. 미국의 2001년 아프가니스탄 침공과 2003년 이라크 전쟁이 그것이다. 그것은 천년세월을 유혈의 역사로 점철되어온 크리스천-이슬람의 충돌을 되살렸다.

9/11은 200년 동안 십자군 전쟁을 수행한 크리스천의 유럽, 그리고 유럽인의 이민국가 미국에 대한 700년만의 이슬람 역습이라는 시각이 강하게 존재한다. 거기에 더해 유럽과 미국에서 이슬람권의 호전적 세력에 의한 테러사건이 잇따르자 자국내에 존재하는 무슬림과 모스크를 향한 증오심과 함께 공포심이 끓어오르고 있다.

십자군 전쟁은 1095~1291년 11차례에 걸쳐 유럽의 로마 가톨릭 원정군이 동지중해의 레반트 지역의 지배권을 쟁탈하려고 이슬람 군대를 상대로 벌인 종교전쟁을 말한다. 레반트(Levant)는 근동의 팔레스타인, 시리아, 요르단, 레바논 등지의 역사적 지역을 가리킨다.

세계화가 몰락시킨 농촌경제, 단순노동, 중소기업

유행성 호흡기 괴질환인 코비드-19(COVID-19)의 대유행이 지구를 강타하면서 2020, 2021, 2022년 인류는 일찍이 경험하지 못한 격리시대를 살았다. 경제활동 위축으로 말미암아 세계경기 침체의 가속화-장기화가 불가피한 상황이었다. 그에 따른 대량실업과 소득감소가 정치불안을 야기하면 정치권력은 희생양을 필요로 한다. 그 경우 외국이주민을 그 대상으로 삼아 추방운동에 나설 가능성이 높아진다.

세계경제의 장기침체가 이어지면 자국산업, 자국민을 위한 보호무역이 고개를 들기 마련이다. 나라마다 내수경기 진작을 위해 국산품 애용을 강조한다. 또한 세계 곳곳에서 외국인이 일자리를 빼앗는다며 외국인 배척운동이 일어난다. 특히 유럽에서는 무슬림 배척운동이 발생하면 크리스천-이슬람의 충돌로 이어지는 폭발성을 잉태하고 있다.

유럽과 미국에서 비백인에 대한 배척운동이 일어나면 해외여행이 위축되어 세계의 인적교류가 현저하게 줄어든다. 그 경우 인류사상 최대의 인력이동을 촉발했던 세계화가 역풍을 맞아 코비드-19 이전과 이후의 세계의 모습은 확연히 달라질 가능성이 높다. 탈세계화(deglobalization)의 추세에 따른 반이민의 바람이 갈수록 거세지면서 일자리를 찾는 외국인에게는 국경이 닫힌다.

세계화에 따른 저렴한 노동인력의 이동은 저임금 계층을 세계적으로 확산시켰다. 기업들이 저기술-비숙련 분야는 주로 값싼 외국인 노동력에 의존하는 바람에 자국의 저임노동자들이 실업대열로 밀려났다. 그에 따라 실업구제를 위한 재정지출이 증가하고 그것이 고스란히 국민세금으로 전가되고 있다.

영국만 해도 인건비를 줄이려고 외국인 고용을 늘리다보니 옛 식민지에서 입국행렬이 이어졌다. 인도, 파키스탄, 방글라데시, 아프가니스탄, 실론뿐만 아니라 아프리카, 중동에서 이주민이 급증했다. 거기에다 동구권에서도 그 대열에 가세했다. 그들이 영국의 저임시장에 침투해 노동시장을 교란시켰다.

결국 영국이 외국 노동인력의 유입을 억제하는 방편으로 브렉시트(Brexit-EU탈퇴)라는 무리수를 선택했다. 외국이주민들이 영국에 많이 몰리는 배경에는 영어를 배울 수 있다는 이점이 크게 작용한다. 일단 영국에 들어가서 자식들이 영어라도 배우면 다른 나라에 가서도 적응하기가 수월하다는 현실적인 판단에 따른 것이다.

자본거래의 자유화에 따라 자본시장에 외국자본의 유입이 급증하고 있다. 그에 따라 주가상승과 배당증액을 요구하는 외국주주의 압력이 커지면서 기업들은 생산비 절감을 위해 인건비 지출을 최대한 억제해야만 한다. 그에 따라 기업들이 인건비를 감축하려고 값싼 외국인 고용을 늘린다. 자국민 고용축소를 통한 이윤확대가 자국민의 실업증가로 이어진다. 기업들이 외국인 고용을 확대함에 따라 자국 저임노동자의 실업이 늘어나고 임금이 줄어든다. 거기에 더하여 자동화, 전산화에 이은 지능화가 실업자를 양산한다. 그에 따른 저소득층의 소득감소로 인해 빈부격차가 심화되고 거기에 맞춰 해외저가품 수입이 증가한다. 그 여파로 저가품을 생산하는 중소기업의 존립이 위협받는다. 한국만 해도 2019년 5월 현재 코스피시장의 외국인보유 시가총액비율이 37.28%를 차지했다. 그에 따라 외국자본, 특히 미국자본이 정부의 경제정책과 기업의 경영전략에 막대한 영향력을 행사한다. 그에 따라 정부정책의 독립성과 기업경영의 독자성을 확보하기 어렵다.

미국이 추진한 세계화 통상전략에 따라 세계시장이 활짝 열리자 중국의 저가품-저급품이 세계시장 공략에 나섰다. 그 상황에서 미국이 중국의 저임을 노려 공장이전과 자본투자를 확대했다. 미국이 생산원가를 절감하는 이득을 누렸지만 중국은 미국자본-기술의 급속한 유입에 따라 단시일 내에 산업화를 이룩하는 대업을 완수했다.

세계의 저가품-저급품 시장을 장악한 중국이 그 생산력을 토대로 성취한 기술력 향상과 자본력 축적 통해 G-2로 굴기했다. 그에 따라 공룡으로 변한 중국자본이 이제는 세계의 고기술-고가품 시장을 석권할 태세다. 그 중국이 이제 미국과 자웅을 겨루며 세계적 사안에서 미국과 충돌을 마다하지 않는다.

미국이 인구대국 중국의 농산물 시장을 노려 중국의 WTO(세계무역기구)가입을 허용한 결과다. 그것은 미국이 추진한 세계화의 역습이다. 미국이 세계시장의 속성을 모른 채 군사력만 믿고 내린 단세포적인 오판이 빚은 결과다. 미국의 입장에서 보면 미국이 장악한 세계패권(World Hegemony)에 대한 중국의 도전을 자초한 꼴이다.

미국이 주도한 세계화의 폐해가 세계적 현상으로 나타나고 있다. 미국은 멕시코와 FTA를 맺으면 교역확대에 따라 멕시코 경제가 호전되어 멕시코인의 불법이민이 크게 감소할 것으로 판단했었다. 그런데 결과는 그 반대로 나타났다. 세계식량시장을 장악한 미국의 초국적 기업농이 저가공세를 펴는 바람에 멕시코의 가족농이 초토화되어 버렸다.

도시빈민으로 전락한 멕시코 농민들이 먹고 살 길을 찾아 죽음을 무릅쓰고 미국행을 감행하고 있다. 그것 또한 미국 세계화 전략의 역습이다. 미국의 통상압력에 눌려 한국도 농업시장을 무리하게 개방함으로써 농업, 농촌이 직격탄을 맞았다. 농업인구 격감이 그것을 말한다.

한국의 농업인구가 1992년 571만명에서 2015년 261만명으로 54.3%나 줄었다. 23년 동안 절반 넘게 격감한 것이다. 그 후 3년 동안 또 30만명이 더 줄어 2018년 농업인구가 231만명으로 집계되었다. 그나마도 65세 이상이 103만명이나 차지해 고령자 비율이 44.7%나 된다.

젊은이들은 살 길을 찾아 도시로 떠나 버리고 노인들만 남았다는 뜻이다. 그에 따라 도시의 과밀화-비대화가 촉진되어 집값상승으로 이어지고 있다. 주거비 부담증가는 도시빈민을 양산하여 빈부격차가 더욱 심화되고 있다. 그것은 또한 결혼기피와 출산저하를 촉진하여 인구감소를 유발하는 큰 요인의 하나로 작용하고 있다.
 비행기로 씨와 비료를 뿌리고 농약을 주는 미국의 초국적 식량대기업이 한국농업을 침탈한 결과다. 그에 따라 쌀마저 자급체제가 붕괴되어 2019년 곡물자급률이 21.7%로 떨어졌다. 식량안보가 심각하게 위협받는 실정이다. 식탁에서 밥과 일부 채소류를 빼면 거의 수입품이라는 사실이 그것을 말한다. 그나마도 젊은 일손이 없어 농촌, 농업을 동남아시아의 값싼 이주노동자들의 손에 맡긴 꼴이다.
 미국의 세계화 전략은 초국적 식량자본의 세계식량시장 장악을 노린 약탈적 포석이었다. 세계최대의 식량강국 미국이 가족농 중심의 세계의 농촌, 농업을 붕괴시킴으로써 세계의 농업인구를 실업대열로 몰아냈다. 거기에다 미국의 월스트리트 자본이 세계의 자본시장을 점령하고 고용최소화를 통한 이윤극대화를 압박하여 실업자를 양산하고 있다.
 세계화의 제물이 되어버린 세계의 농민, 저임노동자들이 살 길을 찾아 목숨을 건 도전에 줄을 잇는다. 그들이 무리를 지어 국경을 넘고 대양을 건너 세계를 유랑하고 있다. 불법이민이 증가함에 따라 미국의 저임노동자도 예외가 아니어서 실업대열로 밀려나고 있다. 그것은 미국이 추진한 세계화의 저주다.

얼굴색 짙어지는 미국-유럽

중남미 이주민 몰려 백인인구 비율 줄어드는 미국

 미국은 그들이 말하는 이른바 유색인한테는 자유와 희망을 약속하는 땅이 아니다. 미국은 얼굴색이 하얀 앵글로 색슨 족의 혈통으로서 개신교를 믿는 이른바 '와스프'(WASP-White Anglo-Saxon Protestants)의 나라다. 러시아계 유태인 이스라엘 쟁윌이 1909년 미국을 다양한 종교, 문화, 인종을 녹여내는 도가니(melting pot)라고 말했다지만 그것은 유럽계 백인에게나 해당되는 말이다.

 그럼에도 새로운 삶터를 찾아 세계를 헤매는 유랑민의 첫째 목적지는 단연 미국이다. 이민국가 미국이 인종차별은 심해도 민족국가에 비해 다인종, 다문화, 다종교 사회이고 일자리도 많으며 땅도 넓어 불법이민자들이 숨어살기에도 용이하다. 그 때문에 미국은 멕시코를 비롯한 중남미는 물론이고 세계의 난민들이 국경을 넘으려고 목숨을 걸고 도전하는 꿈의 나라다.

 미국에는 8,00만~1,200만명에 달하는 불법이주민들이 상시적으로 체류한다. 뉴욕시에만도 그 숫자가 50만명에 달한다. 그들은 온갖 핍박과 추방위협에 시달리면서도 미국사회의 허드렛일을 도맡아서 해낸다. 미국은 트럼프 행정부 시절에 불법입국을 막으려고 멕시코와 국경지대에 장벽을 쌓다 바이든 행정부 들어 중단한 상태다.

 미국은 한 세기 전에도 장벽을 세운 적이 있어 언제 다시 그 작업을 재개할지 모를 일이다. 그런데다 대통령 바이든이 2021년 1월 취임초부터 트럼프와 달리 이민정책을 신축적으로 운영할 기미를 보였다. 그 까닭에 더 늦기 전에 멕시코를 경유해서 미국으로 잠입하려는 이주민의 행렬이 갈수록 길어진다.

 그 행렬은 라틴아메리카는 물론이고 아시아, 아프리카, 동유럽 등 세계 각지에서 몰려든 이주민들로 갈수록 길어진다. 미국 남서부의 멕시코와의 국경지대에는 다리 하나를 사이에 두고 2개의 작은 도시, 즉 미국 텍사스 주의 델 리오, 그리고 멕시코의 시우다드 아쿠냐가 서로 마주보고 있다. 2021년 9월 그 다리 밑에는 불볕더위를 피해 1만3,000명의 난민들이 모여 난민촌을 이루고 있었다.

 물도 먹을 것도 없는 상태에서 노숙생활을 하며 국경선을 넘을 날만 고대하는 이들이었다. 그들이 미국에서 새 삶을 일구어 보려는 꿈을 안고 더러는 목숨을 걸고 멀리 남미의 끝자락에서 무작정 걷고 걸어서 그곳까지 갔다. 하지만 희망은 보이지 않고 절망이 눈앞을 가린다.

 2020년 10월~2021년 9월 1년간에 미국에 들어가려다 적발된 불법입국자가 174만명을 넘어섰다. 국가별로는 멕시코가 60만8,000명으로 가장 많고 이어 온두라스 30만9,000명, 과테말라 27만9,000명, 엘살바도르 9만6,000명으로 뒤를 이었다. 그 밖에 아이티, 베네수엘라, 쿠바, 브라질 등이 36만7,000명이었다.

 2021년 8월 한 달 동안 미국 남서부 국경선에서 난민을 신청한 사람이 20만8,887명이었다. 그것은 전년동기의 5만14명에 비해 4배 이상 늘어난 것으로 20년만에 최고치였다. 그들 중에는 2021년 8월 지진피해를 입은 아이티 출신이 많았는데 미국은 그들을 비행기에 태워 돌

려보냈다.

 아이티 출신이 갑자기 증가한 이유는 2021년 들어 7월 대통령 암살, 8월 지진으로 경제상황이 최악의 상태로 치달아 탈출행렬이 이어졌기 때문이다. 아이티 난민 중에는 2010년 지진 피해를 입고 브라질 등 남미국가로 이주했었지만 그곳에서 새로운 삶터를 일구지 못한 사람들이 적지 않았다.

 2021년 7월 미국 ICE(이민관세청)가 억류한 불법입국자 21만2,672명 중에는 부모를 동반하지 않는 미성년자가 1만9,000명이나 있었다. 미국이 불법입국자를 즉각 추방하나 보호자 없는 미성년자를 예외로 인정하고 있다. 그 점을 이용하여 자식이라도 혼자 먼저 보냈을 것으로 짐작된다. 또 2차, 3차 도전자도 적지 않았다.

 미국 남부국경선은 3,200km에 걸쳐 펼쳐진다. 한국 경부선 거리의 7배가 넘는 그 광활한 국경지대를 얼마나 많은 사람들이 몰래 넘어서 미국에 잠입하는지 아무도 모른다. 2021년 불법월경자가 급증했던 이유는 미국 이민정책의 변화 말고도 코비드-19가 2년 넘게 맹위를 떨치면서 세계경제가 침체국면에 빠져들어 대량실업이 발생했기 때문이다.

 그들은 거의 라틴아메리카의 원주민-백인 혼혈인인 메스티소 또는 흑인이나 흑백혼혈인인 물라토라는 점이 눈에 뜨인다. 그것은 라틴아메리카에서는 얼굴색이 검으면 여전히 일자리를 찾기가 어렵다는 사실을 말한다. 그에 따라 미국의 얼굴색이 점점 짙어지고 있다. 미국

미국-멕시코 국경지대를 가로막는 장벽을 뛰어 넘는 난민들.

인구조사국의 2019년 인구조사에 따르면 전체인구는 3억2,823만명이며 그 중에서 백인이 60.1%를 차지했다.
 그것은 미국이 1790년 관련통계를 작성한 이후 가장 낮은 수치다. 이어 라틴아메리카의 라티노 18.5%, 흑인 13.4%, 아시아계 5.9% 등 순이었다. 라티노는 불법입국자가 많아 실제인구는 통계보다 훨씬 많을 것으로 추측된다. 라틴아메리카는 만년빈곤에다 정정불안까지 겹쳐 라티노의 미국유입이 계속 늘어나는 추세를 보인다.
 그런데 투표율을 보면 라티노는 47%로 백인 67%, 흑인 60%에 비해 크게 저조하다. 그 이유는 라티노의 낮은 정치참여 의식에도 있지만 미국에 정착한 기간이 짧기 때문이다. 또 영어를 모르는 인구가 많은 것도 큰 원인이다. 히스패닉의 증가추세를 보아 스페인어가 멀지 않은 장래에 미국의 제2 공용어로 채택될 가능성이 높아진다.
 미국에는 라티노 말고도 아시아계의 유입도 늘고 있는데 그들의 출산율은 백인보다 높은 편이다. 흑인도 출산율이 높지만 아프리카 흑인의 유입은 별로 없고 흑인 이주민은 거의 라틴계, 특히 카리브 제도 출신이 많다. 그에 따라 앞으로 25년 후에는 미국에서 백인이 소수인종으로 전락할 것이란 예측이 우세하다.
 미국에서도 라틴아메리카 출신을 보통 히스패닉이라고 말하는데 엄밀히 따지면 옳은 표현이 아니다. 히스패닉은 스페인어를 구사하는 남미 출신을 지칭하는데 라틴아메리카에는 스

페인어를 공용어로 쓰지 않는 나라들이 있다. 포르투갈어의 브라질, 영어의 자메이카, 프랑스어의 아이티, 네덜란드어 수리남이 그들이다. 따라서 전체 라틴아메리카를 뜻한다면 라티노라고 부르는 것이 옳다.

 석유부자의 나라 베네수엘라가 집권세력의 부정부패와 정책실패로 인해 국가경제가 파탄난 바람에 2019년 현재 400만명이 탈출행렬에 나섰다. 그들도 미국으로 가고 싶지만 그 길이 쉽지 않자 일단 이웃나라로 퍼져나가고 있다. 콜롬비아 130만명, 페루 77만명, 칠레 29만명, 에콰도르 26만명, 브라질 17만명, 아르헨티나 13만명 등으로 흩어져 피난처를 찾았다.

 그 밖에도 멕시코, 중앙아메리카, 카리브 제도에도 상당수가 퍼져 나갔다. 그 후 2년이 지난 2021년 베네수엘라 난민숫자는 560만명으로 더욱 늘어났다. 이웃나라들이 문을 닫자 콜롬비아, 에콰도르, 페루, 볼리비아를 거쳐서 멀리 칠레로 탈출의 행렬이 이어지고 있다.

 그들이 장장 5,000km를 석 달 동안 걷고 걸어서 해발 3,000m의 고원지대에 도달하나 그곳에서도 그들을 반기지 않는다. 하루 500~1,000명꼴로 칠레의 국경선을 넘는다고 한다. 현지민들이 축출하라고 외치며 시위를 벌이는 가운데 더러는 그들의 간이천막을 불태우거나 철거해 버리며 소동을 피운다.

 백호주의로 이름났던 호주도 아시아인의 유입이 늘어나는 만큼 나라의 얼굴색이 짙어지고 있다. 1994년 1월 1일 유럽경제의 통합을 지향하는 EU(유럽연합)가 출범함에 따라 태평양에 홀로 떨어져 있는 백인의 나라 호주는 외딴섬의 신세가 되고 말았다. 생존전략 차원에서 호주가 백호주의를 포기하고 아시아 경제권에 편입되기 위해 아시아인의 이민을 허용하고 있다.

 캐나다는 미국과 인접해 있고 유럽과도 경제적, 군사적 유대관계가 깊지만 호주와 실정이 비슷한 측면이 있다. 특히 두 나라는 1980~1990년대 홍콩 중국반환과 중국개방에 따라 중국계 이주민이 급증했다. 앞으로도 중국-타이완, 중국-홍콩의 관계가 악화되면 미국, 호주, 캐나다, 영국에 중국계 이주민의 유입이 더욱 늘어날 전망이다.

서유럽에 몰리는 옛 식민지 중동, 아프리카 난민들

 세계를 떠도는 수많은 이주민들이 미국이나 유럽으로 가기를 원한다. 그러나 그 길이 멀기도 하고 험난하기 그지없다. 그 까닭에 먼저 이웃 나라로 잠입하여 목적지로 가는 길을 탐색하는 경우가 많다. 아프리카, 중동, 인도 아대륙 출신들은 미국보다는 지리적으로 가까울 뿐만 아니라 문화적으로 유대감이 있는 옛 식민지 종주국 유럽 국가들을 선호한다.

 사하라 사막 이남의 아프리카 난민들은 거의 유럽의 옛 식민지 종주국으로 가려고 한다. 그들은 그곳의 문화와 언어에 대한 이해도가 높아 정착하기가 수월하다고 믿기 때문이다. 하지만 하늘 길은 불법입국이 어렵기도 하지만 돈이 많이 든다. 그 연유로 북아프리카로 들어가서 바닷길을 통해 유럽에 잠입하려는 행렬이 길어진다.

 아프리카에서는 인력유출이 멈출 줄 모른다. 가난에서 탈피하려는 경제난민에다 종족간의 살육전에서 탈출하려는 전쟁난민이 줄을 잇는다. 그 까닭에 사하라 사막 이남에서 북아프리카를 거쳐 지중해를 건너려는 목숨 건 도전이 그치지 않는다. 또 중동에서 끝없이 벌어지는 내전과 전쟁이 난민을 양산해 유럽으로 내몰고 있다.

 아프리카인들은 일단 사하라 사막을 건너 유럽으로 가는 길과 접근이 비교적 용이한 북아프리카의 모로코나 리비아로 숨어든다. 그곳을 경유해 지브롤터 해협을 넘어서 유럽에 진입하

사진 안토니오 마시엘로 20015년 10월 11일 촬영.

 미국과 서유럽으로 가는 길목에는 난민이나 이주민을 상대로 불법이민을 알선하는 '인간밀수'가 성업중이다. 낡은 어선이나 고무보트를 타더라도 비싼 승선료를 내야 한다. 사진은 어선을 타고 그리스 레스보스 섬에 도착한 난민들. 그들은 거의 아프가니스탄이나 시리아 출신으로서 터키를 거쳐 에게 해를 건너서 그곳에 도달했다.

 그들의 긴 여로는 거기서 끝나지 않는다. 그들은 또 서유럽으로 가는 목숨을 거는 도전에 나서야 한다. 그 길도 돈이 있어야 통한다. 2015년에만도 아프가니스탄, 시리아 난민 40만 명이 그리스를 통과해 서유럽으로 갔다. 그해 EU는 그리스와 이탈리아를 통해 들어온 71만명의 난민을 수용해야만 했다.

려고 목숨을 걸고 도전한다. 아니면 지중해를 건너 이탈리아의 시칠리아를 거쳐서 목적지로 가려는 위험한 도박에 나선다. 그런데 '아랍의 봄' 이후 리비아에서도 내전이 일어나 탈출행렬에 가담하고 있다.

유럽은 그들에게 약속의 땅으로 알려져 있다. 그곳에서 새로운 삶터를 찾으려고 낡은 고깃배에 빈틈없이 빽빽하게 매달린 아프리카인들의 죽음의 도전이 줄을 잇는다. 2015년 4월 지중해를 건너서 유럽으로 밀입국하려던 난민선이 5척이나 잇달아 난파했다. 지중해가 무정하게도 2,000명 가운데 1,200명이나 삼켜버렸다. 그 집단수장으로 말미암아 '유럽 난민사태'의 처참한 실상이 세상에 더욱 널리 알려지게 되었다.

2015년 유럽 난민사태는 지중해와 남동유럽을 통한 불법입국이 급증하면서 일어났다. 유럽으로 가려는 난민은 주로 시리아, 이라크 등 중동, 또 에리트레아, 나이지리아, 소말리아, 수단, 감비아 등 아프리카, 그리고 아프가니스탄, 파키스탄, 방글라데시, 인도 등 서남아시아, 그 밖에 세르비아, 코소보, 알바니아 등 발칸반도 출신이다.

EU의 이민규제에 따라 지중해와 남유럽을 통해 유럽으로 가는 길이 점점 좁아지고 있다. 그러자 이주민들은 동유럽을 거쳐 서유럽으로 가는 새로운 통로를 모색하고 있다. 그것은 친러시아 국가 벨라루스를 통해 폴란드로 들어가는 길이다. 벨라루스는 EU(유럽연합)와 NATO(북대서양조약기구) 회원국인 폴란드, 리투아니아, 라트비아 등 3개국과 국경을 마주 보고 있다.

2021년 11월 늦가을 벨라루스-폴란드 접경지역에는 국경선을 넘어서 폴란드로 잠입하려는 수천명의 이주민들이 몰려 인파를 이뤘다. 벨라루스 경비대가 먼저 휴대전화를 뺏고 나서 난민들을 철조망이 둘러쳐진 국경지대로 몰아붙여 월경을 강압했다. 하지만 폴란드 경비대가 월경을 막아 대치상태에 놓여 있었다.

이주민들은 양측 경비대에 의해 갇힌 형국이라 오도 가도 못하는 신세였다. 그들은 거의 중동 출신으로서 그곳을 거쳐 주로 독일로 가려는 이주자들이었다. 기온은 빙점 이하로 떨어지는데 물도 음식물도 없는 노숙상태라 이미 저체온증으로 사망자가 발생하고 있었.

밤에는 폴란드 헬리콥터의 감시비행이 내는 굉음 탓에 잠조차 잘 수 없었다. 그런데 그 후방에도 접경지대로 가려는 이주민의 행렬이 줄을 잇고 있다고 전해졌다. 폴란드는 접경지대에 1만2,000명의 경비병력을 배치하고 있었다. 접경지대에 야간이동을 통제하는 비상조치를 발동한 리투아니아는 난민의 월경사태에 대비해 병력배치를 강구하고 있었.

폴란드와 벨라루스가 서로 비난전을 벌이는 가운데 긴장이 고조되어 군사적 충돌마저 우려되는 상황이었다. EU는 벨라루스가 2021년 여름부터 그곳을 통과하면 서유럽으로 가는 국경선을 쉽게 넘을 수 있다고 거짓 정보를 흘려 이주민들이 몰리는 난민사태를 빚었다고 보고 있었다.
 또 벨라루스 경비대가 그들을 국경지대로 몰아넣어 사태를 악화시켰다고 비난했다. 벨라루스의 집권자 알렉산더 루카쉔코가 민주인사를 탄압하자 EU가 경제제재를 가했었다. 그러자 루카쉔코가 보복조치로 이주민들을 국경지대로 밀어붙이고 있다는 것이 EU의 판단이었다.
 EU가 그 짓은 새 삶터를 찾는 이주민의 생명을 담보로 정치적 목적을 달성하려는 야비한 행태라며 벨라루스를 맹비난했다. 그것은 인간을 무기화로 악용하는 야만적 작태라는 것이었다. 그에 맞서 벨라루스는 유럽으로 가는 가스라인을 끊겠다고 으름장을 놓았다. 그 사이에

폴란드-벨로루스 국경지대에 갇힌 난민들. 벨로루스는 밀어내고 폴란드는 막는 통에 그들은 오도 가도 못 하는 신세였다. 2021년 11월 11일 이렉 도로잔스키 촬영.

이주민들이 철조망을 끊고 월경을 시도하자 폴란드 경비대가 물대포와 최루탄을 쏘아 해산함으로써 그 시도는 실패하고 말았다.
 바로 그 시점에 서유럽의 끝자락 도버해협에서는 영국에 밀입국하려는 이주민의 행렬이 여전히 멈추지 않고 있었다. 그들은 북프랑스에서 쪽배에 몸을 싣고 도버해협을 건너 영국에 잠입하려고 시도한다. 영국은 '인간 밀수선'을 적발하더라도 프랑스의 반발을 의식해 돌려보내지도 못하는 입장이다.

그것을 잘 아는 이주민들이 북프랑스에 숨어서 바람 없는 좋은 날씨를 기다렸다가 도버해협에 목숨을 걸고 건너는 위험한 도전을 결행한다. 도버해협을 통해 영국에 들어온 이주민은 2021년 들어 10월까지 2만3,000명에 달했다. 그것은 2020년의 8,404명에 비해 크게 증가한 것이었다.

도버해협을 건너 영국에 잠입하는 이주민의 98%는 난민신청을 한다. 난민신청자는 2019년 3만5,737명, 2020년 2만9,815명, 2021년 상반기 1만4,670명이었다. 2021년 11월 24일 끝내 난민보트가 전복되어 27명이 목숨을 잃는 참사가 일어나고 말았다.

그 같은 상황인데 동유럽에서 대규모 난민사태를 유발하는 전쟁이 일어났다. 2022년 2월 24일 러시아가 돌연 감행한 우크라이나 침공이 그것이다. 전쟁이 발발한지 55일째인 4월 20일 UNHCR(유엔난민기구)가 발표한 바로는 우크라이나 인구의 1/9인 503만명이 피란길에 올랐다.

그들은 포격을 피해 일단 이웃나라로 피란을 떠났다. 폴란드 283만명, 루마니아 76만명, 헝가리 47만명, 몰도바로 43만명, 슬로바키아 30만명 등으로 피신한 상태였다. 그 와중에 침략국 러시아와 친러시아 국가 벨라루스에도 각각 55만명과 2만명이 피란처를 찾았다. 그들은 전쟁상황에 따라 귀국이 어렵다고 판단되면 살길을 찾아 서쪽으로, 서쪽으로 이동할 가능성이 높다.

휴전이 이뤄질지, 전쟁이 장기화할지, 러시아가 퇴각할지, 러시아가 점령할지 앞으로 전쟁양상이 어떻게 전개될지 예측하기 어렵다. 어떤 경우에도 전쟁으로 인한 피해가 막심하여 피란민이 쏟아질 상황이다. 전쟁초기에는 인접국에서 임시거처를 얻더라도 그 파장은 멀리 서유럽에까지 미칠 게 분명하다. 난민으로 골머리를 앓고 있는 서유럽이 또 다른 난민문제를 떠안게 된 것이다.

중동과 아프리카에서 군사분쟁으로 인해 발생한 난민이 2014년 12월 무려 6,000만명에 달했었다. 그것은 2차 세계대전 이후 최대의 규모였다. 그 해 EU 회원국들은 난민 62만6,000명을 받아들였다. 2015년 11월 UNHCR(유엔난민기구)의 자료에 따르면 유럽에 도착한 난민의 국적은 시리아 52%, 아프가니스탄 19%, 이라크 6%의 순이었다.

2011년 튀니지를 시발로 일어났던 '아랍의 봄'이 이집트, 리비아, 알제리, 모로코에 이어 바

2022년 2월 러시아가 돌연 우크라이나를 침공했다. 수백만명이 이웃나라로 피난 갔지만 그들도 상당수는 언제인가는 서유럽으로 가려고 할 것이다. 폭격으로 폐허가 된 우크라이나 키예프 외곽지역 부차에서 한 여자가 파괴된 러시아 탱크 사이를 걷고 있다. 사진 : 2022년 4월 3일. AP통신.

레인, 이란, 요르단, 예멘 등 북아프리카와 중동 일대에 들불처럼 번져나갔다. '아랍의 봄'이 시리아에서도 민주화의 서광을 비추는 듯했었다. 그러나 그 봄바람이 수구세력의 역풍을 맞아 내전의 살육전을 부르고 말았다.

그로 인해 5년 동안 발생한 사망자가 25만명에 달했다. 살아남은 이들은 이웃나라로 피난길을 떠나 시리아 인구의 절반가량이 고향을 등지고 세계를 정처 없이 떠도는 유랑민의 신세가 되고 말았다. 2014년 8월 UN이 발표한 난민만도 650만명이 넘었다. 터키가 가장 많은 300만명을 수용했고 나머지는 흩어져 유럽을 비롯한 제3국으로 이주했다.

터키는 아프가니스탄, 이라크의 난민이 넘쳐나는데 더하여 시리아에 이어 중앙아시아에서도 난민의 유입이 그치지 않는다. 1990년대에만 해도 시리아와 요르단은 이라크 전쟁난민의 피난처였는데 상황이 역전되었다. 아프가니스탄 피난민으로 골머리를 앓고 있는 이란과 파키스탄이 추방에 나섰다.

그런데 또 처참한 상황이 벌어지고 말았다. 2021년 8월 30일 미국이 20년 동안 끌어온 아프가니스탄 전쟁에 찍은 마침표가 그것이다. 미국이 그날 아프가니스탄에서 마지막 철군과 함께 민간인 대피작업의 종료를 선언했다. 그 전쟁은 미국이 2001년 9/11 테러공격을 응징한다는 명분으로 아프가니스탄을 침공함으로써 일어났었다.

미국의 철군작전이 막바지에 이르자 카불공항은 탈출인파가 몰려 그야말로 아수라장이었다. 2021년 5월부터 미국이 아프가니스탄에서 철군을 개시하자 전세가 급전하여 탈레반이 아프가니스탄 전역을 삽시간에 장악했었다. 그 상황에서 미국이 서둘러 철군을 단행함으로써 일어난 사태였다. 이슬람 규율을 내세운 탈레반의 무자비한 공포통치를 체험한 아프가니스탄 사람들이 놀라 대혼란에 빠졌던 것이다.

많은 아프가니스탄 사람들이 행선지를 따지지 않고 일단 국외로 빠져나가려고 난민행렬에 뛰어 들었다. 난민이 200만명을 넘을 것이란 성급한 전망이 나오는 가운데 더 비극적인 관측이 이어지고 있었다. 공포정치가 두렵기도 하지만 만성적인 식량난에 가뭄까지 겹쳐 아사사태가 우려되는 상황이라는 것이었다.

거기에다 코비드-19 대유행과 맞물리면 재앙적 사태까지 예견되었다. 지난 20년 동안 아프가니스탄을 떠난 난민만도 무려 259만명에 달했었다. 그 중에서 145만명은 파키스탄이 수용했고 78만명은 이란이 받아들였다. 유럽에서는 독일이 18만명을 수용했었다. 그런데 또 난민사태가 터진 것이었다.

미국과 영국, 프랑스 등 참전국들이 철군과 동시에 부역자로 몰려 처단당할 처지에 놓인 상당수의 조력자 내지 협력자들을 소개시켰다. 한국도 특별공로자라는 명목으로 391명을 국내로 대피시켰다. 하지만 대규모 난민사태를 우려해 인접국가들과 유럽국가들이 민감한 반응을 보였다.

오스트리아와 스위스는 즉각 아프가니스탄 난민을 받지 않겠다고 쇄기를 박고 나섰다. 미국을 비롯한 참전국들도 수용능력 한계와 반대여론에 부닥쳐 고민이 깊어질 수 밖에 없는 사태가 벌어지고 있었던 것이다.

살 길 찾아 세계를 유랑하는 전쟁-경제난민 3억명

난민의 유입을 막기 위해 미국만이 이웃나라 멕시코와 사이에 장벽을 쌓은 것이 아니다. 터키와 그리스는 아프가니스탄 난민을 막으려고 국경지역에 장벽을 세우겠다는 계획이다. 또 폴란드는 하루 평균 500명의 난민이 월경을 시도한다며 2022년 여름까지 벨라루스와의 접경지대 400km의 절반에 장벽을 친다는 계획을 서둘러 세웠다.

19세기 중반 이래로 수많은 인도인들이 고향을 등지고 세계를 유랑하지만 그 인도도 장장 4,000㎞의 국경지대에 장벽을 세우고 있다. 방글라데시인의 유입을 봉쇄하려는 방책이다. 예멘과의 국경지대에 장벽을 쌓고 있는 사우디 아라비아는 이어 이라크와의 국경지대 900㎞에도 장벽건설계획을 추진하고 있다.

중국은 세계최대의 인력유출국이지만 북한 탈북자의 유입을 막으려고 압록강을 따라 보안장벽을 건설하고 있다. 거기에는 북한과 군사동맹을 맺고 있는 중국이 북한주민의 탈출을 막아주려는 의도도 있다. 북한의 경제적 궁핍과 정치적 불만을 품고 탈출해 남한에 거주하는 탈북자가 2020년 현재 3만3,000명에 달한다.

중국은 북한과의 친선관계를 고려해 탈북자에게 난민의 지위를 부여하지 않고 강제로 송환한다. 한국도 이른바 진보정권이 북한과의 관계악화를 우려해 탈북자의 입국에 대해 거부적 자세를 보였다. 북한을 탈출하는 데는 성공했지만 수많은 탈북자들이 중국과 연해주에서 정처를 찾지 못한 채 전전하며 숨어 지내는 신세다.

그와 달리 러시아는 소련해체 이전의 연방공화국 출신에게는 입국에 제한을 두지 않는다. 러시아가 공산주의 종주국의 향수를 잊지 않기도 하지만 경제상황이 호전되면서 인력수요가 늘어났기 때문이다. 우즈베키스탄, 몰도바, 키르기즈스탄 등지에서 해마다 수백만명이 유입된다. 러시아의 극동지역에는 1,000만명 가까운 중국인이 거주한다.

남아연방은 인종차별(Apartheid) 철폐 이후 백인계 기술인력의 급속한 유출에 따라 경제적 타격이 크다. 그 자리를 짐바브웨 등지의 불법입국자들이 채우고 있다. 그 숫자가 500만명에 이르자 추방운동이 벌어지고 있다. 외국이민에 개방적이던 아르헨티나, 칠레도 이웃나라에서 경제난민이 몰려오자 문을 닫고 있다.

이주민의 불법입국은 범죄조직을 통해야 감시의 눈을 가릴 수 있어 성공률이 높아진다. 그 연결고리는 돈이다. 지중해를 건너는 쪽배도 승선료를 내야 탈 수 있다. 경유지에 숨어들어가더라도 그곳을 벗어나 목적지로 잠입하려면 주로 대륙을 달리는 대형 화물트럭을 이용한다.

알선책을 찾아 인간밀수 조직과 접선해야 하는데 그것 또한 쉽지 않다. 유럽에서는 화물 컨테이너나 화물트럭 짐칸에 몸을 숨겨 숨만 쉬는 상태에서 며칠이고 달린다. 곳곳에서 이뤄지는 국경선 검문에 걸리지 않아야 요행히 목적지에 도달한다. 그곳에서도 감시의 눈길이 번쩍인다.

화물 컨테이너 문을 열었더니 사체가 쏟아져 나오는 바람에 세인을 아연케 했던 사건들이 더러 있었다. 질식사가 아니면 냉동차를 탔다가 동사한 경우다. 그 과정에 젊은 여성을 대상으로 하는 인신납치–매매도 적지 않게 이뤄지지만 어디에도 호소할 길이 없다.

멕시코를 우회해 미국에 잠입하려는 행렬에는 라티노만이 있는 것이 아니다. 중국인을 비롯한 아시아인과 아프리카인들도 적지 않다. 미국-멕시코 국경선에 닿았다고 입국의 기회가 오지 않는다. 국경선을 잘못 넘었다가는 길을 찾지 못해 물도 없고 나무도 없는 황무지에서 헤매다 죽는다.

아니면 불법이민자를 노리는 백인사냥꾼의 총에 맞아 죽는다. 죽으면 독수리나 늑대의 밥이 된다. 국경지대 곳곳에서 어렵지 않게 눈에 띄는 백골이 그 비극을 말한다. 아니면 국경경비대한테 잡힌다. 유럽에서는 목적지로 가는 승차료가 보통 3,000~6,000유로다. 멕시코를 통해서 미국으로 넘어가는 승차료도 비슷한 수준이나 국경경비가 심해질수록 그 값이 올라간다.

돈이 없으면 출발지에서 미리 도착지까지 연계되어 있는 인간밀수 조직의 알선책과 접촉해야 한다. 입국 몸값은 고국에 남은 가족의 목숨을 담보로 빌리고 목적지에 도착한 다음에 벌어서 이자에 이자를 붙여 갚아야 한다. 범죄조직의 안내인과 접선이 이뤄져야 그의 안내를 받아 비밀통로를 통해 국경선을 넘을 수 있다.

그곳에서도 안내인의 지시에 따라 기민하게 움직여야 접선지점에 도달한다. 그곳에 숨어서 더러는 며칠이고 기다리던 차량이 나타나야 타고 안전가옥까지 이동한다. 한 순간도 안심할 수 없는 긴장의 연속이다. 감시의 눈길에 걸리는 순간 모든 것이 허사가 되고 만다.

서유럽에는 이민규제에도 불구하고 동유럽, 아프리카, 중동, 서남아, 동남아, 중국에서 이주민이 줄지어 몰려든다. 미국은 라틴아메리카 이주민이 거의 가톨릭 신자라 종교적 갈등은 크지 않다. 그와 달리 유럽은 유입인구의 대부분이 무슬림이라 인종적 갈등 말고도 종교적 마찰의 소리가 날로 높아지고 있다.

ILO(국제노동기구)는 군사적 분쟁과 경제적 궁핍으로 인해 발생한 난민이 2017년 2억 7,700만명으로 2013년보다 20%가량 증가한 것으로 집계했다. 유엔이 정의한 이주노동자는 15세 이상으로서 일자리를 찾아 외국으로 이주했거나 외국노동시장에 뛰어든 난민을 포함한 개념이다.

그것은 3억명 가까운 인류가 오늘도 먹고 살 길을 찾아 세계를 떠돈다는 소리다. 그런데 그 숫자가 전쟁, 내전으로 인해 날로 늘어난다. 그들 중에는 불법체류의 경력이 있거나 여권조차 없어 반기는 나라가 없지만 불법입국에 목숨을 걸고 세계를 유랑한다. 또 많은 이들이 조국에서 정치적 이유로 탄압받았지만 해외에서 정치난민으로 인정받지 못해 정처를 찾아 세계를 헤매고 있다.

ILO 보고서에 따르면 2017년 세계의 이주노동자(migrant worker)는 1억6,400만명으로 세계노동시장의 4.7%를 차지한다. 그것은 2013년보다 9% 증가한 것이다.

그들 가운데 67.9%는 고소득국가에 체류하고 그들 국가 노동인구의 18.5%를 차지한다. 이주노동자 수용률은 서유럽 23.9%, 북아메리카 23.0%, 아랍국가 13.9%순이었다. 그들 가운데는 많은 이들이 귀향의 날을 기다리기보다는 체류기회의 연장을 더 바라고 있다.

많은 난민들은 국가 지도자를 잘못 만난 탓에 먹고 살 길을 찾아 나라를 떠난 이들이다. 무식하고 무능한 것도 모자라 나랏돈을 쌈지 돈으로, 국책사업을 이권사업으로 아는 도둑의 무리가 나라를 차지해 국가재정을 파탄 낸 까닭에 백성이 세계의 미아가 되어 지구를 떠도는 신세가 되었다. 국가해체의 위기가 국민을 난민으로 내몰고 있는 것이다. 도당정치(盜黨政治-Kleptocracy)의 비극이다.

정정불안, 경제침체에다 내전과 전쟁이 겹쳐 노동환경이 더욱 악화되면서 이주노동자가 증가하는 추세다. 2020, 2021, 2022년 코비드-19로 인해 세계경제가 장기침체로 이어지면 그 증가세가 더욱 가팔라질 전망이다. 하지만 전염병의 확산을 차단하려는 노력의 일환으로 굳게 잠군 국경의 빗장이 다시 열리기까지는 긴 세월이 걸릴 듯하다.

미국에서 어린 자식마저 잃고 쫓겨난 불법이주자들

캐나다에서는 20세기 중반까지도 원주민의 6세 이하 자녀들을 가족과 격리하여 수용하는 가정파괴행위가 자행되고 있었다. 정부가 나서 100년 넘게 원주민 아동을 부모한테서 강제로 떼어내어 기숙학교라는 집단수용소에 수용했다. 아니면 백인가정에 강제로 입양시켰다.

수많은 원주민 어린이들이 가족과 생이별하고 나서는 평생 부모형제와 다시 만날 길이 끊어져 버렸다. 이름도 생일도 모르고 부모의 얼굴도 기억나지 않으니 부모를 찾을 레도 찾을 길이 없었다. 생존자들이 집단소송을 제기하여 2008년 '진실과 화해 위원회'가 출범하여 그 실체가 부분적으로 드러났다.

2019년 캐나다 정부의 발표로는 1863~1998년 기숙학교들이 원주민 아동 15만명을 수용했었는데 그 중에서 8만명이 생존해 있다고 한다. 또 수용시설에서 죽은 어린이가 6,000명이 넘었지만 2,800명만이 명단이 파악되었다고 한다. 그에 따라 21세기 들어 2명의 수상이 잇달아 인종말살 정책에 책임을 통감하고 사죄했다.

캐나다에서 국가권력에 의한 야만적인 가족해체 작업에 분노하고 있던 바로 그 시점에 이웃

나라 미국에서는 불법이주자 마녀사냥이 벌어지고 있었다. 대통령 도널드 트럼프가 취임하자마자 불법이주자 불관용(Zero Tolerance)을 선언하고 대대적인 색출작전을 전개했다. 어린이들은 부모한테서 떼어내어 따로 수감했다. 그것은 21세기 미국에서 벌어진 가족해체 작업이었다.

조직범죄나 테러단체를 진압하는 기동타격대 차림의 검은 차량들이 줄지어 출동한다. 중무장한 수사병력이 격발태세를 갖추고 불시에 불법이주자의 집을 찾아다니며 살벌한 수색작업을 벌였다. 검은 전투복에 방탄조끼를 입고 등에는 'POLICE'(경찰), 'ICE'(이민관세청) 표식을 붙여 보기만 해도 위압적이고 고압적이다.

근육질의 몸매를 가진 그들은 스페인어 구사자를 필수적으로 대동한다. 그들의 얼굴을 보면 상당수는 미국사회가 말하는 이른바 유색인이라 이민 2세가 아닌가 싶다. 입국시기와 상관없이 적법한 절차를 거치지 않고 입국한 사람은 모두 추방대상이어서 그들은 언제 쫓겨날지 언제 가족과 헤어질지 모르는 공포의 시대를 살았다.

잡히면 무조건 체포하여 신발 끈을 빼고 허리띠를 푼다. 그 다음에 발에는 족쇄를 채우고 수갑을 채운 양손을 허리를 감은 쇠사슬로 묶어 꼼짝 하지 못하게 만들었다. 체류기간이 얼마인지 범법행위가 있었는지도 묻지 않았다. 제대군인인 남편이 시민권자이고 자녀가 미국에서 태어났으니 시민권자이나 그것도 따지지 않았다.

과속운전이라도 하다가 경찰한테 걸려 신분이 드러나면 즉시 체포되었다. 불법이주자는 무조건 남녀를 분리하고 젖먹이 애기조차 가족과 떼어내어 따로 구치소에 수감하는 만행을 저질렀다. 서로 어디에 갇혔는지 몰라 안부조차 알기 어려웠다. 가족을 만나려고 하루 종일 차를 달려 구치소에 갔다가 그 자리에서 체포되기도 했다. 그러니 불법이주자라면 누구나 얼음덩어리처럼 차가운 ICE라는 이름만 들어도 벌벌 떨었다.

트럼프가 2018년 4월 불법이주자에게 무관용 정책을 적용하는 행정명령을 발동했다. 그에 따라 불법적으로 입국한 이주자를 중범죄사로 취급하여 어린이는 따로 떼어 가두었다. 가족분리 정책에 대한 비판의 소리가 높자 어린이는 법적으로 책임을 물을 수 없고 부모와 함께 수감할 수도 없으니 따로 격리하여 수감했다는 것이 ICE의 설명이었다.

트럼프 행정부가 3,000여명의 연소자들을 가족과 격리하여 구치소에 수감한 사실이 알려지면서 질타의 소리가 들끓었다. 음악-정치-대중문화 전문격주간지 롤링 스톤은 구치소를 감옥에 비유했고 일간지 휴스턴 크로니클은 온라인에 그 구치소를 포로수용소에 빗대 보도했다.

전임 대통령 조지 W. 부시의 부인 로라 부시는 2차 세계대전 당시 일본인을 강제로 억류했던 수용소와 다를 바 없다고 비난했다. ICE 수장이었던 존 샌드웨그는 NBC 뉴스를 통해 연소자 격리수용에 대해 부모와 자녀의 추방 사이에는 수년간의 시차가 날 수 있어 많은 어린이들이 부모를 다시 못 볼지도 모른다고 말했다.

 적지 않은 부모들이 억류된 어린이의 입양을 돕기 위해 자식을 포기하기도 했다. 입양가정이 재판을 통해 부모에게 통지하지도 않고 이주아동을 입양하기도 했다. 미시간 주에서는 한 기독교 입양단체가 이산가족의 상봉을 돕지 않고 이주아동의 입양을 추진하여 비난의 세례를 받기도 했다.

 불법이주가족 강제분리 정책은 결국 많은 반대와 반발을 불러일으키더니 2018년 6월 ICE 폐지운동을 촉발했다. 항의시위가 필라델피아, 샌 프란시스코, 샌디에고, 뉴욕 등 주요도시로 번져나갔다. 시위대는 ICE의 체포작전을 방해하기 위해 ICE 시설물의 주변을 점령하고 항의시위를 벌였다.

 트럼프 행정부는 어린이 수감실태의 촬영을 금지했다. 그러다 로라 부시가 비인간적인 가족분리 정책을 비난한 이후 수감실상을 찍은 짧은 동영상이 바깥세상에 알려졌다. 달랑 은박지 한 장을 덮고 매트 위에 누워 여기저기서 울음바다를 이루고 있는 어린이들의 처참한 광경이었다. 비탄에 빠진 그 모습이야말로 국제사회에서 인권문제를 거론하는 미국의 수치이자 인간파괴의 만행이 아닐 수 없었다.

텍사스 주 남서부의 멕시코 국경지대에 소재한 소도시 맥앨런의 불법이민자 수용소. 부모와 강제로 격리되어 수용된 어린이들이 달랑 은박지 한 장을 덮고 추위에 떨고 있. 2018년 6월 17일. 그 사실이 알려져 비난여론이 빗발치자 미국관세국경보호청이 취재진의 사진촬영을 불허하고 보도자료로 배포한 사진.

과테말라 출신 여자의 두 살배기 딸아이가 구치소에서 죽은 사실이 하원 청문회를 통해 밝혀져 워싱턴 정가를 뒤흔들었다. 전국에서 분노의 비난성이 트럼프에게 향해 쏟아졌다. 엘살바도르 출신 9세 여아는 무려 531일간 구치소에 갇혀 홀로 크리스마스를 두 차례나 맞았다. 비판여론에 눌려 트럼프가 마침내 이주가족 분리정책을 일단 중지했다.

트럼프의 불법이주자 강제추방을 취재한 7부작 다큐멘터리 '이민국가'(Immigration Nation)는 어린이 2,300명이 부모와 격리되어 수용되었었다고 보도했다. 그 중에서 1,800명이 부모와 재회했으나 700명은 여전히 부모와 떨어져 있다고 전했다. 400명은 부모가 이미 추방된 상태라 고아가 되고 말았다. 다큐멘터리 6부작 '무서류 입국자의 살기'(Living/Undocumented)은 국가권력의 가족해체 과정을 생생하게 묘사했다.

대통령 조 바이든이 취임 직후인 2021년 2월 트럼프의 이주가족의 분리정책을 재검토하라는 행정조치를 내렸다. 그에 따라 그 때까지 부모와 격리되어 수용되었던 600~700명의 어린이가 부모를 상봉할 수 있는 길이 열렸다. 하지만 적지 않은 어린이들이 부모를 잃어 버렸

한국정부가 횡령혐의로 인도를 요구한 한국인 여자를 체포해서 추방절차를 밟았다고 ICE가 트위터 공식계정을 통해 밝힌 사진. ICE가 불법체류자라는 이유로 인권을 무시하고 무차별적으로 체포, 추방함으로써 많은 비판여론이 일자 그 같이 홍보한 것으로 보인다.

을 것으로 짐작된다.

CNN은 트럼프 행정부가 2017~2018년 최소한 5,500명의 어린이들을 부모한테서 강제로 떼어내어 따로 가두었다고 보도했다. 언론보도를 보면 부모와 헤어진 어린이들의 숫자가 들쭉날쭉 차이가 크다. 그것을 보면 어린이들을 마구잡이로 검거하여 격리하는 소동을 벌이느라 미국정부도 그 숫자를 정확하게 파악하지 못했을 것이란 의구심이 든다.

엄마, 아빠를 잃어버린 어린이들이 울어대고 말도 하지 못하니 의사소통이 이뤄졌을 리 없다. 많은 어린이들이 자신의 이름은 물론이고 부모가 누구인지 알지도 못했을 것이다. 또 많은 부모들이 이미 미국에서 쫓겨났으니 이산가족의 상봉이 이뤄질지 의문이다. 미국에서 새 삶터를 잡아보려던 이주자들이 가족만 찢긴 게 아니라 가슴마저 찢겨 통곡한다.

미국의 불법이주자 색출, 추방 맡은 인력만 2만명

미국에서는 불법적으로 체류하는 외국인이주자를 'illegal immigrant'(불법이민자)말고도 'undocumented'(무서류), 'unauthorized'(무허가), 'non-citizens'(비시민), 'without status'(무신분), 'unlawfully present'(비합법적 체류)와 같은 여러 가지 완곡어법으로 표현한다. 적법한 절차를 거치지 않고 입국했다는 뜻이다.

2018년 7월 7일. ICE의 반인권적인 체포, 구금에 항의하여 트럼프의 이민정책에 반대하는 시위자들이 로스엔젤리스 ICE 청사 앞에서 ICE를 폐지하라고 주장하고 있다. 미국에는 ICE에 대한 비판여론이 높지만 불법이민자가 워낙 많다보니 옹호여론도 적지 않다.

트럼프 행정부도 'illegal immigrant'이라는 단어 대신에 'undocumented'이라는 완곡한 표현을 썼다. 하지만 그는 외국인이주자에 대해 혹독하리만치 가혹했다. 하지만 많은 전쟁-경제난민들은 여전히 미국으로 가기를 선망한다. 땅도 넓고 일자리도 많은 이민국가라 몸을 숨기고 살기가 쉽다고 생각하기 때문이다.

그 까닭에 미국에는 상시적으로 800만~1,200만명의 불법체류자가 언제 쫓겨날지 몰라 불안에 떨며 숨을 죽이고 살아간다. 그럼에도 많은 이주자들이 더 나은 삶터를 찾아 미국으로 몰려든다. 그들은 그것을 미국의 꿈(American Dream)이라고 말한다. 하지만 미국은 그들을 반기지 않는다.

 외국이주자에 대한 미국의 배타성에는 마약, 테러와 같은 중범죄로부터 국가안보와 국민안정을 지킨다는 국가의지가 작용한다. 하지만 그 이면에는 인종주의적 증오심이 깔려있음은 물론이다. 불법이주자를 단속하고 적발, 추방하는 국토안전부의 산하에는 ICE(Immigration and Customs Enforcement-이민관세청)라는 막강한 권한과 방대한 조직을 가진 기관이 있다.

 설립목적은 국경을 넘어오는 국가안보와 공중안전을 위협하는 불법이민으로부터 미국을 보호한다는 것이다. 2001년 9/11 직후 국토안전부가 설립되면서 정부조직에 산재되어 있던 유관기능을 통-폐합하여 만든 기관이다. 그 ICE는 적법한 절차를 거치지 않고 미국에 입국하여 체류하는 이주자를 색출, 제거하는 임무를 띠고 있다. 여기서 제거는 강제축출을 의미한다.

 전임 대통령 도널드 트럼프는 취임 첫날 불법이민자의 추방령을 내린 데 이어 ICE의 인력규모를 2배로 증원했다. 그로써 ICE는 2만명의 인력을 보유한 막강한 조직으로 다시 태어났다. ICE는 미국 전역에 구치소 21개, 사무소 400개를 운영하는 한편 해외에도 53개국에 80개 사무소를 두고 있다.

 그 ICE는 두 개의 강력한 집행조직을 가지고 있다. 하나는 HSI(Homeland Security Investigations-국토안전수사대)이고 다른 하나는 ERO(Enforcement and Removal Operations-수색제거기동대)다. HSI는 주로 마약과 같은 국가간의 범죄에 집중하고 ERO는 불법이주자를 체포, 억류, 추방하는 임무를 담당하고 있다.

 수사기능을 가진 HSI는 1만300명의 인력을 보유하고 있는데 그 규모가 FBI 다음으로 크다. ERO는 강제집행 작전을 벌여 범죄활동과 연관된 불법이주자를 체포한다. 또 그들을 억류하는 구치시설을 운영하며 강제로 추방한다. ERO는 또 USBP(U.S Border Patrol-미국국경순찰대)가 체포한 불법입국자를 인계받아 구금한다.

 ERO는 불법이주자를 일단 구치소에 억류한 상태에서 추방절차를 밟는다. 전국에 산재한 구치소는 모두 3만4,000개의 침상을 갖추고 있다. 수용시설이 제한적인 까닭에 수용인력이 포화되지 않도록 신속하게 추방한다. 트럼프 행정부 시절에는 수용자가 한 때 5만2,500명에 달하기도 했다. 그것은 수용능력을 초과하여 검거했다는 소리다.

 권한이 막강하다보니 구치소에서는 인권침해가 다반사로 이뤄진다. 하지만 수감자의 호소는 거의 메아리가 없는 외마디로 그치고 만다. 2010~2017년 1,224건의 성추행 사건이 일어났지만 그 중에서 2%만이 조사가 이뤄졌다. 2020년 인권단체들이 조지아 주에 있는 민간자본이 운영하는 ICE 구치소에서 여성 수감자에게 강제로 불임수술을 실시했다는 주장을 제기했다.

 40명 이상의 여성수감자들이 그 사실을 증언했다. 한 변호사는 그 같은 불법행위는 UN의 인권 및 학살에 관한 기준에 위배된다며 사실규명을 요구했으나 무위로 끝나고 말았다. 멕시코 여성 6명이 본인의 동의 없이 강제로 불임수술을 자행했다고 주장하여 멕시코 정부가 미국에 정보제공을 요청하기도 했다. 또 다른 여성은 본인의 동의 없이 부인과 수술을 했다고 주장했다.

 2020년 CNN는 플로리다 주, 마이아미 소재의 연방구치소에서 무슬림에게 종교적으로 취식이 금지된 돼지고기 또는 돼지고기로 가공한 식품을 지속적으로 배식했다고 보도했다. 또한 썩거나 유통기간이 지난 음식도 배식하여 말썽을 빚기도 했다. 그에 인해 많은 수감자들이 복통, 구토, 설사를 호소했다는 것이었다.

 ICE는 2012~2018년 미국시민 1,488명을 체포했는데 그 중의 상당수는 수개월 내지 수년간 억류되었던 사실이 밝혀졌다. 2018년 로스엔젤리스 타임스는 탐사보도를 통해 ICE가 잘못된 정보를 가지고 그나마도 부실한 수사를 통해 억울한 피해자를 양산했다고 보도했다. 2008~2018년 강제로 체포되어 하루에서 최장 3년 동안 구금되었던 미국시민 20여명이 ICE를 상대로 소송을 제기했다.

 트럼프는 징벌적 벌금을 통해 불법이주자에게 미국을 떠나도록 강압했다. 한 예로 ICE는 오하이오 주, 콜럼버스의 어느 교회를 피난처로 삼고 있던 한 불법이주자에게 무려 49만7,777달러의 벌금을 부과한 사실이 그의 변호사를 통해 드러났었다. 살인적인 벌금은 불법이주자를 위협하는 수단이기도 하지만 보복적 성격이 강해 비난성이 높았다.

 감당하기 어려운 무거운 벌금을 물려 자발적으로 출국하도록 협박했지만 징수율이 1%에 불과해 사실상 실효가 없었다. 바이든이 대통령에 취임하자마자 체포-추방대상을 국가안보, 국경안보, 공중안정을 위협하는 불법이주자에 한정하기로 정책을 전환했다. 그는 이어 2021년 4월 불법이주자에게 물리던 징벌적 벌금정책도 폐기했다. 국가가 이민자에게 불필요한 과중한 빚을 안긴다는 비판여론에 따른 것이다.

 국경순찰대는 2021 회계연도(2020년 10월~2021년 9월)에 174만명의 불법월경자를 체포하는 최대의 기록을 냈다. 그것은 바이든 행정부가 불법이민에 대해 관용적이라고 알려져 월경자들이 몰렸기 때문이다. 월경자는 지문을 찍은 다음에 곧 바로 버스에 태워 송환하고 있다. 거기에는 하루 1,000명에 달하는 난민신청자는 포함하지 않았다. 제3국을 거쳐 입국하는 외국인은 거의 난민을 신청한다.

유럽의
이슬람화,
미국의 양극화

급속한 이슬람화 따라 유럽에 엄습한 이슬람공포증

　백인의 대륙 유럽은 문화적으로는 로마-그리스 문명에 기초하며 종교적으로는 크리스천에 근거함으로써 문화적, 종교적 가치관을 공유한다. 그 까닭에 유럽은 민족과 언어가 달라도 역사적으로 비교적 자유롭게 왕래하고 교류하며 문화적, 종교적 동질성을 유지해 왔다.
　2차 세계대전 종전 이후, 특히 1990년대 이후 유럽의 인구구조에 커다란 변이가 일어났다. 인종, 종교, 문화가 상이한 이주민들이 대거 유입됨에 따라 유럽의 얼굴색이 빠르게 짙어진다는 점이 그것이다. 유럽에서도 대도시는 더 이상 백인의 땅이 아니라는 소리가 나올 정도여서 인종적 갈등 말고도 종교적 마찰로 인한 충돌음이 날로 높아지고 있다.
　대항해 시대 이래로 식량과 자원을 해외식민지에서 주로 조달했던 서유럽이 2차 세계대전 이후 탈식민화가 이뤄짐에 따라 심각한 노동력 부족사태를 겪었다. 허드렛일을 외국인 노동자한테 맡기면서 인력수입이 크게 늘어났다. 거기에다 고령화와 저출산이 겹쳐 인구감소가 빠른 속도로 진행되었다. 유럽이 일손부족을 해외인력에 의존함으로써 무슬림의 유입이 급증한 것이다.
　2011년 북아프리카에서 불기 시작한 '아랍의 봄'이 중동으로 번지면서 이슬람 세계에도 민주화의 꿈이 이뤄지는 듯했었다. 그러나 그것은 한 순간의 돌풍에 그치고 말았다. 곳곳에서 수구세력이 반격에 나서 피비린내 나는 세찬 역풍이 몰아쳤다. 수구세력이 재집권하는가 하면 수구세력의 반격으로 내전이 벌어져 난민사태가 벌어진 것이다.
　그들은 이웃나라에서 임시 피난처를 찾기도 했지만 많은 이들이 서유럽을 최종목적지로 삼고 목숨 건 도전을 이어간다. 서유럽은 제국주의 시절에 식민지에서 저지른 살육, 약탈, 착취 같은 악행에 대한 심적 부담감을 의식한 나머지 옛 식민지 이주민의 유입에 적극적으로 방어하지 않았다. 거기에다 EU(유럽연합)가 국경을 허물어 인력의 역내이동을 자유화한 탓에 무슬림 인구의 유입이 더욱 촉진되었다.
　유럽의 무슬림 인구는 신규유입을 제외하더라도 2010년 이후 높은 출산율에 힘입어 꾸준한 증가세를 나타냈다. 2010~2016년 유럽에서 비이슬람 인구는 167만명이나 감소한 반면에 무슬림 인구는 292만명이나 증가했다. 또 같은 기간에 무슬림 유입자는 348만명으로 비이슬람 이민자 129만명보다 2.7배나 많았다.

그 숫자를 단순히 합산해도 6년 사이에 무슬림 인구가 640만명이나 증가했다는 소리다. 무슬림 출산율이 백인보다 높다는 사실은 여러 자료가 뒷받침한다. 2017년 영국에서 태어난 신생남아 중에서 가장 많았던 이름은 영어의 톰이나 존이 아닌 이슬람의 무함마드였다는 사실도 그것을 말한다.

그같은 현상을 반영하여 2021년 5월 6일 실시된 영국 런던시장 선거에 나선 양대 정당의 후보는 둘 다 외국 이민자의 2세였다. 노동당 후보는 당시 시장인 파키스탄계 무슬림이고 보수당 후보는 자메이카계 흑인이었다. 결선투표까지 가서 노동당의 파키스탄계가 압승했다. 그 까닭에 과격한 표현을 빌리면 런던은 외국인, 그 중에서도 무슬림에 의해 점령되었다는 소리

영국 수상 리쉬 수낙. 아프리카 우간다에서 태어난 인도계 이민 2세.   런던 시장 사디크 칸. 런던에서 태어난 파키스탄계 이민 2세.   스코틀랜드 행정수반 훔자 유사프. 스코틀랜드에서 출생한 파키스탄계 이민 2세

가 나온다.

미국의 여론조사기관인 퓨 연구소(Pew Research Center)는 2017년 11월 유럽의 무슬림 인구동향을 발표했다. 그 자료는 2017년 유럽인구의 4.9%를 차지한 무슬림이 비이슬람 인구보다 높은 출산율을 기반으로 해마다 더 높은 인구점유율을 나타낼 것으로 전망했다. 무슬림 인구비율이 2050년 7.4%로 증가할 것이란 예측이다.

특히 프랑스, 영국, 독일, 이탈리아 등 고소득 국가는 그 비율이 8~12%에 이른다는 전망이다. 유럽이 2050년까지 무슬림의 유입을 봉쇄하더라도 출산에 따른 무슬림의 자연증가 인구가 1,000만명에 달할 것이라고 예측했다. 그 경우 무슬림 인구가 2016년 2,580만명에서

2050년 3,580만명으로 증가한다는 소리다.

 그런데 유럽이 불법이주를 통제하지 않는다면 2050년 무슬림 인구가 7,560만명에 이르러 전체인구 5억3,860만명의 14% 이상을 차지할 것이라고 한다. 2016년 무슬림 인구비율은 영국 9.7%, 프랑스 12.7%, 독일 8.7%, 스위스 8.2%, 오스트리아 9.3%, 이탈리아 8.3%, 스웨덴 11.1% 등으로 다른 유럽국가보다 높다.

 그러나 2050년에는 그 비율이 영국 17.2%, 프랑스 18.0%, 독일 19.7% 등 주요국의 비율이 20%에 육박할 것이란 예측이다. 특히 스웨덴은 그 비율이 30,6%로 뛰어오른다는 전망이다. 불법이주자들이 유럽에서도 상대적으로 소득수준이 높은 국가를 선호한다는 점을 알 수 있는 대목이다.

 무슬림 인구 증가와 더불어 이슬람 극단주의자의 테러행위가 빈발하여 유럽에 드리운 이슬람공포증(Islamophobia)의 먹구름이 날로 짙어지고 있다. 그에 대한 반발로 유럽 전역에서

인간애의 표류

 2015년 9월 터키 보드룸 해변에서 파도에 떠밀려온 두 살 배기 시리아 난민 어린이가 죽은 채 엎드려 있는 모습이 발견되었다. 시리아에서 탈출하다 그의 엄마도 형도 바다에서 숨졌다. 그 비극의 죽음을 담은 사진 한 장에 세계는 눈시울을 적셨다. 터키 언론인 닐뤼퍼 데미르 촬영.

 극우세력의 목소리가 날로 높아지는 가운데 반이슬람과 이민규제의 기치를 높이 든 극우정당들이 약진하는 추세다.

 극우백인의 세력기반은 취약하지만 무슬림 급증에 대한 반발심을 등에 업고 젊은이들을 중

심으로 지지기반이 확장세를 타고 있다. 그들은 '유럽인의 유럽'을 외치며 유럽인의 연대투쟁을 외치고 있다. 그에 맞서 무슬림도 세력화를 도모하고 있다. 유럽에 종종 일어나는 이슬람 급진주의자의 테러행위가 그것이다.

 상황변화에 따라 인종적 반목에다 종교적 갈등이 겹친 유럽사회가 자칫 크리스천-이슬람의 종교적 충돌로 이어질 위험성을 지닌 양상이다. 그것은 단순히 이슬람 혐오의 단계를 넘어서고 있음을 말한다. 2016년 6월 영국의 EU탈퇴 선언, 즉 브렉시트(Brexit)는 국경 없는 유럽으로 인한 외국이주민의 급증, 특히 무슬림의 급속한 유입에 대한 반격이었다. 그런데 시리아의 내전, 아프가니스탄의 혼란과 아프리카의 정정불안에 따라 난민유입이 그치지 않는다. 획기적인 변화가 없으면 EU의 진로에도 암초가 예상되는 상황이다. 거기에 더해 코비드-19의 대유행으로 인해 경제침체가 가속화하면 무슬림이 일자리와 복지를 뺏어간다는 백인의 불만과 반발이 더욱 드세질 수 밖에 없다. 그것이 자칫 폭력사태로 표출되면 종교적 충돌음이 커진다. 그 경우 무슬림에 대한 이민규제와 함께 인종차별과 종교탄압을 외치는 소리가 높아지기 마련이다.

 2015년 가을, 가족과 함께 시리아를 탈출해 유럽으로 가던 두 살배기 남자아이의 익사체가 터키 해변에서 발견됐다. 얼굴을 모래에 파묻은 채 엎드려 숨진 모습을 담은 사진에 충격을 느낀 세계가 애도의 눈물을 흘렸다. 그 한 장의 사진이 21세기 초 살 곳을 찾아 정처 없이 세계를 헤매는 경제난민, 전쟁난민의 처참한 현실을 말하고도 남았다.

 그 시점에 유럽에서는 중동과 아프리카, 아시아에서 몰려드는 난민에 대한 사회적 논박이 뜨겁게 달아오르고 있었다. 외국난민이 유럽의 전통가치를 흔든다는 유럽인의 불만이 이민정책을 맹공하고 있었던 것이다. 그 상황에서 영국의 언론인이자 저술가인 더글러스 머리(Douglas Murray)의 저서 '유럽의 이상한 죽음'(The Strange Death of Europe)이 나오자 단숨에 200만부 넘게 팔려나갔다.

 그는 그 책에서 대규모 이민사태의 종착지는 유럽의 죽음이라고 단언한다. 유럽의 핏줄뿐 아니라 유럽의 모든 문화, 관습까지도 유럽에서 사라지고 그 자리에 '이슬람의 유럽'이 들어선다고 그는 주장한다. 종말의 그 날은 현존한 유럽인의 수명이 끝나기 이전에 도래한다는 것이 그의 예언적 경고다. 그 죽음은 타살이 아니라 유럽이 스스로 선택한 자살이어서 더욱 비극적이라고 그는 탄식한다.

그는 고삐 풀린 무슬림 이민정책이 유럽의 숨통을 끊는 가장 치명적인 극약이 되고 말았다고 한탄한다. 자유주의와 다양성을 존중하는 유럽의 문화적 정체성이 이슬람의 획일적이고 억압적인 문화로 대체되는 현상이 바로 그것이라고 그는 지적한다. 그는 더 늦기 전에 유럽은 다문화 옹호라는 선의의 가면을 벗어던져야 한다고 목소리를 높인다.

그는 거기서 그치지 않는다. 제국주의 침탈의 역사를 사과하고 보상한다는 뜻에서 이주민을 수용하자는 양심의 소리는 죄의식을 느끼려는 끊임없는 욕망이라고 조롱한다. 그의 유럽중심 역사관이 많은 이로 하여금 불편을 느끼게 한다. 그럼에도 그의 저서가 폭풍적 인기를 얻었다는 사실은 유럽 속의 이슬람 팽창을 바라보는 유럽인 시각의 큰 단면을 보여준다는 점에서 시사성이 크다.

그럼에도 유럽은 아프리카, 중동, 인도 아대륙, 동남아시아 출신난민에게는 새로운 삶을 약속하는 희망의 땅으로 비친다. 그 까닭에 지중해를 통한 불법이민의 행렬이 끝없이 이어지고 있다. 거기에 더해 시리아 내전이 일어나 터키를 통한 난민의 파고가 유럽을 덮치고 있다. 그런데 탈레반이 정권을 장악한 아프가니스탄에서 난민사태가 일어나 그리스를 거쳐 유럽으로 가는 행렬에 가세하고 있다.

이제는 벨라루스를 통해 폴란드 국경선을 뚫으려는 시도가 이어진다. 그들은 대부분이 무슬림이라 유럽이 스스로 '유럽의 이슬람화'의 길로 가고 있다는 경고음이 더욱 높아지고 있다.

세계화가 부추긴 유럽의 크리스천-이슬람 재충돌

인간은 대체로 생활이 풍족해지면 종교를 잊는다. 반면에 생활이 궁핍해지면 종교에 의지하려는 성향이 짙어진다. 유럽에서는 소득이 향상되어 생활이 풍족해지면서 성당이나 교회를 찾는 발길이 뜸해졌다. 하지만 무슬림은 크리스천 권역인 유럽에서도 고국에서나 다름없이 모스크를 찾아 예배하고 이슬람 교리에 따라 행동한다.

유럽의 무슬림 이주민은 대부분이 농촌이나 빈민촌 출신이다. 그들은 모국에서도 이슬람 교리에 따라 폐쇄적인 공동체에서 전통적인 가족중심의 생활을 영위했다. 그들이 유럽에서도 그 관습과 가치관에 따라 행동하고 생활한다. 그런데 언어장벽이 높은 데다 구직, 자녀교육 등 사회생활에 많은 불편과 애로가 따른다.

그러자 텅 빈 교회나 성당을 사들여 개조한 모스크를 구심점으로 삼아 무슬림끼리 모여 더욱 결속을 다진다. 그 땅의 주인인 유럽인의 따가운 눈길을 의식하다보니 그들끼리의 동류의식을 더욱 느끼며 귀속감을 높인다. 어느 나라나 외국이주민은 대체로 일자리를 찾아 대도시 변두리에 게토(ghetto)를 이루고 밀집해 산다.

 학연, 지연, 혈연이 없는 낯선 땅에서 그들은 고향사람들이 함께 모여 이민생활의 어려움을 토로하고 서로 도우면서 살아간다. 2017년 런던 인구조사에 따르면 거주자의 44.9%만이 '백인 영국인'이라고 응답했다. 그 사실을 뒤집어 보면 나머지는 외국 이주민들과 그 후손들이 런던외곽에 거대한 공동체를 이루고 살아간다는 뜻이다.

 그처럼 2차 세계대전 이후 유럽에 무슬림 인구가 급증하면서 대도시를 중심으로 '이슬람화'(Islamization)'가 급속하게 진행되고 있다. 비관적인 유럽인들은 백인의 유럽은 이미 존재하지 않는다고 말한다. 그 대표적인 예로 독일을 든다. 2차 세계대전 이후 독일은 유대인 학살을 속죄하는 뜻에서 외국인노동자를 손님노동자(Gastarbeiter)로 대우했다. 특히 터키인에 대해 개방적이었다.

 거기에 더해 1990년대 들어서 유럽통합을 지향하는 EU출범, 미국의 세계화 통상전략, 동유럽 공산권 붕괴와 소련해체가 거의 동시에 일어났다. 그에 따라 세계의 국경이 허물어지거나 낮아져 이동의 자유가 확장되었다. 유럽의 과거 식민지였던 아프리카, 아시아뿐만 아니라 동구권, 소련권, 중국 등 공산권에서도 서유럽으로 가는 이주민의 행렬이 이어졌다.

 문제는 그 중의 다수

프랑스의 내홍.

프랑스가 영국과 싸운 7년전쟁(1756~1763년)에서 패배한 결과는 참혹했다. 프랑스는 오늘날 캐나다의 퀘벡과 온타리오를 빼앗기고 인도아대륙의 뱅골 지역도 영국에게 내주어야만 했다. 카리브 해의 아이티에서는 노예반란이 일어나 두 손을 들고 물러났다. 그러자 뒤늦게 프랑스가 아프리카 침탈에 나섰는데 그것이 21세기 재앙으로 돌아오고 있다. 프랑스가 다른 유럽국가보다 흑인과 무슬림 비율이 높은 까닭에 인종-종교분쟁이 잦다.

가 무슬림이라는 점이다. 독일에는 730만명의 외국인이 거주하는데 그중에서 440만~470만 명이 무슬림이다. 영국에는 옛 식민지 인도 아대륙의 파키스탄과 방글라데시에서, 또 프랑스에는 식민지였던 알제리, 튀니지 등 아프리카 북동부 지역에서 이주민이 대거 유입되는데 그들은 거의 무슬림이다.

 그에 따라 '독일의 터키화'가 이뤄졌다. 독일보다는 한발 늦게 '영국의 파키스탄화', '프랑스의 알제리화'도 급속하게 진행되었다. 영국과 프랑스에는 그 이외의 과거 식민지에서 밀물처럼 몰려드는 이주민들도 무슬림이 주류를 이룬다. 영국에는 힌두교도인 인도 이주민이 많아 프랑스에 비해 무슬림과 흑인비율이 낮은 편이다.

 그것은 세 나라에 거대한 이슬람 공동체가 형성되어 무슬림의 정치적 영향력이 증대하고 있다는 뜻이다. 심각한 문제는 유럽인의 저조한 출산율과 급속한 고령화에 따라 인력난이 심화되고 있다는 점이다. 그것은 앞으로도 유럽이 부족한 노동력을 해외인력에 의존해 타개하려고 한다면 무슬림의 유입이 더욱 가속화한다는 사실을 의미한다.

 이주민의 2, 3세가 사회에 진출하면서 일부는 사회적으로 성공하여 신분상승이 이뤄지고 있다. 그에 따라 '유러비안(Eurabian)'이라는 사회적 현상을 나타내는 신조어가 생겼다. 이 단어는 Europe+Arab의 합성어로서 원래는 유럽인과 아랍인 사이에 태어난 혼혈인과 그 후손을 말하거나 그 융합문화를 나타냈다.

 그 신조어가 점차 아랍인 상사 밑에서 일하는 유럽인 또는 아랍인에 의해 고용된 유럽인을 뜻하는 경향을 보인다. 그런데 그 단어는 유럽인의 입장에서 치욕적이라는 의미를 담고 있어 이슬람 확산에 대한 거부감을 함축하고 있다. 또 신조어 '이슬람공포증'(Islamophobia)이 때로는 '테러공포증'(terrophobia)'과 동의어로 쓰여 이슬람과 테러리즘을 동일시하는 경향을 나타낸다. 이슬람교도에 의한 테러행위가 잦다보니 생기는 현상이다.

 그 같은 사회정서와 맞물려 독일연방은행 이사를 역임한 틸로 자라친(Thilo Sarrazin)의 저서 '유럽은 자멸하고 있다'(Europa schafft sich ab)가 큰 반향을 일으켰다. 그는 그 책을 통해 무슬림은 유전적으로 열등하다고 주장함으로써 반이슬람이라는 논란에 휩싸였었다.

 그가 나치 이후 독일사회가 금기시하는 단어인 '인종적 열등'을 거론했음에도 불구하고 2010년 그 책이 출간되자마자 100만권 이상 팔려 나갔다. 그것은 독일사회가 표면적으로 다인종, 다종교, 다문화를 강조하면서 표현을 자제하지만 무슬림에 대한 반감과 증오가 깊게 내재되어 있다는 사실을 말한다. 쉽게 말해 독일의 숨겨진 속내가 드러나는 순간이었다.

유럽에서 확산되는 반이슬람 정서에도 불구하고 이슬람권에서 유럽으로 이어지는 가난과 전쟁을 탈출하려는 피난행렬이 멈추지 않고 있다. 이민 1세는 환경변화에 따

른 사회적-경제적 불평등을 숙명처럼 여기고 살아간다. 그와 달리 유럽사회에서 출생하고 성장한 이민 2, 3세는 무슬림 증가세를 타고 다른 모습을 보이기 시작했다.

 인종차별, 종교마찰, 사회적-경제적 불평등-불공평에 대해 유럽의 이슬람 사회가 점차 보이는 수동적 수용의 거부가 그것이다. 그들은 아무리 노력해도 인종적, 종교적 편견을 타파하기도 어렵고 구조적 불평등을 극복하는 데도 장벽이 너무 높다는 사실을 깨닫고 절망한다. 그 현상을 노려 이슬람 극단주의가 유럽사회의 기저층을 형성하고 있는 무슬림 사회에 침투하여 그들을 유혹한다.

 이민국가가 아닌 민족국가가 지닌 외국인에 대한 태생적 거부감이 테러리스트의 자생을 돕는 온상이 되고 있는 상황이다. 유럽사회가 표면적으로는 조용하지만 내면적으로는 이미 종교적, 인종적 관용의 임계점을 향해 치닫고 있다. 크리스천의 본령인 유럽사회가 무슬림에 대한 관용과 동화가 조화를 이루는 타협점을 찾지 못한다면 이슬람의 거센 저항의 회오리에 휩싸일 위험성이 높아지기 마련이다.

미국의 빈부격차-인종갈등 증폭시킨 세계화의 역습

 미국은 유럽에 비해서는 무슬림 유입이 적은 까닭에 유럽이 말하는 '이슬람공포증'(Islamophobia)을 피부로 덜 느끼고 있었다. 그런데 이슬람 테러세력이 비행기를 납치해 뉴욕 세계무역센터 쌍둥이 빌딩을 공중에서 폭파한 2001년 9/11 사태 이후 미국과 이슬람권의 적대관계가 극도로 악화되었다. 미국이 이슬람의 테러행위를 발본한다는 명분으로 아프가니스탄 침공, 이라크 전쟁을 감행했다.

 그런데 아프가니스탄에는 미국이 테러세력의 수괴로 지목한 오사마 빈 라덴이, 또 이라크에는 미국이 세계평화를 위협한다던 대량살상무기가 없었다. 결국 미국은 명분 없는 전쟁을 벌인 셈이었다. 미국은 또 예산규모만도 연간 500억달러가 넘는 막강한 국토안전부(Department of Homeland Security)를 신설하여 방대한 군사조직과 막대한 정보관리를 통해 이슬람의 테러행위에 대처하고 있다.

 그럼에도 미국은 여전히 유럽에 비해서는 외국인 유입으로 인한 종교적 갈등이 적은 편이다. 하지만 멕시코와의 접경지대를 넘어서 미국으로 잠입하려는 라티노의 물결이 넘쳐난다. 그에 따라 미국의 백인사회에는 외국인 이주자들이 일자리와 복지를 뺏어간다는 피해의식과 거부반응이 드세져 어느 때보다도 외국인혐오증(Xenophobia)이 팽배하다.

 미국이 추진한 세계화 통상전략에 따른 자본의 이상비대로 인해 빚어진 빈부격차의 심화도 미국은 외국인 이주자의 탓으로 돌리고 있다. 세계화에 대한 반발이 2011년 가을 '월가를 점령하라!'(Occupy Wall Street)로 나타나 1%가 99%를 약탈하는 자본주의의 더러운 탐욕을 질타했다. 그 분노는 세계인의 공감대를 형성하며 지구적으로 확산되었었다.

 그런데 막상 세계화의 수혜세력이 세계의 저변에서 일어나는 세계화의 부정적 변화를 외면하고 대응책을 강구하지 않음으로써 미국은 빈부격차와 인종주의를 키워 왔다. 그에 대한 반발이 증폭되면서 2016년 미국 대통령 선거를 앞두고 국수주의자 도널드 트럼프와 빈부격차 타파론자 버니 샌더스의 돌풍이 일어났다.

 공화당 트럼프 지지자들은 외국인, 외국제품이 미국인의 일자리와 함께 미국제품의 설자리를 뺏어간다고 믿는 백인 저소득층이 주류를 이룬다. 그런데 트럼프가 대통령에 당선되었음에도 애국주의로 포장한 인종주의의 차원에서 세계화의 문제점을 해결하려고 목소리를 높였을 뿐이다. 그가 세계화가 낳은 후유증의 본질을 제대로 파악하지도 못했기 때문이다.

 하지만 미국사회는 공적으로는 인종주의라는 단어를 금기시한다. 그 까닭에 그의 반대세력이 그가 주장하는 '반세계화-반이주민'의 본질은 외면한 채 그저 그의 천박한 어휘선택과 표현방식만 문제로 삼았을 뿐이다. 그 원인은 트럼프 자신도 그가 제기했던 문제에 대해 실체적으로 이해하지도 못하고, 본질적으로 접근하지 못한 데 있다.

 그 탓에 그는 세계화로 인해 나타난 표피적인 부작용을 인종주의 차원에서 부각시켰을 뿐이었다. 그에 따라 미국사회의 일각에서는 그의 열렬한 지지자들을 다만 인종적, 종교적 편견으로 가득 찬 '백인 쓰레기'(white trash) 쯤으로 치부하는데 그쳤다.

 다시 말해 미국사회가 세계화에 따라 발생한 문제의 본질을 제대로 파악하지 못한 까닭에 백인우월주의자들이 인종주의 측면에서 문제를 해결하려고 접근했던 것이다. 백인우월주의자들이 결속력을 다지고 트럼프가 2024년 대통령 선거에 재도전할 것이란 소리가 탄력을 받는 것이 바로 그 이유다.

 그와 달리 민주당 샌더스 지지층은 소득불평등과 경제불균형에 따라 발생한 빈부격차의 완화를 요구하는 이른바 유색인과 이민자가 대맥을 이룬다. 2012년 버락 오바마가 인종적 편견의 장벽을 뚫고 미국 최초의 흑인 대통령으로 탄생했던 배경에는 미국사회의 저류에 흐르는 그 같은 비주류의 의식변화가 표출되었던 것이다.

 오바마 행정부의 부통령 조 바이든의 2020년 11월 대통령 당선도 그 같은 측면에서 해석이 가능하다. 그 시점에 흑인에 대한 경찰권 남용이 흑인의 정치적 결속을 부르고 있었다. 그 상황에 맞춰 바이든이 부통령 후보자로 여성이자 인도인과 흑인의 혼혈인인 카멀라 해리스를 지명했다.

 흑인을 비롯한 유색인과 여성 유권자를 겨냥한 득표전략이 주효하여 그가 당선되었다. 그런데 득표율을 따져보면 그가 신승했다는 점을 주목할 필요가 있다. 라틴아메리카 출신인 라티노(Latino)는 기본적으로 종교는 가톨릭이고 인종은 흑인, 백인과 원주민의 혼혈인인 메스티소, 백인과 흑인의 혼혈인인 물라토가 주류를 이룬다.

메스티소도 물라토도 미국인의 인종의식과 달리 백인 피가 흐른다고 생각하는 까닭에 스스로 유색인이 아닌 반쪽 백인이라고 여긴다. 따라서 그들은 미국의 흑백차별 문제에 적극적으로 동조하지 않는다. 또 고국을 떠나 미국으로 이주한 이유도 좌파정권의 경제정책 실패에 따른 생활난에서 찾는다.

그 연유로 라티노의 정당선호도가 사회주의적 색채를 지닌 민주당보다는 공화당이 상대적으로 높다. 또 가톨릭 신자가 주류를 이룬 라티노는 낙태, 동성애 등 사회문제에 대해서도 보수적인 성향이 짙다. 그 연유로 대통령 트럼프의 라티노에 대한 비난성 공격이 잦았는데도 불구하고 그에 대한 득표율이 의외로 높게 나왔던 것이다.

여기서 주목할 중요한 시사점이 있다. 인종문제를 제외하면 트럼프와 샌더스 양측의 지지자들이 소득불평등, 경제불균형이라는 경제적 불만을 공유한다는 사실이다. 트럼프 지지자들은 그 문제를 인종주의적 수단에 의존해 유색인의 이주봉쇄와 함께 추방을 통해 해결해야 한다고 주장한다. 2016년 도널드 트럼프의 미국 대통령 당선은 그 같은 정치적, 경제적 배경이 깔려 있었다.

그와 달리 샌더스 지지층은 흑인, 히스패닉, 아시아계 등 소수민족에 대한 재정지원 확대를 통해 빈부격차를 줄여야 한다고 주장한다. 거기에는 막대한 증세문제가 따르기 때문에 샌더스가 두 번이나 대통령으로 가는 길을 끝까지 달리지 못했다. 과중한 세금을 부담해야 하는 중산층의 지지를 그가 끌어낼 수 없었던 것이다.

미국사회는 미국이 추진한 세계화 통상전략에 따라 야기된 사상최악의 빈부격차인 양극화(polarization)라는 난제를 안고 있다. 미국이 추진한 세계화가 세계의 농촌경제를 붕괴시켜 농민들을 도시빈민으로 쫓아내고 저임노동자들을 실업대열로 내몰았다. 그 탓에 살 길을 찾아 라티노와 아시아계가 미국으로 몰려들고 있다.

빈부격차 심화에 따라 미국에는 저소득층의 수요를 충족시키기 위한 저가품-저급품 수입이 급증하고 있다. 그 결과 미국에서 생산되는 저가품과 미국 저임노동자의 설 자리가 점점 좁아지고 있다. 그에 따라 인종을 가리지 않고 저소득층이 양산되어 풍요의 나라 미국에서 빈부격차가 세계최고의 수준으로 벌어지고 있는 것이다.

미국에서는 소위 유색인에 대한 백인의 인종차별만이 정치적-사회적 문제인 것처럼 알려지고 있다. 그러나 그 내면을 들여다보면 또 다른 인종문제가 복잡하게 얽혀 있

다. 흑인은 흑인 나름대로 라티노와 아시아계의 유입이 늘어나면서 생존기반이 위협받는다고 믿는다. 거기서 주목해야 할 점은 흑인의 정치적 발언권이 강화되면서 흑인의 아시아계에 대한 인종차별도 임계점을 넘어서고 있다는 사실이다.

또 백인은 백인 나름대로 이른바 유색인의 비율이 높아져 미국사회에서 백인의 입지가 위협받는다는 불안감에 휩싸여 있다. 백인우월주의가 다시 고개를 드는 까닭이다. 부언하면 흑백갈등이 심화하는 가운데 아시아계와 라티노의 유입증가로 인해 이제까지 잠재되었던 제3의 인종문제가 표면화하고 있는 것이다.

그에 따라 빈부격차에 따른 갈등과 함께 인종간의 반목이 증폭되고 있어 미국의 인종문제는 흑백차별을 넘어 복잡한 양상을 띠고 있다. 하지만 미국사회의 위선이 그 문제에 관해서는 언급을 극도로 회피하고 있다. 그 연유로 문제해결을 위한 솔직한 접근이 이뤄지지 않고 있다.

미국이 앞으로 경제적 양극화를 완화하지 못하면 백인은 백인대로, 흑인 흑인대로 피해의식이 깊어져 희생양을 찾기 마련이다. 백인은 백인독점 시대가 도전받고 있다고 판단할 것이고 흑인은 흑인 나름의 보상심리가 작동할 것이다. 결국 이민역사가 일천한 라티노와 아시아계가 공격의 과녁이 될 공산이 크다.

2021년 1월 6일 일어났던 미국 의사당 습격사건은 결코 일과성 사건이 아니다. 도널드 트럼프가 대통령 선거결과에 불복할 태세였고 그를 지지하는 무리가 총기를 들고 집단행동에 나서 의사당의 일부를 점령했었다. 백인우월주의들이 주도했던 내란에 가까운 사태를 미국은 그저 단순한 정치적 사건으로만 해석했다.

미국이 미국사회에 잠재되어 있는 인종문제를 애써 외면함으로써 그 문제의 심각성은 일단 수면 아래로 가라앉아 내연하는 모습이다. 인종문제는 폭발성이 워낙 큰 탓에 너나없이 언급조차 기피하는 것이 현실이다. 하지만 미국사회가 의식하지 못하는 사이에 세계화의 부작용과 후유증이 미국 안에서 이미 폭풍의 눈으로 자라고 있다. 미국이 추진한 세계화의 역풍이자 저주다.

한편 민족국가인 한국도 외국인 체류자가 250만명을 넘어 유럽과 미국에서 터지는 인종문제를 둘러싼 파열음에 경청할 단계에 이르렀다. 2019년 12월 한국체류 외국인이 252만명으로 전년동기에 비해 6.6%나 증가했다. 2007년 8월 100만명을 넘어선 외국인이 10년만인 2016년 6월 200만명을 돌파했다. 또 이어서 3년 반 사이에 50만명이 더 늘어나는 초고속 증가세를 보였다.

그것은 외국인이 전체인구의 4.9%를 차지한다는 뜻이다. 그 비율이 5%를 넘으면 다문화사회로 분류된다. 그 점에서 보면 한국도 이미 다문화사회에 진입했다는 중대한 의미를 지닌다. 거기에다 한국사회도 고령화와 저출산이 빠르게 진행되고 있어 외국인력의 유입이 더욱 가속화할 전망이다.

특히 주목해야 할 대목 중의 하나는 유럽으로 가는 길이 좁아지자 한국에도 무슬림 이주자들이 늘어난다는 점이다. 한국사회에도 알게 모르게 구석구석에 이미 외국인 무슬림 15만명과 이슬람 예배시설 150곳이나 퍼져있다. 또 중국의 대국주의, 팽창주의와 맞물려 중국인의 급증도 중요한 관찰대상이다.
중국인은 본국의 정치적 향배에 따라 행동하는 성향이 강하다. 그 점에서 중국이 한국에 대해 막강한 경제적-군사적 영향력을 가졌다는 사실을 의식하지 않을 수 없다. 하지만 한국의 역대정권은 외국인 유입증가에 따라 앞으로 대두될 인종-종교문제의 중대성을 인식조차하지 못하고 있는 실정이다. 중소기업, 식당, 농촌에 일손이 부족하다는 이유로 문을 마냥 열어만 놓고 있을 뿐이다.
수도권 위성도시에는 이미 외국인 게토가 형성되어 있으며 그곳에서는 공권력의 공백현상이 부분적으로 일어나고 있어 각종 범죄가 횡행하고 있다. 그런데 무능하고 부패한 역대정권의 집권세력이 이권 챙기기에나 눈이 멀어 있다. 그러니 그곳에서 무슨 일이 일어나고 있는지 알 리가 없고 알려고 하지도 않는다.

서울 이태원의 이슬람 모스크. 유럽으로 가는 길이 좁아지자
한국에도 무슬림이 알게 모르게 15만명 넘게 늘어와 산다.

종교적 다원성의 부정이 제국몰락의 불씨 키웠다

전성기의 로마제국은 지중해를 호수로 삼는 거대한 제국이었다. 로마제국에서는 통치권에 대한 저항의 대가는 몰살이었다. 그러나 종교적 관용은 놀라웠다. 로마는 원래 다신사회였다. 로마의 세계관이 다양한 신이 존재하는 그리스 신화에 바탕을 둔 것도 그 까닭이었다. 그 연유로 로마는 적을 정복하되 적의 신을 모독하지 않고 오히려 숭상했다.

율리우스 카이사르가 암살되자 로마의 유대인들이 밤마다 모임을 갖고 그의 죽음을 애도했던 이유도 종교의 다원성을 존중한 그의 종교관에 있었다. 그의 종교적 관용이 피정복지의 인력, 무술, 기술을 받아들여 영토를 지중해 전역으로 넓히고 간접적이지만 교역을 멀리 극동까지 뻗칠 수 있었다.

역사학자 에드워드 기번(Edward Gibbon)은 로마제국의 멸망을 기독교의 탓으로 돌렸다. 기독교가 널리 퍼지자 303년 황제 디오클레티아누스가 기독교인들이 로마 신에게 제물을 바치지 않는다는 이유로 박해하기 시작했다. 뜻밖에도 그 싸움에서 기독교가 이기고 제위(帝位)쟁탈전에서 승리한 대제 콘스탄티누스는 기독교로 개종했다.

그가 기독교를 국교로 채택하고 이교도에 대한 탄압을 자행했다. 결국 로마제국이 내란에 휩싸였고 서로마제국은 476년 멸망했다. 콘스탄티노폴리스를 수도로 삼은 동로마제국은 그 후 1,000년간 존속했다. 하지만 그 비잔틴 제국도 이교도라고 타기했던 이슬람의 공격을 견디지 못해 종언을 고했다.

징기스칸은 동서로는 지구의 동쪽 끝자락에서 유럽의 빈까지, 남북으로는 러시아에서 인도 북부까지 유라시아에 걸쳐 로마제국보다 더 웅대한 몽골제국을 건설했다. 그것도 한 세대에 걸쳐 인류역사상 최대의 제국을 말이다. 그는 항복하고 세금을 바치면 자비를 베풀었으나 불복하면 모두 도륙했다. 그러나 불교, 도교, 유교, 기독교, 이슬람을 가리지 않고 모든 종교에 대해 절대적 신앙의 자유를 허용했다.

몽골제국은 종교적 관용을 통해 피정복 민족의 지식과 재능을 포용함으로써 문화적 융성을 일구어냈다. 또한 인류최초로 세계화의 길을 열어 동서양을 통하는 경제-문화교류의 전달자가 되었다. 그 즈음 유럽에서는 종교재판의 광풍이 일어 가톨릭의 이름으로 이교도를 닥치는 대로 추방, 단두, 교수, 화형에 처해 길고도 긴 암흑시대의 문을 열기 시작했다.

제국멸망의 공통적인 특징은 후대가 선대와 달리 종교의 다원성을 부정했다는 점인데 몽골제국도 그 길을 밟았다. 몽골제국도 결국 종교적 배타성으로 인해 조각조각 찢어져 차례로 멸망의 수순을 밟았다. 중국의 몽골통치자들은 티베트의 신비주의적 탄트라 불교에 탐닉했다. 그 몽골족의 중국지배는 1368년 종막을 내리고 고향인 초원으로 쫓겨났다.

중앙아시아의 몽골족은 14세기 후반 유혈정벌 끝에 무굴제국을 세우고 인도를 통치했다. 하지만 그 무굴제국이 힌두교를 탄압하는 종교적 편협성으로 말미암아 1857년 영국한테 패망했다. 페르시아, 러시아의 몽골족도 이슬람의 이름으로 통치하다가, 또 일 칸국은 불교를 탄압하다 멸망의 길을 걸었다.

종교전쟁의 광란이 회오리치던 유럽에서는 천년세월에 걸쳐 제국의 출현이 없었다. 그런데 뜻밖에도 인구 200만명의 소국 네덜란드가 17세기 세계의 해상권을 제패했다. 그 배경에는 1579년 네덜란드가 건국헌장에 종교의 자유를 선언하고 스페인의 족쇄를 끊는 독립전쟁을 벌인 데 있다. 종교의 자유가 강력한 자력을 발산하여 유럽 전역에서 종교난민을 흡수함으로써 승리를 쟁취할 수 있었던 것이다.

종교적 관용이 종교난민의 자본과 기술을 끌어안음으로써 네덜란드는 세계의 무역, 금융, 산업 중심지로 부상했다. 스페인의 패전은 아메리카 대륙에 거대한 제국을 건설한 국제적 위상에 치명적 타격을 입혔다. 또한 종교적 불관용은 종교난민의 유출을 촉진함으로써 제국의 패망을 재촉했다고 역사는 말한다. 그런데 역사는 반복하는지 그 역사적 과오가 되풀이되고 있다.

네덜란드에 이어 유럽에서 가장 관용적인 사회로 등장한 대영제국도 유색인종과 마주치는 순간 그 한계를 드러냈다. 아메리카 원주민 학살과 아프리카 흑인탄압, 아편전쟁과 인도 아대륙 침탈이 그것이다. 유니온 잭은 해가 지는 날이 없다고 자랑하던 대영제국이지만 종교적 불관용으로 말미암아 가톨릭의 땅 아일랜드를 끝내 잃어버리고 말았다.

20세기 들어 독일 나치의 제3제국(Drittes Reich)은 무려 600만명에 달하는 유대인을 가스실에 가둬 독살하거나 총살하는 방식으로 집단학살을 자행했다. 하늘도 분노케 한 그 만행은 2차 세계대전에 미국의 참전을 불러들여 히틀러의 나치는 한 세대를 넘기지 못한 채 패망해 버렸다. 종교적 불관용이 제3제국의 몰락을 불렀던 것이다.

2차 세계대전의 종식에 따라 세계패권을 장악한 미국은 역사상 어느 제국 못지않게 야만적이었다. 신생국 미국도 그들이 말하는 유색인과 부닥치자 관용을 잃었다. 원주민 학살을 통해 인종청소를 벌였고 흑인을 족쇄와 수갑으로 손발을 묶어 노예로 부렸다. 또 중국인을 색출해 추방하느라 광분했었다.

그러나 종교적 관용이 국적과 종교를 초월하여 다양한 계층의 인력을 포용하는 원동력을 발휘함으로써 국가발전의 초석을 놓았다. 그 미국이 이민자의 지식, 재능, 노동, 기술, 자본을 흡수해 단기간에 산업화를 이룩하는 데 성공했다. 2차 세계대전을 승리로 이끈 원자폭탄의 개발도 독일에서 종교적 박해를 피해 미국에서 피난처를 찾은 과학자들의 공로였다.

공산주의 붕괴에 따른 냉전시대의 종식과 더불어 미국이 세계유일의 초강대국으로 등극했다. 그 미국이 군사력, 경제력을 배경으로 세계화, 시장화를 주도하며 자국이익의 극대화를 추구하고 있다. 미국의 군사제국주의가 독재-불량국가라는 명목을 내세워 미국에 비우호적인 국가의 정권을 교체하거나 전쟁을 벌여 세계 곳곳에서 마찰을 빚고 있다.

급기야 미국 뉴욕의 세계무역센터 쌍둥이 건물이 공중습격을 당해 폭파되는 2001년 9/11 사태가 벌어졌다. 미국이 그것을 빌미로 내세워 아프가니스탄과 이라크 침공을 감행했다. 두 전쟁이 천년세월에 걸쳐 유혈의 역사로 점철되어온 크리스천-이슬람의 충돌을 되살림으로써 미국지배시대(Pax-Americana)가 도전을 받고 있다.

또한 크리스천의 본거지인 유럽 속에서는 이슬람 교세가 확장세를 거듭하고 있다. 그 팽창세를 타고 유럽 속의 무슬림들이 세계의 이슬람 세력과 연대를 강화하는 가운데 테러행위가 잦아지고 있다. 1980, 1990년대의 이슬람 테러행위는 그 뿌리를 해외에 두고 있었다.

그런데 21세기 들어서는 이슬람 테러행위가 유럽국가의 국적을 가진 무슬림에 의해 자생적으로 자행되고 있다는 사실에 대한 주목이 필요하다. 관용의 나라 프랑스의 경우 600만명의 무슬림이 거주하는데 이슬람과 관련한 테러행위로 인해 2012~2020년 260명이 사망했다.

이슬람 테러행위는 그 원인을 단순히 종교에서뿐 아니라 국제질서 속에서 강대국의 전횡에서도 찾아야 한다. 멀리 십자군 전쟁까지 거슬러 가지 않고 21세기 진입을 전후해서만 보더라도 서방열강과 이슬람권의 대립은 더욱 첨예해졌다. 미국이 주도한 이라크, 아프가니스탄 침공과 유럽열강의 참전이 그것이다.

미국의 보복전쟁 촉발한 9/11

이슬람 테러세력이 납치한 민간 항공기 4대를 동시에 돌진시켜 미국 뉴욕 세계무역센터 쌍둥이 빌딩을 완파하고 국방부 건물 펜더곤의 일부도 폭파했다. 미국이 보복에 나서 아프가니스탄 침공, 이라크 침략을 감행했다. 그것은 십자군 전쟁 이후 최대의 크리스쳔-이슬람의 충돌로 이어지는 도화선이 되었다.

그에 따라 탈레반-알카에다-IS(이슬람 국가)로 이어지는 이슬람 무장단체와 서방열강과의 적대적 관계가 복잡하게 얽혀있다. 더 거슬러 올라가 세계지도를 보면 중동지역의 국경선이 자로 잰 듯이 반듯하게 일직선으로 구획되어 있다. 그 일대에 포진해 있던 오스만 제국이 몰락하면서 낳은 비극의 씨앗이다.

1차 세계대전의 승전국 영국과 프랑스가 자국의 이익에 맞춰 국경선을 멋대로 그어 오스만 제국을 갈기갈기 찢었다. 그에 따라 종파와 종족이 다른 지역이 한 나라로 묶이고 종파와 종족이 같은 지역이 다른 나라로 갈라져 반목과 갈등을 잉태하게 되었다. 중동지역에서 끝없이 벌어지는 전쟁과 내전의 저변에는 그 같은 역사적인 맥락이 깔려 있다.

그것이 이슬람권이 서방열강에게 원죄를 묻는 까닭이다. 이슬람 주도의 테러행위가 잦아지자 그에 따른 반발로 관용의 나라 프랑스마저 이제 '관용'을 버리고 차츰 '동화'를 요구하는 경향을 보인다. 종교적 불관용은 반드시 피의 역사를 쓴다는 역사적 교훈에 귀를 기우리는 지혜가 중요한 상황이 유럽에서 벌어지고 있다.

미국-유럽의 영원한 이방인

아시아계 노린 무차별적 인종증오형 폭력행위 기승

뉴욕에서 낳고 자라 학교를 나오고 직장에 다닌다면 그는 뉴요커임에 틀림없다. 그러나 그가 아시아계 미국인이라면 세계적으로 맹위를 떨치는 코비드-19 대유행 이후 지하철 타기를 주저한다. 그곳에서 종종 발생하는 아시아계에 대한 폭력행위가 무섭다. 차라리 걸으려고 해도 그마저 두렵다. 대낮에 맨해튼 길 한복판에서 지나가던 아시아계가 아무런 이유도 없이 잔혹하게 폭행당하는 사건도 일어났으니 말이다.

코비드-19(COVID-19) 대유행 이후 미국과 유럽에서 아시아계에 대한 신체적, 언어적 폭행사건이 유행병처럼 번지고 있다. 아시아계라면 미국과 유럽에서 어디에도 안전한 곳이 없다고 해도 과언이 아니다. 아시아계는 누구나 언제든지, 어디에서나 당할 수 있는 그야말로 묻지마 범죄가 횡행한다. 남녀도 노소도 가리지 않는다.

 증오에 가득 찬 욕설을 퍼붓는가 하면 주먹으로 때리고…발로 차고 짓밟고…목을 조르고…침을 뱉는다. 장소와 시간도 가리지 않는다. 아시아계 여성이 이른 아침 길거리에서 이유 없이 총에 맞아 숨졌다. 인종차별 반대 시위대를 향해 차량이 돌진하는 사건도 일어났다. 지나가는 노인에게 갑자기 달려들어 뒷덜미를 잡아 거리에 팽개치고 침을 뱉고 주먹질을 하는가 하면 지하철 입구에 서있는 사람을 계단 밑으로 밀어붙이기도 했다. 그 이유는 단지 그들이 아시아계라는 것이었다.

 2021년 3월 16일 미국 조지아 주 애틀랜타에서 백인 청년이 총을 난사하여 한국계 4명을 포함해 아시아계 여성 8명이 맞아 숨졌다. 그 사건은 코비드-19 대유행 이후 미국에서 벌어진 대표적인 반아시아계 폭력사건으로 꼽힌다. 거리, 상점, 지하철에서 아시아계에 대한 예고 없는 공격이 빈발하여 그들의 분노와 함께 공포도 커진다.

 반아시아인 폭행사건이 날벼락 떨어지듯이 유럽과 미국 곳곳에서 일어나니 방비책도 예방책도 없다. 일반적으로 가해자는 백인이라고 생각하지만 그렇지만 않다. 인종차별의 피해자인 흑인은 물론이고 히스패닉, 무슬림의 아시아인에 대한 무차별 폭행도 잇따르고 있다. 그것은 아시아계는 세력화가 되지 않아 정치적 발언권이 미약하여 뒤탈이 없다고 생각하기 때문이다.

 한 자료에 따르면 2020년 3월부터 8월 초순까지 미국에서 발생한 아시아계에 대한 살인미수, 살해위협, 구두공격이 2,600건에 달했다. 아시아계 미국인의 31%가 욕설을 듣고 26%는 위협을 느꼈거나 신체적 공격을 받았다고 한다. 온라인에서도 인종주의적 공격이 폭발적 증가세를 나타냈다. 그것은 모든 아시아계가 언-오프라인에서 언제든지 인종주의적 공격의 대상이 될 수 있다는 사실을 말한다.

 2020년 미국 16개 대도시 경찰자료를 분석한 자료에 따르면 전체 인종증오 범죄는 전년보다 7% 줄었지만 아시아계 증오범죄는 오히려 150%나 증가했다. 'STOP AAPI HATE'(아시안-태평양계에 대한 증오를 멈춰라)라는 단체는 2020년 3월~2021년 2월 1년간 3,800여건의 아시아계 증오범죄가 발생했다고 밝혔다. 그 중의 68%는 여성에 대한 공격이었다.

 캘리포니아 주립대의 '반아시아 증오범죄 보고서'에 따르면 2020년 미국 16개 주요도시에서 발생한 아시아계 증오범죄는 폭행이 120건으로 2019년의 49건에 비해 145% 늘어났다. 특히 뉴욕은 1년 사이에 833%나 증가했다. 그에 따라 아시아계는 언제, 어디에서 신체적 공격을 당할지 모른다는 불안감에 떨며 외출을 극도로 자제한다.

 아시아계 증오범죄는 미국뿐만 아니라 유럽, 호주에서도 급증하는 추세다. 하지만 프랑스,

독일, 벨기에 등 많은 유럽 국가들이 인종적, 민족적 인구통계를 작성하지 않는다. 그 까닭에 아시아계에 대한 인종주의적 공격을 정확하게 파악하기 어렵다. 그러나 영국은 아시아계 증오범죄를 집계하여 그 윤곽을 대충이나마 알 수 있다. 런던경찰청에 의하면 2020년 6~9월 관련범죄가 200건 발생해 전년 동기에 비해 96% 증가했다.

2020년 6월 실시한 한 조사에 따르면 영국에 거주하는 중국계 주민의 3/4이 인종차별적 욕설을 들었다고 한다. 개중에는 식당에서 두들겨 맞고 쫓겨나거나 침 뱉기를 당했다고 한다. 한 중국계 대학강사는 집 근처에서 조깅하다가 네 명의 백인 사네한테 느닷없이 두들겨 맞았다. 그 때 그는 짐승 취급을 당했으며 그 이후 집 밖을 나서기가 두렵다는 심정을 토로했다.

2019년 파리에서는 이틀에 1건 꼴로 아시아인 증오범죄가 일어났다. "중국으로 돌아가라"는 소리를 많이 듣는데 그것만으로 처벌할 수 없다며 경찰은 사실상 손을 놓고 있는 실정이다. 호주 싱크탱크 로이 연구소가 2021년 3월 발표한 자료에 따르면 중국계 호주인의 1/3이 차별대우를 받았으며 18%는 신체적 위해를 받거나 위협을 느낀 것으로 나타났다.

미국에서 인종차별이라고 하면 일반적으로 백인이 인종적 편견을 갖고 흑인에게 사회적, 경제적, 법률적으로 불평등을 강제화하는 행위로 이해한다. 하지만 미국사회에서 벌어지는 흑인의 아시아계에 대한 인종차별이 무시할 수준을 넘어서 일상적으로 이뤄지고 있다. 그 대표적 사례가 한 세대 전에 일어났던 사건이지만 1992년 LA흑인폭동을 꼽을 수 있다.

1991년 3월 로스앤젤레스에서 흑인청년 로드니 킹의 과속운전을 단속하는 과정에서 백인경찰관의 집단폭력 사건이 일어났다. 그런데 1992년 4월29일 재판에서 가해자인 경찰관들이 무죄판결을 받고 풀려났다. 분노한 흑인들이 거리로 뛰어나와 항의시위를 벌였는데 사태가 악화되어 폭동으로 이어졌다.

그 시위대가 한인타운으로 몰려가서 약탈과 방화를 저질러 가히 무정부 상태가 벌어졌다. 사망자 53명, 부상자 4,000명의 인명피해가 발생했으며 재산피해만도 7억5,000만달러에 달했다. 그 중에서 한국교포들이 입은 재산피해가 40%나 차지하는 4억달러나 되었다. 사태가 위급하게 돌아가자 교포들이 자구노력으로 자경대를 만들어 방어에 나섰으나 2,300개 업소가 약탈당했거나 전소하는 피해를 입었었다.

미국에서 흑인은 이민역사도 길고 백인과 함께 미국을 건설하는데 중추적 역할을 했다고 자부하는 까닭에 주인의식도 강하다. 하지만 상당수의 흑인은 여전히 미국사회의 기저층에 머물러 있는데 반해 아시아인은 짧은 기간에 신분상승을 이루고 있다. 거기에 대한 반발심 내지 박탈감이 소수자이자 정치적 발언권이 미약한 아시아인에 대한 증오 내지 폭력으로 표출되고 있다는 분석이 가능하다.

코로나 바이러스로 인해 큰 피해를 입은 미국과 유럽의 저소득층은 인종을 가리지 않고 아시아계 이민자들이 일자리를 뺏어간다는 피해의식을 가진다. 그들의 상당수가 중국이 코로나 바이러스의 발원지라고 믿는 까닭에 반중감정이 더욱 확산되고 있다. 그것이 미국의 중국봉쇄 전략과 맞물려 미국과 중국의 갈등을 더욱 증폭시키는 양상이다. 그런데 중국인과 다른 아시아인을 외모, 언어만으로 구분하기 어려우니 동아시아인이면 누구나 공격대상으로 삼는다.

미국과 중국의 정치적, 경제적 관계가 악화되면서 미국에서 중국공포증이 증폭되는 양상이다. 퓨연구소(Pew Research Center) 조사에 따르면 미국인의 중국에 대한 비호감도가 2018년 47%에서 2020년 73%로 증가했다. 그 즈음 양국간의 무역분쟁 격화, 중국의 인권탄압 증가에 더하여 트럼프의 중국비하 구두공격도 미국인의 인식변화에 큰 몫을 한 것으로 분석된다. `

미국사회는 보수, 진보를 떠나서 일반적으로 아시아계는 유능하고 근면하다고 생각을 갖는 동시에 간교하고 단순하며 파벌적이라는 편견을 가지고 있다. 그 까닭에 중국계를 비롯한 아시아계 미국인이 미국에 대한 충성심을 가졌더라도 미국사회는 그들을 외래인으로 여기는 경향이 짙다.

그런데 그 고정적 편견이 중국인을 너머서 아시아계 전반으로 확산되는 기세다. 그것은 미국사회가 오랫동안 가지고 있는 이른바 유색인종에 대한 편견에 더해 미국정부의 정책이 중국계 미국인에게 부정적 영향을 미쳤기 때문이다. 반아시아인 폭력증가는 트럼프 행정부의 인종적 편견에도 상당한 원인이 있었다는 소리다.

미국이나 유럽에서 아시아계에게 쏟아내는 욕설은 여기는 네 나라가 아니니 떠나라는 소리다. 이른바 트럼피즘을 통해 확인되었듯이 미국은 백인의 나라라는 속내를 감추지 않고 있다. 21세기 들어 흑백갈등이 재연되는 양상을 띠는 가운데 인종적, 정치적 소수자인 아시아계가 흑백양측에서 공격받는 형국이다.

아시아계 인종차별을 규탄하는 정치인의 발언은 거의 정치적 수사에 지나지 않는다. 그 같은 연유로 아시아계는 미국이나 유럽에서 누대를 살았어도 영원한 이방인이란 생각을 지우기 힘들다.

일본, 미국에 사는 한국 유랑민 후예의 숙명적 고난

20세기 한반도는 시련의 역사였다. 일본한테 나라를 뺏긴 조선인들은 먹고 살길을 찾아 괴나리봇짐을 지고 만주나 연해주로 떠났다. 아니면 부산항에서 일본으로 가는 뱃길에 몸을 맡긴 채 오륙도를 멀리하며 고국을 등졌다. 하지만 그곳도 그들을 기다리고 있지 않았다. 그 후 그들이 사는 삶은 하루하루가 고난의 세월이었다. 그 후손들도 그 역경을 등에 지고 숙명처럼 대를 이어가고 있다.

1950년 터진 한국전쟁은 동족상잔의 남북전쟁이었다. 수백만의 사상자가 발생하고 수많은 미아와 고아가 집과 부모를 잃고 거리를 헤맸다. 더러는 꿈의 나라, 희망의 나라 미국이나 유럽으로 갔다. 그곳도 그들을 반기지 않았지만 더러는 차별과 박대의 벽을 뚫고 아메리카 드림을 이루기도 했다. 그러나 얼굴색은 버리지 못하니 동화하고 싶어도 동화하지 못하는 그 고통이 너무나 크다.

미국사회는 인종이 다른 한국인을, 일본사회도 민족이 다른 한국인을 쉽게 받아들이지 않는다. 때로는 그들이 사람대접을 해주는 듯하나 그것은 속내를 드러내지 않는 위선일 뿐이다. 눈에 보이지 않는 그 아픔은 그들만이 아는 슬픔이다. 가슴으로 피눈물을 흘리고 사는 삶을 그린 영화와 TV연속극이 있어 보는 이의 심금을 울린다.

2022년 세계인은 코비드-19에 의해 격리생활을 강요당하고 있었다. 그 때 애플TV+가 제작한 연속방송극 '파친코'가 안방에 갇혀 살던 세계인의 눈물샘을 자극하며 절찬리에 방영되었다. 세계의 TV화면을 뜨겁게 달구었던 그 방송극은 재미작가 이민진의 소설 '파친코'(Pachinko)를 각색한 것이다. 그의 소설도 베스트셀러에 올랐았다. 시대적-지역적 배경은 1910년 일제강점기, 부산 영도에서 막이 올라 일본 오사카(大阪)으로 옮겨간다.

그 방송극은 1930~1990년대 일본에서 온갖 핍박, 차별, 멸시를 받으며 역경을 헤쳐 나가는 조선인 3대의 가시밭 같은 삶을 그렸다. 그 즈음 조선인이 일본에서 먹고 살 수 있는 길은 뒷골목의 막노동, 허드렛일, 아니면 똘마니뿐이었다. 그나마도 조선인에게는 촘촘하기 그지없는 법망을 피해 늘 쫓기는 도망자의 심정으로 헤쳐 나가는 생활이었다.

그러나 '파친코'의 후손은 갖은 고난을 딛고 사행업인 파친코를 일궈 사업적으로 성공한다. 지역연고가 경제대국 일본과 미국이어서 그 후손이 끈질긴 생활력으로 인생역전을 이룩할 수 있는 기회를 얻었다. 그와 달리 한 세기 전에 고향산천과 일가친척을 등져야했던 수많은 조선 유랑민(diaspora)의 비애는 그 후손에게도 그대로 이어지고 있다. 그야말로 끝없는 고난과 난간을 눈물로 견디어 나가는 삶의 연속이다.

일제강점기에 삶터를 송두리 채 뺏긴 많은 조선인들이 살 곳을 찾아 일본, 만주, 연해주로 뿔뿔이 흩어지거나, 아니면 강제로 징용당해 그곳으로 줄줄이 끌려갔다. 그들은 가는 곳마다 박해, 핍박, 조롱에 시달리며 살았는데 그 파란만장한 유랑민의 비참한 생활이 대를 이어간다. 아마 그들 한 사람, 한 사람의 피눈물 맺힌 기구한 삶은 '파친코'가 다시 불려낸 재일 조선인의 유랑생활보다 더 처참할지도 모른다.

꿈의 나라라는 미국이 모든 이에게 희망의 나라는 아니다. 미국 루이지애나 주의 가장 큰 도시 뉴올리언스는 미시시피 강 어귀의 늪지대에 자리 잡고 있다. 루이지애나는 루이 14세의 땅이라는 뜻이 말하듯이 원래 프랑스가 차지했던 땅이다. 바로 그곳을 지역적 배경으로 삼아 미국인도 한국인도 아닌 입양아의 피눈물 맺힌 삶을 그린 영화 '푸른 늪'(Blue Bayou)이 펼쳐진다.

그 영화의 영어원제 Blue Bayou를 '푸른 호수'라고 번역했는데 '푸른 늪'이 옳다. 호수는 고인 물이나 늪은 느리지만 흐르고 바닥이 갯벌이어서 수중식물이 많이 자란다. 작중 인물이 어릴 적 한국에 관해 어림프시 남아있는 기억이 아마 늪이었나 보다 싶다. 영어단어 blue는 우울하다, 슬프다는 의미를 지녀 작가가 영화제목을 Blue Bayou라고 붙인 듯하다.

그 영화는 한국계 미국인 저스틴 전(Justin Jitae Chon-전지태)이 감독과 주연을 맡아 제작했다. 그 줄거리는 한국에서 태어난 3살짜리 유아가 미국인 가정에 입양되어 그곳에서 30년 이상 살았는데 불법이주자로 몰려 가족과 떨어져 강제로 추방되는 내용이다. 그의 이름은 안토니오 르블랑(Antonio Leblanc)이다. Antonio는 프랑스, 이탈리아, 스페인 등 라틴계 나라에서는 흔한 남성이름이다.

Leblanc은 프랑스 성씨이고 blanc은 프랑스어로 흰색, 백인을 뜻한다. 아시아계에게는 너무나 어울리지 않는 이름이어서 이질감이 묻어난다. 그 뜻을 아는 사람을 만나면 조롱거리가 될 만한 이름이다. 그는 양부모의 학대를 견디지 못해 가출한다. 글을 못 읽는 장면이 나오는 것을 보아 그는 기초교육조차 받지 못한 문맹자임을 알 수 있다.

그가 문신기술을 익혔지만 일거리가 없어 더러 좀도둑질도 하며 살다 전남편의 딸이 달린 백인아내를 만나 가난하지만 행복한 가정을 꾸려가려고 열심히 노력한다. 그런데 전남편인 백인경찰관과 알력이 생기면서 그가 불법체류자라는 사실이 드러난다. 양부모가 관심을 갖지 않아 그의 시민권 취득절차를 밟지 않았던 탓이다.

막상 안토니오는 그 자신이 불법이주자라는 사실을 모르고 살았는데 ICE(이민관세청)가 그를 한국으로 축출한다. 아내는 그의 핏줄을 갓 분만했는데 말이다. 그는 한국에 아무런 연고가 없다. 부모도 모르고 한국 이름도 모르며 한국어는 더욱 더 모른다. 한국인이라는 뿌리가 없으니 한국에서 또 다른 이방인의 삶을 살아야 하는 기구한 운명이 그를 기다리고 있는 셈이다.

미국은 2000년 외국에서 태어난 입양인에게 시민권을 자동적으로 부여하는 법률을 제정했다. 안토니오는 그 이전에 입양되었기 때문에 소급적용의 대상이 아니다. 미국에는 안토니오와 같은 사례에 관한 공식집계가 없다. 다만 입양자 권리를 위한 운동단체가 추산한 바로는 1945~1998년 입양자 가운데 2만5,000명~4만9,000명이 그 대상자라고 한다.

미국사회에서 아시아계로서 살아가는 감독 저스틴 전은 그 영화에서 인종문제에 관해 아주 조심스럽게 접근한다. 영화는 입양자 강제추방이라는 비인간적인 정부정책에 대한 직설적 비판을 극도로 자제하는 흔적이 곳곳에서 묻어난다. 그것은 소수민족이 백인사회를 의식하며 살아가는 현실적 타협이자 고민으로 비춰 보는 이로 하여금 비애감마저 느끼게 한다.

아시아계에게 폭력 부추기는 백인의 황인종 공포증

2020년 맹위를 떨치며 지구인을 공포의 도가니로 몰아가던 코비드-19(COVID 19-Corona Virus Disease-19)가 2021, 2022년에도 그 기세를 더해갔다. 코로나 바이러스의 대유행이 세계를 엄습한 이래로 유럽과 미국에서는 아시아인, 특히 중국인에 대한 혐오감이 팽배하다. 코비드-19이 중국 우한(武漢-무한)에서 처음 발병했다는 점에서 그 발원지를 둘러싼 논쟁은 꼬리를 이어갈 것 같다.

지구를 역병의 공포로 떨게 만든 코비드-19 대유행의 배경에는 국경 없는 인적-물적교류가 자리 잡고 있다. 세계화의 물결을 타고 폭발적 전파력을 보이는 병원체를 알 수 없는 신종괴질이 세계인에게 신체적 거리두기라는 이름으로 격리시대를 강압하고 있다. 미국과 유럽의 일각에서 코로나 바이러스의 발원지를 중국 우한에서 찾으려고 하면서 반중감정이 지구적 확장세를 탔다.

전임 미국 대통령 트럼프는 재임시에 코로나 바이러스를 '차이니스 바이러스' 또는 '쿵 플루'(Kung Flu-Kung Fu+Influenza)라고 지칭하여 코로나 바이러스가 중국에서 발원한 듯이 노골적으로 암시했다. 그의 반복적인 인종비하 발언이 코비드-19 확산과 맞물려 중국과 중국인에 대한 편견을 더욱 증폭시킨 측면이 있다.

그 반중감정이 미국의 중국봉쇄 전략과 맞물려 중국과 미국-유럽의 대결국면이 갈수록 첨예화하고 있다. 그 상황에서 미국과 유럽에서 G-2로 굴기한 중국, 중국인에 대한 견제심리가 인종적 편견과 결합하여 복합적인 상승작용이 이뤄지고 있다. 거기에다 신종역병 코비드-19

의 집단감염에 대한 반작용이 미국과 유럽에서 중국공포증(Sinophobia)을 되살려 그 위세가 날로 더해간다.

 그 중국공포증은 주로 미국과 유럽에 거주하는 중국화교를 겨냥해 폭력적 인종주의로 표출되고 있다. 그 불똥이 용모가 유사한 동아시아계로 번지면서 신체적, 언어적 공격이 날로 기승을 부린다. 중국공포증의 유래는 그 역사가 길고도 깊다. 유럽, 미국, 호주, 캐나다에 사는 백인의 의식에는 황인종에 대한 혐오감 내지는 공포감이 내재되어 있다.

 그들은 그것을 황화(黃禍-Yellow Peril)라고 말한다. 그들은 21세기 들어 경제적, 군사적으로 굴기하여 초강대국으로 비약하는 중국을 보면서 징기스칸이 13세기 유라시아에 걸쳐 건설한 웅대한 몽골제국을 떠올린다. 그 때 유럽은 성난 파도처럼 멀리서 몰려오는 기마민족의 말발굽 소리에 전율하고 있었다.

 징기스칸(成吉思汗-Genghis Khan)은 지구의 동쪽 끝자락부터 서쪽의 유럽 빈까지 유라시아에 걸쳐 로마제국보다 더 웅대한 몽골제국을 건설했다. 그는 항복하고 세금을 바치면 자비를 베풀었으나 불복하면 모두 도륙했다. 하지만 모든 종교에 대해 절대적인 신앙의 자유를 허용했다.

 그 종교적 관용이 피정복 민족의 지식과 재능을 포용함으로써 몽골제국은 문화적 융성을 일구어냈다. 또한 인류최초로 세계화의 길을 열어 동서양을 통하는 경제-문화교류의 전달자가 되었다. 그 즈음 유럽에서는 종교재판의 광풍이 일어 기독교의 이름으로 이교도를 닥치는 대로 추방, 단두, 교수, 화형에 처해 길고도 긴 암흑시대의 문을 열기 시작했다.

 반면에 법의 지배를 확립한 징기스칸의 통치방식은 전쟁에서 패배한 다종한 종족과 다양한 종교를 끌어안는 자력을 발휘하여 하나의 거대한 제국을 일구어 냈다. 그 몽골제국을 떠받든 기둥과 초석은 말과 활이었다. 그 말과 활이 유라시아에 걸친 광활한 지역을 정벌하여 한 세대 만에 인류역사상 최대의 제국을 건설하는 토대가 되었다.

 몽골제국의 전성기에는 비단 길이 동서양의 상품뿐만 아니라 사상과 기술의 이동을 잇는 가교 역할도 했다. 그 몽골제국이 동서교역을 통해 이룩한 경제적, 문화적 번영이 세 대륙, 즉 아시아, 유럽, 아프리카, 그 중에서도 특히 중국, 인도, 아라비아를 경제적, 문화적으로 융성하게 만들었다.

 그런데 그 몽골제국은 적의 공격이 아닌 흑사병이란 역병의 습격에 의해 조각, 조각 갈라져 패망의 길을 걸었다. 흑사병이 엄습한 중세유럽은 죽음의 세월을 살았다. 자고나면 가족이 아니면 이웃이 주검으로 변하는 떼죽음이 이어져 유럽은 거대한 공동묘지로 변해가고 있었다.

 흑사병은 치료제도 예방약도 없는 저주의 역병이었다. 하지만 동방에서 난다는 육두구가 효험이 있는 것으로 알려져 부자들은 저마다 그것을 목에 걸고 살아 값이 금값을 능가했다. 그 까닭에 유럽인의 뇌리에는 흑사병의 공포가 잠재되어 있다. 흑사병이 어디서 발원했는지 아무도 모른다. 그런데 유럽은 여전히 발원지가 중국이라고 믿고 싶어 한다.

 1346~1353년 10년도 채 되지 않는 기간에 유라시아 대륙을 휩쓴 흑사병이 무려 7,500만~2억명에 달하는 생명을 앗아간 것으로 추정된다. 1340년대 유럽에서만도 흑사병에 감염되어 2,500만명이 떼죽음을 당했다. 그것은 당시 유럽 인구의 30%에 해당하는 숫자이니 유럽은 그야 말로 죽음의 땅, 유령의 나라였다.

 14세기에 최초로 발병했던 흑사병이 그 후에도 18세기까지 100여 차례나 엄습해 유럽을 멸족위기로 몰고 갔었다. 흑사병이 뒤덮었던 14세기의 유럽은 떼죽음으로 말미암아 말세적 인구감소가 일어났다. 그에 따라 유럽은 사회구조가 붕괴될 정도로 치명적 타격을 입었다.

 1330년대 초입에 중국에서도 흑사병이 맹위를 떨쳤다. 흑사병이 유일한 원인은 아닐지라도 그 시기에 중국에서는 전쟁과 기근이 겹쳐 병사, 전사, 아사로 인한 줄초상이 이어져 인구가 격감했다. 14세기 후반에 중국인구의 30% 가량이 사망했다는 추정도 있다. 그것은 유럽에서 흑사병이 창궐한 시기와 대체로 일치한다.

 그 역병의 발병지가 쿠빌라이 칸의 여름별장 소재지인 상도(上都)라는 설도 있으나 근거가 부족하다. 흑사병은 중앙아시아 또는 인도에서 발병했던 것으로도 추측되나 그 또한 불확실하다. 그 시기가 몽골족이 원나라를 세운 시기와 겹치다 보니 발원지가 중국인 것처럼 알려지기도 했다.

 하지만 흑사병이 비단길을 오가던 상인들을 따라서 동서양으로 전파되었다는 주장은 설득력을 갖는다. 흑사병의 창궐과 함께 유럽과 아시아에 걸쳐 거대한 웅자를 자랑하던 몽골제국이 붕괴되면서 실크로드의 문도 닫혀 버렸다. 말하자면 흑사병이 1차 세계화의 종막을 내렸던 것이다. 그 까닭에 백인의 뇌리에는 징기스칸과 흑사병의 공포가 각인되어 있다.

 세월이 한참 흘러 대항해 시대가 유럽의 아시아 지배시대를 열었다. 그런데 유럽의 항해술-조선술을 열심히 따라 배우던 일본이 어느 날 대한해협에서 러시아 함대를 완파함으로써 단숨에 노-일전쟁(1904~1905년)의 승리를 이끌어낸 대이변이 일어났다. 누구도 예측하지 못했던 세계해전사상에서 그 유례를 찾아 볼 수 없는 일본의 일방적 압승에 서방열강은 소스라치게 놀랐다.

 중국의 조공국이었던 일본이 청-일전쟁(1894~1895년)에서 중국을 제압한 대가로 랴오둥(遼東-요동)반도를 수중에 넣었다. 그런데 일본으로서는 굴욕적이었지만 러시아의 압력에 눌려 중국에 도로 토해내야만 했다. 그 사건을 계기로 일본은 장차 조선과 만주를 차지하려면 러시아와 격돌이 불가피하다는 판단 아래 해군력 증강에 더욱 매진했다.

일본은 그 때의 치욕을 잊지 않는다는 뜻에서 와신상담(臥薪嘗膽)이란 구호 아래 해군력 강화 10개년 계획을 추진하는 데 박차를 가했다. 일본은 러시아와의 일전에 대비한다는 계획 아래 전함을 109척으로, 해군병력을 1만5,100명에서 4만800명으로 증강했다. 1904년 2월 일본이 러시아가 점령하고 있던 청나라의 뤼순(旅順)항을 기습적으로 공격함으로써 마침내 전쟁이 터졌다.

그것이 노-일전쟁(1904~1905년)의 발발이었다. 기함 미카사(三笠-삼립)가 이끈 일본해군은 1905년 5월 27, 28일 벌어진 쓰시마(對馬-대마)해전에서 세계해전사상 최대의 승리를 거뒀다. 러시아 해군은 전함 38척 중에서 21척이 침몰되고 7척이 나포되었으며 6척은 무장이 해제되어 전멸에 가까운 타격을 입었다.

러시아는 수병 4,545명이 사망하고 6,106명이 포로로 잡혀 인명피해도 막심했다. 반면에 일본은 수병 117명이 죽고 어뢰정 3척이 손실되는 경미한 피해를 입었을 뿐이었다. 서방열강은 누구도 일본의 승리를 점치지 못했는데 그 예상을 깨고 일본이 완승에 가까운 전과를 올리자 서방열강은 그야말로 경악했다. 그것은 1853년 러시아 군함이 일본을 방문하여 증기기관선의 작동원리를 설명한지 52년만의 일이었다.

1930년대 들어 일본이 만주를 침략해 괴뢰국가 만주국을 세우고 중국 동북지역을 점령한 데 이어서 상하이 사변을 일으켰다. 국제사회가 일본의 중국침략을 규탄하자 일본이 노구교(盧溝橋) 사건이라는 자작발포 사건을 꾸미고 그것을 핑계로 중국에 대한 전면적인 침공을 감행해 중-일전쟁을 일으켰다.

미국이 일본에게 미국의 만주국 승인을 조건으로 중국과 인도차이나 반도에 대한 침략행위 중단과 전면적인 철군을 요구했다. 그에 맞서 일본은 미국 식민지 필리핀의 완전한 독립을 요구하며 대립각을 세웠다. 결국 미국이 일본에 대한 석유수출을 중단하는 사태에 이르고 말았다. 1941년 8월 1일 미국이 단행한 대일 석유수출 전면금지가 그것이었다.

당시 일본은 석유공급의 절대량을 미국에 의존하는 실정이었다. 미국이 일본의 전체 석유수입량의 76.7%를 공급했는데 일본이 점령했던 인도네시아의 공급비율은 14.5%에 불과했다. 미국의 석유공급 중단은 곧 전쟁수행 불가와 산업가동 중단을 의미하는 중대한 사태였다.

숨통이 막힌 일본이 서둘러 돌파구를 찾아 나섰다. 그것이 1941년 12월 7일 일요일 이른 아침에 결행한 하와이 진주만 미국해군기지 기습공격이었다. 전함 30척, 탑재기 408대, 병력 1만6,000명의 거대한 함대가 하나의 몸집처럼 소리 없이 태평양을 침투하는 장장 6,400km의 대양원정이었다.

그 거대한 움직임은 해군요새가 진주만에 잠입해 기습공습을 감행함으로써 정박 중이던 미국 태평양 함대를 반파했다. 일본해군이 2시간에 걸친 공중폭격을 통해 미국 전함 19척, 전투기 328대를 파괴하는 전과를 올렸던 것이다. 비축유가 바닥나기 이전에 속전속결로 승기를 잡겠다는 전략이 일단 성공하는 순간이었다. 그로써 일본은 미국과 전면전에 돌입했다.

기습작전을 통해 미국해군의 주력함대를 선제적으로 파괴하면 태평양 전쟁에서 승산이 있다 것이 일본군부의 판단이었다. 기습공격으로 인해 미국인 2,403명이 사망했다. 미국이 위용을 자랑하던 태평양 함대를 일거에 격파하자 서방열강은 또 한 차례 기겁했다. 1853년 미국의 흑선이 일본해안에 나타나 개항을 요구한지 88년만의 일이었다.

21세기 들어 미국과 유럽에 팽배한 중국공포증은 인종차별의 부산물이다. 미국에서 서부개척 시대가 열릴 즈음인 1848~1855년 골드러시가 터졌다. 거기에 더해 대륙횡단철도가 건설되면서 막일수요가 폭발적으로 증가했다. 그런 상황에서 노예무역마저 금지되는 바람에 인력난이 극심했다. 그러자 1860년 2차 아편전쟁을 이긴 영국이 전리품으로 중국인의 인력수출 자유화를 챙겼다.

그에 따라 많은 중국인들이 쿨리라는 이름으로 미국에 팔려갔다. 이어 미국도 1868년 중국과 벌링게임 조약(Burlingame Treaty)을 맺어 중국인들이 미국으로 팔려가는 길이 활짝 열렸다. 그런데 미국사회가 말만 듣던 중국인들이 나타나자 바짝 긴장했다. 그들의 눈에는 중국인이 아메리카 원주민과 너무 흡사하게 생겼기 때문이었다.

그 즈음 미국은 원주민 땅을 뺏느라고 인종청소를 한창 벌이고 있었다. 너무 많은 인디언이 피를 흘렸다고 생각했는지 미국이 1830년 5월 인디언 이주법(Indian Removal Act)을 만들었다. 그 법에 따라 미국은 기병대를 앞세워 인디언 부족들을 미시시피 강 서쪽의 황무지에

1941년 12월 7일 일요일 이른 아침. 일본이 하와이 진주만 미국해군기지를 기습적으로 공격했다. 전투기 408대가 2시간에 걸친 공중폭격을 퍼부어 미국이 위용을 자랑하던 태평양 함대를 일거에 격파하자 서방열강이 기겁했다.

강제로 이주, 격리시키고 있던 시절이었다.

그런데 인디언을 닮은 중국인들이 불쑥 무리를 지어 등장했던 것이다. 얼마 지나지 않아 서부에서는 각종 토목공사가 마무리되고 남북전쟁이 끝나면서 불황이 겹치자 실업자들이 쏟아졌다. 노동조합이 앞장서 백인의 일자리를 뺏는 중국인들을 쫓아내야 한다며 살벌한 배척운동을 벌여 곳곳에서 중국인에 대한 폭력사태가 잇따랐다.

그에 따라 캘리포니아가 1862년 반쿨리법(Anti-Coolie Act)을 제정했다. 미국인과 미국선박에 의한 쿨리무역을 금지하는 내용이었다. 이어 연방정부가 1882년 5월 중국인의 이민을 금지하는 중국인 배제법(Chinese Exclusion Act)을 만들어 중국인을 색출해 추방했다. 그 이전에 캘리포니아는 외국인 광부세법을 만들어 중국인 쿨리들을 금광에서 쫓아냈다.

1902년 개정된 중국인 배제법은 모든 중국인은 거주지를 등록하도록 규정했다. 중국인은 거주증명서를 소지해야 하며 위반하면 추방한다는 내용이었다. 그것은 중국인의 거주이전 자유를 박탈함으로써 중국인에 대한 인종차별을 합법화한 셈이었다. 그 족쇄는 중국이 2차 세계대전에 참전함으로써 미국 연합군의 일원이 되고나서야 풀렸다.

그런데 21세기 들어 그 중국이 일본을 제치고 G-2로 굴기하면서 태평양 시대가 열렸다. 중국이 이제 중국은 어제의 중국이 아니라는 얼굴을 들고 나섰다. 막강한 경제력과 군사력을 바탕으로 중국이 세계유일의 최대강국 미국과 세계적 사안을 놓고 자웅을 겨루며 으르렁거린다. 세계패권의 향방을 가르는 판국에 서유럽이 가세하는 형국이다. 미국도 유럽도 속내를 드러내지 않지만 그 기저에는 백인우월주의가 깔려있다.

세계패권을 놓고 양대 강대국 사이에 갈등이 고조되는 가운데 미국과 유럽에서 아시아 이민자들이 일자리를 뺏어간다는 피해의식이 확산되고 있다. 그에 따라 아시아계에 대한 반감이 증폭되고 있는 상황이다. 2019년 코비드-19이 발생한 이후 전임 미국 대통령 트럼프가 앞장서 그 발원지로 중국을 지목하면서 동아시아인에 대한 인종적 공격이 더욱 극성을 부린다.

바이든 행정부 들어 미국의 중국포위전략이 더욱 구체화하고 있다. 미국과 일본이 주축이 되고 인도, 호주가 가담하고 있다. 거기에 NATO(북대서양조약기구)가 가세하고 나섰다. 앞으로 미국-유럽과 중국의 충돌음이 높아지면 높아질수록 미국과 유럽에 사는 중국인은 물론이고 아시아계에 대한 배척은 그 강도가 날로 높이질 것이다.

14

"굴종의 역사 다시 쓰자"

인종주의의 책임을 묻는다

참수당한 크리스토퍼 콜럼버스 동상.
크리스토퍼 콜럼버스가 아메리카 대륙에 첫 발을 디딘지 반천년이란 긴 세월이 흘러 그가 수난의 시대를 맞았다. 신대륙 발견자로 숭앙받던 그가 침략자, 학살자, 약탈자로 몰리고 있다. 그의 공적을 기려 콜럼버스의 날을 정해 기념하던 미국에서는 지역에 따라 점차 원주민의 날로 바뀌고 있다. 학교교육에서도 그에 대한 재평가가 이뤄지고 있다.
2020년 6월 10일 미국 보스턴의 크리스토퍼 콜럼버스 해안공원에 있는 그의 동상 머리가 잘려나갔다. 미국 곳곳에 세워져 있는 그의 동상을 철거하라는 여론이 점차 드세지고 있다. 그에 대한 반대여론 또한 만만찮은 게 현실이지만 역사의 방향은 바뀌고 있다.

14 인종주의의 책임을 묻는다

식민주의 역사의 재조명

500년 지나서 제기된 콜럼버스와 다 가마의 재평가

 1497년 7월 8일 포르투갈의 바스쿠 다 가마(Vasco da Gama)가 선박 4척과 선원 170명으로 구성된 선단을 이끌고 향신료가 난다는 땅을 찾아 동쪽으로 떠났다. 그것은 크리스토퍼 콜럼버스보다 5년 늦은 출항이었다. 그가 넉 달 만인 그해 11월 희망봉에 도착했다. 거기까지는 포르투갈이 이미 개척해온 바닷길이기에 항해가 비교적 순탄한 편이었다.
 다 가마는 거기서 아프리카 남단을 돌아 모잠비크를 거친 다음에 동해안을 따라서 북상을 이어가 이듬해 4월 케냐의 항구도시 말린디(Malindi)에 도착했다. 말린디는 인도양에 진출해 있던 이슬람 상인들이 활동하던 무역항이었다. 그곳은 바스쿠 다 가마보다 84년이나 앞서 명나라 정화의 대양원정대가 1414년 방문해 조공품으로 기린을 받아 갔던 곳이다.
 바스코 다 가마는 그곳에서 물, 식량 등 보급품을 조달하고 인도항로를 잘 아는 현지인을 안내인으로 고용해 또 동쪽으로 항해를 이어갔다. 그의 선단은 리스본을 출항한지 열 달이 넘은 1498년 5월 20일 인도의 캘리컷(Calicut)에 닿았다. 그 곳에서 석 달을 지낸 그는 8월 29일 귀국 길에 나서 닻을 올렸는데 이듬해인 1499년 1월 7일에야 다시 말린디에 닻을 내릴 수 있었다.
 인도로 갈 때는 계절풍(monsoon)을 타고 순항하여 23일 밖에 소요되지 않았다. 그런데 귀로에는 격랑을 만나 인도에서 말린디까지 돌아가는 데는 넉 달이 넘는 132일이나 걸렸다. 계절풍을 거슬러 갔기 때문이다. 항해하는 동안 선원의 절반을 잃었고, 나머지 선원들도 괴혈병에 걸려 초주검이 되었다.
 선박도 4척이 출항했는데 2척만이 1499년 7월, 8월에 걸쳐 리스본으로 귀항했다. 바스쿠 다 가마는 동생의 발병, 간호, 장례 때문에 두 차례나 하선하여 다른 선박보다 훨씬 늦은 9월에야 귀국했다. 국왕 마누엘 1세(Manuel 1)는 그에게 작위를 수여하고 인도양 제독으로 임명했다.

지구 서쪽 끝자락의 나라 포르투갈, 그 바닷가에 '발견의 기념비'가 웅장한 자태를 자랑한다. 일렬로 도열한 인물상의 선두에는 항해왕 엔히크 왕자가 바다를 바라보고 있다. 그 뒤를 천문학자, 기사, 선교사에 이어 대항해 시대를 개척한 바스쿠 다 가마, 마젤란이 따른다. 그때 이미 서유럽의 약탈시대가 예고되었다.

한편 콜럼버스가 건넌 대서양 항로는 '발견'이란 단어를 쓸 만큼 외부세계와 단절되었고 인구밀도도 대단히 낮았다. 그 까닭에 콜럼버스가 아메리카 땅에 진입하는 데 별다른 무력저항과 마주치지 않았다. 그와 달리 바스쿠 다 가마가 개척한 인도항로는 험난했다.

그곳에는 오랫동안 동방무역에 종사해온 무슬림 상인들이 활동하고 있었다. 그들은 남중국해까지 가거나, 동남아 시장을 통해 중국의 도자기, 비단, 칠기 등을 사서 중동지역에 가져가서 팔았다. 그와 함께 동남아에서 나는 향신료도 사서 해로와 육로를 통해 중동 일대는 물론이고 이탈리아의 도시국가 상인들한테도 공급했었다.

그 일대는 해안지대와 무역선을 상대로 약탈과 살상을 일삼던 해적들의 활동무대였다. 현지 원주민들의 저항 또한 드셌다. 그 까닭에 1502년 2월 12일 2차 항해에 나선 다 가마의 선단은 1차 항해 때보다 규모가 훨씬 더 커서 군함을 20척이나 대동했다. 그것만 보아도 그의 항해가 얼마나 험난했는지 짐작된다.

다 가마는 해전경험이 풍부한 군인이었다. 그의 2차 선단은 인도해역에서 이슬람 상선 여러 척을 약탈했으며 캘리컷에서 29척의 이슬람 함대를 격퇴시켰다. 그는 인도 북부를 출발해 메카를 거쳐 리스본으로 돌아가던 길에 만난 이슬람 상선 미리 호를 나포해 불태우고 상인들을 몰살하기도 했다.

그의 2차 함대는 1503년 7월 귀국했다. 유럽인으로서 인도항로를 처음 개척한 그는 20년 후인 1524년 3차 항해를 떠났다. 인도 통치를 맡았던 전임자가 원주민과 충돌을 자주 빚었지만 제대로 대처하지 못했다는 이유로 경질되고 그가 총독으로 부임했던 것이다.

하지만 그는 임지인 고아(Goa)에 도착해 얼마 있지 않아 말라리아에 걸려 1524년 12월 24일 숨을 거두었다. 인도에서는 그가 원주민을 무자비하게 탄압하고 잔혹하게 살육과 약탈을 자행하여 그에 대한 원성이 오늘날까지도 자자하다. 하지만 포르투갈에서는 그가 해양제국 건설의 초석을 놓은 국가적 영웅으로 추앙받는다.

포르투갈은 다른 유럽 국가보다 일찍이 동방무역 개척에 나서 한 세기가 넘도록 독점적 지위를 누렸다. 포르투갈은 인도 고아를 거점으로 삼아 중국에 이어 일본에도 진출했다. 조공무역 이외의 대외거래를 거절하던 중국과 교역의 길을 트려고 수십년 동안 남중국해안 일대를 배회하면서 시장을 뚫었다.

또 인도 고아는 일본의 가톨릭 포교활동을 지원하는 전진기지로서도 역할을 했다. 그 같은 이유로 1998년 바스쿠 다 가마의 인도 항해 500주년을 맞아 포르투갈 정부가 인도 정부와 공동으로 기념행사를 추진하려 했지만 무산됐다. 인도 국민의 격렬한 반대에 부딪쳤던 것이다. 포르투갈에서는 그를 국민적 영웅으로 추앙하며 대대적인 축하행사를 가졌다.

반면에 인도의 말라바르 해안지대와 식민지였던 고아에서는 그의 허수아비를 불태우는 화형식을 가진 데 이어 살인마를 규탄하는 죽음의 검은 깃발을 들고 격렬한 항의행진을 벌였다. 인도는 500년이 지나서도 그의 무자비한 살육행각을 기억하고 있다는 소리다. 무엇보다도 그가 식민통치 시대의 문을 열었다는 사실이 지탄의 대상이었다.

2020년 5월 미국 미네소타 주에서 일어난 백인경찰의 흑인살인 사건은 거기서 머물지 않았다. 분노한 인파가 거리로 뛰어나와 외친 인종차별 반대의 함성이 미국의 국경을 너머서 세계적인 반향을 일으키며 동조현상을 이끌어냈다. 급기야 '신대륙'을 발견했다는 크리스토퍼 콜럼버스의 격하운동으로까지 번져 나갔다.

 인종차별 반대시위가 미국 전역으로 확산되는 가운데 일부 지역에서는 그의 동상을 끌어내렸다. 콜럼버스가 아메리카 원주민을 학살했다는 점에서 미국에서는 오랫동안 그에 관한 논쟁이 멈추지 않고 있다. 미네소타, 알래스카, 버몬트, 오리건 등 수십개의 시와 주가 이미 콜럼버스의 날을 원주민의 날로 바꾸었다.

 미국은 각급 학교에서 그를 영웅으로 가르쳐 왔지만 점차 그를 폭군으로 인식하는 경향을 보인다. 미국은 왜 역사의 진실을 외면한 채 그를 영웅으로 추앙하는지 묻는 미국인들이 늘어나고 있다. 그 같은 취지에서 그가 아메리카를 '발견'했다는 날을 왜 공휴일로 지정해 축하하는지도 반문하고 있다.

 1492년 콜럼버스의 대양원정이 대서양 탐험시대를 개막하고 그에 따라 유럽의 식민지 시대가 열린 사실은 분명하다. 그러나 그가 최초로 신대륙을 발견했다는 주장은 사실이 아니다. 그보다 500년이나 앞서 바이킹이 그곳에 발을 디뎠었다. 무엇보다도 더 중요한 점은 아메리카에는 그의 상륙보다 적어도 수천년이나 앞서 원주민들이 대를 이어 살아오며 화려한 문명의 꽃을 피우고 있었다는 사실이다.

 그는 카리브 제도, 중앙-남아메리카를 탐험하면서 원주민들을 닥치는 대로 학살하거나 잔혹하게 노예로 부려 농장을 개간하고 금광을 찾아 헤맸다. 또 카리브 제도의 타이노 족 수천 명을 스페인으로 끌고 가서 노예로 팔기도 했다. 항해 도중에 무수한 원주민들이 죽었음은 물론이다.

 오늘날의 도미니카 공화국의 총독을 맡았던 콜럼버스는 학정에 반발하여 반란이 일어나자 원주민을 무자비하게 도륙했다. 그는 반란을 막으려면 그 대가가 무엇인지 보여 주어야 한다며 원주민들을 거리에 모아 놓고 그들의 시신을 끌고 다니며 전시하는 죽음의 광란을 벌였다. 말하자면 효수경중(梟首警衆)의 형벌을 내렸던 것이다.

 천연두, 홍역, 독감과 같은 유럽 감염병도 콜럼버스를 따라서 아메리카로 건너갔다. 원주민은 유럽 전염병에 대한 면역력이 없었던 탓에 희생자가 무수하게 속출했다. 유럽 정벌자들이 아메리카에 상륙한 이래로 원주민의 90% 이상이 학살되거나 전염병에 걸려 무더기로 병사한 탓에 종족조차 보존하기 어려웠다.

 특히 카리브 제도는 원주민이 거의 멸족되어 그 흔적조차 찾기 어렵다. 그것은 중세 유럽을 휩쓸던 공포의 흑사병보다 훨씬 더 무서운 재앙이었다. 콜럼버스가 1492년 첫 발을 디딘 히스파니올라 섬에는 타이노 족이 25만명 살았는데 1517년 불과 1만4,000명 밖에 남지 않더니 나중에 모두 죽어 멸족되고 말았다.

세계적 동조현상 이끌어낸 인종차별 반대운동 확산

 2020년 5월 미국 미네소타 주, 미니아폴리스에서 백인경찰이 흑인 조지 플로이드의 두 손을 등 뒤로 돌려 수갑을 채우고 무릎으로 목을 졸라 죽인 사건이 일어났다. 그가 숨을 쉴 수 없다고 8분 46초 동안 애소하다 죽고 말았다. 그 사건은 미국언론매체의 머리기사를 장식하더니 순식간에 세계적 동조현상을 불러일으켰다.

 2020년 인류는 마스크를 쓰고 신체적 거리(physical distancing)를 두는 격리시대를 살고 있었다. 병원체를 알 수 없는 호흡기 괴질 코비드-19(COVID-19, Corona Virus Disease-2019)의 대유행으로 인해 세계화 시대의 인류가 일찍이 경험하지 못한 재앙적 사태에 직면해 있었다.
 그럼에도 미국 대도시에서는 백인경찰의 흑인살인 사건에 분노한 인파가 거리로 뛰어나와 인종차별 반대를 소리 높여 외쳤다. 그 함성이 미국의 국경을 넘어서 세계적인 공명을 일으키며 길고도 넓게 울려 퍼졌다. 1960년대 흑백차별을 반대하던 민권운동이 미국에만 머물렀던 것과는 전혀 다른 양상이었다.
 다시 말해 2020년 미국에서 일어난 인종차별 반대운동이 세계인의 공감대를 이끌

2020년 5월 미국 미니아폴리스에서 백인경찰이 흑인의 목을 졸라 죽인 사건이 발생했다. 그 사건이 미국 언론매체의 머리기사를 장식하더니 한 순간에 세계적 동조현상을 불러일으켰다. 분노한 인파가 거리로 뛰어나와 인종차별을 규탄하던 함성이 미국의 국경을 넘어서 세계적인 공명을 일으켰던 것이다. 사진은 2022년 5월 미국 보스턴 시위현장. 매디 메이어 촬영.

어 내며 지구적으로 울려 퍼져 나갔다. 그 민권운동이 세계적 운동역량을 더해가면서 식민주의 역사를 다시 써야한다는 소리가 높아졌다. 2020년 인종차별 반대운동의 성과는 현상적인 인종차별을 너머서 식민주의 시대의 역사에 대한 재평가가 부각되었다는 점이다.

2020년 5월 20일부터 미국을 비롯한 세계 곳곳에서 그를 추모하는 행렬이 이어졌다. 시위자들은 'Black Lives Matter'(흑인 생명도 소중하다)와 조지 플로이드가 마지막으로 남긴 "I can't breathe"(나는 숨을 쉴 수 없다)라고 쓴 푯말을 들거나 그 구호를 외치면서 항의시위를 벌였다. 5월 30일에만도 세계의 크고 작은 도시 450곳에서 플로이드 죽음을 추모하는 항의시위가 일어났다.

영국에서는 런던, 맨체스터, 브리스톨, 리츠, 카르디프 등 주요도시 곳곳에서 미국의 항의시위를 지지하는 동조시위가 벌어졌다. 영국 시위자들은 미국과 연대를 강조하는 한편 영국에서 있었던 공력력의 희생자들을 추모했다. 호주에서는 미국의 BLM 시위와 연계하여 원주민에 대한 인종차별에 항의하는 시위가 일어났다.

뉴질랜드에서는 6월 1일 오클랜드, 웰링턴 등지에서 미국과 연대시위를 벌이는 한편 원주민에 대한 인종차별에 항의했다. 오클랜드 시위에는 4,000여명이 참가했다. 6월 6일 독일 전역에서는 수만명이 참여하여 미국의 BLM 운동을 지지하는 시위를 벌였다.

그 날 베를린 알렉산더 광장을 비롯하여 독일 전역에서 수만명이 추모행렬에 동참했다. 미국의 BLM 운동을 지지하는 인종차별 항의시위는 프랑스 파리, 스페인 마드리드, 덴마크 코펜하겐 등 유럽 전역에서 펼쳐졌다. 프랑스에서는 경찰이 플로이드 사망을 경찰의 폭력성을 교정하는 계기로 삼겠다고 다짐했다. 프랑스 경찰은 먼저 목조르기부터 금지했다.

일본에서도 6월 7일 오사카에서 1,000명, 6월 14일 도쿄에서 3,500명이 참여하는 동조시위가 열렸다. BLM 시위가 세계적으로 확산하는 가운데 6월 5일 워싱턴 D.C는 백악관 외곽도로의 한 부분을 BLM 광장으로 개명한다고 공식적으로 발표했다. 그처럼 BLM 운동이 세계적 반향을 일으키면서 식민주의 역사의 재조명을 요구하는 외침이 높아졌다.

BLM(Black Lives Matter)는 경찰에 의한 흑인살인에 항의하는 민권운동의 주체이며 또한 그 운동의 구호다. 2013년 10대 흑인소년을 총기로 살해한 자경단원 조지 짐머만에게 무죄판결이 내려지자 SNS을 중심으로 일어났던 #BlackLivesMatter라는 해쉬태그 달기 운동이 그 시발점이었다.

그 후 2015년 9월 20일 미국 미네소타 세인트 폴에서 경찰의 흑인 폭행사건이 일어났다. 그 사건에 항의하여 전개된 비폭력 시민불복종 운동이 계기가 되어 BLM이 조직체로서 태동했다. 그 뒤에도 여러 차례에 걸쳐 경찰의 폭력성과 잔혹성이 사회문제로 부각되면서 BLM이 오프라인에서 확장세를 탔다.

BLM 운동은 1960년대의 흑인민권운동과는 다른 양상을 보인다. 과거의 민권운동은 교회와 민주당을 중심으로 이뤄졌고 특정인이 주도하는 하향식의 운동이었다. 그와 달리 BLM은 세계적으로 30개 지부가 있으나 분권적이고 수평적이다. 중앙기구의 의사결정에 따라 하부구조가 움직이는 조직이 아니다. 다시 말해 온라인에서 토론을 거쳐 활동이 이뤄진다.

미국의 인종차별 반대운동이 식민주의의 본산지인 유럽과 백인의 이민국가에서도 동조현상을 보인 까닭은 그곳도 이제 다인종, 다민족, 다문화 국가로 변모했다는 의미다. 바꿔 말하면 1960대 이후 유럽 백인국가에 옛 식민지와 저개발국가에서 많은 이주민들이 유입되어 상황이 크게 달라졌다는 뜻이다.

그에 따라 유럽국가들도 인종적, 종교적 갈등과 반목으로 인해 내홍하고 있었다. 그러나 이주민의 정치적 입지가 미약하다보니 그 동안은 입을 다물고 있었을 뿐이었다. 그 상황에서 미국사태에 자극받아 인종차별로 인해 좌절감, 박탈감에 빠져있던 이른바 유색인들이 수적 증가에 힘입어 정치적 의견을 표출하기 시작했다는 의미를 갖는다.

거기에다 소수이지만 인종차별에 자괴감을 느끼는 일부 백인들이 가세함으로써 인종차별문제의 심각성을 유럽사회에 화두로 던졌다고 볼 수 있다. 하지만 유럽사회가 앞으로 풀어야 할 숙명적 과제로 떠오른 인종-종교문제를 얼마나 진지하게 고민하느냐에 따라 해결방향을 모색할 수 있을 것이다.

플로이드 질식사 이후에도 미국에서는 흑인에 대한 경찰의 폭압적 행위가 여전히 멈출 줄 몰라 미국사회의 뿌리 깊은 인종차별 의식을 말한다. 심지어 비무장 무저항 흑인을 향한 경찰의 총기난사 사건까지 일어났다. 하지만 2020년 11월 대통령 선거를 앞두고 마스크를 쓴 항의시위대가 미국 전역에서 아스팔트를 달구면서 미국사회는 흑인 민권운동사를 다시 쓰고 있었다.

인종주의자 격하로 번지는 식민주의 역사 재조명

식민주의의 본산지인 서유럽에서 인종차별에 앞장섰던 인물에 대한 격하운동이 2020년 일어나 세계적인 파장을 일으켰다. 미국에서는 원주민 학살의 원흉으로 비판받아온 크리스토퍼 콜럼버스의 동상과 함께 남북전쟁 당시 노예제도를 옹호했던 인물들의 동상을 철거하는 문제가 뜨거운 쟁점으로 떠올랐었다. 영국에서는 노예상이 그 대상이 되었다.

미국 리치몬드에서 영국 브리스톨에 이르기까지 노예제도를 옹호했던 인물들의 동상들이 철거되거나 더러 파손되는 수난을 겪었다. 미국 뉴 멕시코에서는 스페인 정복자 후안 드오나테 동상을 철거하려는 사람들과 지키려는 사람들 사이에 총격전이 벌어지기도 했다. 그는 1598년 그곳에 정착촌을 개척하려고 원주민 수백명을 학살했던 인물이다.

남북전쟁 당시 노예제도를 앞장서 지지했던 남부연합 대통령 제퍼슨 데이비스의 동상이 철거논란에 휩싸였었다. 2020년 6월 4일 버지니아의 주도 리치몬드에서는 남부군 총사령관을 지낸 로버트 E. 리(1807~1870년)의 동상 앞에 시위대가 몰려 철거를 주장했으나 반대세력의 반발이 드세 철거가 중단되었었다. 그 때 다른 남부군 장군 동상들은 일부가 철거되었다.

리의 동상은 2020년 6월 주정부가 철거를

미국 남북전쟁 당시 남부군 총사령관을 지낸 로버트 E. 리의 동상이 2021년 9월 철거되었다. 전쟁이 끝난 지 25년이 지나서 버지니아 주 리치먼드에 세워졌던 그 동상은 131년 동안이나 그곳에서 버티며 노예제도의 정당성을 말하고 있었다. 이벨린 호크스타인 촬영.

결정했었지만 백인우월주의자들이 2건의 반대소송을 제기한 바람에 철거가 중단상태에 있었다. 동상철거에 대해 그의 후손인 목사 로버트 W. 리는 그가 백인우월주의의 상징이라는 의미에서 철거가 마땅하다는 반응을 보였었다.

 버지니아 주 최고법원의 판결에 따라 2021년 9월 8일 리의 동상이 수백명 군중의 환호가 쏟아지는 가운데 철거되었다. 높이 12m의 석조 받침대 위에 세워진 길이 6.4m의 그의 기마상은 리치몬드 시가지 한복판에 자리 잡아 위용을 자랑하고 있었다. 프랑스의 유명한 조각가의 작품인 그 동상은 2007년 국가역사기념물로 지정된 바도 있었다.

 버지니아는 오늘날의 미국 국토에서 영국이 가장 먼저 개척한 곳이고 리치몬드는 남부연맹의 수도였었다. 그 동상은 남북전쟁이 끝난 지 25년이 지난 1890년 건립되어 131년 동안이나 그 자리에 버티고 있었다. 그것은 노예제도의 정당성을 무언으로 옹호하고 있었다는 뜻이다. 그것은 또한 남부 백인의 인종차별 의식이 얼마나 견고한지 보여주는 상징적 의미를 갖기도 했었다.

 그에 앞서 버지니아 주 샤를로테스빌에 있던 리의 동상은 2021년 7월 철거되었다. 그와 함께 남부군 장군 토마스 잭슨의 동상도 같은 신세가 되었다. 그것도 2021년 4월 버지니아 주 최고법원의 판결에 따른 것이었다. 미국 전역에는 리, 잭슨을 포함해 남북전쟁 당시 남부지역 지도자급 인사들의 동상이 수백개가 여전히 산재해 있다.

 영국 브리스톨에서는 시위자들이 17세기 악명 높았던 노예상 에드워드 콜스턴의 동상을 끌어내리더니 선착장으로 끌고 가서 강에다 던져 버렸다. 바로 그곳은 노예선의 출항지였다. 수많은 노예선들이 200년 넘도록 아프리카에 가서 사냥꾼한테 잡힌 흑인들을 싣고 아메리카로 끌고 가서 노예로 팔려고 출발하던 곳이다.

 브리스톨에서는 학교, 도로는 물론이고 선술집도 콜스턴의 이름을 따서 작명한 곳이 수두룩하다. 그곳에서는 그가 미국 뉴욕의 록펠러만큼이나 유명하다. 그가 국가적 영웅으로 예우를 받았지만 다른 문명을 억압하고 학살을 자행하며 인간을 노예로 팔아 축재했다는 점에서 오늘날에는 역사의 용서를 받기 어려운 상황이 전재되었다.

 20년 전부터 동상철거에 관한 청원이 있었으나 누구도 감히 철거하려고 나서지 못했다. 그런데 플로이드의 사망을 계기로 브리스톨 시민들 사이에 의식변화가 일어났던 것이다. 물론 철거에 반대하는 여론도 만만찮고 절차상의 문제점에 대한 시비도 따랐지만 앞으로도 시대적 사조를 거역하기 어려울 듯하다.

 옥스퍼드 대학교에서는 항의자들이 로드 장학금의 기증자인 세실 로드의 동상을 이전하라고 요구했다. 그는 인종차별주의자이기도 했지만 열렬한 제국주의자였다. 그에 대해 옥스퍼드 대학측은 역사를 감추는 것은 계몽의 길이 아니라고 밝히고 역사가 만들어진 맥락을 이해할 필요가 있다는 입장을 취했다.

 영국에서 2차 세계대전의 영웅으로 숭앙받던 윈스턴 처칠도 인종주의라는 오명과 함께 그의 동상이 수난의 대열에 끼었다. 영국 런던 의사당 건물 건너편에 있는 처칠 동상의 철거문제가 뜨거운 쟁점거리였다. 그에 맞서 극우세력은 동상을 지키겠다는 뜻을 분명히 밝혔다.

 처칠이 나치 독일과 싸워 2차 세계대전을 승리로 이끈 공적은 크지만 그가 백인우월주의라는 사실 또한 분명하다는 평가를 받는다. 그는 1937년 미국과 호주의 원주민 운명에 관해 연설하면서 백인의 과오를 인정할 수 없다고 말했다. 그는 그 근거로 백인이 더 우월하고 더 현명하다는 이유를 들었다.

 런던 동부에 있던 18세기 노예상 로버트 밀리건 동상은 시위자들의 요구에 따라 철거되었다. 인종주의자의 동상을 철거하라고 주장하는 활동가들이 확인한 바로는 영국에는 노예무역 또는 식민지 학살과 관련된 인물의 동상이 60개가 있는 것으로 알려졌다.

 아본 강에서 인양된 콜스턴의 동상은 박물관에 비치되었다. 페인트로 훼손한 흔적과 밧줄로 매달았던 자국을 그냥 두고 흑인의 생명이 소중하다고 주장한 표지판도 그대로 옮겨 놓았다. 역사를 지우기보다는 동상을 재해석함으로써 미래세대에게 노예제도의 야만성을 알리겠다는 것이다.

 영국에서는 흑인역사를 바로 잡아야 한다는 주장이 제기되고 있다. 학교에서는 백인의 시각에서 흑인역사를 가르치는데 그 교과과정을 사실에 근거하여 교정해야 한다는 소리가 날로 높아지고 있다. 동상을 파괴하기보다는 그 의미를 재해석하자는 논의도 활발하다.

 벨기에에서는 국왕 레오폴드 2세의 동상이 수난을 겪었다. 그는 오늘날의 콩고민주공화국을 식민지로 만들고 마을마다 고무와 상아의 생산량을 배정했다. 할당량을 채우지 못하면 원주민의 손목을 자르거나 자식과 부인을 겁탈하고 나서 죽이는 방식으로 학살을 자행했다.

 그는 인구의 절반인 무려 1,000만명을 학살하여 악명을 날린 인물이다. 앤트워프에서는 불에 타고 페인트 세례를 받아 훼손된 레오폴드 2세의 동상을 수리하여 박물관으로 옮기기로 했다. 레오폴로 2세는 동상뿐만 아니다. 도로, 건물, 광장, 공원 등등 벨기에 곳곳에는 그의 공적을 기린다는 뜻에서 그의 이름이 헌사되어 있다.

식민지 시대에는 백인의 피부색이 특권이었다. 백인은 개화인이었고 그들이 말하는 유색인은 미개인, 야만인이었다. 백인은 유색인에 대한 생사여탈권을 가지고 있었다. 그들은 유색인을 맘대로 살상하고 재산을 약탈할 수 있었다. 식민지 시대가 종막을 내린지 한 세기 가까이 지나서야 역사의 재해석, 재평가의 움직임이 일고 있다.

 너무 늦었지만 인류는 그 길로 한 걸음씩 나가고 있다. 하지만 노예무역을 금지하는

데만 100년이나 걸렸다는 점을 상기하면 또 인고의 긴 세월을 기다려야 할 듯하다. 노예제도를 둘러싸고 벌였던 남북전쟁의 포성이 그친지 150년이 지났다. 하지만 미국사회는 여전히 흑백갈등이 빚은 모순과 대립을 봉합하지 못한 채 휴화산의 모습을 하고 있으니 하는 말이다.

벨기에 국왕 레오폴드 2세의
동상이 철거되었다.
그는 1885~1908년
식민지 콩고민주공화국에서
인구의 절반인
무려 1,000만명이나 학살하고
온갖 만행과 악행을 저질러
악명을 날린 인물이다.
고무와 상아의 할당량을
채우지 못했다는 것이 그 이유였다.

지구얼굴 바꾼 인종주의
- 인종청소, 인신매매, 종교탄압의 잔혹사 -
ⓒ 김영호 2024

초판 1쇄 발행 2024년 1월 25일

지은이 김영호
펴낸이 김영호
편집 및 디자인 김민철

펴낸 곳 도서출판 뱃길
신고 제2021-000239호
전자우편 seaway63@naver.com
대표전화 070-8098-4063
팩스 050-4159-0509
ISBN 979-11-978249-2-0 03900

이 도서는 한국출판문화산업진흥원의 '2023년 중소출판사 출판콘텐츠 창작 지원 사업'의 일환으로
국민체육진흥기금을 지원받아 제작되었습니다.

---

* 인쇄·제작 및 유통상의 파본 도서는 구입하신 서점에서 교환해드립니다.
* 이 책 내용의 전부 또는 일부를 재사용하려면 반드시 저작권자의 동의를 받아야 합니다.
* 책값은 뒤표지에 표시되어 있습니다.